主要作者简介

刘志云，男，1977 年生，江西瑞金人。现为两岸关系和平发展协同创新中心 / 厦门大学法学院教授、博士生导师，金融法研究中心主任、《国际关系与国际法学刊》主编，全国青联委员。研究领域为国际关系理论与国际法学交叉问题、金融法、投资法等。至今已在《中国社会科学》等国内外杂志以中英文发表法学论文 150 余篇，已出版个人专著 5 部，参著 10 余部。代表性著作有:《国家利益视角下的国际法与中国和平崛起》(2015),《法律视角下商业银行的社会责任: 原理研究与实证分析》(2012),《当代国际法的发展——一种从国际关系理论视角的分析》(2010),《现代国际关系理论视野下的国际法》(2006),《国际经济法律自由化原理研究》(2005)。2009 年入选" 教育部新世纪优秀人才支持计划"、2013 年入选中组部"万人计划——首批青年拔尖人才计划"。先后创立并主编（或联合主编）《国际关系与国际法学刊》、" 金融法学文库 "、" 国际关系与国际法跨学科研究文库 "、" 厦门大学法学院经济法学文库 "、" 厦门大学鹭江公证文库 "。2010 年被评为" 福建省优秀青年社会科学专家 "、" 福建省优秀青年法学人才 "。2012 年被评为"福建省法学英才"。

● 中国法学会2015年度重点委托课题[立项编号CLS（2015）ZDWT28]
结项成果

● 本书出版获厦门大学"中央高校基本科研业务费专项资金资助"
（项目编号：20720151038）

福建自贸区重大法律问题研究

刘志云　等　著

撰稿人

刘志云　阳建勋　杨春娇
胡宽　刘辉　刘盛　黄婧

厦门大学出版社　国家一级出版社
XIAMEN UNIVERSITY PRESS　全国百佳图书出版单位

总　序

与传统的部门法相比，经济法在我国产生比较晚，它肇始于改革开放以后的巨大变革时代，从一开始就立足于国家控制经济和经济体制改革，经历了从计划经济到"有计划的商品经济"再向市场经济跃迁的经济体制改革进程。也正因为此，经济法具有很强的本土性，中国经济法学研究从一开始就充分关注本土性问题。同时，不断变革的时代背景也决定了经济法是中国法律体系中最活跃的，也是最易变的法律。自身成长壮大的需要和社会经济变革的要求，都注定它必须面向不断试错的、渐进的社会转型，回应市场经济跌宕起伏的动态，在完成型塑我国社会经济的过程中不断发展、嬗变和成熟。

自改革开放以来，伴随着社会主义市场经济体制的逐步确立，经济法研究在我国蓬勃兴起，各种理论观点交相辉映。过去的三十余年里，在与其他部门法的论争中，经济法学界逐渐廓清了诸多方面的混沌认识，并在向市场经济转轨的经济社会变迁历程中，辅助立法部门构建起中国的经济法律体系，确立了经济法在整个社会主义法律体系中不可替代的独立性地位。特别是伴随着《中国人民银行法》《银行业监督管理法》《企业所得税法》《反垄断法》《企业国有资产法》等一批经济立法的生效，以宏观调控法和市场规制法为主体的经济法律体系逐步建立起来了。在整个法律框架内，经济法在我国的社会经济生活中所起的作用越来越重要，并将同其他部门法，特别是宪法、民法、行政法等协调配合，共同实现法律体系对社会经济的调整功能。

厦门大学法学院是全国较早开展经济法教学和科研的单位之一。1980年厦门大学法律系复办时，就开设了经济法课程，并在民法教研室中设立了经济法教研组；1982年正式成立了经济法教研室；1994年经国家教委批准，设立了经济法专业，开始培养本科生人才；1996年经国务院学位委员会批准，设立了经济法硕士点，开始招收硕士研究生；2004 年，厦门大学经济法学研究中心成立；2005 年，开始挂靠其他专业博士点招收"金融法、法律经济学"方向的博士研究生；2006 年，在获得法学一级学科硕士、博士学位授予权的基础上，我校设立了经济法博士点，成为我国经济法高层次专门人才的培养基地之一。立足于现有基础，厦门大学法学院经济法学科将保持并发扬在金融法、经济法基础理论与宏观调控法和财税法等研究方向上的鲜明特色，坚持"国内经济法与国际经济法问题相结合，以国内经济法为主"和"法学与经济学相结合，以法学为主"的原则，顺应经济全球化和世界经济一体化的时代发展潮流，以我国建设社会主义法治国家和市场经济体制为契机，积极开展经济法学理论研究与制度构建工作，在国内经济法学界继续保持较高的学术地位和学术影响。

"厦门大学法学院经济法学文库"的编辑出版，是依托厦门大学经济法教研室和厦门大学经济法研究中心进行学科建设和发展的一项新举措，以"前沿意识、精品理念"为指导，以系列学术专著、译著的形式，集中展现我国经济法领域的专题研究成果，促进学术繁荣和理论争鸣。"文库"稿件的来源以厦门大学法学院的学者、校友在经济法领域的专著、译著为主，也欢迎国内经济法学者和司法机关的工作人员不吝惠赐佳作。"文库"坚持作品的原创性，理论构建与司法实践并重，崇尚严谨的治学态度，鼓励学术上的革故鼎新与百家争鸣。在出版经济法学专家学者力作的同时，也关注经济法学界的新人新作，包括在优秀博士学位论文基础上扩充整理的学术专著，在他们的学术之路上扶上一马、送上一程。

我们期望"文库"不但成为经济法专家学者交流思想的平台，成为青年才俊迈向学术生涯的入口，成为经济法学研究成果汇集的智库，更力图使其能为变动不居的社会主义市场体制运行提供前沿理论探索和阶段性制度保障，为中国的法治之路贡献自己的绵薄之力。

"厦门大学法学院经济法学文库"编辑委员会

2010 年 11 月 8 日

目　　录

福建自贸区重大法律问题研究

厦门大学法学院经济法学文库

目

录

绪　　论

一、研究背景与思路

2015 年 4 月 8 日,国务院正式批准《中国(福建)自由贸易试验区总体方案》。建立中国(福建)自由贸易试验区(简称福建自贸区)是党中央、国务院作出的重大决策,是在新形势下推进改革开放和深化两岸经济合作的重要举措,对加快政府职能转变、积极探索管理模式创新、促进贸易和投资便利化,为全面深化改革和扩大开放探索新途径、积累新经验,具有重要意义。福建自贸区的发展目标之一是经过三年至五年的改革探索,力争建成投资贸易便利、金融创新功能突出、服务体系健全、监管高效便捷、法治环境规范的自由贸易园区。

根据《国务院关于印发中国(福建)自由贸易试验区总体方案的通知》,全国人民代表大会常务委员会已经授权国务院,暂时调整《中华人民共和国外资企业法》《中华人民共和国中外合资经营企业法》《中华人民共和国中外合作经营企业法》《中华人民共和国台湾同胞投资保护法》等有关规定的行政审批。自贸试验区需要暂时调整实施有关行政法规、国务院文件和经国务院批准的部门规章的部分规定的,按规定程序办理。同时,要求各有关部门要支持自贸试验区深化改革试点,及时解决试点过程中的制度保障问题。

对于福建自贸区的建设来说,法治创新是其重要任务也是推动自贸区发展的重要工具。作为全国第二批自贸区,福建自贸区既要复制和推广上海自贸区的经验,也要结合福建特色发挥自身优势,探索通过自贸区"提升开发水平,倒逼深化改革"的新经验。课题组自 2015 年 8 月开始承担福建自贸区厦门片区管委会委托的《厦门经济特区促进中国(福建)自由贸易试验区厦门片区建设若干规定》的立法起草工作,与厦门市相关政府部门、企事业单位、省级

相关部门,上海、深圳、珠海等兄弟单位,进行了广泛的实务调研与实证研究工作,并在 2015 年 12 月底提交了专家意见稿。

在立法起草工作中,课题组深刻认识到福建自贸区建设亟须关注与解决的法律问题。在 2015 年 11 月课题组承接中国法学会委托的"福建自贸区若干重大法律问题研究"这一课题后,确立了包括:福建自贸区金融创新与金融监管法律问题、福建自贸区市场主体规制、福建自贸区外资准入管理模式、福建自贸区法治营商环境、福建自贸区税收管理、福建自贸区海峡两岸股权交易中心建设、福建自贸区引入台湾财团法人、福建自贸区互联网金融发展以及金融监管等八个方面的法律问题,并对这些法律问题进行深入的研究,试图能够得出科学可行的成果,为相关机构的立法与决策提供理论支持。

二、研究的重点与难点

课题组选择的第一个法律问题为"福建自贸区金融创新与金融监管的互动及其法治保障"。众所周知,金融是现代经济的核心,金融业发挥服务和促进实体经济发展的重要作用。各国自贸区都非常重视发展金融业,并且大力实行金融创新,放松金融管制,以促进贸易与投资的便利化,从而为自贸区的全面发展创造良好的金融环境。在福建自贸区的改革创新中,金融领域的改革创新也是重中之重。为什么要在其中实行创新性金融改革?改革有何依据?实施哪些具体的金融创新措施?这些措施会带来什么样的社会效果,尤其是带来何种金融风险?如何有效监管自贸区金融业的风险,尤其是区内金融服务创新所带来的风险?如何在全面依法治国的时代,依据法治理念,运用法治思维,防范和化解自贸区内的金融风险?这些问题无疑都是关系福建自贸区长远发展与金融稳定的重大现实问题。本书第一章拟首先从分析福建自贸区金融创新的背景入手,运用金融创新与金融监管互动的基本原理,梳理福建自贸区金融创新的制度与实践,并与我国上海自贸区、广东自贸区及天津自贸区的金融创新进行比较分析;其次,分析福建自贸区在应对金融创新风险方面所采取的主要监管措施及其存在的主要问题;最后,针对这些问题提出完善金融监管法治保障的对策建议。

课题组选择的第二个法律问题为"福建自贸区市场主体规制模式改革法律问题研究"。福建自贸区市场主体规制模式改革是传统行政管理体制的各种矛盾集中爆发的必然选择:在我国传统缺乏总体目标的多头规划体制下,政府的市场主体规制模式面临由于行政规划混乱带来的市场主体准入困难问题,而行政审批协同机制缺位又酿成行政"服务"效能低下。传统的重准入监管、轻行为监管则忽视了对市场主体各种侵权行为的规制,并严重影响市场秩序。传统市场准入监管环节的"先证后照"模式严重绑架了政府的行政资源和行政精力,降低了监管效率。本书第二章主要分析福建自贸区在上述市场主体规制模式改革方面存在的问题,并提出相应的制度完善建议。

课题组选择的第三个法律问题为"福建自贸区外商投资准入前国民待遇加负面清单管理法律问题研究"。我国实现从资本净输入国到资本净输出国的转变之后,由国际投资法的外资准入管理制度演变而来的准入前国民待遇加负面清单管理制度已被确定为我国自贸区外资准入的核心治理模式。外商投资准入前国民待遇加负面清单管理制度不仅是外资管理的有效手段,也为我国传统行政审批体制改革提供有益的实践契机,为我国正在进行的中美双边投资协定(BITs)、将来有可能加入谈判的跨太平洋战略合作协议(TPP)以及以美国为主导的新一轮服务贸易协定(TISA)的谈判等奠定重要的基础。福建自贸区相关立法虽然从总体上确立了该制度,但割裂了"准入前国民待遇"与"负面清单管理"二者之间的有机联系,负面清单内容仍缺乏合理性并缺乏体现福建实际的"闽台特色"。同时,立法并未引入竞争中立原则,对民企、外资与国企给予同等保护的关注不足,负面清单的确定性和透明度水平仍然不高,负面清单模式下外商投资准入前国民待遇产生的争议缺乏国际投资争议仲裁保护等问题依然突出。本书第二章基于我国当前自贸区立法的现状,结合福建自贸区的实际,以制度分析为基础,拟为上述问题的解决提供有益的参考。

课题组选择的第四个法律问题为"福建自贸区法治化营商环境建设研究"。自 2013 年 9 月我国首个自由贸易试验区即上海自贸区挂牌成立以来,"法治化营商环境"的概念在一系列国家和地方文件、立法中反复出现。2015年随着各自贸区总体方案和管理办法等文件和立法的出台,"法治化营商环境"的概念使用之频繁更是前所未有。然而,目前的研究往往缺乏对"法治化营商环境"的最基本概念的界定,并由此导致实践中一系列问题,包括:建设法治化营商环境仅仅是对以往概念的重述还是另有其积极意义;相关举措相比以往的招商引资举措有何区别;建设法治化营商环境的可行性如何;在建设过程中,中央与地方政府的职能分工如何体现,地方政府具体在哪些领域可以有所作为;等等。鉴于此,本书第四章将围绕"法治化营商环境"这一重大法律问题,从相关基本概念与理论入手,探讨建设法治化营商环境的必要性、可行性,并结合福建自贸区当前建设法治化营商环境过程中取得的成绩和遇到的具体

问题,在提供总体解决思路的基础上,提出建立、健全法治化营商环境的具体制度设计和对策分析。

课题组选择的第五个法律问题为"福建自贸区税收法律制度研究"。尽管税收优惠措施不是自贸区的真实意旨,制度的创新才是自贸区建设的主要目标,但自贸区的蓬勃发展离不开税收法律制度的支持。伴随我国财税体制改革和税收法定的落实,自贸区的税收优惠措施是否有存在的必要,其合理限度又是什么?在清理税收优惠规范的背景下,福建自贸区如何在"扩"与"减"冲突的背景下,发挥税制创新优势,避免政策洼地的出现是自贸区建设中不可回避的一项重大问题。因此,本书第五章围绕"税收法律制度"这一重大法律问题,从相关基本概念与理论入手,探讨福建自贸区税收法律制度的必要性以及当前财政体制改革对自贸区带来的影响,并结合福建自贸区税收法律制度的现状和存在的具体问题,探索总体解决思路,进而提出建立、健全福建自贸区税收法律制度的具体制度设计和对策分析。

课题组选择的第六个法律问题为"福建自贸区建设两岸股权交易市场法律问题研究"。2015 年 4 月 8 日,国务院批准的《中国(福建)自由贸易试验区总体方案》中明确指出要创建"两岸股权交易市场"。该市场的建设无疑对构建两岸中小企业综合融资服务平台、对接两岸资本市场等具有重要的现实意义。但目前我国两岸股权市场的建设还处于初级阶段,《中国(福建)自由贸易试验区总体方案》以及包括《两岸经济合作框架协议》(ECFA)等也只给出了一个两岸合作的方向与框架,对于创建两岸股权交易市场而言缺乏具体的政策与法律支持。现已建成的福建海峡股权交易中心和厦门两岸股权交易中心虽已构建起市场的大框架,并吸引了一批优秀的中小企业来挂牌,但在交易制度的设置上仍存在缺陷,亟须完善。鉴于此,本书第六章拟从创建福建自贸区两岸股权交易市场所必须构建的基础法制环境入手,同时结合福建省现有的两所股交中心发展情况,对其挂牌、投资者准入等相关制度进行分析,研究确定两岸股权交易市场的性质、功能定位以及监管要求,并提出相关的具体建议。从整体上把握两岸股权交易市场的内部制度建设和外部环境建设,将对两岸资本市场对接具有重要的实践意义。

课题组选择的第七个法律问题为"福建自贸区引入台湾财团法人法律问题研究"。财团法人作为非营利组织的一种,在大陆法系的传统中扮演着不可或缺的角色,不断推动人类社会的发展。深受大陆法系影响的我国台湾地区亦毫不例外地规定了财团法人制度,其活跃在宗教、教育、科研、技术进步、公共卫生、文化、社会福利等多个领域,展现出强大的制度功能与社会功能。《中国(福建)自由贸易试验区总体方案》规定福建自贸区的一个特殊战略定位是："充分发挥对台优势,率先推进与台湾地区投资贸易自由化进程,把自贸试验区建设成为深化两岸经济合作的示范区",而福建省人民代表大会常务委员会于2016年4月1日发布的《中国(福建)自由贸易试验区条例》更是以专章"闽台交流与合作"将之明晰化。福建自贸区以其特殊的地理位置、优惠政策、历史文化等因素成为大陆与台湾地区紧密联系的前沿阵地。当前,大陆的民事基本法律并未对财团法人制度作出规定,此时,如何打通制度的樊篱,顺利将台湾地区大量存在的财团法人顺利"过渡"到福建自贸区,成为必须面对的问题,这亦是本书第七章讨论的重点。

课题组选择的第八个法律问题为"福建自贸区促进互联网金融发展的法律问题研究"。在某种程度上,互联网思维与技术的渗透不仅为金融业带来新的生命力,也极大地扩张了其固有版图,这一扩张对于长期处于"臃肿"状态的我国金融行业而言更甚,使得互联网金融无论是在质上还是量上,均呈现"疯长"的状态。在经历了一段时间的"野蛮生长"之后,我国互联网金融终于迎来规范发展时期。2016年3月5日,李克强总理在第十二届全国人民代表大会第四次会议上作的政府工作报告中指出要"规范发展互联网金融";2016年4月14日,中国人民银行牵头多个部委出台《互联网金融风险专项整治工作实施方案》,对互联网金融进行分地区、分领域条块结合的专项整治工作,构建地方政府、相关金融部门与中央监管机构"联动"整治体系。福建省作为一个官方金融不甚发达、民间金融相对火爆的地域,各类民营企业的融资难问题日趋严重,互联网金融的出现与发展无疑为之提供了一个上佳的解决契机,对于企业不断聚集的福建自贸区而言更是如此。诚然,互联网与金融的结合不仅带来巨大的经济、社会效应,同时也放大金融风险的隐蔽性、传染性、广泛性和突发性。此时,如何在充分促进互联网金融发展的同时更好地防范其风险,成为一个关键问题。福建自贸区"改革开放排头兵、创新发展先行者"的战略定位无疑为促进区内互联网金融健康、良性发展的先验性制度探索提供了得天独厚的条件,在面对互联网金融这一双刃剑时,福建自贸区应当充分利用自身优势,锐意创新,先行先试,一方面要促进互联网金融的正当发展,另一方面也要加强对其监督以防范风险,本书第八章对此作详细的论述。

三、研究的创新之处

围绕为福建自贸区法制建设提供理论支持并提出可操作的对策建议的课

题研究之目标,课题组对于所确立的研究任务进行了深入的研究与实证分析,并尝试得出科学可行的成果,为相关机构立法与决策提供理论支持。其中在对策、建议方面的创新之处包括如下方面:

对于第一个法律问题即"福建自贸区金融创新与金融监管的互动及其法治保障",课题组提出完善福建自贸区金融监管法治的具体对策建议:第一,探索构建中央与地方的双层金融监管体制,明确地方金融监管职责;第二,探索构建适应混业经营趋势的自贸区金融监管体制和金融监管协调机制;第三,推进自贸区的金融市场化改革,完善事中事后监管和宏观审慎监管;第四,多方推动两岸金融监管合作,加强两岸金融服务开放创新的风险防控;第五,及时总结自贸区金融创新与金融监管改革的经验,并将其法律化、制度化。

对于第二个法律问题即"福建自贸区市场主体规制模式改革法律问题研究",课题组认为,福建自贸区应围绕以下方面对市场主体规制模式进行改革:第一,改革"多规合一"法律制度。福建自贸区应出台"多规合一"的专门立法,明确"多规合一"的整体工作模式,理顺不同规划因规划期限、审批体制等差异而造成的协调难问题,统一不同规划的基础数据标准和编制规范标准,构建福建自贸区"多规合一"公众参与机制立法。第二,完善并联审批和相对集中审批法律制度。通过立法明确加强对并联审批和相对集中审批制度的组织领导,设立专门的协调机构,建立专门的相对集中审批管理部门,加强行政机关之间的信息合作与共享立法,构建配套法律制度,加强监督机制立法。第三,在市场主体事中事后监管立法方面,要构建"四位一体"综合监管体系立法,并从政府对市场主体的规制方式的视角入手,构建企业年报管理制度的立法,包括建立完善的公司年报管理制度法律体系,建立和完善违反公司年报制度的法律责任体系,完善征信法律制度等。第四,建立福建自贸区"先照后证"法律制度。建立双告知制度解决"证前抢跑"监管中行政机关之间的信息不对称问题,在自贸区内试点"市场主体资格证书"制度,进一步扩大后置许可的适用范围,建立行政机关对消费者的行政提示和告知制度。

对于第三个法律问题即"福建自贸区外商投资准入前国民待遇加负面清单管理法律问题研究",课题组提出的具体对策建议包括:第一,制定全国统一的《中国自由贸易区促进法》,构建以国家立法及其负面清单为基础,包括结合福建自身实际对负面清单进行调整的地方性立法以及《厦门经济特区促进中国(福建)自由贸易试验区厦门片区建设条例》等区内立法有机结合构成的多主体、多层次、内容丰富、灵活性与原则性相结合的综合性法制框架。第二,建立对负面清单的评估和修正机制。进一步缩减负面清单的内容,扩大行业开放。提高负面清单的确定性和透明度,减少政府的"任性"审批,充分发挥福建自贸区相关部门的积极作用,开展具有"闽台特色"的负面清单创新试点制度。第三,引入竞争中立原则,消除政府的行政壁垒促进公平发展。第四,建立福建自贸区投资者——东道国政府争端解决机制。

对于第四个法律问题即"福建自贸区法治化营商环境建设研究",课题组提出的具体对策建议包括:第一,在立法方面,及时废止《中国(福建)自由贸易试验区管理办法》,以利《中国(福建)自由贸易试验区条例》充分发挥其指引作用。第二,在执法方面,将行政执法、服务改革重点从形式改革转向内容改革,鼓励社会参与、舍得放权,探索将自贸区内更多行政执法、服务工作外包给第三方社会组织。第三,在司法方面,一方面要督促省内相关仲裁机构积极借鉴通行国际规则,尽快制定适应自贸区案件处理需求的专门性仲裁规则,另一方面应由省高级人民法院等相关部门建立常态化机制,定期听取各片区汇报其在法院为自贸区建设提供司法服务保障方面的创新成果,及时总结,推广先进做法。第四,在守法激励方面,从实施地域、受案范围、审理人员等方面进一步完善相对集中行政复议,约束政府行为,并通过完善省内现存市场主体信用信息公示平台,在政府采购、市场监管、贷款发放等多个领域落实守信激励和失信惩戒联动机制,总结、统一涉自贸区公证业务操作流程和业务指南等手段,完善市场主体信用体系,约束市场主体行为。

对于第五个法律问题即"福建自贸区税收法律制度研究",课题组提出的具体对策建议包括:第一,在福建自贸区税收法律制度建设中应坚持税收法定主义原则,提高自贸区相关税收立法的层级,以避免"政策性有余、法律性不足"的缺陷。第二,倡导由"政策洼地"驱动模式转向制度创新驱动模式,倡导税收服务质量驱动模式以优化福建自贸区税收征管环境,引入"分项不分国"综合限额抵免法、取消外国金融机构利息预提税等完善金融税制创新,并变革融资租赁企业的监管方式,促使更多的融资租赁企业公平地享有"即征即退"等税收优惠政策。第三,通过创新启运港退税的管理流程、建立部门间的协调机制等完善启运港退税制度。第四,运用国际税收规则维护福建自贸区的税收利益、尝试打造两岸税收协调的试验田等策略。

对于第六个法律问题即"福建自贸区建设两岸股权交易市场法律问题研究",课题组认为,必须从整体上把握两岸股权交易市场内部制度和外部环境建设,在内部方面,主要是对企业准入、投资者准入、转板机制等区域性股权交易市场的内部具体制度的架构提出建议;在外部方面,则着重强调相关法律法规的完善和监管体系的健全。课题组同时提出,两岸股权市场的两大交易中

心可以利用自贸区"金融先行先试"的有利政策,积极申请并进行制度创新,通过实践来构建更符合市场发展需求的交易制度。

对于第七个法律问题即"福建自贸区引入台湾财团法人法律问题研究",课题组从宏观和微观两个方面提出福建自贸区引入台湾财团法人的解决思路。在宏观方面,福建自贸区可以制定实施性地方法规来实现台湾财团法人制度与大陆三种可替代性制度(基金会、民办非企业单位、公益信托)的对接;在微观方面,包括台湾地区捐助人直接在福建自贸区设立财团法人和台湾地区财团法人在福建自贸区设立分支机构或代表机构两种模式,对前者而言,主要是为其提供一个明确的选择指导,对后者而言,则更多地涉及避免其技术性规则与上位法之规定产生冲突。同时,课题组也提出台湾捐助人如何直接在福建自贸区设立财团法人、台湾财团法人如何在福建自贸区设立分支机构或代表机构、解散(终止)事由和剩余财产之处理、监督管理等方面的具体文本构架。

对于第八个法律问题即"福建自贸区促进互联网金融发展法律问题研究",课题组提出的具体对策建议包括:第一,结合福建自贸区发展互联网金融优劣势的基础,以第三方支付、P2P网络借贷、股权众筹和互联网保险四种具体模式为对象,福建自贸区应针对各项业务进行专项立法、构建核心明确的监管网络和监管协调与信息共享机制、完善信息披露机制、推动区内征信行业的发展及其与互联网金融的对接等方面的建议。第二,在执法方面,福建自贸区应当针对当前的互联网金融模式以及混业经营之趋势组织一张核心明确的协同监管网络。第三,在司法方面,依据主体不同建构多元化纠纷解决机制并完善各机制间的协调与衔接。第四,在守法层面,从内外部培育、提升守法意识。唯有如此"四位一体"地推进法律环境的优化,才能更好地促进福建自贸区互联网金融的健康发展。

四、研究展望

以上八个法律问题并非涵盖了福建自贸区所有的重大法律问题,实际上,这仅仅涉及冰山一角。其一,自贸区本身包含法治创新的使命,在其发展过程中,不断有新的法律问题出现,需要学者持续介入与思考;其二,即使本书涉及的八个问题,也是在不断的发展变化中,需要学者保持密切关注。"福建自贸区若干重大法律问题研究"命题本身,是一个动态与宏大的主题,需要我们持续关注与深入研究。因此,本书研究的结束,并不是真正的结束,从严格意义上讲,这是真正的开始。

第一章

福建自贸区金融创新与金融监管的
互动及其法治保障

　　众所周知,金融是现代经济的核心,金融业发挥服务和促进实体经济发展的重要作用。各国自贸区都非常重视发展金融业,并且大力实行金融创新,放松金融管制,以促进贸易与投资的便利化,从而为自贸区的全面发展创造良好的金融环境。在福建自贸区的改革创新中,金融领域的改革创新也是重中之重。为什么要在福建自贸区实行创新性金融改革?改革有何依据?实施了哪些具体的金融创新措施?这些措施会带来什么样的社会效果,尤其是带来何种金融风险?如何有效监管自贸区金融业的风险,尤其是区内金融服务创新所带来的风险?如何在全面依法治国的时代,依据法治理念,运用法治思维,防范和化解自贸区内的金融风险?这些问题无疑都是关系福建自贸区长远发展与金融稳定的重大现实问题。本章首先拟从分析福建自贸区金融创新的背景入手,运用金融创新与金融监管互动的基本原理,梳理福建自贸区金融创新的制度与实践,并与我国上海自贸区、广东自贸区及天津自贸区的金融创新进行比较分析;其次,分析福建自贸区在应对金融创新风险方面所采取的主要监管措施及其存在的主要问题;最后,针对这些问题提出完善金融监管法治保障的对策建议。

第一节　福建自贸区金融创新的背景与原理分析

一、经济新常态下福建自贸区金融创新的背景分析

(一)上海自贸区金融创新经验的复制和推广

经济新常态是对我国当下经济发展状况以及未来较长时期内经济发展态势的总体概括,其主要特征表现为:经济增长速度转变为中高速增长;经济结构上优化升级;经济增长动力从要素驱动、投资驱动转变为创新驱动。[①] 在经济新常态下,中央作出进一步加快福建发展的重大战略部署。福建自贸区建设无疑是经济新常态下深化福建改革和扩大福建开放,加快福建发展的重大举措。福建自贸区作为全国第二批自贸区,是国务院在经济新常态下引领经济改革,复制和推广全国首个自贸区——上海自贸区的创新经验,全面贯彻落实自贸区战略的重要举措。

上海自贸区金融改革是我国在 2008 年全球金融危机之后,在银行业、证券业及保险业等多个金融领域进行的一次综合性地方金融试验。[②] 其目的是增强金融服务实体经济的能力,解决企业融资难、融资成本高的问题,满足实体经济的融资需求,促进人民币国际化下的资本项目开放。同时,上海自贸区还担负着探索制度创新,提炼出可复制、可推广的创新模式的历史重任,以促

[①]　李扬、张晓晶认为,新常态与旧常态相对应,20 世纪 80 年代以来经济全球化、科学技术创新、全球经济体制变革等多种有利因素造成全球经济的"大稳定"这一旧常态的主要特征,但是,"大稳定"也掩盖了各种矛盾,这些长期积累的矛盾最终使"大稳定"演变成大危机,并导致全球经济新常态"长期停滞"。不过,中国经济进入新常态除了国际原因,还有自身的原因。一方面,中国经济经过长期的高速增长,经济总量已经相当大,无论是资源消耗、劳动力供给,还是资金投入以及环境容量等,都难以再承受持续的高速经济增长。另一方面,经济发展方式亟须转变,制约经济发展的各种体制性因素日渐突出,全球经济新常态的出现为中国上述经济问题的解决提供了机遇的同时,也增大了压力。参见李扬、张晓晶:《"新常态":经济发展的逻辑与前景》,载《经济研究》2015 年第 5 期。

[②]　陈文成:《自由贸易账户论——中国(上海)自由贸易试验区金融改革的理论与实践》,格致出版社、上海人民出版社 2005 年版,第 1~11 页。

福建自贸区重大法律问题研究

厦门大学法学院经济法学文库

进政府职能转变,为经济发展增添更多的改革红利。就金融创新而言,上海自贸区的创新性金融改革已经形成一些较为成熟的金融模式:一是金融监管简政放权模式;二是分账核算单元(Free Trade Accounting,简称 FTU)下的自由贸易账户及其审慎管理模式;三是金融服务实体经济的创新业务;四是开放条件下的金融业风险控制模式;五是人民币外债管理的宏观审慎管理框架。[①]这些成熟的金融模式是上海自贸区金融改革所形成的可复制、可推广的经验模式。福建自贸区作为全国第二批自贸区,复制和推广上海自贸区的创新性金融改革经验模式,无疑能够为加快福建发展释放出新的改革红利,为促进福建经济社会发展提供强大的金融支持。

(二)深化海峡两岸经济合作建设的现实需求

近年来,两岸交流与合作进展顺利。2009 年 4 月 26 日《海峡两岸金融合作协议》签署;2010 年 6 月 29 日《两岸经济合作框架协议》(*Economic Cooperation Framework Agreement*,简称 ECFA)签署;2013 年 6 月 21 日《海峡两岸服务贸易协议》签署。[②] 两岸频繁的经济合作与民间交流,为两岸金融合作创造了现实条件。澳新银行在 2014 年的一份研究报告中指出,截至 2014 年 9 月底,台湾地区银行业人民币存款规模累计已达 3004.29 亿元,相当于香港特别行政区离岸人民币存款的 1/3,台湾地区已经成为全球第二大人民币离岸市场。[③] 台湾地区作为全球第二大人民币离岸市场的资本实力,早以为大陆资本市场所重视。2013 年 12 月 10 日,大陆四大商业银行交通银行、农业银行、中国银行、建设银行在台湾地区台北市同步发行"宝岛债",共计发行人民币债券 67 亿元。"宝岛债"是以人民币计价,在台湾地区的证券柜台买卖中心挂牌交易的一种国际债券。随着"沪港通"的示范效应凸显以及"深

---

① 陈文成:《自由贸易账户论——中国(上海)自由贸易试验区金融改革的理论与实践》,格致出版社、上海人民出版社 2005 年版,第 155~157 页。

② 该协议涉及两岸在通信、建筑、分销、环境、健康和社会、旅游、金融等服务行业的开放。以银行、保险业为例,大陆允许台湾地区的银行在福建设立异地支行,允许台湾地区的银行在大陆发起设立村镇银行,积极支持符合资格的台湾地区保险业者经营交通事故责任强制保险业务。但是,该协议被台湾地区"立法院"搁置。参见吴亚明:《〈两岸服务贸易协议〉不过台湾难过》,载《人民日报》2014 年 2 月 17 日。

③ 中国新闻网:《澳新银行:台湾地区已成为全球第二大人民币离岸市场》,http://www.chinanews.com/tw/2014/11-14/6774780.shtml,下载日期:2016 年 3 月 15 日。

港通"的临近,有人建议探索"沪台通",以进一步顺畅台湾地区的离岸人民币回流。①

除了复制和推广上海自贸区的经验,福建自贸区应当结合福建特色发挥自身优势,探索通过自贸区"提升开放水平,倒逼深化改革"的新经验。以金融改革为例,福建自贸区除了借鉴和学习上海自贸区的金融创新经验之外,还应当发挥福建在两岸金融合作上的独特优势。无论是在台商投资,还是对台民间交流方面,福建都具有开展海峡两岸金融合作的独特优势。如福建省设有福州、海沧、泉州、漳州等6个国家级台商投资区,设有漳浦、漳平永福、仙游、清流、福清、惠安等6个国家级台湾农民创业园,截至2015年1月底,六大国家级台商投资区共有企业1.98万户,台商投资企业已从初期的劳动密集型向技术、资金密集型发展。②尽管《海峡两岸服务贸易协议》暂时受阻,但是两岸金融服务业相互开放与合作已经成为现实需求。福建自贸区可以面向两岸金融开放与合作的现实需求,着力实施金融创新,为在闽台商投资企业提供全方位、高品质的优质金融服务,吸引台湾地区离岸人民币市场的资金回流福建。

(三)为21世纪海上丝绸之路核心区建设提供金融支持

共建"丝绸之路经济带"与"21世纪海上丝绸之路"(简称"一带一路")是我国为应对国际金融危机深层次挑战,进一步提升对外开放水平的重大战略决策。"一带一路"战略对于促进丝绸之路沿路各国的繁荣发展与东西方之间的交流具有重要意义。首先,"一带一路"战略的实施能够促进沿路各国经济要素的有序自由流动,以及经济政策协调与经济合作,从而为复苏乏力的全球经济尤其是沿路各国的经济注入新的强大动力。其次,该战略的实施有利于促进沿路各国的政治互信,增强各国人民的人文交流与文化互鉴,有助于实现沿线各国多元、自主、平衡、可持续的发展。

依据国务院发布的《推动共建丝绸之路经济带和21世纪海上丝绸之路的愿景与行动》,"一带一路"建设的合作重点以"政策沟通、设施联通、贸易畅通、资金融通及民意相通"为主要内容。政策沟通是政策保障,设施联通是建设的优先领域,贸易畅通是建设的重点内容,资金融通是重要支撑,民意相通是社会根基。福建是古代海上丝绸之路的起点,具有悠久的对外贸易历史和海外交流的民间传统,故被确立为21世纪海上丝绸之路的核心建设区域。依据

---

① 董雪:《台湾离岸人民币市场备受关注》,载《中华工商时报》2015年1月14日。

② 胡善安:《福建六大国家级台商投资区共有企业1.98万户》,http://www.fj.xinhuanet.com/xhs/2015-02/12/c_1114347997.htm,下载日期:2016年3月15日。

"一带一路"建设的合作重点,福建作为 21 世纪海上丝绸之路核心区,其建设重点是实现福建与"一带一路"沿路国家与地区的贸易畅通。这就需要资金融通作为重要支撑,而资金融通又需要金融政策与金融法律作保障。为了给"一带一路"战略的实施提供金融支持,我国发起成立亚洲基础设施投资银行。福建一方面可以争取亚洲基础设施投资银行投资本省区域内的重要基础设施,确保设施联通,另一方面,福建自贸区可以进行创新性的金融改革,吸引金融机构进驻自贸区,在贸易结算、贸易融资及外汇资金汇兑等方面确保贸易畅通。总之,福建的 21 世纪海上丝绸之路核心区建设需要强有力的金融支持,而以往严格管制型的金融体制难以满足这一需求。福建自贸区的创新性金融改革有利于突破以往金融体制的桎梏,满足 21 世纪海上丝绸之路核心区建设的金融需求。

二、自贸区金融创新与金融监管互动的原理分析

(一)自贸区在全球范围的兴起及金融创新在自贸区中的重要地位

自贸区作为我国近年来力推的重大战略,其理论基础最早可以追溯到古典经济学家亚当·斯密的绝对成本理论、大卫·李嘉图的比较成本说及赫克谢尔与俄林的要素禀赋说。然而,自贸区晚近在全球范围内的兴起,是在世界贸易组织(World Trade Organization,WTO)多哈回合谈判进展不顺的情况下各国深入开展经济区域合作的结果,是各国经贸制度创新的重要平台。据不完全统计,全球已经有 1200 多个自贸区,自贸区为全球经济的发展做出重要贡献。如美国纽约自贸区、德国法兰克福自贸区、巴西玛瑙斯自贸区与新加坡自贸区等就是世界上比较成熟的自贸区。这些自贸区已经成为全球重要的贸易中心,并成功带动所在国的经济升级发展。

自贸区是在一国或地区的对外经济活动中实行贸易自由化、投资自由化与金融自由化等特殊政策的特定区域。自贸区具有区位的定域性、产业的聚集性、监管的特殊性及政策的激励性等基本特性。自贸区大多具有区位优势,并利用区位优势和优惠政策的激励,实行产业聚集和辐散。[①] 为了推进自贸区内的金融自由化,各国无不在自贸区内实行创新性的金融改革。例如,在金

---

① 参见上海财经大学自由贸易区研究院、上海发展研究院:《全球自贸区发展研究及借鉴》,格致出版社、上海人民出版社 2015 年版,第 14~16 页。

融外汇管理方面,实行宽松的外汇管制,允许外汇资金自由进出和自由兑换;开放资本项目,设立外汇账户,为外汇结算、离岸支付结算及跨境投融资等提供便利。这样大大降低了自贸区内企业面临的外汇风险,有利于减少自贸区内企业的经营成本。时至今日,宽松、自由和开放的金融政策是国际自贸区的共同特点,这也是各国在自贸区内实行创新性金融改革的结果。如新加坡在1968年就开始放松外汇管制,并在1978年6月1日宣布全面放开外汇交易;日本在1998年修改《外汇法》,实行外汇交易的完全自由化;韩国在1999年实施"负面清单"式的外汇交易管理,除了"负面清单"明确禁止的情形之外的外汇交易都是合法的。可见,秉承金融自由化理念的金融创新是自贸区内制度创新与建设的重点之一。

(二)金融自由化趋势下的放松金融监管是金融创新的重要诱因

西方发达国家在20世纪60年代开启了放松金融管制的金融自由化进程。罗纳德·麦金农与爱德华·肖的"金融自由化"理论指出,发展中国家的金融抑制现象是其经济欠发达的重要原因,应当以金融自由化的方式进行金融深化,进而促进经济增长。发达国家放松金融管制的金融自由化实践以及麦金农的"金融自由化"理论对发展中国家的金融改革产生重大影响,并在全球范围内形成金融自由化趋势。全球自贸区内以放松外汇管制为主要内容的金融创新就是金融自由化趋势下金融监管变革的结果。"管制放松,技术进步,竞争激化,汇率和利率变动,常被认为是金融创新的主要激发因素。"[1]其中,监管或管制是最经常被引证的金融创新背后的力量。凯恩提出金融创新的监管辩证法观点,通过"斗争模型"将金融变革描述为监管者与被监管者之间的持续斗争;米勒的研究表明,监管和税收是金融创新的主要推动因素;霍兰则将金融创新分为规避性的创新和先验性的创新,前者是试图避免和遏制管制影响的一种自由市场反应,后者是与管制控制无关的创新类型。[2]

规避性的金融创新实质上指出了金融创新的制度原因,先验性的金融创新则源于非制度因素,如技术创新就是促进金融领域持续创新的重要原因之一。计算机技术的突飞猛进及其在金融领域的广泛运用,尤其是互联网金融的出现,极大地减少了金融交易成本,使金融机构可以在全球范围内开展业

---

① 〔英〕菲利普·莫利纽克斯、尼达尔·沙姆洛克:《金融创新》,冯健、杨娟、张玉仁等译,中国人民大学出版社2003年版,第6页。

② 〔英〕菲利普·莫利纽克斯、尼达尔·沙姆洛克:《金融创新》,冯健、杨娟、张玉仁等译,中国人民大学出版社2003年版,第53～56页。

务,金融资源得以在全球范围更加自由地流动和优化配置。同时,技术创新使金融机构之间的竞争更加激烈,哪个金融机构能够率先利用先进技术进行金融创新,它就能够在激烈的金融竞争中占据优势地位。此外,在经济全球化时代,国际贸易竞争加剧,外汇管制与浮动汇率使国际贸易当事人既面临管制风险,又面临汇率风险,为国际贸易提供融资与结算等金融服务的金融机构面临同样的风险。如何消除、防范和化解这些风险是摆在各国金融监管部门、金融机构等面前的现实问题。各国自贸区在金融领域的简政放权、金融机构纷纷入驻自贸区以及金融服务创新,便是对这些现实问题的回应。

(三)金融创新所致的金融风险对完善金融监管提出了更高要求

金融创新是一柄双刃剑,既有利于促进金融效率的提高,也会带来新的金融风险,从而危及金融安全。首先,放松管制模式下的规避性金融创新使被规避的监管制度失去赖以存在的基础,大量的创新性金融产品给金融市场带来新的金融风险,会在总体上增加金融体系的风险;其次,金融创新使金融结构发生重大变化,混业经营趋势明显,全能型银行与金融控股公司的经营模式使金融机构规模不断增长,监管部门难以对"太大而不能倒"的金融机构实施有效监管;最后,金融创新加速金融市场的国际化,金融全球化既形成全球金融市场体系,也将金融风险全球化。[①] 一些发展中国家通过金融自由化改革,深化本国金融体系,并将本国金融体系逐渐融入全球金融体系,确实也在一段时期内分享全球金融市场的收益,促进本国经济增长,但是也有不少发展中国家遭受来自全球金融体系的风险冲击。1998年的亚洲金融危机就重创了马来西亚、韩国等亚洲国家的经济。2008年由美国次贷危机引发的全球金融危机则在一定程度上是美国等发达国家金融创新过度的结果。该次金融危机不仅给发达国家,也给发展中国家带来了重大损失。

可见,金融创新有助于深化金融改革,放松金融监管,提高金融自由化水平,但是金融创新绝不是对金融市场活动放任不管,反而是金融创新所致的金融风险对完善金融监管提出了更高的要求。这就要求实现金融创新与金融监管之间的良性互动。金融创新与金融监管本就是矛盾的对立统一体。从经济法视角看,如何处理政府干预与市场调节之间的关系是各国在经济领域必须妥善应对的重大问题,也是经济法的核心问题。众所周知,金融是现代经济的核心,不仅是资源配置的方式,也是社会财富分配的重要手段。社会成员金融

———————————

① 陆泽峰:《金融创新与法律变革》,法律出版社2000年版,第271~274页。

地位的不同对其个人发展具有重要影响。金融不仅仅是"为了赚钱而赚钱"，而且具有服务社会大众和推动平等社会之宏伟目标实现的社会功能。① 为了实现金融的优化资源配置、服务社会大众和促进社会平等社会功能，既要充分发挥金融市场机制的调节作用，同时又要加强和完善政府对金融市场的干预。秉承金融自由化理念的金融创新，就是要充分发挥金融市场机制作用，激活金融市场活力，提高金融效率。金融监管实质上是政府对金融市场进行干预，维护金融安全与稳定，促进金融公平。如果说金融是现代经济核心，那么金融领域的政府干预与市场调节之间的关系则是经济法视域中政府干预与市场调节之间的关系问题之核心。金融创新与金融监管之间的互动就是要在金融领域实现政府干预与市场调节之间的动态平衡。

金融创新与金融监管之间的互动原理对于自贸区内的金融创新同样适用。此外，自贸区作为一国或地区在对外经济活动中实行特殊政策或制度的特定区域，其金融创新具有特殊性：一是这些金融创新往往是对该国或地区的金融监管制度的重大突破，是该国或地区重大金融监管变革的先声或试验。这需要处理好改革与法治的关系。从法律视角看，无论是诱致性还是强制性的制度变迁，均需要接受法治约束。事实上，各国自贸区的建设与推进都伴随相应的法律制度完善。如美国形成了以《1934 年对外贸易法》为核心，包括联邦法律、州与地方法律法规、判例法以及相关海关国际条约等在内的严密框架体系。二是具有明显的地域性，即这些金融创新仅限于在自贸区内推行，这样有利于防范和控制金融创新风险，但是也会在一定程度上造成区内金融机构与区外金融机构之间的不平等竞争。

从上海自贸区到第二批的福建自贸区、广东自贸区、天津自贸区，金融创新都是自贸区内制度创新的重点内容。这些自贸区内的金融创新也是在为我国未来金融改革探索可以复制和推广的经验模式，必将对我国未来金融监管改革产生重大影响。当然，就自贸区金融改革而言，推进金融创新和完善金融监管必须要同步进行。既要看到自贸区内金融创新的必要性、重要性与紧迫性，积极主动地进行创新探索，也要关注金融创新可能衍生的金融风险，并通过完善金融监管切实防范和化解金融风险。就此而言，从金融创新与金融监管互动的视角研究福建自贸区的金融法治问题，无疑有助于满足福建自贸区

---

① [美]罗伯特·席勒：《金融与好的社会》，束宇译，中信出版社 2012 年版，第 10～12 页。

金融改革法治保障的重大现实需求。

第二节　福建自贸区金融创新的制度与实践

一、福建自贸区金融创新的制度层面分析

依据国务院印发的《中国（福建）自由贸易试验区总体方案》（简称《福建自贸区总体方案》），推进金融领域开放创新是福建自贸区建设的重要内容。《福建自贸区总体方案》从扩大金融对外开放、拓展金融服务功能及推动两岸金融合作先行先试等三个方面推进自贸区的金融服务开放创新。为了实现总体方案的建设目标，中国人民银行、中国银监会、中国保监会、福建省地方政府等纷纷加强和完善相关制度建设。下文拟对这些制度中为推进金融领域开放的金融创新措施予以具体分析。

（一）央行关于福建自贸区"金改三十条"中的金融创新

2015年12月9日，中国人民银行发布了《关于金融支持中国（福建）自由贸易试验区建设的指导意见》（简称"金改三十条"），共有指导意见三十条，故被业界称为"金改三十条"。"金改三十条"第2条规定"坚持改革创新，先行先试"的总体原则，着力于人民币跨境使用、外汇管理改革、金融服务拓展及两岸金融合作等方面进行金融创新。

1.人民币跨境使用方面的金融创新

在人民币跨境使用方面，"金改三十条"推出的金融创新措施包括：银行业金融机构可以为自贸区内企业直接办理跨境投资人民币结算业务，按照负面清单管理模式向自贸区内企业提供直接投资项下人民币结算服务；自贸区内的银行业金融机构可以与台湾地区金融业机构跨境拆入人民币短期借款或者跨境拆出短期人民币资金；支持自贸区内的非银行金融机构和企业从境外借用人民币资金，用于自贸区建设，但是不得用于投资有价证券、理财产品、衍生产品和委托贷款；支持自贸区内的金融机构和企业在境外发行人民币债券，所筹资金按需要调回国内使用，区内企业的境外母公司可以在境内发行人民币债券；支持在自贸区内设立跨境人民币投资基金，开展跨境人民币双向投资业务；支持在自贸区内开展人民币计价结算的跨境租赁资产交易，如支持区内租

赁公司开展跨境资产转让、在境内发行和交易金融债券、区内非金融租赁公司在银行间市场发行非金融企业债务融资工具等;自贸区内符合条件的跨国公司在备案后开展集团内部的跨境双向人民币资金池业务,为其关联企业提供经常项目下的人民币集中收付业务;支持区内符合条件的企业开展人民币境外证券和境外衍生品等投资业务,允许区内个体工商户根据业务需要向境外关联经营主体贷出人民币资金;支持自贸区内居住或就业并符合条件的境内个人开展跨境贸易、其他经常项目下人民币结算业务,在区内居住或就业并符合条件的境外个人除了可以开展以上两种业务之外,还可以从事包括证券投资在内的各类境内投资。

2.外汇管理改革方面的金融创新

"金改三十条"有关外汇管理方面的创新以促进贸易投资便利化和限额内资本项目可兑换为主。在促进贸易投资便利化方面,主要是简化货物贸易收入的流程,A类企业无须开立待核查账户,可以在不同银行办理经常项目下的提前购汇和付汇;简化直接投资外汇登记手续,登记下放到银行办理,允许符合条件的自贸区内融资租赁企业收取外币资金,这体现了以简政放权促进贸易投资便利化的原则。在资本项目兑换方面,实行限额内自由结售汇,即在自贸区内注册的、负面清单外的境内机构在一个自然年度于1000万内自主开展跨境投融资活动,但要在自贸区所在地外汇分局辖内银行开立投融资账户办理资本项目兑换业务。"金改三十条"在加强外债宏观审慎管理、总部经济发展和结算中心、人民币与外汇衍生产品服务等方面也提出了指导意见,但是这些指导意见在很大程度上是一种表态,并非具体性措施,因而缺乏可操作性。

3.金融服务拓展方面的金融创新

"金改三十条"从三个方面拓展福建自贸区内的金融服务创新。一是账户管理体系建设,以便利自贸区内企业在经常项目和资本项目下的跨境结算,此点可以复制和推广上海自贸区的自由贸易账户经验,金融机构可以根据客户需要在自贸区内依据分账核算单元规则开立统一的本外币账户。二是互联网支付业务,为了为跨境电子商务提供跨境本外币结算服务,央行允许在福建自贸区内注册设立的台资非金融企业,依法申请支付业务许可,福建省内银行业金融机构可以与其合作,提供跨境本外币结算。显然,这一创新的目的是支持海峡两岸电子商务的发展。三是创建金融集成电路卡"一卡通"示范区,旨在加强和完善福建自贸区内的金融基础设施建设,从硬件方面提高自贸区的现代金融服务水平。

4.两岸金融合作方面的金融创新

两岸金融合作是福建自贸区的特色与优势所在。为了充分发挥这一优势,央行"金改三十条"将"深化两岸金融合作"部分单列,从以下几个方面着力创新,以发挥福建自贸区在海峡两岸金融合作中的先行先试作用。一是两岸货币合作创新,如符合条件的银行可以为境外企业或个人开立新台币账户,金融机构可以与台湾地区银行之间开立新台币同业往来账户办理结算业务,试点新台币区域间银行交易市场,完善福建自贸区厦门片区的两岸货币现钞调运机制。二是将福建自贸区金融改革创新与厦门两岸区域性金融服务中心建设相结合,深化两岸金融合作。三是完善两岸金融同业的定期会晤机制、两岸反洗钱、反恐融资监管合作及信息共享等机制。此外,在前文所述的人民币跨境使用、外汇管理改革及金融服务拓展等方面的金融创新内容中涉及两岸金融合作。

(二)国家外汇管理部门关于福建自贸区的金融创新

为了落实央行"金改十三条"有关外汇管理改革的创新,国家外汇管理局福建省分局制定了《推进中国(福建)自由贸易试验区外汇管理改革试点实施细则》和《融资租赁外汇管理操作规程》,国家外汇管理局厦门市分局制定了《推进中国(福建)自由贸易试验区厦门片区外汇管理改革试点实施细则》和《融资租赁外汇管理操作规程》。上述两个关于外汇改革试点实施细则的主要内容包括:一是区内企业(金融机构除外)的外债资金实行意愿结汇,外汇局合理调控境外融资规模和投向,优化境外融资结构,符合条件的区内融资租赁可以收取外币资金;二是进一步简化经常项目下的外汇收支手续,区内货物贸易外汇管理等级为A类的企业的外汇收入不需开立待核查账户,银行按照"了解客户""了解业务""尽职审查"等展业原则办理经常项目收结汇、购付汇手续,银行有义务审查外汇业务的真实性与合规性;三是为支持发展总部经济和结算中心所进行的外汇管理改革,如放宽跨国公司外汇资金集中运营管理的准入条件,简化资金池管理等;四是为支持银行发展外汇和人民币衍生产品服务所进行的外汇管理创新,如允许境外机构开展即期结售汇交易,在自贸区内注册的银行可以为境外机构办理人民币与外汇衍生产品交易业务。

依据《融资租赁外汇管理操作规程》,融资租赁类公司购买租赁物的资金50%以上来源于自身国内外汇贷款或外币外债,可以在境内以外币形式收取租金,其收取的外币租金收入,可以进入其在银行开立的外汇账户;采用回租结构的融资租赁的出租人,出租人可以选择用外币或人民币向承租人支付租赁设备价款;区内融资租赁项目公司可以从境外购买飞机、船舶和大型设备并出租给承租人,凭合同、商业单证等相关材料办理付汇手续。

(三) 中国银监会关于福建自贸区的金融创新

金融创新与金融监管的互动原理表明,从金融监管的角度审视,金融创新实质是一个放松金融监管的过程。我国上海自贸区设立之后,中国银监会在 2013 年 9 月 28 日发出了《关于中国(上海)自由贸易试验区银行业监管有关问题的通知》(简称《上海自贸区银行业监管问题通知》)。我国广东自贸区、福建自贸区及天津自贸区等第二批自贸区设立之后,中国银监会办公厅在 2015 年 4 月 26 日发布了《关于自由贸易试验区银行业监管有关事项的通知》(简称《自贸区银行业监管事项通知》),明确第二批自贸区内的银行业监管事项按照《上海自贸区银行业监管问题通知》执行。依据《上海自贸区银行业监管问题通知》,福建自贸区内关于银行业的金融创新主要从以下几个方面开展:

首先,支持多元资本在自贸区内设立银行业金融机构与非银行业金融机构。全国性中资商业银行、政策性银行及福建本地银行可以在福建自贸区内新设分行或专营机构,自贸区内的现有银行经营网点可以升格为分行或支行,新增或升格银行分支机构不受年度新增网点计划限制。符合条件的外资银行可以在自贸区内设立子行、分行、专营机构及中外合资银行,区内外资银行支行可以升格为分行。民间资本可以依法进入自贸区内银行业,如可以在区内依法设立民营银行、金融租赁公司、消费金融公司等金融机构,可以与中外资金融机构合资,参股设立中外合资银行。

其次,简化银行业准入方式。自贸区内分行级以下(不含分行)的机构、高管和部分业务的准入事项从事前审批改为事后报告。这表明对这些银行及其相关事项的监管理念发生了变化,从强调审批的事前监管转到了注重经营风险防范与化解的事中与事后监管。同时,在自贸区内设立银行业准入事项绿色快速通道,建立准入事项限时办理制度,提高准入效率。

最后,支持区内银行业金融机构进行业务创新。为了满足自贸区内企业在贸易与投资方面的金融需求,自贸区内的银行业金融机构必须进行业务创新。为此,中国银监会放松了对区内银行业金融机构的业务管制,鼓励区内银行开展跨境投融资服务,允许符合条件的中资银行在区内开展离岸银行业务。在跨境融资方面,区内银行可以为大宗商品贸易、全供应链贸易、离岸船舶等提供融资服务。在跨境投资方面,银行可以提供跨境并购贷款和项目贷款、房地产信托资金及跨境资产管理与财富管理等金融服务。

(四) 中国保监会关于福建自贸区的金融创新

2015 年 4 月 15 日,中国保监会依据《国务院关于推广中国(上海)自由贸

易试验区可复制改革试点经验的通知》,决定将支持上海自贸区保险业发展的11项政策放宽至广东自贸区、福建自贸区、天津自贸区及上海自贸区扩区域。这11项政策实质上就是要在自贸区的保险业实行金融创新。其主要内容如下:一是保险产品管理制度创新,如允许自贸区所在地的航运保险协会试点开发航运保险协会条款,提高产品开发使用效率;二是保险机构设立与高管人员管理制度的创新,取消一些事项的事前审批,如当地航运保险运营中心、再保险公司在自贸区内设立分支机构不需要再事前审批,自贸区内保险支公司的高管人员任职资格也不需要事前审批。三是保险公司的业务创新,如支持自贸区内保险机构开展境外投资试点,允许在自贸区内设立外资专业健康保险公司、再保险中心等。2015年9月8日,中国保监会在广州召开了保险业服务"一带一路"和自贸区建设座谈会。中国保监会副主席周延礼在会上强调,保险业要创新制度机制,在更广泛的领域内更深层次地服务于自贸区建设。

　　中国保监会要求自贸区所在地保监局及时出台实施细则,根据各自贸区的战略定位和发展实际,有针对性地推动自贸区保险政策措施落地。为了推动福建自贸区保险政策的落地,福建保监局制定了《中国(福建)自由贸易试验区保险机构和高级管理人员备案管理办法》,该办法适用于福建自贸区福州片区和平潭片区。依据该办法,需要向福建保监局备案的事项包括:一是涉及航运保险运营中心和再保险公司的事项,如其在福州片区和平潭片区设立分支机构、其分支机构由自贸区外迁入自贸区内所发生的营业场所变更、其在自贸区内的营业场所变更等事项;二是自贸区内保险公司支公司高管人员的任职资格管理。备案材料由所在保险公司的总公司或其在福建保监局辖区内设立的省级分公司负责报送。备案期限是自备案事项发生之日起10个工作日内。如设立保险机构的,自该机构开业之日起10个工作日内提交备案材料;变更营业场所的,自机构迁入新场所之日起10个工作日内提交备案材料;保险公司支公司高管人员的任职资格,自任命决定作出之日起10个工作日内提交备案材料。福建保监局自收齐备案材料3个工作日内,完成备案材料审核。

　　厦门保监局制定了《中国(福建)自由贸易试验区厦门片区高级管理人员备案管理办法》。该办法适用于福建自贸区厦门片区,其备案事项相对单一,仅就厦门片区的保险支公司的高管人员任职资格管理事项进行规定。其备案期限也是自任命决定之日起10个工作日内提交备案材料。备案材料包括:任职资格备案表;对拟备案高管人员的内部审核报告;任职报告表及高管人员的身份证件、学历证明及劳动合同签章页等复印件;管理信息系统客户端程序生

成的电子数据文件。可见,厦门保监局关于高管人员任职资格的备案规定更为详细,已经具有相当强的实际操作性。此外,针对自贸区保险公司支公司高管人员调往区外保险机构任职的情形,该办法第 8 条第 1 款明确规定仍需按照中国保监会相关行政许可规定申请任职资格,即不适用备案制,而是要经过事前审批。至于已核准任职资格的高级管理人员,调任同一保险机构的自贸试验区内支公司高级管理人员职务,只需按照规定向厦门保监局报告,无须另行备案。

(五)《福建自贸区管理办法》中的金融创新

2015 年 4 月 20 日,福建省人民政府公布了《中国(福建)自由贸易试验区管理办法》(简称《福建自贸区管理办法》)。《福建自贸区管理办法》在第四章"金融开放创新与风险防范"专章规定了金融创新有关事项,主要包括:为促进跨境贸易和投融资便利的账户管理体系创新;自贸区内符合条件企业在限额内的资本项目可兑换;探索设立单独领取牌照的专业金融托管服务机构;为推进利率市场化允许自贸区内金融机构试点发行企业和个人大额可转让存单、推进跨境人民币业务创新、允许区内符合条件的中资银行试点外币离岸业务、支持符合条件的区内机构投资境内外证券期货市场并逐步开展商品场外衍生品交易。

此外,《福建自贸区管理办法》在第三章"闽台交流与合作"中规定了创新闽台之间金融交流与合作的有关事项。其总体思路是"先行先试和合作机制创新",即鼓励福建自贸区在两岸金融合作上先行先试,在闽台金融机构合作方面积极进行机制创新。具体而言,一是依据两岸合作的系列框架协议,进一步向台资开放福建自贸区内的金融服务业,如降低台资金融机构的市场准入门槛、支持在区内设立两岸合资银行等金融机构并提高台资参股大陆金融机构的持股比例、为区内台资金融机构法人在省内外设立分支机构提供方便。二是两岸金融机构在金融业务合作方面的创新,如允许福建自贸区内的银行业金融机构与台湾地区的银行业金融机构开展跨境人民币同业拆借业务、台湾地区的银行可以向自贸区内的企业或项目发放跨境人民币贷款。这样非常有利于作为全球第二大人民币离岸市场的台湾地区的人民币资本回流福建,既可以为加强福建发展提供强大的金融支持,也能够密切两岸经济与金融合作,增进两岸人民的福祉。

(六)《福建自贸区条例》中的金融创新

2016 年 3 月 29 日,《中国(福建)自由贸易试验区条例(草案修改稿)》[简称《福建自贸区条例(草案修改稿)》]提交二审。本次提交的《福建自贸区条例

（草案修改稿）》吸纳了委员在一审时提出的意见，将政府有关部门推进自贸区改革创新工作的情况，纳入政府绩效管理。金融领域的改革创新工作就是政府绩效管理的重要内容。2016 年 4 月 1 日，福建省人大第十二届人大常委会第二十二次会议通过并公布了《中国（福建）自由贸易试验区条例》（简称《福建自贸区条例》），自公布之日起实施。

作为地方性法规的《福建自贸区条例》，是福建为自贸区制定的法律位阶最高的地方性立法，理当为考核福建各级政府有关部门推进自贸区金融改革创新工作情况提供法律依据。为此，《福建自贸区条例（草案修改稿）》在第五章"金融管理与服务"及第六章"闽台交流与合作"中规定了推进福建自贸区金融改革创新的一系列具体措施。

尽管《福建自贸区条例（草案修改稿）》没有像《福建自贸区管理办法》一样在专章标题上使用"金融开放创新"的字眼，但是在第 26 条概括性地提出自贸区要"创造条件，稳步推进人民币资本项目可兑换、利率市场化、人民币跨境使用和外汇管理等方面的改革创新"。《福建自贸区条例（草案修改稿）》第 27条、第 28 条、第 29 条与第 30 条是以上各方面的具体创新措施。其中，第 27条第 1 款具体规定自贸区的账户管理体系建设措施，第 2 款规定跨境人民币业务创新措施，第 3 款规定支持跨境电子商务发展的跨境本外币支付结算服务创新；第 28 条规定自贸区内资本项目限额兑换事项；第 29 条规定金融机构试点发行企业和个人大额可转让存单、外币离岸业务及商品场外衍生品交易等事项；第 30 条突出对互联网金融发展的支持，支持在区内建立金融交易和服务平台，为区内互联网金融发展创造良好环境，顺应互联网金融发展趋势。此点在《福建自贸区管理办法》中并未作为专门金融创新事项予以规定。

关于闽台金融合作事项，《福建自贸区条例（草案修改稿）》在第六章"闽台交流与合作"中只用了一个条文加以规定。即第 35 条："自由贸易试验区支持两岸金融机构先行先试，创新合作机制。支持区内两岸金融机构创新开展跨境人民币借贷款、外币兑换和股权交易等业务。"与《福建自贸区管理办法》相比，《福建自贸区条例（草案修改稿）》关于闽台金融合作与交流的规定显得较为单薄，甚至对于区内台资金融机构的设立及台资参与设立合资金融机构的市场准入事项都未涉及。不过，后者倒是对区内两岸金融机构的股权交易业务作了规定，而且关于区内两岸金融机构跨境人民币借贷款的规定，从文义上解释，不再局限于同业拆借。

不过，最终通过的《福建自贸区条例》将第五章的标题改为"金融财税创新"。该章第 29 条至第 34 条共 6 个条文规定福建自贸区的金融创新事项。

第 29 条与《福建自贸区条例(草案修改稿)》第 26 条相同。第 30 条对应的是《福建自贸区条例(草案修改稿)》第 27 条,但是在立法技术上发生了变化,不再分三款分别规定账户管理体系建设、跨境人民币业务创新及支持跨境电子商务发展的跨境本外币支付结算创新,而是将这三个事项统一规定为一款。《福建自贸区条例(草案修改稿)》第 28 条、第 29 条与第 30 条变成现在的第31 条、第 33 条和第 34 条,内容上并无变化;《福建自贸区条例》第 32 条是关于自贸区融资租赁企业的准入标准、设立审批及事中事后监管等事项的规定,在《福建自贸区条例(草案修改稿)》中并未提及,属于新增加的部分。

在闽台交流与合作方面,《福建自贸区条例》第 41 条就闽台之间的金融交流与合作作了一系列创新性规定,且在保留修改草稿第 35 条内容的基础上增加了许多新的措施。如允许设立两岸合资银行、合资全牌照证券公司等金融机构,允许境外企业和个人开立新台币账户,发展新台币区域性银行间交易市场。

(七)《福建自贸区厦门片区建设若干规定(草案)》中的金融创新

建设两岸区域性金融服务中心与两岸贸易中心,是福建自贸区厦门片区的基本功能定位。此外,还要将厦门建设成为两岸新兴产业与现代服务业合作示范区、东南国际航运中心。从金融视角看,以上这四个方面的建设均离不开金融支持。为了加强对福建自贸区厦门片区的金融支持,厦门地方性立法——《厦门经济特区促进中国(福建)自由贸易试验区厦门片区建设若干规定(草案)》[简称《厦门片区建设若干规定(草案)》]在第五章"金融服务"及第六章"两岸经贸合作"中部分规定了一系列创新性金融改革措施。

在第五章"金融服务",共有 8 个条文是关于金融服务创新的。第 26 条明确自贸区账户管理体系建设的方向和宏观审慎管理框架下的资本项目限额内自由兑换及逐步统一内外资企业外债政策的目标。第 27 条规定人民币跨境使用方面的金融创新,如自贸区内机构在境外发行人民币债券、设立跨境人民币双向投资基金、人民币境外证券和境外衍生品交易等。第 28 条就自贸区内的金融机构创新作了规定,如在区内重点引进融资租赁公司、互联网金融机构、离岸与跨境业务中心等金融机构和类金融机构,其中有特色的创新是在区内重点引进类金融机构。什么是类金融机构?目前在理论上并无统一的含义。类金融机构与金融机构的主要区别是它没有金融业许可证,但是其所从事的经营活动具有类似于金融机构营业活动的功能。如股权投资公司、融资担保公司、典当行、商业保理公司、小额贷款公司以及各类互联网金融企业等。第 29 条是关于自贸区金融领域开放创新的规定,如该条第 1 款规定促进融资

租赁业务发展的完善措施,如对融资租赁业务的海关委托异地监管;第2款规定试点合格境内个人投资业务;第3款规定支持区内商业保理公司的发展。第30条就在自贸区内开展金融要素和大宗商品交易市场建设作了规定。第31条鼓励自贸区内的金融机构创新金融产品,以满足自贸区内的金融需求。为促进两岸金融合作,第32条规定了系列措施,如自贸区内企业和个人可以开立新台币账户、区内银行与台湾地区的金融机构可以开立新台币同业往来账户、新台币区域性银行间市场交易试点及区内台资非金融企业申请支付业务许可等。该条的主要立法目的是实现厦门自贸区金融创新改革与厦门两岸区域性金融服务中心建设之间的有效联动,以深化两岸金融合作。第33条针对厦门建设东南国际航运中心的金融需求,规定支持区内保险业发展的系列创新,包括在区内开展航运保险、设立再保险机构、引进新的台资保险法人机构与中介机构、开展人民币跨境再保险业务、鼓励发展融资租赁保险和质量保证保险及出口信用保险等保险业务。

《厦门片区建设若干规定(草案)》第六章"两岸经贸合作"部分关于两岸金融合作与交流的事项主要体现在第36条和第41条。依据第36条规定,进一步降低台资金融机构的市场准入门槛,并扩大其从事的金融服务业范围。这意味着福建作为对台合作与交流的前沿,借助于福建自贸区这一创新平台,主动对台湾地区开放金融服务业,切实实施《海峡两岸金融合作协议》《两岸经济合作框架协议》及《海峡两岸服务贸易协议》等有关内容。第41条是专门针对厦门与金门两地经贸合作的规定,其中包括促进厦门与金门两地金融服务业合作与发展的内容。

(八)《福建自贸区商业保理业务试点管理办法》中的金融创新

商业保理是扩大福建自贸区内信用服务业对外开放的重要创新。商业保理业务区别于银行保理业务,是指非银行金融机构从事的保理业务,即供应商与保理商签订保理协议,将现在或将来的应收账款转让给保理商,保理商向供应商提供融资、分户账管理、账款催收、坏账担保等服务。保理的核心是供应商通过债权转让获得融资,"保理商通过购买供应商的应收账款使供应商获得金融支持,再从债务人那里收取应收账款,使供应商可以集中精力从事自己的业务所长——货物或服务的销售"[①]。

2015年5月11日,福建省商务厅发布了《中国(福建)自由贸易试验区商

---

① 王卫国主编:《银行法学》,法律出版社2011年版,第265页。

业保理业务试点管理暂行办法》。依据该办法,区内从事商业保理业务的保理商包括:商业保理企业、内外资融资租赁公司及金融租赁公司。融资租赁公司只是兼营与主营业务有关的商业保理业务。在区内设立商业保理企业应当符合以下条件:(1)投资者具有从事商业保理业务或相关行业的经历;(2)投资者具备开展保理业务的资产规模和资金实力,公司制度健全,内部风险控制制度完善,近期无违规处罚记录;(3)具有 2 名以上金融管理经验且无不良信用记录的高管人员;(4)组织形式为公司,注册资本最低为 5000 万人民币,且全部以货币形式出资。商业保理企业可以从事以下业务:进出口保理业务;国内及离岸保理业务;销售分户(账)管理业务;与本公司有关的非商业性坏账担保业务;客户资信调查与评估业务;与商业保理有关的咨询服务等。

二、福建自贸区金融创新的实践层面分析

(一)福建自贸区福州片区的金融创新实践

2016 年 3 月 15 日,福建自贸区福州片区管委会与中国人民银行福州中心支行、福建银监局、福建证监局及福建保监局等中央金融管理部门的派出机构,发布了福建自贸区福州片区的 28 个金融创新案例,对该区成立以来的金融创新实践做了初步总结。这些金融创新案例主要包括:[①]

1. 加快自贸区金融机构集聚

截至 2015 年 3 月 15 日,入驻福州片区的金融企业及类金融企业已经超过了 340 家,其中包括 3 家台资银行,全国 5 家台资保险公司有 4 家在福州片区设立保险机构。[②] 泉州银行及渤海银行等国内城市商业银行、台湾彰化银行及台湾华南银行福州分行等台资银行、汇丰银行及日本三菱东京日联银行等外资银行、罗源汇融村镇银行及闽清瑞狮村镇银行等村镇已经在区内开业或者批准筹建。目前,福州片区初步形成由国内城商行、台资商业银行、外资商业银行和村镇银行组成的多层次银行业金融机构体系。

2. 放宽境外普通合伙人的资信证明要求

境外投资者以普通合伙人的身份新设立或入伙合伙企业的,境外的金融

---

① 福州片区管委会:《福建自贸试验区福州片区发布 28 项金融创新案例》,http://www.fjftz.gov.cn/article/index/aid/3120.html,下载日期:2016 年 3 月 27 日。

② 游笑春:《福建自贸试验区福州片区发布 28 项金融创新案例》,载《福建日报》2016年 3 月 15 日。

机构以及与该合伙人有业务往来的境内金融机构等均可以出具资信证明。

3.鼓励资本市场、新兴业态的创新发展

如福州市交通建设集团与福建海峡银行在福建自贸区福州片区内支持设立了首只产业投资基金——福州交通产业投资基金。又如福建道冲投资管理有限公司拟联合深圳市芝麻互联网金融服务有限公司等多家金融公司在仓山南台岛区块设立对冲基金基地,对冲基金基地已在福州片区仓山南台岛区块引进各类型企业11家,未来将进一步引入包括券商、保险公司、公募基金、期货公司、私募基金等在内的30家至50家金融机构。[①]

4.简化商业保理业务准入条件

在区内新设从事商业保理业务的公司,可以使用"商业保理"作为企业名称的行业特征;区内融资租赁公司可以兼营商业保理业务。

5.打造区域性融资租赁业集聚区

内资融资租赁(不含金融租赁)公司设立登记,无须取得前置许可审批,无最低注册资本限制。外商投资企业申请从事融资租赁经营的,可凭省级商务主管部门允许融资租赁试点的文件申请办理设立登记。

6.推动跨境人民币双向资金池业务落地

如中国银行通过与香港中银、新加坡中银等联动,为区内的中铝瑞闽、福州港务集团等企业核定跨境借款额度18亿元人民币;二是为飞毛腿、福万、速传供应链等6家企业提供跨境人民币资金池,方便跨国企业境内外资金调度。

7.跨境结算政策助力中国—东盟海产品交易所发展

如中国银行为中国—东盟海产品交易所设计跨境人民币交易方案,联动海外分行为海外客户鉴证开户,并协助实现境内外交易商绑定,完成首笔跨境交易,助力人民币国际化。

8.简化经常项目外汇收支流程

区内金融机构根据《推进中国(福建)自由贸易试验区外汇管理改革试点实施细则》,为区内A类企业办理货物贸易收入直接入账业务113笔,累计金额2059万美元,均未经过待核查账户。

9.成功办理资本金意愿结汇业务

对于外资企业外汇资本金结汇,我国实行的是支付结汇制,即企业只有在

---

① 张旭:《对冲基金基地将亮相南台岛拟引进50家金融机构》,载《福州晚报》2015年7月6日。

有实际资金支付需求时,经银行审核结汇所得人民币资金用途的真实性与合规性等相关证明材料后,才可办理结汇。这一方面限制了外商投资企业资金使用的自主性,另一方面使得企业在外汇资金暂时不用时,需要承担一定的汇率波动风险。所谓外企外汇资本金意愿结汇,是指外企资本金账户中,经所在地外汇局办理出资权益确认的外汇资本金,可按企业实际经营需要在银行办理结汇。福州片区内金融机构积极落实区内外汇管理制度创新,对外商投资企业将外汇资本金改为意愿结汇。

10.简化直接投资登记流程促进投资便利化

直接投资登记改革属于外汇管理改革内容之一。为促进投资便利化,将区内企业办理直接投资外汇登记下放到银行,企业仅需要向银行提交相关材料,就可以一次性完成外汇登记与账户开立等手续。直接投资登记流程的简化有利于减少企业经营成本。

11.成功办理了利率互换金融衍生品业务

利率互换是指两笔货币相同、债务额相同、期限相同的资金,作固定利率与浮动利率的调换,是降低资金成本和规避利率风险的重要金融创新。随着自贸区内外汇管理的放松及利率市场化的改革推进,区内企业及金融机构客观上面临越来越大的外汇汇率风险、利率风险。为有效应对这些风险,需要开展人民币与外汇衍生产品业务。福州片区内的金融机构就为区内企业成功办理了利率互换业务。如随着美国经济的复苏及美国联邦储备银行量化宽松政策的退出,美联储加息预期明显,某企业负有303万美元的流动资金贷款,利率是浮动利率,建设银行通过利率互换,将其转为欧元固定利率,从而帮助客户锁定利息成本,规避美元升息带来的利率风险。

12.离岸业务创新政策落地实施

福州片区离岸业务的创新政策是在市场准入上,允许已经取得离岸银行业务资格的中资商业银行总行授权自贸区分行开办业务。交通银行离岸业务服务中心、招商银行离岸金融服务中心、平安银行离岸业务中心等已经在福州片区设立。如平安银行在离岸业务推介会上表示,将面向全国范围内的离岸客户,提供离岸投融资、境内居民企业离岸金融、离岸同业金融、离岸贸易金融等服务,帮助福州片区内的企业搭建境外股权收购和投资平台。

13.加快跨境电子商务业务发展

跨境电子商务的发展有赖于金融机构为电商企业提供全方位的综合金融服务。福州片区内的金融机构与福州市跨境电子商务公共服务平台实现对接,如中国银行推出了"中银跨境E商通"产品,专门为跨境电商平台、跨境电商进口企业、第三方支付机构、海外供货商、境内个人、物流企业、海关电子口岸共6大客户群提供集进出口在线支付结算、外汇保值增值、跨境商户撮合、跨境融资等一体的全流程电子化综合金融服务。

14.深化两岸金融合作

两岸金融合作是福建自贸区的特色和优势,福建自贸区福州片区的建设目标之一是打造成为两岸金融合作示范区。建设银行在福州片区设立了"海峡两岸跨境金融中心",既为两岸台资企业提供金融服务,也为两岸居民提供个人跨境人民币对外直接投资业务和个人跨境结算业务;福州片区内农业银行、中国银行为彰化银行福州分行、华南银行福州分行等5家在大陆的台资银行开立同业账户8个;中国银行福建省分行与中国银行台北分行签署《跨境人民币清算账户协议》,首次推出人民币两岸现钞调运及收付业务。

15.创新支持整车进口

区内银行业金融机构为区内整车进口重点企业提供创新性金融产品,予以支持,如中国银行设计整车平行进口通宝。中国银行为中小型进口车企设计"整车平行进口通宝"和"共用授信额度",创新库存车辆第三方质押监管担保方式,并允许进口企业占用委托代理企业授信额度,有效解决中小车企抵押物或授信额度不足的困惑,满足自贸区内大中小各类平行进口企业的海外客户资信调研、开证、融资等各环节需求。

此外,福州片区的金融创新事项还包括:进一步加大"走出去"客户金融支持;支持企业开展境外股权投资;全球授信服务大型跨国公司;产业基金促进区内产业转型;科技金融助力高科技产业;推广集中汇总征税保函业务;"银税互动"降低企业融资成本;强化小微企业金融服务;开展大额存单发行试点;有序推进利率市场化改革。无疑,这些金融创新措施促进福州片区的金融服务业发展,为福州片区的贸易与投资便利化营造了良好的金融环境。

(二)福建自贸区厦门片区的金融创新实践

为了将福建自贸区厦门片区建设成为两岸区域性金融服务中心、两岸贸易中心、两岸新兴产业与现代服务业合作示范区及东南国际航运中心,厦门片区积极进行创新性金融改革,以为实现上述建设目标提供金融支持。2016年2月26日与2016年5月19日,厦门片区管委会与厦门市金融办及"一行三会"在厦门的派出机构,先后两次联合发布了自厦门片区成立以来的金融创新案例,对厦门片区的金融创新实践经验作了初步总结。

1.厦门片区第一批金融创新案例

建立跨海峡人民币代理清算群,代理清算群成为两岸金融机构开展结算、

清算、融资、担保等综合性、全方位金融合作的通道,农业银行、建设银行及平安银行在厦门设立了"两岸人民币清算中心";开展对台跨境人民币贷款试点,已有 12 对厦门企业、台湾银行机构和厦门银行业金融机构达成 12 项跨境人民币贷款三方合作意向协议;跨境双向人民币资金池业务助力区内企业自主统筹配置境内外人民币资金;首创保税展示交易内销货物电子化"分段担保"模式;简化经常项目外汇收支流程;外债意愿结汇业务成功办理;首笔融资租赁企业境外筹资转贷款成功落地;成功发行首单信贷资产支持证券,率先"试水"资产证券化,2015 年 11 月 26 日,厦门农村商业银行在全国银行间债券市场成功发行厦门辖区首单信贷资产支持证券;推出区内企业"集中汇总征税通关"保函业务;引入第三方仲裁机制,创新保险纠纷处理模式;搭建小微企业出口信用保险平台;开展交通事故综合服务创新试点;优化自贸试验区内金融机构准入制度;利用"全球授信"模式降低跨境贷款成本;航易贷开启航运金融新模式;创新工场基金助推区内小微企业创业创新;开设绿色通道,推动台资银行落户自贸试验区;新台币现钞兑换服务民众;台商转型基金促进台资企业转型发展;自贸试验区内信用查询便利化;首创"税银互动",助力小微企业融资;创建银保四方融资新模式;"两岸通"速汇快、顺、省;代理台湾地区银行债券交易;设立离岸业务服务中心,实现跨境客户一站式服务;百亿规模产业引导基金助力厦门片区产业增长;探索设立厦门自贸试验银行。①

2.厦门自贸区第二批金融创新案例

该批公布的 11 项金融创新有三项是金融监管方面的创新。如厦门银监局创新银行监管互动机制,与人行厦门中心支行建立健全金融信息联合统计制度,完善自贸区金融风险管理等。其他八项是关于金融机构设立、金融业务与金融产品等方面的创新。在金融机构设立方面,表现为大批两岸特色金融机构集聚厦门,充分发挥厦门作为两岸金融合作先行区的优势。浦发银行、平安银行、招商银行及交通银行等纷纷在厦门设立了"离岸银行业务中心"。此外,鼓励在区内设立类金融机构,如厦门金圆融资租赁有限公司作为首批入驻厦门片区的类金融企业,首家获得了集租赁、商业保理和贸易于一体的"三合一"牌照。这也是厦门片区依托厦门金圆控股有限公司这一金融合作平台推进金融创新的结果。在金融业务与金融产品创新方面,一是围绕厦门打造 21

① 厦门片区管委会:《厦门片区发布首批 27 个金融创新案例》,http://www.china-fjftz.gov.cn/article/index/aid/2993.html,下载日期:2016 年 3 月 29 日。

世纪海上丝绸之路经济带核心区的战略,金融机构为厦门企业"走出去"提供融资支持;二是设立厦门国际金融资产交易中心,运用资产证券化等金融工具及互联网新技术提高金融效率,推动金融供给侧改革;三是实现异地航空公司飞机租赁业务,厦门片区累计租赁引进飞机23架,进口额达到17亿美元,其中片区内的建信租赁公司为深圳航空公司通过融资租赁方式进口一架价值近4600万美元的飞机。① 在保险业方面,厦门首创海关事务保证保险,进口企业以保险产品作为担保,保险公司为进口企业向海关提供保单保函,为进口企业提供担保。这样可以大大减少进口企业的通关成本和占用的资金。

以上金融创新中,不乏属于厦门片区首创、具有厦门片区特色的创新。如"航易贷"项目,就创造了"船东+银行+保险公司+公共信息平台"的航运金融模式,体现厦门片区着力建设东南国际航运中心的特色。又如"两岸通"速汇服务,由厦门银行与台北富邦银行联合推出,实现了"当天汇出、当天到账",成为两岸汇款的便利通道。此外,厦门银行成为大陆首家新台币现钞清算业务参加行,为民众提供快捷方便的小额新台币兑换业务。这些金融创新鲜明地体现出厦门片区致力于建设两岸区域性金融服务中心的特色。

(三)福建自贸区平潭片区的金融创新实践

依据福建自贸区平潭片区的实施方案,平潭片区的功能定位是建设两岸共同家园和国际旅游岛。为了实现这一功能,需要着力推进区内金融服务开放创新,具体措施是:推动区内金融服务业对台资进一步开放,推动台湾银行和非银行金融机构入驻;引进中福汇金支付有限公司,建立以第三方支付为核心,涉及物流金融、商业保理、消费金融、跨境支付、国际汇兑等综合性跨境金融系统,提升金融服务功能。2016年5月10日,平潭片区管委会与人民银行平潭支行、福建银监局平潭办事处等联合发布了首批28个金融创新案例。其中属于平潭片区首创或者能够体现平潭片区特色的金融创新案例主要有:首创台企台胞征信共享。在平潭片区设立的15家金融机构签订协议,通过台湾地区信用报告查询系统,了解片区内台资企业在台湾地区的信用信息。浦发银行平潭分行在2016年2月15日通过该系统,获得全国首张台资企业与台湾同胞的信用信息报告单。又如拓展闽台银团贷款业务。2015年年底,上海浦东发展银行福州分行与台湾彰化银行福州分行合作,向平潭综合实验区国

---

① 白若雪、崔昊、朱文尧:《飞机融资租赁成厦门自贸片区的一张"名片" 16日引进深航租赁飞机》,载《海西晨报》2016年4月17日。

有资产投资集团有限公司以"银团贷款"方式提供了项目贷款。这是平潭实验区内银行与台湾银行的首次合作,也是由台资银行对平潭政府项目投放的首笔人民币贷款。另外,为了方便两岸居民往来平潭片区,促进两岸交流,在片区开通了新台币直购两岸直航船票与直接兑换人民币业务。

三、福建自贸区与其他自贸区金融创新的比较分析

(一)上海自贸区的扩围升级与金融创新的深化拓展

2014 年 12 月 28 日,十二届全国人大常务委员会第十二次会议,通过了《授权国务院在中国(广东)自贸区、中国(福建)自贸区、中国(天津)自贸区及中国(上海)自贸区扩展区域暂时调整有关法律规定的行政审批的决定》(简称《授权国务院在广东、福建、天津自贸区及上海自贸区扩展区调整法律规定行政审批的决定》)。这表明上海自贸区的扩围升级正式启动。新扩区域包括陆家嘴金融片区、金桥开发区片区及张江高科技片区。为了促进扩围之后的上海自贸区的升级,必须要深化拓展金融创新。为此,上海自贸区拟再推 51 条金融改革措施。如在陆家嘴金融城,设立了上海自贸区股权投资基金,这是全国第一家专注投资自贸区的基金。截至 2016 年 5 月 24 日,上海自贸区已经公布了六批金融创新案例。前四批金融创新案例是在 2015 年前公布,已经对全国第二批自贸区的金融改革产生了重要影响。第五批金融创新案例是在 2015 年 12 月 8 日公布,第六批金融创新案例是在 2016 年 5 月 24 日发布的。这两批金融创新案例总结了上海自贸区扩围升级以来创新性金融改革的主要经验。

第五批金融创新案例 12 个,可以归纳为三个方面:一是拓展自由贸易账户功能方面的创新;二是科技金融方面的创新;三是金融监管方面的创新。上海自贸区从利率市场化创新、金融市场创新、跨境金融服务创新等三个方面拓展了自由贸易账户功能。2015 年 10 月 12 日,八家试点银行发行了总量达 29亿元的自贸区跨境同业存单。这有利于完善自由贸易账户体系的利率定价机制,促进境外人民币资金回流。2015 年 11 月 18 日,中欧国际交易所在法兰克福开业,该所由上海证券交易所、中国金融期货交易所及德意志交易所共同设立,目的是建设欧洲离岸人民币市场,促进中国金融机构"走出去"发展。在跨境金融服务方面,海通证券通过在自贸区设立的分公司,开展了跨境融资业务;交通银行上海分行牵头组建了国内首个多品种混合银团贷款。科技金融创新是推动张江高科技片区发展的重要动力,也是上海自贸区扩围之后金融

创新的重点所在。如上海银行推出了"远期共赢利息业务",该业务基于科技企业成长的周期性规律,拉长了风险与收益匹配的时间,改变了以往的"一价合同"利息模式,有利于实现科技企业与银行的共赢,在一定程度上缓解了科技企业的融资难题。又如太平洋财产保险公司推出了"科技E保"科技企业创业保障保险,浦发硅谷银行推出了初创期科技企业投贷联动金融服务方案;工商银行上海分行利用大数据支持,针对不同阶段的科技创业企业,量身定做专属金融产品,此即"海王星科创企业金融云服务方案"。在金融监管方面,上海银监局首创了银行业务创新监管互动机制;上海保监局实施了保险专业中介机构股权信息监管改革试点。①

第六批金融创新案例共15个,可以归纳为如下几个方面:一是自由贸易账户功能拓展;二是金融业务创新;三是金融市场创新;四是金融机构创新;五是金融监管创新;六是行业自律。自由贸易账户功能拓展方面有四个案例,包括首单自由贸易账户间参代理业务合作;自由贸易账户下首笔利率互换交易;大宗商品交易市场跨境电子商业汇票及资产管理公司自由贸易账户下应收账款收购业务。金融业务创新方面有三个案例,分别是跨境电商综合金融服务、"走出去"企业跨境融资服务及首单保险公司保单质押贷款资产证券化业务等。金融市场方面的金融创新案例三个:"上海金"人民币集中定价交易;上海清算所推出的中国信用债指数;上海股权托管交易中心的"科技创新板"。金融机构创新方面,在区内了设立国内首家中外合资的再保险经纪公司。②

(二)广东自贸区金融创新的功能定位与主要内容

1. 广东自贸区金融创新的功能定位

依据《中国(广东)自由贸易试验区总体方案》(简称《广东自贸区总体方案》),广东自贸区由广州南沙新区片区、深圳前海蛇口片区、珠海横琴新区片区等三个区域组成。在功能划分上,特色金融是广州南沙新区片区的发展重点之一,深圳前海蛇口片区将建设成为我国金融业对外开放试验示范窗口,珠海横琴新区片区则将商务金融服务作为发展重点之一。可见,广东自贸区的

---

① 罗浩:《上海自贸区第五批金融创新案例暨首批科技金融创新案例发布》,载《上海金融报》2015年12月8日。

② 参见上海自贸区管委会:《上海自贸试验区第六批金融创新案例基本情况》,http://www.china-shftz.gov.cn/PublicInformation.aspx? GID = f24c9cf7-d747-482a-a90e-023f4bc4e4ba&CID=953a259a-1544-4d72-be6a-264677089690&Type=99&navType=0,下载日期:2016年5月25日。

三个片区都非常重视金融业的发展与创新。金融创新旨在发挥金融服务业促进实体经济发展的功能。《广东自贸区总体方案》规定广东自贸区的主要任务之一是深入推进粤港澳服务贸易自由化,推动适应粤港澳贸易自由化的金融创新,以贯彻落实《内地与香港关于建立更紧密经贸关系的安排》《内地与澳门关于建立更紧密经贸关系的安排》及其补充协议的框架安排。这就是广东自贸区金融创新的基本功能定位。

2.广东自贸区金融创新的主要内容

《广东自贸区总体方案》在"深化金融领域开放创新"部分从以下四个方面规定了广东自贸区金融创新的主要内容:一是推进跨境人民币业务创新发展;二是推动适应粤港澳服务贸易自由化的金融创新;三是推动投融资便利化的金融创新;四是建立健全自贸区金融风险防控体系。为了具体落实《广东自贸区总体方案》的金融创新,中国人民银行制定并公布了《关于金融支持中国(广东)自由贸易试验区建设的指导意见》(简称《金融支持广东自贸区的指导意见》)。与中国人民银行支持福建自贸区的"金改三十条"相比,《金融支持广东自贸区的指导意见》在扩大人民币跨境使用、深化外汇管理改革、提高金融服务水平及风险监测与管理等方面的内容基本相同,不同之处是,福建"金改三十条"突出两岸金融服务创新,《金融支持广东自贸区的指导意见》则强调深化以粤港澳为重点的区域金融合作。如允许区内的非银行金融机构与港澳地区开展跨境人民币业务;支持与港澳地区开展个人跨境人民币业务创新,自贸区内的个人可以从港澳地区借入人民币资金在区内购买不动产,港澳地区个人可以在自贸区内购买人民币理财产品;深化自贸区与港澳地区的金融业同业合作,自贸区内的金融机构可以与港澳地区的金融机构开展同业跨境人民币借款业务、①人民币项下跨境担保业务;支持自贸区与港澳地区的金融市场对接,自贸区内外资企业的母公司或子公司可以在境内银行间市场发行人民币债券,自贸区内企业或金融机构可以在香港资本市场发行人民币股票或债券,并将所募集的资金调回区内使用;支持粤港澳在自贸区合作设立人民币海外

---

① 中国人民银行广州分行:《广东南沙、横琴新区跨境人民币贷款业务试点管理暂行办法》。该办法第5条规定:"本办法所称跨境人民币贷款是指符合条件的试点企业从港澳地区银行借入人民币资金,用于南沙、横琴新区的区内生产经营、区内及境外项目建设等业务。"前海片区的跨境人民币贷款适用中国人民银行深圳中心支行制定经中国人民银行批准的《前海跨境人民币贷款管理暂行办法》及《前海跨境人民币贷款管理暂行办法实施细则》。

投贷基金,为企业"走出去"提供投资、并购等金融服务;对港澳地区扩大开放支付服务领域和征信服务业,在自贸区内注册设立的港澳资非金融企业可以申请支付业务许可,港澳地区的征信服务提供者可以在自贸区内依法设立征信机构及其分支机构,并探索建立自贸区与港澳地区的征信产品互认机制。

2015年4月20日公布实施的《中国(广东)自由贸易试验区管理试行办法》在第五章"自贸试验区功能集成"部分的第22条规定了拟在自贸区进行的金融创新措施:在跨境人民币业务的合作与创新方面,推动以人民币作为自贸试验区与境外跨境大额贸易和投资计价、交易结算的主要货币;建立促进自贸区与粤港澳之间服务贸易自由化的金融服务体系,突出自贸区金融服务于粤港澳实体经济发展的特色;推行以自由贸易账户为核心的外汇管理制度改革,在自贸区内建立不同层级、不同类型及不同功能的金融机构,以提供多层次、全方位的金融服务。

2016年5月25日公布的《中国(广东)自由贸易试验区条例》(简称《广东自贸区条例》)在第五章"金融创新与风险监管"用五个条文规定了系列金融创新措施。第40条提出在广东自贸区金融改革创新的重点是扩大人民币跨境使用和深化外汇管理改革。第41条是关于建立本外币账户管理体系的改革措施。第42条则支持探索资本项目外汇管理改革。第43条旨在推动自贸区内跨境交易的人民币计价和结算及人民币的双向融资。第44条支持商业银行开展外币离岸业务。此外,《广东自贸区条例》在第六章"粤港澳合作和'一带一路'建设"中规定了促进粤港澳金融合作的措施。如第51条允许符合条件的港澳金融机构以人民币新设、增资或参股自贸区内金融机构,允许自贸区内的非银行业金融机构开展与港澳地区的跨境人民币业务;第52条提出推动自贸区内公共服务领域的支付服务向港澳银行业开放,允许符合条件的港澳资金融机构从事第三方支付业务;第53条提出自贸区与港澳地区的保险服务贸易,如在保险产品互认、资金互通和市场互联等方面建立合作机制。

3.广东自贸区三大片区的金融创新政策与实践

(1)南沙新区片区的金融创新政策与实践。为了支持南沙新区片区的金融业发展,2014年11月13日,经国务院同意,中国人民银行、国家发展改革委等10个部委印发了《关于支持广州南沙新区深化粤港澳台金融合作和探索金融改革创新的意见》,即"南沙金融十五条"。它明确提出广州南沙新区金融改革创新的定位是充分发挥南沙新区的政策、区位和产业优势,积极发展科技金融和航运金融等特色金融业,推动粤港澳台金融服务合作,完善金融综合服务体系,探索开展人民币资本项目可兑换先行先试。后来,促进广东前海南沙

横琴建设部际联席会议第一次会议又提出支持南沙新区发展的 15 条政策,[①]其中放在前面的 6 项是关于金融创新的。

上述金融创新政策给南沙新区的金融业带来了极好的发展机遇。截至 2014 年年底,南沙新区已引进各类金融企业机构超过 120 家,包括传统的中外资银行、证券及保险等金融机构,同时也引进了一批创新型的金融机构,如珠江金融租赁公司是广州首家拥有金融牌照的融资租赁企业;广州恒生证券投资咨询公司是首家 CEPA 框架下的穗港合资的证券投资咨询公司;广州航运交易所是华南地区唯一的经交通部审批备案的拥有船舶交易服务资质的机构。广州碳期货交易所、南沙航运保险公司等正在筹建中。[②]

(2)深圳前海蛇口片区的金融创新政策与实践。依据《中国(广东)自由贸易试验区深圳前海蛇口片区建设实施方案》,前海蛇口片区金融改革的主要目标是建设"金融业对外开放试验示范窗口"和"跨境人民币业务创新试验区",以促进金融要素及资源在深圳与香港之间率先实现自由流动和市场配置。早在前海蛇口片区设立之前,国务院在 2012 年就作出《关于支持深圳前海深港现代服务业合作区开发开放有关政策的批复》。该批复支持前海在金融改革创新方面先行先试,如探索拓宽境外人民币资金回流渠道、向境外项目发放人民币贷款、在香港发行人民币债券、在前海设立股权投资母基金等。为贯彻落实国务院的批复,深圳人行在 2012 年制定了《前海跨境人民币贷款管理暂行办法》,2013 年制定了该办法的实施细则。此外,前海蛇口片区非常重视金融创新平台的建设,如前海股权交易中心、前海微众银行及前海保险交易中心已经入驻片区。前海股权交易中心为中小微企业提供融资、融智及上市服务,目前挂牌企业已有 10629 家,成为重要的区域性资本市场。前海微众银行是我国首家由民营企业发起设立的互联网银行。前海保险交易中心是全国首家保险交易创新服务平台,其终极目标是建设成为保险交易所,将前海打造成为全球重要保险风险集散中心。

(3)珠海横琴片区的金融创新政策与实践。建设国际金融创新区是横琴片区的重要功能定位之一。为了实现这一目标,横琴片区着力打造四个中心:人民币离岸在岸结算中心;要素交易中心;财富管理中心;跨境业务中心。其

---

① 国家发展改革委在 2013 年向国务院请示建立"促进广东前海南沙横琴建设部际联席会议制度",国务院在 2014 年 1 月 20 日回函同意。联席会议由发展改革委牵头负责。

② 参见广东自贸区广州南沙新区片区管委会:《金融创新》,http://ftz.gzns.gov.cn/ztzl/201502/t20150223_154416.html,下载日期:2016 年 5 月 25 日。

福建自贸区重大法律问题研究

厦门大学法学院经济法学文库

中,为建设要素交易中心所进行的交易平台创新最为引人注目,如广东金融资产交易中心和横琴国际知识产权交易中心。前者是广东省唯一的经财政部备案的金融企业国有资产交易平台和全国唯一的离岸金融资产交易先行先试平台;后者是广东省落实创新驱动发展核心战略的重要举措,是首个国家级知识产权运营平台。此外,横琴片区正在筹建稀贵商品交易中心、国际商品交易中心和产权交易中心。

(三)天津自贸区金融创新的功能定位与主要内容

1.天津自贸区金融创新的功能定位

依据《中国(天津)自由贸易试验区总体方案》(简称《天津自贸区总体方案》),天津自贸区由天津港片区、天津机场片区、滨海新区中心商务片区等三个区域组成。在功能划分上,融资租赁、航运物流及国际贸易等现代服务业是天津港片区的发展重点;滨海新区中心商务片区更是重点发展以金融业为主的现代服务业。天津机场片区重点发展高端制造业和航空物流等生产性服务业。可见,金融领域的开放与创新在天津自贸区中具有举足轻重的地位。而且,天津自贸区的战略定位之一是将其建设成为京津冀协同发展高水平对外开放平台,天津自贸区的金融创新就是要为京津冀协同发展提供金融支持,这是天津自贸区金融创新的基本功能定位。中国人民银行《关于金融支持中国(天津)自由贸易试验区建设的指导意见》(简称《金融支持天津自贸区的指导意见》)明显体现了这一功能定位。它将"支持京津冀协同发展"单列,并提出了相应的具体指导意见。

2.天津自贸区金融创新的主要内容

为此,《天津自贸区总体方案》试图从四个方面深化自贸区内金融领域的开放创新:一是推进金融制度创新,如外汇管理制度改革与利率市场化改革,跨境人民币业务创新,探索建立自贸区内金融消费者权益保护协作机制与多元金融纠纷解决机制;二是增强金融服务功能,如金融服务业向民营资本全面开放、鼓励金融机构开展动产融资业务;三是提高租赁业发展水平,形成与国际接轨的租赁业发展环境;四是建立健全金融风险防控体系。《金融支持天津自贸区的指导意见》在扩大人民币跨境使用、深化外汇管理改革、促进租赁业发展、完善金融服务功能、加强监测与管理等方面的金融创新措施与其他自贸区基本相同。2015年12月24日天津市第十六届人大常务委员会第二十三次会议通过的《中国(天津)自由贸易试验区条例》(简称《天津自贸区条例》),在第五章"金融创新"专章对《金融支持天津自贸区的指导意见》的上述内容作了具体规定。

天津自贸区具有特色的金融创新是为了"支持京津冀协同发展"提出的创新措施：一是支持京津冀地区金融机构开展区域金融协同创新与合作，但协同区域限于在自贸区内；二是允许境外投资者以人民币资金投资自贸区内用于京津冀协同发展的基金，从而吸引境外人民币资金向京津冀地区聚集；三是京津冀地区金融机构的业务同城化创新，即京津冀地区的金融机构可以为天津自贸区内的主体提供支付结算、异地存储及信用担保等同城化综合金融服务，以降低跨行政区的金融交易成本，促进金融资源在京津冀地区的自由流动与优化配置。

（四）第二批自贸区既复制上海自贸区金融创新经验又突出地方优势

在上海自贸区的创新性改革经验中，金融创新是重中之重。上海自贸区的金融创新经验对于福建自贸区、广东自贸区及天津自贸区等全国第二批自贸区的建设具有非常重要的现实意义，自然成为三大自贸区复制和推广的重点所在。在自贸区内金融机构的设立准入、自由贸易账户的设立、外汇管制的放松及区内金融机构服务实体经济的业务创新等方面，三大自贸区全面复制了上海自贸区的金融创新经验。

全国第二批的三大自贸区不仅复制了上海自贸区的金融创新经验，而且结合各自区内的实际情况，拓展了上海自贸区的金融创新经验，同时依据各自贸区的战略定位，探索服务其战略定位和体现地方优势的金融创新。如福建自贸区的金融创新突出推进两岸金融合作与开放的优势与特色，福州片区与厦门片区等均突出打造两岸金融中心的目标，厦门片区创新了融资租赁企业对台跨境人民币贷款业务；平潭片区的金融创新体现了服务于国际旅游岛这一建设目标。广东自贸区的金融创新突出了促进粤港澳贸易自由化与深化粤港澳经济合作的功能定位。天津自贸区的金融创新强调金融支持京津冀协同发展。这些体现各自贸区地方优势的金融创新不乏首创，如福建自贸区厦门片区推出的"航易贷""速汇通"、跨海峡人民币代理清算群及保险创新业务消费者保障基金；天津自贸区的京津冀同城化综合金融服务。

不过，与其他几个自贸区相比，尤其是与上海自贸区和广东自贸区相比，福建自贸区金融创新的广度与深度、层次与力度等均存在不少的差距。如前文所述，上海自贸区在扩围升级以后，进一步拓展和深化了金融创新，从其公布的第五批和第六批金融创新案例来看，科技金融创新水平在全国遥遥领先，自由贸易账户功能进一步拓展。广东自贸区三大片区得到了国务院的高度重视，国务院给予南沙新区片区和前海片区专门的金融创新政策，还为三大片区成立了由国家发展改革委牵头，几十个国务院部委行署局及粤港澳相关政府部门组成的部际联席会议制度。福建自贸区在两岸金融合作方面也面临来自上海自贸区与广东自贸区的激烈竞争。因此,福建自贸区应当借鉴其他自贸区,尤其是上海自贸区与广东自贸区的金融创新经验。例如抓住福建建设 21 世纪海上丝绸之路经济带核心区域的战略机遇,对福建自贸区进行扩围升级,将厦门航空港、泉州出口加工区及台商投资区纳入自贸区,加大科技金融创新力度,深化和拓展自贸区的金融创新,为福建的创新驱动发展提供强有力的金融支持。

第三节　福建自贸区的金融监管法治完善

一、福建自贸区金融监管应对金融创新挑战的主要措施

依据金融创新与金融监管互动的基本原理,自贸区的金融创新对金融监管提出了重大挑战。一方面,为了促进自贸区的贸易与投资便利化,金融监管部门需要在金融机构的市场准入、金融业务创新、外汇管理等各个方面放松金融管制。另一方面,金融监管部门必须防范和化解自贸区内的金融风险,[①]防止自贸区内的金融风险向区外蔓延,坚决守住不发生区域性与系统性风险的底线。

(一)福建自贸区总体方案对金融监管的总体要求

国务院印发的《福建自贸区总体方案》在两处提出了福建自贸区金融监管的总体要求。一是在"推进金融领域开放创新"部分,提出要"强化风险防控,实施主体监管,建立合规评价体系,以大数据为依托开展事中事后管理"。二是在关于"保障机制"的"全区域监管"部分,从以下三个方面提出完善金融监管的措施:其一,针对跨境人民币业务的创新,要求建立跨境资金流动风险监管机制,全面监测评价企业跨境收支,实行分类管理,加强反洗钱、反恐怖融资工作,防止非法资金跨境和跨区流动;其二,探索建立有别于区外的自贸区金

---

① 自贸区内的金融风险,既包括由于自贸区内放松金融管制所致的金融体系内原有风险的释放,也包括由于自贸区内金融创新措施所衍生出来的新风险。

融监管协调机制,以及符合区内金融业发展特点的监管体制;三是健全符合自贸区内金融业发展实际的监控指标,切实有效防控自贸区内金融机构的风险。

(二)中央金融监管部门应对福建自贸区金融创新的监管措施

1.央行"金改三十条"中的金融监管措施

央行支持福建自贸区发展的"金改三十条"将"坚持风险可控"作为三大总体原则之一,[①]该原则要求稳妥有序地组织金融开放创新,同时完善金融风险防控体系。"金改三十条"在第六部分"完善金融监管"用七个条文规定了应对自贸区金融创新挑战的监管措施:一是要求办理自贸区业务的金融机构遵循"展业三原则",[②]建立健全内控制度,完善业务的真实性、合规性审查机制;二是强调办理自贸区金融创新业务的金融机构不得使用虚假合同等凭证或虚构交易;三是要求金融机构履行反洗钱、反恐怖及反逃税等义务,全面监控跨境、跨区资金流动;四是要求金融机构配合监管部门监测跨境资金流动,健全和落实单证留存制度;五是央行和外汇管理局的派出机构按照宏观审慎管理要求,建立和完善跨境资金流动风险监测预警指标体系,制定应急预案,加强金融监管协调和区内金融机构信息安全管理,建立信息共享机制,建立和完善系统性风险预警、防范和化解体系;六是加强区内的金融消费权益保护,如向消费者普及自贸区金融创新产品相关知识,重视风险教育,确保消费者的知情权和受教育权,提高其对金融创新产品风险的识别能力,从而增强其风险防范意识和自我保护能力。

2.银行业监管部门应对福建自贸区金融创新的监管措施

福建自贸区的设立,使福建的银行业进入"自贸区时代"。自贸区的金融开放创新与先行先试政策,引发大量银行业金融机构抢滩入驻自贸区。为了加强对自贸区银行业金融创新风险的监管,2015 年 4 月 16 日中国银监会办公厅发布了《自贸区银行业监管事项通知》。依据该通知,中国银监会在 2013 年 9 月 28 发布的《上海自贸区银行业监管问题通知》中所规定事项,适用于福

---

① 另两大原则是"坚持金融服务实体经济"和"坚持改革创新、先行先试"。

② "展业三原则"即"了解你的客户、了解你的业务、合理尽职审查"。它是银行业国际惯例。我国近年来的外汇管理改革要求银行按照该原则审查外汇业务,银行在具体操作外汇业务时,负有真实性审查的义务:按照国务院外汇管理部门的规定进行审查、对交易单证的真实性进行审查、对交易单证与外汇收支的一致性进行审查。参见吴水平:《如何正确理解"展业三原则"——改革以来外汇管理的一些概念阐述》,载《中国外汇》2015 年第 3 期。

福建自贸区重大法律问题研究

厦门大学法学院经济法学文库

建自贸区、广东自贸区和天津自贸区。通知指出,探索建立符合自贸区实际的相对独立的银行业监管体制;建立健全区内银行业特色监测报表体系,探索完善符合区内银行业风险特征的监控指标;优化调整存贷比、流动性等指标的计算口径和监管要求。

福建银监局创新自贸区银行业监管制度,构建有别于区外的、独立的自贸区银行业统计报表体系和"5＋2"监测报表体系。"5＋2"监测报表体系对银行业金融机构发展、自贸区业务、金融创新、闽台合作及离岸业务等5项事项予以监测,对业务重大变动及新产品首单报告等2项事项实行报告。福建银监局在2015年9月18日发布了《中国(福建)自由贸易试验区银行业监测制度(试行)》(简称《福建自贸区银行业监测制度》)。《福建自贸区银行业监测制度》从报送内容、报送主体、报送时间和渠道、报表问题的反馈渠道等四个方面建立了自贸区银行业监测制度。其中,报送内容是重点,由反映自贸区银行业特色的五个监测报表组成:(1)《福建自贸区银行业金融机构情况表》,该表是基于机构维度,要求报送在自贸区内设立的所有银行业金融机构的全部业务数据;(2)《福建银行业自贸区新型业务开展情况表》,该表基于业务维度,要求报送在闽的银行业金融机构依托福建自贸区这一平台开展的各项新型业务情况;(3)《福建自贸区涉台业务开展情况表》,该表是基于涉台客户的维度,要求报送在闽银行业金融机构向自贸区涉台客户提供的银行业金融服务;(4)《福建自贸区非居民本外币业务统计表》,该表统计的是设立在自贸区内的所有银行业金融机构,向非居民开办的本外币业务情况;(5)《福建自贸区银行业创新情况表》,该表基于金融创新的视角,要求在闽的银行业金融机构报送对自贸区内客户新增的金融业务及金融产品的情况,尤其是具有区域特色的金融创新内容。此外,《福建自贸区银行业监测制度》规定了重大事项报告和新产品(业务)首单报告制度。在报告期内,自贸区银行业监测报表的相关科目发生重大变动的,银行业金融机构应当分析说明其原因。在自贸区首次开办的新产品、新业务,银行业金融机构应当填报新产品(业务)的基本情况、创新点、政策依据及风险评估与合规意见等内容,并通过信息平台提交福建银监局对口监管处和自贸区业务牵头处。

《福建自贸区银行业监测制度》规定的上述五个监测报表,结合福建自贸区的金融创新开放与两岸金融合作交流的实际情况,构建了体现福建自贸区银行业特色的监测报表体系,是对完善自贸区银行业监管制度的有益探索,对于其他自贸区银行业金融风险监测机制的完善具有较强的现实意义和借鉴价值。

厦门银监局创新银行业务监管互动机制，出台了《厦门片区银行业务创新监管互动机制实施办法》，成立了自贸区金融创新试点评估小组。评估小组对辖内银行业金融机构提交的创新需求事项进行专项评估。通过评估确定切实可行的创新业务，可以在自贸区内先行先试。厦门银监局还与人行厦门中心支行联合建立了厦门自贸区金融信息联合统计制度，构建了一个跨部门、多维度、离在岸及本外币相结合的自贸区金融统计监测制度。此外，二者联合外汇局厦门分局印发了《厦门片区金融风险管理的指导意见》。该意见针对自贸区的金融业务风险，建立金融机构事前风险评估和事中的持续风险评估制度。

3.简化自贸区保险机构和高管准入方式

简化的具体方式是将有关事项从行政审批制改为备案制，如区内保险公司高管人员的任职资格，航运保险运营中心，再保险公司在区内设立分支机构，分支机构迁入区内及分支机构在区内的迁址。

(三)福建各级地方机构应对福建自贸区金融创新的监管措施

1.《福建自贸区条例》中的金融监管措施

该条例在第五章"金融财税创新"的第 35 条，针对区内的金融创新，提出如下监管措施：完善自贸区金融风险监测、评估、防范和处置制度，健全风险监控指标和分类规则，建立跨境资金流动风险全面监管机制。在第七章"综合监管"部分，《福建自贸区条例》并未对金融监管事项作专门规定。不过，该条例第 46 条规定"注重事中事后监管，推动形成行政监管、行业自律、社会监督、公众参与的综合监管体系"；第 53 条规定自贸区要建立确保改革试验合理可控的风险防控与预警体系。这些措施同样适用于金融监管。

2.《福建自贸区管理办法》中的金融监管措施

该办法第四章"金融开放创新与风险防范"部分的第 35 条是关于自贸区金融监管的规定。依据该规定，负有自贸区金融监管职责的主体包括有关人民政府、金融监管部门和其他有关部门；监管措施着力于三点：一是对自贸区内金融机构的风险控制，二是对跨境资金流动风险的全面监测与分类管理，三是以反洗钱和反恐怖融资为重点防止非法资金的跨境、跨区流动。

3.《厦门片区建设若干规定(草案)》中的金融监管措施

该规定在第五章"金融服务"的第 34 条提出了一系列金融监管创新措施：一是驻厦的中央金融监管机构与厦门市政府金融管理部门探索建立常态化、实质性的金融监管协调联动机制；二是建立健全宏观审慎管理框架下的外债和跨境资本流动管理体系；三是完善两岸金融监管合作机制，包括两岸金融业同业定期会晤机制、两岸反洗钱与反恐融资监管合作和信息共享机制。

福建自贸区重大法律问题研究

厦门大学法学院经济法学文库

二、福建自贸区金融监管制度存在的主要问题

我国自贸区的金融创新,一方面是为了促进贸易与投资的便利化,发挥金融服务实体经济的作用;另一方面也是一个放松金融管制或去金融管制的过程。从金融创新与金融监管互动的基本原理看,我国自贸区的金融监管存在"去金融管制易而风险监管难"的现实困境。

什么原因使得在我国自贸区放松金融管制或者去金融管制相对容易呢?笔者认为,至少存在以下几个方面的因素。其一,自贸区内的贸易与投资自由化客观上要求自贸区放松金融管制,国外成功的自贸区的高度金融自由化实践表明,在一个金融业受到严格管制的区域,不可能实现真正的贸易与投资自由化。其二,自贸区所在地方政府具有放松金融管制,促进金融开放创新的天然动力。这也是我国"财政分权与金融集中"模式下中央与地方之间金融博弈的体现。众所周知,在上海自贸区与全国第二批自贸区的申报与设立过程中,我国各地方政府申报自贸区的积极性非常高,地方政府之间的竞争非常激励。而在获批自贸区之后,自贸区所在地的地方政府更是非常重视贯彻落实中央批准的各项自贸区战略措施,尤其是金融开放创新措施。其三,计算机、通信和互联网等信息技术在金融领域的广泛和成熟运用,为自贸区放松金融管制和进行金融创新提供了技术条件。以自贸区的重大金融创新——FTU 下的自由贸易账户为例,"FTU 在形式上是实体金融机构建设的一套与现行账务系统独立平行的账务核算体系,本质上可以理解为能够处理各项金融业务,与境内金融体系相隔离,与境外资金相融通的虚拟金融机构或者金融基础设施"[①]。质言之,如果没有先进和成熟的信息技术,金融机构就不可能通过 FTU 开展投融资创新的金融服务。

相对于自贸区金融开放创新的顺利推行,加强和完善对自贸区金融创新风险的监管却是一个现实难题。造成这一难题的原因可谓纷繁复杂,笔者认为,有以下几个方面的因素值得关注:

(一)垂直管理型的金融监管体制难以有效规制自贸区金融创新风险

从中央与地方关系的视角观之,自贸区的金融创新体现在现行垂直管理

---

① 陈文成:《自由贸易账户论——中国(上海)自由贸易试验区金融改革的理论与实践》,格致出版社、上海人民出版社 2015 年版,第 5 页。

型的金融监管体制下,自贸区所在区域的地方政府对金融资源的强烈需求与激烈争夺。各自贸区的金融创新均要获得中国人民银行、中国银监会及中国保监会等中央金融管理部门的授权。这是由我国现行垂直管理型的金融监管体制所决定的。垂直管理型的金融监管体制将金融资源统一和集中于中央政府,中央金融管理部门独立于地方政府,但是,在分税制改革以后,我国中央政府与地方政府之间实行了财政分权,从而形成了我国目前的"财政分权与金融集中模式"。在这种模式下,地方政府对金融资源的需求非但没有减少,反而随着财政分权的推行及地方财政约束的强化不断增强。这使得地方政府之间的金融资源争夺日趋激烈,地方政府与中央政府在金融领域的博弈不断升级。博弈的表现之一是地方政府希望获得中央政府的金融支持,希望中央金融管理部门尽量减少对本地金融活动的管制,在本地实行更加开放和自由的金融制度,以吸引更多金融资源支持本地经济与发展,但是对于这些金融活动可能造成的金融风险,地方政府一方面客观上受制于法律未授予其监管职权,无力采取监管措施,另一方面地方政府主观上寄望于中央政府对这些金融风险承担兜底责任。

以福建自贸区的金融创新与金融监管为例,通过本章第二节对相关规定的梳理,我们可以发现,中央金融管理部门在授权福建自贸区实施金融创新措施时,无不强调要加强和创新金融监管方式,切实防范金融风险,一再要求守住不发生区域性与系统性风险的底线。为此,中央金融管理部门驻闽的派出机构制定了许多加强金融监管的具体措施,如《福建自贸区银行业监测制度》。反观福建地方立法及相关规定,其重心是具体落实金融创新,对于金融监管事项只是一带而过。以《福建自贸区条例》为例,关于金融创新的法律条文有 6个,关于金融监管的法律条文只有 1个,而且是一个原则性规定。造成这种结果的原因是在福建自贸区实行的金融创新已经得到中央授权,但是对自贸区的金融监管职责则是由中央金融管理部门承担,有关金融的基本制度是《立法法》所规定的法律保留事项,只能由全国人民代表大会及其常务委员会制定法律加以规定,地方立法无权规定金融监管事项。如《福建自贸区管理办法》第35 条规定,有关人民政府、金融监管部门和其他有关部门负有自贸区金融监管职责,但是实际上并未明确"其他有关部门"具体是哪些部门。不过,这个规定表明地方政府已经认识到,单纯依靠中央金融管理部门难以实现对自贸区金融创新风险的有效规制。

（二）分业监管体制难以有效监管具有混业经营特征的自贸区金融创新业务
　　风险

　　我国现行《商业银行法》《证券法》及《保险法》等金融法律规定，金融业实行分业经营、分业监管。尽管在我国金融业实践中，混业经营的现象并不鲜见，但是现行"一行三会"架构下的金融监管是一种典型的分业监管体制。而自贸区的金融创新改革，实际上顺应了当前的混业经营趋势。在中国人民银行支持各个自贸区发展的相关意见中，对所有金融业务的开展主体都是使用"金融机构"字样，不再区分为银行、证券、保险等分业经营的主体，而在 FTU 下设立的自由贸易账户，"理论上通过自由贸易账户可以从事跨境、交叉性、跨行业金融服务，事实上可以在一定程度上进行综合经营"[①]。可见，自贸区的金融创新改革强化了我国金融业实践中的混业经营趋势，事实上会使得区内金融机构的业务经营大大突破分业经营的现行法限制。然而，自贸区内的金融监管体制仍然固守着以往的分业监管体制。以福建自贸区为例，中央金融管理部门在闽派出机构，如国家外汇管理局福建分局、福建银监局、福建保监局及厦门保监局等都各自制定了加强自贸区金融监管的规定。分业监管在金融学上被称为机构型监管，"在分业经营或者金融业内各行业部门的界限比较清晰的条件下，由于银行、证券和保险性质差别明显，按机构监管实际上与按业务监管类似"[②]。在混业经营条件下，金融机构业务交叉化，金融机构功能趋同化，不同类型金融机构之间的界限日益模糊。显然，在混业经营条件下，以金融业分业经营为基础的机构型监管体系已经失去其存在的现实基础。混业经营还对金融监管机构的职权分工与制衡、金融监管信息的征集与共享、金融监管行动的一致性等提出了重大挑战。以机构型监管体系去应对混业经营的挑战无异于刻舟求剑，而现行的自贸区金融监管体制仍是一种机构型监管，缺乏有效的金融监管协调机制，自然难以有效监管具有混业经营特征的自贸区金融创新业务的风险。

（三）自贸区金融监管以微观审慎监管为主，尚未形成有效的宏观审慎监管
　　机制

　　金融监管有微观审慎监管与宏观审慎监管之分。微观审慎监管的直接目

　　①　陈文成：《自由贸易账户论——中国（上海）自由贸易试验区金融改革的理论与实践》，格致出版社、上海人民出版社 2015 年版，第 157 页。
　　②　陈雨露、王昌云：《金融学文献通论（宏观金融卷）》，中国人民大学出版社 2006 年版，第 595 页。

标是防范微观金融市场的单个金融机构出现危机,不关注金融机构之间的风险相关性。宏观审慎监管的直接目标是防范整个金融体系出现金融危机,关注金融机构之间的风险相关性和共同风险暴露。2008年全球金融危机之后,主要经济体和国际组织都在着力加强以宏观审慎监管为重要内容的金融监管改革。美国组建了跨部门的系统性风险监测和监管协调机构——金融稳定监督委员会,承担宏观审慎监管职责。我国以往金融监管主要是一种微观审慎监管,在我国自贸区的金融改革创新中,非常重视防范区域性与系统性金融风险,并着力探索符合自贸区实际的金融监管体系与风险监测指标。这表明金融监管部门已经有意识地将宏观审慎风险纳入自贸区金融监管的目标。不过,由于自贸区的金融创新是一种局部性、试验性的金融改革,并非对金融领域进行全局性的金融改革或顶层制度设计,尽管在自贸区金融机构的风险监测指标方面做了一些探索,但是并未突破"一行三会"的金融监管体制构建有效的宏观审慎监管机制,甚至于无法确定一个承担自贸区宏观审慎监管职责的系统性风险监测与监管协调机构。因此,自贸区的金融监管仍然是以微观审慎监管为主,难以有效监管自贸区金融创新的区域性与系统性风险。

(四)滞后于两岸金融服务开放的两岸金融监管合作不利于全面监管自贸区金融风险

两岸金融合作与交流是福建自贸区在金融领域的优势与特色,体现在两个层面:一是两岸之间金融服务业的相互开放与合作;二是两岸金融监管机构之间的合作与交流,包括在两岸金融市场准入、金融业务创新风险监管、金融监管信息共享等方面的合作与交流,以促进两岸之间金融服务业的相互开放与深度合作,加强金融风险监管,维护两岸金融业的稳定。

福建自贸区在促进两岸金融服务业开放与合作方面做出巨大努力,不惜对台湾地区的金融机构单边开放了自贸区的金融服务业,降低台资在自贸区设立金融机构的门槛,允许自贸区内企业和个人开立新台币账户、试点新台币区域性银行间市场交易等。这些措施便利了闽台之间的贸易与投资。然而,随着两岸金融服务开放与合作的不断发展,金融风险在两岸之间不断传递与渗透,两岸之间的总体金融风险将会增加,势必会增加两岸金融监管部门的监管难度。无疑,两岸金融监管部门之间的合作,将有助于分享金融信息,增强监管部门识别、预防和控制两岸金融风险的能力,进而有效防范两岸金融市场的非正常波动。不过,受两岸之间大环境的影响,两岸金融监管机构之间的合作与交流明显滞后于两岸金融服务开放创新。这当然不利于全面监管福建自贸区的金融风险,尤其是区内台资金融机构及涉台金融业务的风险。

（五）金融领域的立法空白使金融监管部门可能怠于监管自贸区的金融创新风险

自贸区的许多金融创新事项在金融立法上处于空白状态。以福建自贸区为例，如厦门片区的跨境人民币双向投资基金及境外衍生品业务等，我国现行《证券法》缺乏相应规定，这使得我国资本市场在国际化进程中无法可依。资产证券化业务在 2008 年全球金融危机之前曾经有过试点，但是由于美国次贷危机的爆发而停止。近年来出于盘活存量资产的需要，资产证券化又被提上日程，并在金融实践中重新试点。如在福建自贸区厦门片区，厦门农村商业银行在全国银行间债券市场成功发行了首单信贷资产支持证券。然而，资产证券化在法律上并无相应规定，目前相关的规定有《信贷资产证券化试点管理办法》《资产支持证券信息披露规则》《金融机构信贷资产证券化监督管理办法》《证券公司及基金管理公司子公司资产证券化业务管理规定》《证券公司及基金管理公司子公司资产证券化业务尽职调查工作指引》《证券公司及基金管理公司子公司资产证券化业务信息披露指引》等。这些在法律渊源上属于部门规章。这些金融领域的立法空白，一方面使得自贸区的金融创新面临不确定性或风险。以福建自贸区有关资本市场的金融创新为例，尽管央行支持福建自贸区建设的"金改三十条"规定一些措施，如支持在区内设立跨境人民币投资基金、发行人民币债券及开展外汇衍生品业务等，但是中国证监会作为资本市场的行政主管部门，迄今为止未对福建自贸区资本市场的金融创新予以回应。① 另一方面，金融立法上的空白又使得金融监管部门对于这些风险的监管举棋不定。因为这些金融创新属于"先行先试"，事实上获得了管理部门的默许。不过，由于法律制度滞后于这些金融创新，在未能填补金融创新所致的立法空白之前，金融监管部门缺乏有效监管这些金融创新风险的手段，可能怠于监管金融创新业务的风险。

① 中国证监会只在 2013 年 9 月发布过《资本市场支持促进中国（上海）自由贸易试验区若干政策措施》，提出了加大对上海自贸区建设的支持力度的具体措施：第一，上海期货交易所在区内设立上海国际能源交易中心股份有限公司，推进国际原油期货平台建设；第二，支持区内符合条件的单位和个人对境内外证券期货市场进行双向投资；第三，区内企业的境外母公司可按规定在境内市场发行人民币债券；第四，持证券期货经营机构在区内注册成立专业子公司；第五，持区内证券期货经营机构开展面向境内客户的大宗商品和金融衍生品的柜台交易。

三、完善福建自贸区金融监管法治保障的对策建议

依据全面依法治国的要求,无论是自贸区的金融创新,还是自贸区的金融监管,都必须在法治的轨道上运行。因此,要全面有效规制福建自贸区的金融创新风险,克服福建自贸区金融监管存在的上述问题,必须完善福建自贸区金融监管的法治保障。福建自贸区是福建改革开放的排头兵和创新发展的先行者,承担制度创新的历史使命。就此而言,完善福建自贸区的金融监管法治保障,构建符合自贸区实际的金融监管制度,顺应了金融全球化趋势,有利于探索开放条件下的我国金融监管制度。

(一)探索构建中央与地方的双层金融监管体制,明确地方金融监管职责

在"财政分权与金融集中"模式下,我国中央政府与地方政府在金融领域之间的博弈从未停止过。如在 2008 年全球金融危机之后,大量的地方政府融资平台出现,地方政府通过地方政府融资平台向金融机构,尤其是银行业金融机构举借大量债务。又如为了解决中小企业融资的制度创新——小额贷款公司,依据中国人民银行和中国银监会的相关规定,已经下放给地方政府管理。此外,不少地方政府出资设立地方性的商业银行。可见,地方政府事实上已经比较深入地介入了金融领域。许多地级市以上的地方政府,尤其是经济发达地区的地方政府设立了地方金融工作办或金融局。福建自贸区三个片区所处的地方经济都比较发达,自贸区的金融创新必然会给当地的金融业发展带来重大影响。大量金融机构入驻自贸区既会活跃当地的金融市场,也会增加地方的区域性金融风险。如前文所述,单纯依靠中央金融管理部门,难以全面有效规制自贸区的金融风险,必须要明确地方政府的金融监管职责和风险处置责任,充分发挥地方金融监管部门的作用。关于此点,中共中央十八届三中全会《关于全面深化改革若干重大问题的决定》(简称《全面深化改革若干问题决定》)早就指出,要落实金融监管改革措施,界定中央和地方的金融监管职责和风险处置责任。这既表明垂直管理型的金融监管体制存在缺陷,又指明克服该缺陷的路径是构建中央与地方相结合的双层金融监管体制。

就福建自贸区的金融监管而言,福建地方性立法应当从两个方面明确地方金融监管职责:一是明确由谁承担这一职责,不能像《福建自贸区管理办法》第 35 条那样模糊规定为"有关人民政府"与"其他有关部门"。考虑到地方金融工作办履行地方金融监管职责的现实,笔者建议明确由自贸区所在地的地方政府金融工作办负责。二是明确地方政府对自贸区内的哪些金融事项负有

监管职责。这个问题涉及中央与地方之间的金融监管职责划分,甚为复杂。不过,从当前中央金融管理部门的立场观察,地方金融管理部门对小额贷款管理公司与互联网金融中的 P2P 网贷等负有监管职责。

(二)探索构建适应混业经营趋势的自贸区金融监管体制与监管协调机制

习近平总书记在《中共中央关于制定国民经济和社会发展第十三个五年规划的建议》的说明中指出,近年来我国综合经营趋势明显,对分业监管体制提出了重大挑战,必须坚持市场化金融改革保障金融安全,加快建立符合现代金融特点、统筹协调监管、有力有效的现代金融监管框架。福建自贸区的金融创新改革就是坚持金融市场化改革的实践,保障福建自贸区的金融安全必须适应混业经营趋势即综合经营趋势的要求,探索符合区内实际的金融监管体制,同时为构建我国现代化金融监管框架进行制度探索。从主要经济体适应混业经营趋势的金融监管体制改革经验看,主要有两种路径:一是构建功能型监管的金融监管体制;二是构建目标型监管的监管体制。所谓功能型监管,"是依据金融体系基本功能而设计的金融监管体制,即一个给定的金融活动由同一个监管者进行监管,而无论这个活动由哪个金融机构来开展"①。功能型监管有利于减少金融机构进行"监管套利"。所谓目标型监管,指基于金融监管的目标设计金融监管体制,最早由泰勒和古德哈特提出。泰勒在 1995 年提出了双峰式金融监管体制,古德哈特在 1998 年提出矩阵式金融监管体制。双峰式金融监管体制的目标有两个:一是针对系统性风险的审慎监管,以维护金融稳定;二是针对金融机构机会主义行为的合规性监管,以保护中小消费者与投资者的合法权益。相应的,设立两个金融监管机构:金融稳定委员会与消费者保护委员会。矩阵式金融监管体制是针对不同金融机构的差异和不同的监管目标而设计的一种监管体制。②

就自贸区的金融监管体制而言,鉴于自贸区的金融创新毕竟只是一种局部性的改革,并非是对我国整个金融领域的一种全局性的顶层制度设计,适合自贸区实际的金融监管体制应当是功能型监管而非目标型监管,因为目标型监管体制,无论是双峰式金融监管体制,还是矩阵式金融监管体制,都需要重新整合或设立新的金融监管机构,非局部性金融改革所能促成。反观功能型

---

① 陈雨露、王昌云:《金融学文献通论(宏观金融卷)》,中国人民大学出版社 2006 年版,第 595 页。

② 参见陈雨露、王昌云:《金融学文献通论(宏观金融卷)》,中国人民大学出版社 2006 年版,第 596~598 页。

监管,则能在保持现有"一行三会"的金融监管框架的同时,实现对金融机构混业经营的有效监管。

此外,自贸区的金融监管还应当加强和完善金融监管协调机制。一是要构建在中央与地方的双层金融监管体制下的中央与地方金融监管协调机制,包括中央金融管理部门与地方金融管理部门对自贸区金融业的监管职责划分、监管信息的共享及金融风险处置时的协调等。二是完善监管自贸区金融业的中央金融管理部门之间的协调,就福建自贸区而言,要争取中国证监会对福建自贸区的资本市场建设的支持。

(三)推进福建自贸区的金融市场化改革,完善事中、事后监管与宏观审慎监管

金融市场化是我国金融改革的方向,也是福建自贸区推进金融开放创新和完善金融监管时必须坚持的原则。为此,福建自贸区应当在金融领域继续减少行政审批干预,简政放权,发挥市场在金融资源中的决定性作用。具体而言,在福建自贸区的金融业务市场准入方面实行"负面清单"监管模式和在金融机构设立实行备案制。这实质上是对金融行业监管的一个根本理念转变,是"法无禁止即可为"的理念在金融领域的体现。不过,这也对自贸区的金融监管部门提出严峻挑战,意味着将自贸区的金融风险防范重点放到了事中监管与事后监管这两个环节。

此外,自贸区金融管理部门还应当探索和完善宏观审慎监管机制。目前,福建自贸区银行业监管部门已经在区内银行业风险监测指标方面进行一些富有价值的探索,但是尚未构建出一个覆盖自贸区整个金融业的宏观审慎监管机制。金融业宏观审慎监管机制是一个由宏观审慎监管目标、宏观审慎监管机构、宏观审慎监管工具等所组成的有机整体。因此,应当从以下三个方面探索自贸区的金融业宏观审慎监管机制。首先,明确宏观审慎监管目标是要防范区域性与系统性风险,维护整个自贸区金融业的金融稳定与金融安全,为此,应当将区内所有金融行业内可能引发区域性或系统性风险的事项纳入宏观审慎监管范畴,而不能仅仅局限于自贸区银行业的风险监管。其次,要确立自贸区金融业的宏观审慎监管机构。就现行金融监管体制而言,自贸区所在地的中国人民银行派出机构适合承担这一职责。最后,自贸区金融监管部门要善于运用有效的宏观审慎监管工具,提高系统性风险监测与识别能力、系统

性风险防范与处置能力。①

（四）多方推动两岸金融监管合作，加强两岸金融服务开放创新的风险防控

如前文所述，要实现金融效率与金融安全之间的平衡，必须要实现金融服务创新与金融监管之间的良性互动。显然，两岸金融监管合作滞后于两岸金融服务创新的事实表明，两岸之间的金融创新与金融监管在一定程度上失去了平衡。这当然不利于对两岸金融服务创新的风险防控，不利于两岸之间长期稳定的金融合作与交流。不过，福建自贸区不能因噎废食，不能因为台湾地区金融监管机构的不合作就停止对台湾地区的金融服务开放，应当多方推动两岸金融监管合作。同时加强两岸金融服务开放创新的风险防控。所谓多方推动，概而言之，可以从政府和市场两个层面加以推动。在政府层面，加强两岸金融管理部门之间的积极沟通与商谈；在市场层面，福建自贸区应当继续扩大对台湾地区的金融服务开放，积极发展两岸金融市场，通过市场力量推动两岸金融管理部门之间的监管合作。

（五）及时总结自贸区金融创新与金融监管改革的经验，并将其法律化、制度化

福建自贸区的金融服务创新与金融监管改革措施，尤其是两岸金融合作与交流方面的创新措施，是在中央授权"先行先试"的前提下开展的试验性改革，也是在为全国金融改革进行制度创新性的探索。因此，福建自贸区应当及时总结自贸区金融创新与金融监管改革中可复制和推广的经验，并通过法定程序将其法律化、制度化，以便在全省和全国予以复制和推广。同时，金融监管改革经验的法律化与制度化，能够为自贸区金融监管部门提供监管的法律依据。

结　论

福建自贸区的金融创新既复制和推广了上海自贸区金融创新经验，又发挥福建在两岸合作与交流中的优势，在两岸金融合作与交流方面进行创新。

---

① 宏观审慎监管工具可以分为时间维度系统性风险监管工具和空间维度系统性风险监管工具。前者如逆周期资本缓冲、逆周期贷款损失准备金、逆周期流动性缓冲、总杠杆率监管及行业杠杆率监管等。后者主要表现为系统重要性金融监管工具。参见叶文庆：《金融业宏观审慎监管法律问题研究》，法律出版社 2015 年版，第 104 页。

在制度层面上,中央金融管理部门给予福建自贸区金融创新较大的政策支持,在自由贸易账户设立、放松外汇管制及两岸金融合作等方面授权福建自贸区开展金融创新;福建地方以地方立法、政府规范性文件等方式大力落实中央的金融创新支持政策。在实践层面上,福建自贸区的金融创新取得了良好效果,福州片区和厦门片区推出了不少具有首创性的金融创新措施。不过,与上海自贸区、广东自贸区相比,福建自贸区金融创新的广度与深度存在较大的差距,尤其是科技金融创新急需加强。为了防控福建自贸区金融创新的风险,中央金融管理部门非常重视加强自贸区的金融监管,要求福建自贸区探索符合区内实际的自贸区金融监管体制,中央金融管理部门驻闽派出机构出台了一些监管规定,其中,《福建自贸区银行业监测制度》具有创新性。福建地方立法对于自贸区金融监管的规定较之于金融创新甚少,受制于现行的金融监管体制,加之自贸区内金融业混业经营趋势的强化,福建自贸区的金融监管制度存在以下主要问题:一是垂直管理型的金融监管体制难以有效规制自贸区的金融风险;二是分业监管体制难以有效监管具有混业经营特征的自贸区金融创新风险;三是自贸区金融监管尚以微观审慎监管为主,未形成有效的宏观审慎监管机制;四是滞后于两岸金融服务开放的两岸金融监管合作不利于全面监管自贸区金融风险;五是金融领域的立法空白使金融监管部门可能怠于监管自贸区金融风险。针对这些问题,应当从以下五个方面完善自贸区的金融监管法治保障:一是探索构建中央与地方的双层金融监管体制,明确地方金融监管职责;二是探索构建适应混业经营趋势的自贸区金融监管体制和金融监管协调机制;三是推进自贸区的金融市场化改革,完善事中事后监管和宏观审慎监管;四是多方推动两岸金融监管合作,加强两岸金融服务开放创新的风险防控;五是及时总结自贸区金融创新与金融监管改革的经验,并将其法律化、制度化。

第二章

福建自贸区市场主体规制模式改革法律问题研究

市场主体规制历来是国家干预经济,维护市场经济有序运行的重要手段。改革开放以来,我国政府积极推进顺应经济形势转轨所需的市场主体规制模式的改革。中国市场主体规制从建立到成长,无论是在市场准入环节的市场总体发展规划、市场主体培育,还是在市场运行阶段的市场监管均取得了丰富的经验。但是,近年来我国市场主体规制模式出现的诸多问题和矛盾严重制约了市场经济的繁荣和发展。福建自贸区的建立对于我国市场主体规制模式改革提供了宝贵的试验机会。福建自贸区市场主体规制模式改革是传统行政管理体制的各种矛盾集中爆发的必然选择:在我国传统缺乏总体目标的多头规划体制下,政府的市场主体规制模式面临由于行政规划混乱带来的市场主体准入困难问题,而行政审批协同机制缺位又酿成行政"服务"效能低下。传统的重准入监管、轻行为监管忽视对市场主体各种侵权行为的规制,严重影响市场秩序。传统市场准入监管环节的"先证后照"模式严重绑架政府的行政资源和行政精力,降低监管效率。本章主要分析福建自贸区在上述市场主体规制模式改革方面存在的问题,并提出相应的制度完善建议。

第一节　市场主体规制模式改革的基本问题

一、市场主体规制模式改革的背景

市场主体规制主要是指"国家(政府)对市场主体的组织以及与组织有关的行为进行监督和管理"①,即一个国家为了建立和规范有序的市场经济秩序而对市场主体进行的各种市场监督管理行为和行政执法等活动。从法律性质来说,市场主体规制的主体实施的行为既包括行政许可、行政确认,也包括行政调解、行政裁决和行政处罚以及行政指导等行为。无论如何,行政机关的各种行为都必须始终围绕促进投资开放与便利化、激发市场经济活力的目标而努力。由于我国传统行政体制所固有的一些矛盾,当前的市场主体规制无论在市场准入还是市场监管环节,均存在亟须改革的重大问题。

(一)缺乏总体目标的多头规划造成行政规划混乱和市场主体准入困难

我国中央政府和地方政府编制的各类规划是国家发展和地方治理综合体系的重要内容,但从目前的实际情况来看,我国经济社会发展过程中,政府制定了很多领域的规划,最为典型的比如国民经济和社会发展规划、城乡规划、土地利用规划以及生态环境保护规划等。这些规划完全是由不同的政府部门制定的。比如,国民经济和社会发展规划由发展与改革部门制定,城乡规划由城乡规划部门制定,土地利用规划由国土资源部门制定,生态环境保护规划由环保部门制定等。从理论上说,如果各规划部门能够有效衔接和合作,并在行政审批环节做到互相配合、高效运行,那么对市场准入和运营以及国民经济和社会发展并不必然造成阻碍,但实践效果却并非如此。

从市场主体规制的主体的角度来说,首先,各规划部门规划内容重复、矛盾,规划目标不协调、不一致的问题非常突出。比如城市土地利用与城市规划的建设用地边界以及生态环境规划的生态红线边界存在巨量图斑不一致的现

---

① 李昌麒主编:《经济法学》,中国政法大学出版社 2011 年版,第 110 页。

象。曾有报道显示,原厦门市城乡规划和土地利用规划的差异图斑高达 12 万块。① 实际上,这样的不一致从规划的制定模式的角度可见一斑。例如,土地利用规划的指标是通过自上而下进行层层分解最终确定的,该土地规模是不能够突破的;而城市规划的建设用地指标是通过自下而上根据城市实际人口增长规模进行测算最终得出的。不同的规划定制模式决定了两者之间冲突的必然性。其次,各种规划的审批和决定主体不同造成不同规划之间的效力冲突和适用难题,比如国民经济和社会发展规划由本级人民代表大会审查和批准,土地利用规划和城乡规划经本级人民代表大会审议以后报上级人民政府乃至国务院审批,生态环境保护规划由本级人民政府批准。当多头主体制定的规划之间发生冲突和矛盾,其具体适用问题极易引发争议。最后,规划期限错配十分严重。比如,国民经济和社会发展规划的期限是 5 年,城乡规划和土地利用规划则在 10 年以上,根据法律规定,城乡规划和土地利用规划应当依据国民经济和社会发展规划做出,后者是前者制定的依据,但由于规划有效期限的错配导致国民经济和社会发展规划的指导作用难以发挥。

从市场主体准入的角度来说,一方面,由于各种规划之间内容的冲突和矛盾导致规划对市场主体的引导和价值指引作用大大降低,造成市场主体不知所措甚至放弃投资。作为拟进入市场的投资者尤其是外资来说,到底其即将投资设立的企业受到哪些规划的影响和具体的影响程度变得不可预期。这直接导致部分投资主体因为这种不确定性从而选择放弃投资。因此,从某种意义上讲,"多规"及其矛盾可能对于激发市场经济活力是不利的。另一方面,不同规划之间的矛盾必然导致行政审批等具体行政行为过程的混乱和效率的降低以及行为公信力的缺失,这在土地规划和生态环境保护规划等领域尤为突出,而行政审批的瑕疵显然会直接影响市场主体准入的效率和积极性。

(二)行政审批协同机制缺位,行政"服务"效能低下

在我国传统的行政管理理念中,政府与企业是处于管理和被管理的互相对立的关系。政府只是一个统一的称谓,实际上履行各种具体职能的是各个政府职能部门。特别是在一次市场准入涉及多项行政许可或者审批事项的情况下,往往形成一个市场主体需要先后或者同时向多个行政机关提出审批或者许可申请。因此,多头行政许可或者审批造成审批环节纷繁,审批过程和流程冗长,这种模式最直接的缺点是政府对市场主体的规制效率大大降低。

---

① 新华社:《厦门"多规合一"深化行政审批制度改革》,http://www.fdi.gov.cn/1800000121_21_73091_0_7.html,下载日期:2016 年 4 月 1 日。

透过这种现象，反映政府职能尚未从根本上实现转变，仍然是扮演管理者或者统治者的角色，在行政审批协同机制缺位的背景下，其履职本质是被动运用手中的行政权力实施行政管理活动。政府职能转变的核心是"服务型"政府的建设。只有多头审批而不能实现相对集中审批和并联审批的情况下，政府无法实现真正的主动"服务"，这对于市场投资环境的改善和市场经济活力的提升无疑是一种严重的桎梏。

(三)重准入监管而轻行为监管，导致对市场主体各种侵权行为规制不力和市场秩序混乱

我国政府对企业的规制力度不可谓不大，特别是在传统行政权力膨胀的背景下，"政府之手"已经伸向我国市场经济的各个领域。以工商管理部门为例，甚至存在一种专有称谓叫作"全能工商"。随着市场经济的发展和社会环境的变迁，当政府将过多的管理职能揽于一身，必然出现监管方面的畸轻、畸重以及监管真空等问题。"不当的政府干预不仅不能有效矫正'市场失灵'，相反则使市场机制不能有效发挥作用。"[①]

实践证明，改革开放以来，随着监管范围、内容和权力的扩张，我国政府在市场准入和行政审批方面投入了过多的精力，当然从另一个角度讲，这对企业的市场准入的确带来了不小的压力。相应的，政府对市场主体的经营行为却呈现明显的监管乏力、监管资源不足、监管手段滞后等问题。比如从总体来看，政府在对企业进行违法案件查处的类别方面，大量集中于无照营业等案件，但对于严重危害人民群众人身财产安全的产品质量违法案件、知识产权领域的商标侵权案件、反不正当竞争领域的虚假宣传和商业贿赂案件、金融领域的侵犯金融消费者权益的诸如不公平格式合同等案件的查处却显得极为乏力。这深刻反映我国政府在市场规制方面的价值偏离，重市场准入监管而轻市场经营行为监管，最终导致对市场主体各种侵权行为的忽视和整体市场秩序的混乱。不仅如此，不少地方政府在监管职能错位和缺位的同时，还存在严重的越位情况，最突出的反映就是行政垄断、地方行政保护以及公用企业限制竞争等大量的反垄断违法行为的出现，严重破坏市场秩序和社会公平。

(四)传统市场准入监管环节的"先证后照"模式严重消耗政府的行政资源和行政精力，降低监管效率

如前述，在我国原有商事法律环境和体制下，政府对企业的市场准入监管

① 朱崇实、卢炯星主编：《经济法》，厦门大学出版社 2007 年版，第 342 页。

远远大于对于企业经营行为的监管,而政府对企业的市场准入监管的核心又体现在"证"和"照"这两个重要的方面,"证"即相关行政主管部门或者行业中介等其他社会组织的行政许可证或者资质认可、资信认证,"照"即企业的营业执照。在我国 1993 年《公司法》颁布实施之前,投资者要设立一家企业从事商事活动,除了要拥有足够的资本金以外,首先必须取得相关行政主管部门或者行业中介等其他社会组织的行政许可证或者资质认可、资信认证等资料,然后才能进入工商登记的流程,即到工商行政管理部门申办营业执照。这种模式被称为"先证后照"。在该模式下,相关行政主管部门或者行业中介等其他社会组织的行政许可证或者资质认可、资信认证是作为工商登记的前置程序和条件而存在的,"证"是"照"的先决条件。

"先证后照"这种市场准入监管模式"存在政府管控色彩浓厚、行政审批过多、市场准入条件过高等弊端"①,并且耗费政府大量的行政资源和行政精力,降低监管效率的弊端早已引起学界和实务界的关注。我国历次《公司法》修订体现根除"先证后照"制度的坚定决心。1993 年《公司法》规定:有限责任公司除特殊的情况外,只要符合法律规定的条件,无须行政主管部门的审批就可直接进行工商设立登记;股份有限公司必须经过国务院授权的部门或者省级人民政府批准后才能进行工商设立登记。2005 年《公司法》进一步取消股份有限公司的前置行政审批程序,股份有限公司和有限责任公司均适用《公司法》第 6 条第 2 款的规定,即"法律、行政法规规定设立公司必须报经批准的,应当在公司登记前依法办理批准手续"。也就是说,必须办理前置行政审批这一要求,仅在"法律、行政法规规定"的情况下才强制要求,其他情形概不适用。

依此逻辑,那么是不是可以认为,我国的"先证后照"制度从 1993 年《公司法》开始改革,到 2005 年《公司法》就已经正式完成了呢?答案是否定的,要彻底改变"先证后照"制度显然不会这么简单。我国目前从法律层面基本清除了来自行政机关的许可审批,但现实工商行政管理实践过程中,还存在需要投资者办理的不少额外的来自非行政机关的许可审批资料等,比如相关社会中介机构对拟登记企业实施的资质认可和资信认证等。这些前置程序要求从政府的角度看,降低了政府监管的效率;从企业的角度看,增加了市场准入门槛;从宏观经济的角度看,阻碍了市场经济的活力。

---

① 余岌:《对工商登记制度中先照后证改革的研究》,载《科技经济市场》2014 年第 1 期。

二、企业市场主体规制模式改革的主要内容

(一)实行"一本规划、一张蓝图"的"多规合一"制度,根除多头规划带来的市场准入规制顽疾

要解决各规划部门在规划内容方面存在的重复、矛盾和规划目标的不协调、不一致等问题,并且从根本上消除这些效力不同、期限错配的规划之间的统一和适用难题,必须实行"多规合一"的总体规划制度。"多规合一"的本质是一种"规划协调工作"而非一种"独立的规划类型",[①]是指以国民经济和社会发展规划为依据,在此基础上,强化城乡建设规划、土地利用规划、环境保护规划、文物保护规划、林地保护规划、综合交通规划、水资源规划、文化旅游规划、社会事业规划等各类规划之间的衔接和整合,实现在"多规"之下确定的保护性空间、开发边界、城市规模等重要空间参数一致,并在统一的空间信息平台上建立控制线体系,从而达到优化空间布局、有效配置土地资源、提高政府空间管控水平和治理能力的理想目标。

"多规合一"最早起源于"三规合一",[②]这"三规"其实就是影响城市发展所有规划中最重要的三个,即国民经济和社会发展规划、城市总体规划和土地利用总体规划。我国《宪法》第 89 条规定,国务院行使"编制和执行国民经济和社会发展计划和国家预算";《城乡规划法》第 5 条规定,城市总体规划、镇总体规划以及乡规划和村庄规划的编制,应当"依据国民经济和社会发展规划,并与土地利用总体规划相衔接";《土地管理法》第 17 条规定,各级人民政府应当"依据国民经济和社会发展规划、国土整治和资源环境保护的要求、土地供给能力以及各项建设对土地的需求,组织编制土地利用总体规划"。本质上说,"三规合一"就是要将国民经济和社会发展规划、城市总体规划和土地利用总体规划三大块的内容纳入统一综合考量,并最终落实于一个共同的空间规划平台,而各规划的其他专业内容则按照相关专业的具体要求各自形成独立的系统。多规合一则进一步将涉及城市发展的城市环境总体规划、园林绿化规划、海洋功能区划以及港口总体规划等其他重要领域的专项规划同时纳入

---

① 苏涵、陈皓:《"多规合一"的本质及其编制要点探析》,载《规划师》2015 年第 2 期。

② 王唯山、魏立军:《厦门市"多规合一"实践的探索与思考》,载《规划师》2015 年第 2 期。

福建自贸区重大法律问题研究

厦门大学法学院经济法学文库

"三规"的既有体系,形成包含更广领域和范围的规划协调制度。比如,2016年4月25日,广东省人民政府办公厅发布的《关于进一步深化中国(广东)自由贸易试验区投资管理体制改革的若干意见》明确:"广东自贸区将以主体功能区规划为基础,统筹城乡规划、土地利用总体规划、海洋主体功能区规划等空间性规划,推进'多规合一'和空间'一张图'管理,形成统一规范的空间规划体系。"在实行"一本规划、一张蓝图"的多规合一制度之后,不仅原有的规划方面的混乱局限被打破,而且从市场主体的角度来说,将从根本上解决多头规划体制下的由于应用平台不统一、各部门规划信息资源共享和业务协同效应差带来的审批效率低下等重大问题。

(二)建立行政审批协同机制,实行并联审批制度和相对集中审批制度,提升现代政府的"服务"职能

实施并联审批和相对集中审批是转变政府职能,推进服务型政府建设的重要手段。并联审批制度,是指由地方人民政府两个以上部门分别实施的行政许可,本级人民政府确定由一个部门受理行政许可申请,同时转告其他部门各自提出意见以后统一办理的行政许可模式。正如2013年2月7日,广东省人民政府办公厅颁发的《广东省企业投资管理体制改革方案》在"建立高效便捷的并联办理流程"部分的规定:"在鼓励类、允许类项目立项阶段,项目备案、规划选址、用地预审、环境影响评价等手续全部改为同步'并联'办理。政府各部门之间建立互连互通的信息系统,实现审批信息共享。需要相关部门出具意见的事项,由牵头办理部门负责征求各相关部门意见,不再由企业逐个部门办理,部门内部审核与征求其他部门意见同步办理";"并联审批机制的建立,从很大程度上缩短了办理事项的时限,使得审批工作和程序不断规范化,使得为群众利益着想的服务意识不断增加。"[①]相对集中行政许可制度是指,将各相关部门的全部或者部分行政许可权集中到一个部门行使,由该部门承担相应的法律责任,其他相关部门不再行使被集中的行政许可权的行政许可模式。并联审批制度和相对集中审批制度都是行政审批协同机制的重要内容,二者的区别在于:在并联审批制度下,相关行政部门的权限并未发生转移和改变,各部门依然行使原有的行政权力,承担相应的法律责任。其本质上只是行政许可运作流程上的创新,由传统的行政审批部门按顺序逐个进行审批改为由政府确定的部门出面协调和组织各相关行政部门进行同步审批。而在相对集

---

① 杨艳:《建设项目并联审批机制的研究与思考》,载《商》2014年第16期。

中审批制度下,各相关部门的全部或者部分行政许可权发生了实质上的转移,相应的法律责任也由转移后的部门承担。

通过并联审批和相对集中审批,首先可以实现行政资源共享,从而节约成本,提升效率。并联审批和相对集中审批制度建立的一个重要前提就是建立跨部门的信息系统,当系统建成运行以后,行政机关之间的信息交换和文件传输变得十分便利,从而"为政府管理提供方便快捷的处理工具"[①]。同时还可以减少相关部门原来设置的办工场所以及配备的专门工作人员。因此,对行政机关而言,人、财、物等各项成本都将相应减少,而行政效率则不降反升。其次,并联审批和相对集中审批制度可以提高政府透明度,增强政府公信力。因为在并联审批和相对集中审批模式下,投资者或者公众办事更加便利,不需要在多个行政部门之间来回奔波,取而代之的是在"特定部门"或者"政务中心"或者"相对集中审批部门"一口受理,同时所有的与审批相关的实现诸如法律依据、受理条件、必须提交的申请资料、最长办理时限、收费依据等详细信息以及行政权力运行流程图等,均通过政务公开的形式对外予以公布,这极大地增强了政府的透明度和公信力。最后,并联审批和相对集中审批有利于增强政府的主动服务意识,从根本上改变政府职能。由于传统的行政审批制度下,行政机关是不负责跨部门的材料移转和审批衔接的,相反,恰恰是行政相对人东奔西走跑流程、送材料、等结果。因此,政府只是被动履职而很少主动服务。但在并联审批和相对集中审批过程中,除了相对人一次性递交各种所需材料之外,上述每一个环节的推进以及各个环节之间的流转都需要行政机关之间的主动协调和配合,这进一步提升了政府的服务意识和服务能力。当然从另一个角度讲,"在并联审批工作机制下,公众是公共服务的消费者,公众的满意度是衡量政府工作的重要标准"[②]。改革以后,行政相对人获得了行政便利,缩短了办理时限,提升了办事体验。

(三)转变思路,将政府对企业的监管从严苛的市场准入改为事中事后监管

强化对企业的事中事后监管,其法律基础有三个方面:其一,从行政资源的配置来说,市场准入阶段的事前监管的企业数量要远远大于市场准入之后的违法企业数量,因此,如果国家将更大的精力放在市场准入阶段,则必然要

---

① 蔡成浩:《泰州推进并联审批与服务型政府建设的实践与思考》,载《法制博览旬刊》2012年第10期。

② 蔡成浩:《泰州推进并联审批与服务型政府建设的实践与思考》,载《法制博览旬刊》2012年第10期。

付出更多的监管资源。因此,从成本收益分析的视角,应当加强事中事后监管,而适度放宽市场准入的门槛。其二,从公平正义的法的价值理念来说,严苛的市场准入会造成对企业的不公平和不正义。由于市场准入的严苛,企业进入市场的时间成本是非常高的,进入市场的各种烦琐的程序和手续要求也会给企业带来很重的负担。这表面上看似乎对所有的企业是一视同仁,但实质上,进入市场以后诚实守信、依法经营的主体和准入后违法经营的主体付出的却是同样的成本,这是对前者的不公平和不正义,并且有造成劣币驱逐良币之可能。其三,正如李克强总理所言:"烦苛管制必然导致停滞与贫困,简约治理则带来繁荣与富裕。"①过往的监管实践表明,尽管国家在市场准入环节设置了较为严苛的条件,投入了大量的监管资源,但监管的效果并不理想,经营者对市场主体实施的各种侵权行为层出不穷,政府的规制不力和局部市场秩序混乱的现实折射出国家对市场主体规制模式的错位和缺位。

强化对企业的事中事后监管的具体内容包括:政府对企业的监管由传统的年检制度向年报制度转型以及企业公平交易审查机制、企业诚信审查机制、政府执法协同与社会治理审查机制等综合监管机制的建立。其中,公司年报管理制度是改革的核心。实际上,将公司年报管理制度和公司年检制度进行对比的话,二者也是具有一些共性的:其一,两者设立的初衷是完全一样的。公司年报管理制度和公司年检制度均为国家行政机关运用行政手段干预公司经营的一种具体手段。从实质内容看,两种制度下,公司都必须提交会计年度内的资本运营情况、公司股权结构、股东的出资缴纳情况以及最为核心的公司财务状况。政府这种干预市场主体运营的行为,本质上讲具有两大重要的目的,一是宏观调控目的,即根据市场主体的运营状况,国家制定相应的市场经济政策,以便更好地促进经济发展;二是微观规制目的,即看市场主体是否存在财务造假、违法经营等,从而更好地维护市场经济秩序的稳健运行。其二,无论是公司年报管理制度还是公司年检制度,管理的核心都是一样的,均为公司登记管理部门,在我国即为国家工商行政管理部门,在国外比如法国、德国是法院管理,在荷兰由商会管理。

公司年报管理制度和公司年检制度主要存在三个方面的区别:其一,公司

---

① 新华社:《李克强:烦苛管制必然导致停滞与贫困,简约治理则带来繁荣与富裕》,http://news.xinhuanet.com/politics/2016-05/09/c_128971877.htm,下载日期:2016年5月17日。

年检制度带有浓重的计划经济体制下的行政色彩,行政机关干预市场主体的经营行为往往是直接的、过度的。而公司年报管理制度是在我国市场经济体制业已建立的基础上才实施的,具有间接性和温和性。从上海自贸区到福建自贸区公司年报管理制度的试点,明显体现国家行政机关对市场主体的干预形式已经由传统的直接干预转变为间接干预,这其中,公司的商法自治的原则得到更好的体现,公司自主决策、自负其责。其二,两种制度下,行政机关对公司的审查方式是不一样的。公司年检制度下,行政机关实行的是实质审查。行政机关不仅要审查公司提交的所有资料是否符合法律的规定的要求,而且还要对资料本身的真实性进行把关。即登记机关对登记材料"真实性和合法性进行实质性审查","及时发现问题并采取措施"[①]。而福建自贸区公司年报管理制度的审查方式是形式审查,即公司登记机关只对公司提交的材料是否符合法律规定的要求进行审查,而不需要对材料本身的真实性进行审查。该种模式下,由公司对材料的真实性和合法性负责。这大大减轻了行政机关的工作负担,同时也提升了市场运行的效率。其三,审查的内容不同。公司年检制度侧重审查公司的经营资质,特别是公司登记情况、股权分布与变动情况、注册资本的变化等。而福建自贸区公司年报管理制度的审查重点内容将借鉴国外的立法,重点审查财务报表等内容。

(四)改市场准入监管环节的"先证后照"模式为"先照后证"模式,提高市场准入效率

"先照后证",通常来说,顾名思义就是先申领营业执照后再办理有关许可证,即从事后置许可经营项目的市场主体可以先向工商部门申请办理营业执照,而后再到许可审批部门办理许可审批事项。根据国务院于 2014 年 7 月 22 日发布的《国务院关于取消和调整一批行政审批项目等事项的决定》(简称《国务院取消和调整一批行政审批项目的决定》),公共场所卫生许可、娱乐场所设立、互联网上网服务等 31 项前置许可审批改为后置许可审批,各地工商部门一律不再将其作为登记前置,申请人可以直接申请相关经营范围登记,办理营业执照,取得营业执照后再到相关审批部门办理许可手续。

"先照后证"模式的推行具有重要的商法价值。其一,在安全和效率的互动博弈过程中,法律选择了更加理性的效率优先原则。"照"和"证"孰先孰后,

---

① 孙晓洁:《论企业审查登记制度及我国企业登记审查方式的策略选择》,载《中国电力教育》2009 年第 2 期。

福建自贸区重大法律问题研究

厦门大学法学院经济法学文库

不仅仅是一个简单的顺序问题，"先照后证"给予商事主体更高的准入效率。如前述，国家在市场准入环节对企业的干预过多，不仅不利于提高市场准入效率和激发经济活力，而且也错配政府有限的监管资源和精力。"先照后证"打破传统工商行政管理制度下交易效率和交易安全价值的误配，更加突出效率价值。显然，更高的效率（无论是市场准入效率，还是市场主体的运营效率）意味着更高频的市场交易、更高的市场主体盈利和更活跃的市场经济。其二，"先照后证"模式牢固贯彻了鼓励和促成投资的商法价值。投资的注入和企业的促成之于市场经济而言，就好比血液对于人体的重要性。因为虽然从本质上讲投资的目的是盈利，企业的设立是为了赚钱，但同时，投资的积累对于社会财富的创造同样是必不可少的，企业数量的增加和投资盈利能力的提升也是社会财富累积的重要力量和微观基础。"先照后证"模式下，企业设立投资促成的效率更高，这无疑对于提升经济发展呈正相关影响。

三、福建自贸区企业市场主体规制模式改革的价值选择与法哲学观察

福建自贸区企业市场主体规制由传统侧重于市场准入监管，逐步向事中事后监管的模式改革，实际上反映出不同的法律价值理念。这在福建自贸区市场主体规制的具体制度设计的过程中，各方存有较大的争论。主要的焦点集中于安全、效率和公平三者之间的价值权衡和轻重排序。

首先，从安全来说，安全是市场机制得以正常运行的重要前提和基础，只有市场本身已经安全稳定，市场机制才能更好地发挥出来，市场才能起到优化资源配置的作用和功能。不仅如此，只有建立在安全之上，市场主体也才能真正地持续获得其应有的盈利。从商法的角度来看，"商事交易更需要安全，如果没有安全性，交易便捷将变得毫无意义"。"商法上对交易安全之维护主要表现为对于商事交易条件采取强制主义、公示主义、外观主义及严格责任主义之统治，以保障交易安全。"[①]特别是在市场准入的问题上，就有观点认为应该坚持严格的事前准入监管，对市场主体进行严格的审批，才能更好地保护消费者的合法权益。

其次，从效率来讲，效率的基本含义是"从一个给定的投入量中获得最大

---

① 赵中孚主编：《商法总论》，中国人民大学出版社 2007 年版，第 42 页。

的产出,即以最少的资源消耗取得同样的效果,或以同样的资源消耗取得最大的效果"①。福建自贸区工商行政管理机关和相关的行业主管部门通过对市场主体在市场准入环节及其持续经营活动进行引导、监管和规范,以政府调控加中介自律的形式影响市场的运行,可以减少市场资源自动配置中可能存在的无谓消耗,从而更加便捷和有效地实现宏观经济目标。因此,效率价值也是福建自贸区相关部门进行市场准入规制时必须予以认真考量的价值因素。

最后,从公平来讲,公平是社会稳定的天平,也是现代法治国家的基本目标和核心价值,法律则是公平价值最强有力的维护者。福建自贸区在制定市场主体规制的相关制度时,必须始终坚持公平的理念,营造公平的市场环境,从而保证市场主体得到法律的平等对待。

那么接下来的问题就是,安全、效率和公平三大价值在立法的过程中到底应该坚持何种顺位,是安全优先? 效率优先? 公平至上? 抑或是"效率优先,兼顾公平"? 应该说,这方面的争议贯穿于福建自贸区立法的始终,每一项制度设计实务都不免伴随着如此的争议和讨论。理论派和实务派的观点,基于其立场也不尽相同。

从法哲学来说,福建自贸区立法既不能坚持无视社会公平的要求,又不能膜拜低效率的平等。既不能坚持安全而裹足不前,也不能忽视安全而追求片面的效率。效率和公平也是"既相适应又相矛盾的社会价值"②。我们认为,安全、效率和公平三大价值理念之间并不是绝对矛盾的,在进行价值选择的时候,不能把三者中的任何一个绝对化。这三者的价值序列并不是恒定不变的,而是根据自贸区立法过程中所针对的特定的制度需求的变化而变化的。显然,当我们在进行"先照后证"、并联审批和相对集中审批、企业年报管理制度和事中事后监管立法时,在准入的问题上,安全的价值必须适度让位于效率。"中国外资总体规模将受制于政府效率"③,我们之所以设立福建自贸区,就是为了最大限度地促进投资自由化和便利化,如果在市场准入的规制问题上坚持安全的价值高于效率,那么显然背离了福建自贸区设立的初衷。而在"多规合一"立法时,特别是在设计公众监督机制和第三方评估机制时,公平和安全的价值明显要优先于效率。因为在该环节只有更加公平,才能保证"多规合

① 王方玉:《法理学导论》,知识产权出版社 2013 年版,第 105 页。

② 张文显主编:《法理学》,高等教育出版社、北京大学出版社 2011 年版,第 269 页。

③ 刘畅:《试论中国(上海)自贸区对我国政府管理体制的影响》,载《行政科学论坛》2014 年第 6 期。

一"的科学性和稳健性,如果过于强调效率而忽视对该制度的公众监督和第三方评估,"多规合一"最终可能偏离其应有的制度价值而不能对福建自贸区市场主体规制模式的改革发挥应有的作用。

总之,福建自贸区立法应根据具体的制度设计,相机抉择选定特定的价值序位,不能把任何一种价值理念绝对化。

第二节　福建自贸区市场主体规制模式改革的立法现状、存在问题及其解决思路

一、福建自贸区市场主体规制模式改革的立法现状

(一)关于"多规合一"制度

"多规合一"制度在《福建自贸区总体方案》、《福建自贸区条例》、《中国(福建)自由贸易试验区平潭片区实施方案》(简称《平潭片区实施方案》)、《中国(福建)自由贸易试验区福州片区建设工作实施方案》(简称《福州片区实施方案》)和《厦门片区建设若干规定(草案)》中均未作规定,《福建自贸区管理办法》第4条仅规定了福建自贸区工作领导小组的设立及其职责,包括"(一)研究制定自贸试验区发展规划、政策措施并推动落实",但并未明确提出"多规合一"制度。而《中国(福建)自由贸易试验区厦门片区实施方案》(简称《厦门片区实施方案》)在"推进行政管理体制改革"部分明确要求完善"多规合一"运作机制,促进行政审批标准化、规范化,为参与国际、国内和密切两岸交流合作营造优越的政府服务环境。此外,2016年5月,厦门市人大常委会审议了《厦门经济特区多规合一管理若干规定(草案修改二稿)》(简称《厦门多规合一规定》),对厦门经济特区的"多规合一"制度作了总体规划和制度设计。

(二)关于并联审批制度和相对集中审批制度

《福建自贸区总体方案》明确要减少项目前置审批,推进网上并联审批。建立健全行政审批目录制度,实行"一口受理"服务模式。《福建自贸区管理办法》第11条规定:"自贸试验区各片区管理机构建立'一口受理'工作机制,设立服务平台,统一接收申请材料,统一送达文书。"《福建自贸区条例》第18条第2款规定:"片区管理机构建立综合行政服务平台,统一受理涉及企业管理

的行政事务,实施综合审批制度,推进投资体制改革。"《平潭片区实施方案》提出:"实行'一口受理'服务模式。建立健全网上综合审批平台,逐步实现审批和服务信息收集归库、数据共享。加快行政审批制度改革,促进审批标准化、规范化。组建行政审批管理局,对同一审批事项涉及多个职能部门的,授权行政审批局按照'相对集中行政许可权'的办法实施集中审批。对外资审理、外资项目核准、工商登记、企业代码、税务登记等事项推行'一表申报、一口受理、并联审批'。"《福州片区实施方案》并无明确规定。《厦门片区实施方案》规定:"深化行政审批制度改革,实行'一口受理、一表申报、一照一号'登记制度。"《厦门片区建设若干规定(草案)》第 6 条规定:"实行多部门信息共享和协同管理机制,推动权力运行全程电子化管理。"第 9 条规定:"自贸试验区建立行政审批事项'一口受理'机制。对多部门审批事项实行一个部门牵头,其他部门协同的联合审批或者并联审批,提高审批时效,进一步推进'证照分离'改革工作。"

(三)关于事中事后监管

《福建自贸区总体方案》在"保障机制"部分要求建立"全区域监管",各部门建立监管数据和信息归集、交换、共享机制,切实加强事中事后动态监管。《福建自贸区管理办法》第 41 条规定:"在自贸试验区创新行政管理方式,推进政府管理由注重事先审批转为注重事中事后监管,提高监管参与度,推动形成行政监管、行业自律、社会监督、公众参与的综合监管体系。"《福建自贸区条例》第 46 条规定:"自贸试验区创新行政管理方式,完善管理规则,注重事中事后监管,推动形成行政监管、行业自律、社会监督、公众参与的综合监管体系。"第 47 条规定:"自贸试验区建设统一的监管信息共享平台,整合监管信息资源,推动全程动态监管,提高联合监管和协同服务的效能。片区管理机构和有关部门应当及时主动提供信息,参与信息交换和共享。"第 48 条规定:"建立自贸试验区内市场主体信用信息记录、公开、共享和使用制度,推行守信激励和失信惩戒联动机制。建立企业年度报告公示制度和企业经营异常名录制度。公民、法人和其他组织可以查阅企业公示信息,有关部门应当提供便利。"《平潭片区实施方案》在"推进行政管理体制改革"部分第 5 条中指出,要完善事中事后监管制度。完善企业信用信息公示系统,实施企业年度报告公示、经营异常名录和严重违法企业名单制度,开展使用第三方信用服务机构的信用评级报告试点。构筑以商务诚信为核心,在源头溯源、检验检疫、监管、执法、处罚、先行赔付等方面的全流程市场监管体系。建立各部门监管数据和信息归集、交换、共享机制。《福州片区实施方案》在"试验措施"部分要求完善企业信用信息公示系统,实施企业年度报告公示、经营异常名录和严重违法企业名单制度,加强事中事后监管。《厦门片区实施方案》在"区域布局"部分规定"试验区结合区域特点和战略需要,按各自特色发挥优势。……非海关特殊监管区域重点探索投资制度改革、金融创新、完善事中事后监管","健全社会信用体系,完善企业年度报告公示制度和经营异常名录制度,依法建立市场主体信用信息公示系统"。《厦门片区建设若干规定(草案)》第45条规定:"强化事中事后监管水平,推进形成行政监管、行业自律、社会监督、公众参与的综合监管体系。充分发挥政府、中介机构、行业协会、第三方机构等社会力量参与信用体系建设。自贸试验区建设综合监管信息平台,应用现代信息化技术手段,对企业基础信息、监管信息、信用信息等数据进行归集和运用,实行自贸试验区内商事主体信用信息征集、公开、共享和使用制度。"

(四)关于"先照后证"制度

总体来看,福建自贸区关于"先照后证"的立法制度不甚明确。《福建自贸区条例》第18条规定:"自贸试验区建立与国际惯例相衔接的商事登记制度,简化企业设立登记程序,营造宽松便捷的市场准入环境。"《平潭片区实施方案》在"推进行政管理体制改革"部分第2条规定,推行工商营业执照、组织机构代码证、税务登记证"三证合一、一照一号"。《福州片区实施方案》在"深化行政管理体制改革"部分第2条规定,对外资备案证明、营业执照、组织机构代码证、税务登记证等实行"一表申报、一口受理、一照一码"服务模式,并逐步建立完善的信息化平台,实现信息共享、应用对接。《厦门片区实施方案》在"推进行政管理体制改革"部分规定,深化行政审批制度改革,实行"一口受理、一表申报、一照一号"登记制度。《厦门片区建设若干规定(草案)》第9条规定:"进一步推进'证照分离'改革工作。第14条自贸试验区实行'多证合一、一照一码'的企业登记模式,推行全程电子化登记。"

二、福建自贸区市场主体规制模式改革存在的主要问题

(一)福建自贸区"多规合一"立法存在的主要问题

福建省厦门市是全国最早开始"多规合一"试点的城市之一。为了积极探索完善空间规划体系,建立有效的规划衔接和协调机制,形成可复制、可推广的"多规合一"工作经验,最终形成"一本规划、一张蓝图"的"多规合一"具体工作模式,目前,福建省已经在全省的12个城市开展"多规合一"试点工作。总体来看,该项工作走在全国大多数省份前列。福建自贸区的设立对该项工作

的试点和推广带来重大的利好和契机,但在目前的工作开展过程中也存在以下的问题:

1. 福建自贸区立法并未明确区内"多规合一"试点工作的整体推进模式

当开展"多规合一"试点工作时,福建自贸区首先面临的一个问题是工作模式的选择。传统条块分割的行政管理体制造成规划之间协调困难,整体规划的质量水平偏低。众所周知,不论是目前的三大规划(国民经济与社会发展规划、城市总体规划、土地利用总体规划)还是诸如主体功能区规划、生态环境保护等规划均由不同的行政部门进行管理。无疑,不同的规划部门出于部门利益、政绩考核、财税体制等多种因素的考虑,必然会带来部门之间协调难、规划之间整合难的问题。

对于该问题的解决,国内各试点的地方政府均出台了不同的方案。尽管方案与方案之间存在较大的差异,但总体来说不外有两种主要的模式:其一是对国土部门和规划部门两大重要的规划机构进行行政整合,成立"国土规划管理局",并由"国土规划管理局"来具体牵头"两规合一"工作。其典型代表是深圳、武汉和上海,这种工作模式进行了行政体制方面的大胆革新,以部门整合达到推动城乡总体规划和土地利用总体规划两个规划之间的协调。目前,上海市推进"多规合一"的总体思路是:坚持城市总体规划确定的城市发展方向、空间结构、城镇布局和重大市政基础设施安排基本不变,依据国家下达的新一轮土地利用总体规划指标,同步实现规划建设用地和基本农田保护任务落地。① 其二是在保持现有的体制框架不变基础上,在市委市政府一级成立"多规合一"工作领导小组,通过由"多规合一"工作领导小组牵头多个规划部门共同参与的协调模式来推进规划工作。其典型代表是厦门和广州,这是一种相对温和的折中的工作模式,在保持现有行政体制基础上实现了规划本身在内容方面的衔接和协调。

我们注意到,整个福建自贸区层面的立法,包括最新的《福建自贸区条例》中没有关于"多规合一"的内容,并且在三大片区层面的立法中,只有《厦门片区实施方案》提出要完善"多规合一"运作机制,而《厦门多规合一规定》正式确立了厦门经济特区的"多规合一"运作模式问题,即在《厦门多规合一规定》第5条中规定的,由市、区人民政府建立"多规合一"协调管理机构负责"多规合

---

① 参见佚名:《上海、广州、重庆、厦门"多规合一"的差异化实践》,http://www.sydczx.com/newsview.asp? id=236,下载日期:2016 年 5 月 17 日。

一"工作的组织和实施,但福建自贸区层面的"多规合一"运作模式问题,仍处于立法空白状态。

2.福建自贸区尚未在立法层面理顺不同规划与审批体制的差异而造成的协调难问题

如前述,我国目前占据主要地位的国民经济与社会发展规划、城市总体规划、土地利用规划等均有专门的法律予以规定,比如《宪法》《城乡规划法》《土地管理法》等。但也有一些专项规划并没有法律层面的规定,同时,已有规定的法律也明显呈现出效力方面的差异。这是各类规划在法律层级上存在差异的根源。从规划审批的视角,最直观的表现为各种规划的审批机关不同,上下级政府之间报送和审批模式也各异。比如,国民经济与社会发展规划由本级人民政府编制,本级人大审批;城市总体规划的编制主体是下级人民政府,审批主体是上级人民政府;而土地利用总体规划也是由本级人民政府编制,由上级人民政府审批,个别试点城市需要由国务院进行审批。

不难看出,由于地方不同层级政府对不同规划的变动权限存在很大的差异,"多规合一"以后上报的统一规划可能得到不同部委的存在差异的审批结果。故此,如果福建自贸区仍然没有一个关于规划制定和报审的立法,极可能出现的现象是拆解统一方案而进行分头报批。这样,"多规合一"就因为审批权限方面的问题而导致最终无法实现"合一"的效果。

3.福建自贸区尚未在技术层面理顺不同规划之间在基础数据标准和编制规范标准等方面的不统一现象

无论是最早出现的"两规融合",还是后来发展起来的"三规合一""多规合一",这些规划要统一起来,除了体制方面的限制以外,一个重要的有待突破的难题就是技术层面的协同工作。显然,城市总体规划的基础统计数据是由建设部门掌握的,土地利用总体规划的基础数据则主要是由国土资源部门通过历年土地变更情况的调查结果而获得的数据,生态环境规划主要的基础数据则源于环保部门的统计数据。这些基础数据与基础数据之间在标准和编制规范等方面存在巨大的差异。因此,要在技术层面理顺各类规划数据源和编制方法方面的诸多难以衔接的问题,福建自贸区必须出台相应的自贸区立法,否则"多规合一"只会流于形式,缺乏实质性的进展。

另外,整合这些数据标准和编制规范,福建自贸区还缺乏从规划理念层面进行统一的相关立法。因为各部门规划的价值本位的不同,数据与数据的衔接以及编制的规范会面临很大的对接难题。比如,国民经济总体规划侧重于经济总量、经济结构等发展性指标以及人们就业和收入等保障性指标,但显

然，发展性指标是首位的，发展理念也是其最基本的价值本位所在；土地利用总体规划则主要关注耕地保有量和建设用地总量两大核心约束性指标，其秉持的是一种防御性的、强调土地保护的基本价值理念；与之相反的是，城乡建设总体规划主要关注的是城市的总体容量和总体规模以及人口集聚密度和公共设施的保有量等扩容性指标，其秉持的是一种主动性的、强调城市建设发展的基本价值理念。因此，如前所述的数据整合工作不应当简简单单被理解为一种单纯的数据处理过程，其实质上深刻反映数据背后的价值理念原因，而福建自贸区在这方面立法的缺失可能导致整合工作开展困难。

4. 福建自贸区在"多规合一"问题上，还缺乏公众参与机制的立法

阳光是最好的防腐剂。让权力在阳光下运行，已经成为我国行政体制改革的重要方向。"多规合一"一方面从规划的角度来说，其涉及区域经济社会的总体发展和土地使用计划等重大公共事务，属于国家规划制定和实施的一大创新，可归入政府改革的范畴；另一方面，从企业角度来说，又属于政府对企业这种市场主体规制模式的革新，"多规合一"的实施将具体触及企业等市场主体的具体法律权利和义务。而无疑，从现代法治精神和法治理念考虑，无论从哪一个角度来说，福建自贸区的"多规合一"制度的制定和实施都必须接受社会公众的广泛监督。站在政府的角度，只有全社会都积极关注和参与"多规合一"制度的运行，政府行政权力的运用才会更加阳光和合法，才能有效防治权力寻租和腐败；站在市场主体的角度，只有越来越多的社会力量参与到"多规合一"的制定和运行监督中来，才能使政府制定的规划更加科学，更加符合城市发展的规律和人民的意愿。

我们看到，福建自贸区无论是在《福建自贸区总体方案》《福建自贸区管理办法》还是在三大片区的方案和条例中，对"多规合一"要么只有像《厦门片区实施方案》那样，在"推进行政管理体制改革"部分要求完善"多规合一"运作机制，进行倡导性的建议，要么根本无从体现。在公众参与与评价监督机制等方面的立法缺位，必将造成福建自贸区遇到如同我国当前其他大多数地方政府在"多规合一"制度实施中面临的"孤立性"问题；即政府实施政府的规划，公众几乎不参与政府决策。我国现行立法并未明确涉及广泛公众利益的政府规划的制定、修改以及审批必须经由公众评议。因此，政府在整体规划的具体编制内容、修改以及审批等各大环节几乎完全是一种单方的行使规划职权的内部过程，政府的决策和公众并不相关，完全孤立。不仅如此，福建自贸区尤其欠缺有关规划实施过程中的社会公众监督和第三方机构评估机制。由此，"多规合一"在实施的过程中是否违规、根据实施的实际情况是否需要进一步修正和

调整等问题完全演变成一种政府部门内部事务,进而无法获得强有力的监督和科学的解决。此外,福建自贸区还必须予以警惕的是,在公开的群众监督制约机制缺位的情况下,政府对规划的制定和实施情况不能仅仅对公众履行简单的单方告知义务,如果社会公众对"多规合一"缺乏认同感并拒绝参与或不能有效参与,"多规合一"最终必然失去其权威而无法落实。

(二)福建自贸区并联审批和相对集中审批立法存在的主要问题

实施并联审批和相对集中审批是建设服务型政府的重要抓手,因此,已受到包括福建自贸区在内的各地政府的高度重视。"并联"是与"串联"相对应的一个物理概念,它强调的并不是一种流水线型的工作流程,而是一个"同步"的作业过程。"相对集中"则强调行政资源的高度整合和协同配合。无论作何解释,终归一个宗旨是毋庸置疑的,即政府的各个部门之间对内可能是多家,但对外只能是一家。并且对外来说,不只是一家和多家的问题,改革的目标最终必须要提高审批效率,并着力提升行政机关的"服务"效能。福建自贸区并联审批和相对集中审批立法至少存在以下方面的问题:

1.福建自贸区并联审批和相对集中审批目前的适用范围比较狭窄,不能满足行政体制改革之所需

从前文列举的福建自贸区并联审批和相对集中审批制度立法来看,各层级的立法几乎无一例外都提到"一口受理""并联审批"等内容。但从总体来看,一方面,目前适用并联审批和相对集中审批制度的范围还是相对狭窄的,主要集中于工商、公安、卫生、消防等领域,实际上相比于行政审批的需求来说,还远远不能满足。因此,继续扩展并联审批和相对集中审批制度的适用范围和审批种类是大势所趋。另一方面,跨行政级别的并联审查适用的空间和范围十分有限。我们说的并联审批和相对集中审批制度,不仅包括同级政府部门之间的行政审批也包括不同级别政府部门之间的行政审批行为。在很多情况下,下级行政部门的审批行为必须以上级行政部门的审批为先决条件。而福建自贸区目前的立法并未针对如何打通这种上下级行政级别壁垒的特殊制度安排,虽然从法理上说这仍然适用,但对于法律实践来说,则可能面临贯彻难的问题。因为在实践中,往往是下级行政部门最先受理申请审批材料,若缺乏对上下级部门之间开展并联审查的制度性规定,下级部门出于各种因素考虑,不会选择主动与上级部门进行并联审查,而且即使这样做,其实施效果也可想而知。

2.福建自贸区立法未明确规定相对集中审批的管理部门

从行政法来说,相对集中审批的一个重要特点是行政权力和行政责任的

同时转移。那么对于如此重要的权力和责任的转移过程,如果没有法律的规定,就一些相对冷门,对行政机关来说管理难度大、责任较重的领域,则可能出现行政机关之间的推诿和责任推脱现象;而对于一些相对热门,对行政机关管理要求不那么高,又容易出政绩,行政责任相对较小的领域,则可能出现竞争的格局。为此,福建自贸区有必要通过立法对相对集中审批的管理部门予以明确。

从目前的实践来看,大多数地方政府一般规定相对集中审批的管理部门就是政府设立的"政务中心",也有成立专门的相对集中审批部门的做法,比如,天津市人民政府办公厅 2016 年 3 月 3 日发布的《天津市政府转发市审批办关于深化区县行政审批制度改革若干意见的通知》(简称《天津深化区县行政审批改革意见的通知》)第 1 条规定"积极创造条件,扩大相对集中行政许可权改革范围,市垂直管理的区县部门按照'三集中三到位'(行政审批事项、行政审批权限、行政审批人员向行政审批科集中,行政审批科整建制进驻行政许可服务中心、现场审批授权、在审批系统上独立审批到位)要求,做强做实行政审批科,整建制进驻区县行政许可服务中心,实行集中审批、现场审批"。福建自贸区平潭片区成立了行政审批管理局,《平潭片区实施方案》规定"组建行政审批管理局",对同一审批事项涉及多个职能部门的,授权行政审批局按照"相对集中行政许可权"的办法实施集中审批。这是一种有益的尝试和创新,对于厘清特定的审批受理部门和明确相应的法律责任具有重要意义,值得福建自贸区层面立法的借鉴。

3.福建自贸区尚未制定并联审批和相对集中审批所必需的技术要求和系统依托方面的立法

马克思主义认为"科学技术是生产力","社会劳动生产力,首先是科学的力量"。邓小平同志最早提出"科技是第一生产力"[①]的著名论断。这些认识在并联审批和相对集中审批制度来说,体现尤为明显:并联审批和相对集中审批最重要的硬件基础就是必须建立有力的基础技术服务和高效的硬件维护能力。如果在科技保障这方面供应不足,那么显然,并联审批和相对集中审批是无从谈起的。

---

① 傅亚民:《邓小平"科学技术是第一生产力"思想的探讨》,载《中国科技信息》2005年第 12 期。

"我国网上并联审批的实施遇到的较大障碍就是来自于法律法规方面的不完善。"[①]福建自贸区内的三大片区尽管已经在并联审批和相对集中审批的技术保障和法制建设方面进行了大量的探索和尝试,但仍然存在以下难题:其一,尽管目前福建自贸区在通过网络进行网上行政审批方面已经不存在任何的技术问题,但由于在跨部门、多个流程和环节的切换以及授权等技术问题上仍不成熟,网上并联审批和相对集中审批制度下这种行政审批模式仍有不少技术层面的问题待破解。其二,福建自贸区行政部门现有的辅助系统不能完全满足并联审批和相对集中审批制度的系统需求。由于并联审批和相对集中审批制度不仅仅涉及审批这一单一环节,还会涉及协同办公、档案储存、信息安全保密、审核校验、文件扫描和电子监控等多个非独立的有机联系的综合服务系统,要确保并联审批和相对集中审批的顺利和高效,必须首先保证这些系统运营的安全顺畅。因此,必须首先保证网上并联审批和相对集中审批系统的稳定性和服务能力,才能确保福建自贸区并联审批和相对集中审批制度的有效性。

　　4. 福建自贸区并联审批和相对集中审批的配套法律制度不完善

　　我们注意到,不论是在福建自贸区层面还是在三大片区层面的立法,虽然都提倡开展并联审批和相对集中审批,但缺乏配套的一些法律制度仍可能对工作的开展制造麻烦。比如,我国制定了《中华人民共和国电子签名法》,该法就电子政务中普遍使用的电子签名的法律效力以及电子文档的合法性问题提供了有力的法律依据,但在网上并联审批和相对集中审批模式下,涉及多个行政主体出具的电子签名或可能出现的签名(效力)冲突等问题,法律没有明确的规定,并且福建自贸区也未制定专门的立法予以规制。

　　此外,关于并联审批和相对集中审批模式下,各相关主体的法律责任并没有明确的规定。通过对福建自贸区各级立法的回顾不难看出,对于并联审批和相对集中审批,主要是内容还是关于"一口受理""统一接收材料""一个部门牵头、其他部门协同"等工作机制和模式的内容,但对于法律责任这样重要的问题却予以忽略。比如,在并联审批模式下,材料受理单位、并联审批单位各自的责任如何;在相对集中审批模式下,各主体行政权力以及法律责任是否转移,由谁承担等问题立法并未触及。

　　① 吴昊:《我国网上并联审批存在的问题及对策探析》,载《企业导报》2012 年第21 期。

5.福建自贸区在并联审批和相对集中审批的监督机制立法方面存在缺位

并联审批和相对集中审批对市场主体来说,获得了极大的便利,但这种制度的施行也需要强有力的监管和监督机制予以保障。福建自贸区在这方面的立法目前是缺位的。

这个问题至少可以分为两个方面:其一是对并联审批和相对集中审批的事后监管方面。应该说,福建自贸区在企业投资自由化和便利化方面为市场主体提供了多种行政体制、工作机制方面的创新,并联审批和相对集中审批就是非常重要的一个方面。政府不能疏于风险防范,在对企业未经许可和审批而开展营业损害消费者合法权益的情况下,必须加大执法检查的力度,并在立法层面对相关市场主体的法律责任予以明确。比如,以餐饮企业为例,如果一家企业通过网上并联审批办理了工商登记获得企业营业执照,但未领取卫生许可证而长期营业的,在传统行政管理模式下,往往只能等企业进行年检的时候才会被发现。因此,在并联审批和相对集中审批制度以后,随着市场主体规制环节的逐渐宽松,市场主体的违法行为也不得不为行政机关所警惕。这方面法律制度的缺位不利于督促相关行政执法部门的执法检查行为,也不利于消费者权益保护。其二,对行政机关并联审批和相对集中审批行为本身的评估监督机制立法缺位。这主要体现为,对于并联审批和相对集中审批的决策行为以及事后审计监督和公正的绩效评价机制的缺乏。对比同类立法,《天津深化区县行政审批改革意见的通知》第13条规定"建立健全行政审批专家评审机制",明确要求"市审批办要组织市有关部门、区县行政审批部门建立全市统一的行政审批专家库,制定行政审批专家评审管理办法,将全市各个方面的专家按类别纳入专家库。行政审批部门在办理许可工作中对需要专家评审的行政许可申请,可统一组织专家评审,所需费用原则上由同级财政承担。探索行政许可检验、检测、检疫等技术性环节由第三方办理的工作机制,提高行政审批的准确性和实效性"。此外,对于并联审批和相对集中审批权力运行过程中可能涉及的资金流转必须实施审计监督,对于系统运行状况进行科学评估,对于并联审批和相对集中审批行为的运作绩效进行社会声誉评价等。这些机制的缺位往往导致并联审批和相对集中审批的权威性和公信力受损。

(三)福建自贸区对市场主体事中事后监管立法方面存在的主要问题

对比福建自贸区层面以及三大片区立法的情况,对市场主体事中事后监管的立法应该说是差异最大的部分。尽管各大立法都强调要加强事中事后监管,但认真梳理不难发现,《福建自贸区总体方案》和《福建自贸区管理办法》更加强调推动形成行政监管、行业自律、社会监督、公众参与的综合监管体系,相对忽视企业年报管理制度方面的立法内容。而三大片区都尤其突出了企业年报管理制度方面的立法内容,并建立一些相关的辅助手段,比如《厦门片区实施方案》加强建立市场主体信用信息公示系统等。总体来看,事中事后监管制度创新包含很多方面的内容,包括企业年度报告管理制度、综合监管体系制度、安全审查制度、反垄断审查制度等,但最为核心的主要是两方面的制度:其一是综合监管体系制度,这是整个事中事后监管的重要框架;其二是企业年度报告管理制度,这是福建自贸区对市场主体事中事后监管的创新手段。

1. 福建自贸区综合监管体系制度立法方面存在的问题

上海自贸区试验的目标是要围绕政府职能转变和促进市场在资源配置中起决定性作用的客观要求,推进社会多元共治,构建政府主导、行业自律、企业自控、社会监督"四位一体"的多元治理新体系,提高市场监督效能,促进市场自我管理、自我规范、自我净化,维护贸易自由、公平竞争、诚信守法和消费自主的市场秩序,推进国家治理体系和治理能力现代化。[①] 而就福建自贸区目前的立法而言,一方面,尽管福建自贸区各级立法均明确要推动形成行政监管、行业自律、社会监督、公众参与的综合监管体系,但对于这"四位一体"的监管体系,各种监督力量的效力和地位未进行界定,尤其是对政府的行政监管地位的模糊化很可能降低整个综合监管体系的监管效率。在福建自贸区,由于一系列包括"先照后证"等在内的市场主体准入模式的创新措施的实施,企业设立的数量将直线攀升。在林林总总大小参差不齐,守法与违法意识和动机各异的商事主体群里,产品市场的安全风险与控制成本大幅上升,市场主体侵犯消费者权益的概率不断增加。显然,这些问题的监管均要求政府处于第一线,实施最重要的在综合监管体系中的最高层次的监管。同时,政府也是"理性人",他们在面临执法对象暴增的时候,可能采取选择性执法。当然,选择性执法本身并不失合理性,问题的关键在于如何选择的问题。现实中,不少政府部门出现权力寻租的情况,这存在巨大的风险。而在监管思路转变方面,立法的缺失尤其值得警惕,比如对市场主体的规制应侧重于市场准入资格证的查验还是准入后市场主体行为的监管,面对这样的选择,不排除政府选择"租金"含量更高的前者的可能性。为此,福建自贸区并没有明确综合监管体系中行业自律、社会监督、公众参与这三方对于政府的监督和辅助作用,对监管效率

---

① 朱咏:《社会力量与自贸区综合监管》,http://money. 163. com/14/0812/09/A3EGLTNR00253B0H. html,下载日期:2016 年 5 月 19 日。

第二章　福建自贸区市场主体规制模式改革法律问题研究

75

的保障是非常不利的。

另一方面，福建自贸区立法并未从技术层面明确"四位一体"的监管体系的构建路径。无疑，事中事后监管是福建自贸区转变政府职能、创新监管方式的重要一环。这既对传统监管形式提出挑战，也对传统监管资源作出警示。解决这些矛盾的核心是通过高科技的技术路径，构建能够强有力支撑"四位一体"综合监管体系的技术支持系统，而福建自贸区的立法在这方面是缺位的。福建自贸试验区要保证整个综合监管系统的便捷、透明和高效，必须有强大的技术支持系统的支撑，必须建立自贸区监管信息共享数据平台，只有这样才能根除原来政府部门各自为政、效率低下、信息不对称的顽疾。因为：其一，只有建立信息共享平台，各监管部门之间才能实现信息的互联互通，才能真正构建高效协同监管，才有基础建立高效的市场综合执法体系。其二，要构建企业诚信体系，不能没有信息平台的支持，否则公民无法便利、快捷地查询各大企业的信用信息情况，"守信便利、失信惩处"的机制构建也只能落空。其三，福建自贸区信息共享平台的建立，也是构建以风险预警为目标的对外开放综合性评估机制的基础。其四，监管信息共享数据平台的建立是加快政府职能转变、激发社会活力为目标的社会力量参与市场监督机制得以形成的前提和基础。

2.福建自贸区公司年报管理制度立法方面存在的问题

《福建自贸区条例》《平潭片区实施方案》《福州片区实施方案》《厦门片区实施方案》均无一例外提到要建立公司年报管理制度。与公司年报管理制度相对应的，是我国自1983年以来一直实施的公司年检制度。当时正值中国的经济体制由计划经济向市场经济转型。因此，从本质上来说，公司年检制度是带有浓重的计划经济体制下的行政色彩的，表现出行政机关过度干预市场主体的经营行为。2013年上海自贸区的建立，正式拉开了公司登记机关企业年检制度改革的序幕，并且，公司年报管理制度也是福建自贸区试点的重要内容。福建自贸区公司年报管理制度的建立，有利于降低市场交易成本，提高公司经营效率。在传统的年检制度下，企业需要投入不小的精力，并安排专人负责年检事务，这对公司来说会造成不菲的成本。而在年报管理制度下，福建自贸区可创新开展年报公示制度，从公司角度而言，只要每年在网上向行政机关提交年度报表即可，十分经济、便利。并且，福建自贸区相关部门对市场主体的规制模式由直接干预转向间接干预，这有利于营造更优的法治环境，进一步减少企业的交易成本。

纵观福建自贸区两级立法，目前自贸区公司年报管理制度立法还存在如下问题，可能对公司年报管理制度的进一步贯彻带来困难：

首先,福建自贸区现有关于公司年报管理制度的立法层级较低,有关规定比较笼统,可能会直接影响制度的执行。目前,福建自贸区公司年报管理制度的立法主要体现在三大片区的立法之中,没有国家层面的法律直接规定公司年报管理制度,而在美国、德国、意大利、法国等一些发达国家均有法律层面的规定。① 福建自贸区关于公司年报管理制度的立法层极低,造成该制度的法律效力低、执行力差等问题。另外,福建自贸区关于公司年报管理的规定非常原则,过于模糊的规定造成实施中缺乏可操作性。比如,公司年报到底需要披露哪些方面的具体内容,并没有详细的规定,也没有制定专门的年报规则。而对比国外,欧共体理事会曾发布相关指令要求:"欧盟各国股份有限公司的年度财务报表必须真实,全面地反映公司的资产负债、财务状况与盈亏,而且对资产负债表、损益表以及其他财务报表的格式、内容、特定科目都作了专门的统一规定。"② 对比国内企业年报制度管理相对成熟的上海市,早在 2014 年 9 月 26 日印发的《上海市工商行政管理局 2013 年度企业、个体工商户年度报告公示工作方案》的通知中,上海市工商行政管理局就将企业年报表格式分为七种:一是有限责任公司、股份有限责任公司(非私营企业);二是有限责任公司、股份有限责任公司(私营企业);三是非公司企业法人、合伙企业、个人独资企业、非法人中外合作企业(非私营企业);四是非公司企业法人、合伙企业、个人独资企业(私营企业);五是分支机构、在中国境内从事生产经营活动的外国(地区)企业、内资非法人企业(非私营企业);六是分支机构、内资非法人企业(私营企业);七是个体工商户。其中,私营企业比非私营企业多两项统计数据,即对从业对象的分类统计和非公党建情况统计。福建自贸区在公司年报内容这方面的笼统规定非常容易造成企业选择性披露,从而导致自贸区相关部门无法全面了解企业的经营实况。

其次,福建自贸区立法并未规定违反公司年报制度的法律责任问题。凯尔森认为,法律责任是与义务相关的概念。一个人要对一定行为负责,或者要为此承担法律责任。"当他做相反行为时,他应受制裁。"③ 因此,法律责任是

---

① 董军:《"自由贸易区"公司年报制度与公司年检制度比较分析》,载李璐玲、张娜主编:《自由贸易区法律问题研究》,中国政法大学出版社 2014 年版,第 97 页。

② 沈四宝、王军、焦津洪主编:《国际商法》,对外经贸大学出版社 2002 年版,第 84 页。

③ [奥]凯尔森:《法与国家的一般理论》,沈宗灵译,中国大百科全书出版社 1996 年版,第 65 页。

福建自贸区立法目的最终实现的重要保障。《福建自贸区条例》仅仅原则性地规定："建立企业年度报告公示制度和企业经营异常名录制度。"而并没有涉及违反年报制度的法律责任，也未通过专门立法对该责任予以规定。

相比，《关于中国（上海）自由贸易试验区内企业登记管理的规定》第15条明确规定："登记机关对企业年度报告进行抽查，在检查中发现或者事后接举报查实企业有违法行为、申报不实隐瞒真实情况或者虚假承诺的，责令限期改正，并将企业纳入不良信用体系；对有违反企业登记管理规定行为的，除责令改正外还可以依照有关企业登记管理规定予以处罚，并将企业法定代表人、负责人等信息通报相关部门。"其中"还可以依照有关企业登记管理规定予以处罚"实际上包含罚款和吊销公司营业执照。但总体来说，上海自贸区关于公司年报制度的法律责任问题仍不够丰富，福建自贸区在此处还有很大的制度创新空间。

最后，福建自贸区现行的企业征信法制或将遭受市场主体诚信状况之挑战。在实行企业年报管理制度以后，政府对企业的财务等状况实行的都是间接干预。所谓间接干预，是指企业通过工商部门特定的系统，每年按照要求向行政机关电子报送企业的年度报告，并同时向社会予以公开，公众可以查询企业的年报。企业自身对其年报的真实性和合法性负责任。也就是说，自始至终，在公司年报管理制度实施以后，更好地体现了公司自治的原则，公司是整个过程的主角，占据主导地位。但同时不能忽视的是，至少目前我国企业的诚信状况是堪忧的。那么如何对企业不诚信的行为进行规制，该问题的答案还有待于相应的企业征信立法的进一步完善。

(四)福建自贸区"先照后证"立法存在的主要问题

1. 福建自贸区"证前抢跑"现象无法可依，政府部门之间信息不对称，造成监管和执法缺位

"证前抢跑"，即"有照无证擅自从事应获审批的生产经营活动"[①]，是指商事主体在领取营业执照后、取得经营许可证之前进行生产经营活动。随着福建省企业商事登记制度改革的逐步推进，企业办理经营许可证的手续和时长已经大幅压缩，但仍有部分领域办证条件相对较高、周期较长，企业基于其盈利目的在办理完工商登记以后便开展营业活动。以小型餐饮企业的市场准入

---

① 沈勇青：《东莞今起仅留13项前置审批工商登记》，http://leaders.people.com.cn/n/2014/0526/c356819-25063059-2.html，下载时间：2016年7月11日。

福建自贸区重大法律问题研究

厦门大学法学院经济法学文库

来说,当业主在取得营业执照后,如果要申请餐饮服务许可证,必须符合《福建省餐饮服务许可管理实施办法(试行)》要求的关于食品原料处理和食品加工、贮存的场所、环境标准、食品安全培训要求、符合要求的布局和加工流程、从业人员经过上岗前食品安全知识培训、健康检查合格以及福建省省级卫生行政部门规定的其他条件。实际上,这些规定不少是与卫生条件没有直接关联的,不仅如此,《福建省餐饮服务许可管理实施办法(试行)》关于特大型、大型、中型、小型餐馆的特定座数要求更让众多的小餐饮企业主望而兴叹。因此,"证前抢跑"现象的根源是政府的市场准入制度与市场需求二者之间存在尖锐的矛盾。

面对上述过渡期的"证前抢跑"现象,国内一些省市已经进行了一些规制创新,比如广东顺德对于在办理营业执照时申请的经营范围中的许可经营项目未取得相关许可证或批准文件的,在许可经营项目前加注"筹办"字样,让市民、企业、许可及监管部门了解到此营业执照中的许可项目暂未取得相关许可证或批准文件。当企业取得了相关许可后,可取消许可项目前的"筹办"字样。同时,启用信息公示平台,推进协同监管。目前,理论界和实务界比较支持的是建立"双告知制度"破解过渡期信息不对称的问题,即一方面,在市场主体领取营业执照后,工商登记机关按照许可经营的具体项目类型告知市场主体办理后续行政许可的法定义务;另一方面,工商登记机关也通过特定信息共享平台告知后续行政许可的主管部门,并由后者开展后续跟踪监督和处罚,从而弥补监管部门之间的监管真空。福建自贸区目前尚未出台有效的监管措施。

2.福建自贸区未立法解决营业执照中的"营业"名不副实的法理难题

根据《国务院取消和调整一批行政审批项目的决定》相关精神,在福建自贸区,企业在取得营业执照之后,实际上并不具备营业主体资格。如果需要开展营业,光有"照"还不行,还必须取得相关行业许可或者批准的"证"。这其中的法律逻辑是没有问题的,但无论是从汉字的解释还是商法理论来理解,营业执照的取得都应当意味着商事主体取得了营业资格的法律地位。而实际上,我国的营业执照上面又包含有"经营范围"这一内容,这其实是我国商法实践中一直存有误区的一个问题,即营业执照本身不应该包含特定行业经营许可之准许,而仅仅应当是一种商事主体设立之证成。

我们注意到,福建自贸区并没有利用立法先行先试的优势对这一点进行突破。从现发的营业执照来看,从法理上说,仍然秉持了传统的合并登记制的基本原理,即在企业设立时,企业的经营资格是与主体资格同步取得的。之所以要废弃这一理论,是因为仅从我国公司法内部体系来说系统性解释本身就

存在逻辑错误。典型的例证比如,《公司法》第186条规定:"清算期间,公司存续,但不得开展与清算无关的经营活动。公司财产在未依照前款规定清偿前,不得分配给股东。"也就是说,《公司法》在公司设立和营业的问题上采取的是合并登记制,公司的主体资格和经营资格同时获得,而在公司解散和清算环节,清算期间"公司存续",但不得开展与清算无关的经营活动。公司在清算活动结束之后向登记机关申请注销登记,公司的主体资格才正式丧失。显然,这就是说,公司法在公司解散和清算环节坚持的并不是与合并登记制相对应的合并注销制,而是把公司的主体资格和经营资格区分对待。因此,《公司法》在公司设立和清算两大阶段的法理基础是截然矛盾的。不过,通过自贸区先行先试的优势,福建自贸区具有十分宝贵的探索在此领域做出改革的机会,但因为立法缺位,这种法理错误仍未得到改变。

3. 福建自贸区在"先照后证"改革中,仍未彻底根除合并登记制理论的影响,造成证照关系逻辑混乱

我国目前的"先照后证"并不适用于所有的市场准入领域,而仅仅是许可后置的领域,但如前所述,工商部门给企业颁发的营业执照上是记录"经营范围"这一事项的。不仅是许可前置的事项,即使在部分许可后置的事项中,行政机关受传统合并登记制理论的影响,为了保证经营范围的真实准确,还存在或多或少让企业提供其他许可部门出具的许可证明。显然,这是与"先照后证"所坚持的先主体资格后经营资格的法理相违背的。实践中,由于企业未获得市场主体资格,自然无法获取后置经营许可,而只能凭借"名称预先核准通知书"申办前置审批。但反之亦然,行业许可部门又无法从理论上和实践中去为一个尚不存在的商事主体办法经营许可。如此的逻辑悖论造成企业市场准入总体陷入一个死循环。

4. 福建自贸区立法未建立政府对消费者的行政提示和告知制度,导致对交易相对人的权益保障不足

前文提到,"先照后证"制度下,在企业办理完工商登记获得营业执照后到获得行业经营许可这段时间内,存在监管真空。具体表现在:对之前已经颁发营业执照的工商部门来说,企业已经获得了市场主体的资格,因此,如果企业违法经营侵害消费者权益,那么发照机关无权对其实施行政处罚。而对相关行业的经营许可部门来说,理应成为查处该类违法行为的适格主体,但由于发照机关和发证机关二者之间的信息不对称,后者因无法获取相关的监管信息而导致监管真空的存在。

遗憾的是,福建自贸区的立法并没有从消费者权益保护的立场,通过相关

的区内立法，尽量减少或者消除这一监管真空期消费者权益受损的影响。老百姓恰恰是在传统的工商行政管理模式下来理解"先照后证"模式下"营业执照"的内涵，认为只要获得了营业执照就等于获得了政府部门的许可。因此，如果福建自贸区工商行政管理机关不对消费者进行某种提示，则很有可能导致一些无证经营者，故意利用消费者对行政许可事项和流程不了解，用营业执照代替经营进而骗取消费者信赖，实施侵权和欺诈。

第三节　福建自贸区市场主体规制模式改革的制度完善建议

一、福建自贸区"多规合一"制度的立法建议

(一)福建自贸区应出台"多规合一"单独立法，明确"多规合一"的整体工作模式

　　福建自贸区应制定类似《厦门多规合一规定》的"多规合一"专门立法（简称"福建自贸区'多规合一'立法"），明确在自贸区"多规合一"试点工作的整体推进模式。整体推进模式的制定对于解决规划部门因为部门利益、政绩考核、财税体制等因素带来的部门保护主义和部门之间协调困难的问题，具有十分重要的意义。关于福建自贸区"多规合一"的整体模式选择，我们认为，目前厦门市采用的折中模式更加符合实际，更容易推进。福建自贸区"多规合一"立法可规定："成立福建自贸区'多规合一'工作领导小组，牵头组织协调自贸区的'多规合一'工作。福州、平潭和厦门自贸区管理机构应设立相应的部门，配备专人，对片区'多规合一'工作进行统一协调。"做这样制度安排的主要考虑是，"多规合一"工作领导小组的设立，一方面能独立于其他的政府部门行使规划职权，另一方面，又能相对维持现有的行政体制基础不变。这对于现有的国民经济与社会发展规划、城市总体规划、土地利用总体规划、主体功能区规划、生态环境保护规划等各规划部门的职权不会发生较大的触动，有利于保持规划格局的稳定，并激发各部门对"多规合一"工作的热情。

(二)福建自贸区应通过立法理顺不同规划因规划期限、审批体制等差异而造成的协调难问题

福建自贸区"多规合一"立法可利用试点的契机,对部分规划的期限做适当调整,合理确定规划的期限。比如,从"多规"的实际情况出发,将 2025 年作为最近的短期规划目标年,并以此作为规划期限来制定统一规划。可进一步探索将 2030 年或者 2035 年作为中长期规划目标年,从而制定中长期规划。

审批体制等差异而造成的"多规"协调难问题,必然涉及国家层面的立法。只有通过国家层面的法律做顶层设计,统合形成以国民经济与社会发展规划为主导、城市总体规划和土地利用规划为补充的战略规划体系,理顺各大规划的审批体制,才能真正理顺"多规合一"的运作思路。比如制定《土地规划法》,专门规范城市土地规划和区域规划的编制,规划与规划的审批机制协调,统筹规范城乡土地利用行为。当然福建自贸区应当特别突出发挥"发展规划"的弹性引导作用,强调"城乡规划"和"土地规划"的刚性地位。福建自贸区"多规合一"立法作为协调关于规划制定和报审的区内立法,在国家法律滞后的情况下,要统一自贸区内的审批体制,指导形成有机协调的"多规合一"审批权运行框架,可借鉴《厦门多规合一规定》第 4 条、第 5 条的规定,建立"多规合一"协调机制,借鉴其第 6 条,明确城乡规划部门、行政服务中心、发展改革、规划、国土房产、建设等主管部门在规划中的具体职责。

(三)福建自贸区要统一不同规划的基础数据标准和编制规范标准

建议通过福建自贸区"多规合一"立法,搭建符合"多规合一"要求的基础数据管理平台。该平台在短期内必须解决各大规划部门内部的总体规划、控制性规划和专项规划等多个层次规划的协调问题,以"一张图"的智能化形式指导多个规划的一体化。在中长期,该平台必须将多部门规划成果按要求转换为统一的数据应用系统,纳入整个福建自贸区的规划数据管理平台,进行整合和分析,通过制作同一数据标准,以数据规范作为基础,促进"多规"数据的统一管理和共享利用,统筹多个规划部门基于同一数据平台进行协同编制与规划审批,进而从本质上改变现有的规划模式和市场主体规制模式,促进政府职能转变。有关基本数据共享的原则性规定,可借鉴《厦门多规合一规定》第 7 条第 2 款和第 3 款的规定,明确两级自贸区管理机构的有关审批部门的业务审批平台应当与综合平台对接,实现信息资源共享。两级自贸区管理机构的综合平台之间应当对接,实行双向互联互通。

在建立数据统一标准和统一规划平台以后,还必须转变规划部门的审批理念。近年来,厦门市创新建设项目报审模式的相关经验可在福建自贸区予以推广。在实施"多规合一"以后,厦门市的建设单位报审基本实现了并联审查(关于并联审查,后文有专题内容),建设单位只需要对应市政务中心一个窗口,审批部门已从"被动审批、各自为政"转变为"主动推送、并联协同"。① 《厦门多规合一规定》第 3 条更是明确将"以人为本、规范统一、高效便民、简政放权、公开透明"作为"多规合一"管理的基本原则。

(四)构建福建自贸区"多规合一"公众参与机制立法

正如美国学者奥多纳所言:"所有公民都平等地有权在一个现存的制度框架内参与集体决策的制定。"② "多规合一"属于福建自贸区一项重大的公共事务,关乎重大的公共利益。因此,必须改变在传统行政理念影响下,政府内部独立决策的现实,建立"多规合一"的公众参与机制。只有公众参与得越多,对"多规合一"制度的支持才会越多。同时,"多规合一"的科学性才有所提升,其运作机制才会更加顺畅。

天津市人民政府在天津市规划局网站专门开辟了"天津市城乡规划公开与公众参与专区",特设了"规划方案评议""规划成果公开""规划项目公开""规划服务大厅""规划知识讲堂"等栏目,不仅强化了规划的公示、公开,也保障了公众对规划的监督。福建"多规合一"立法应对公众参与的"多规"实施过程中的第三方事中评估机制和群众监督机制两方面进行规定。第三方事中评估机制主要是在规划实施阶段需要定期对规划实施情况及变更情况进行科学评估,这种评估要坚持"政府不能做自己的裁判者"的原则,将评估事项委托给第三方。福建自贸区"多规合一"立法可借鉴《厦门多规合一规定》第 27 条,规定审批部门应当公布审批过程中的中介服务事项,实施清单管理,规范各中介服务、业务评审、现场勘查等技术环节的业务流程、服务时限及收费标准,公布办事指南和符合条件的中介机构名录,建立有效的中介机构监管与退出机制。"多规合一"中的群众监督制约机制主要针对规划的执行以及变更等,行政机关除了履行告知义务以外,还必须举行听证,并开展社会调查,以获得更广泛的民众参与和认同,从而提升规划的权威性和执行力。

---

① 王唯山、魏立军:《厦门市"多规合一"实践的探索与思考》,载《规划师》2015 年第 2 期。

② 阳建勋:《风险社会中的法律责任制度改变:以经济法为中心》,厦门大学出版社 2014 年版,第 184 页。

二、福建自贸区并联审批和相对集中审批制度的立法建议

(一)福建自贸区应通过立法明确加强对并联审批和相对集中审批制度的组织领导,设立专门协调机构负责管理

并联审批和相对集中审批是非常复杂的系统工程,而且更为关键的是,它涉及不同行政机关之间的部门利益和法律责任的问题。因此,并联审批和相对集中审批如果仅仅是作为一种倡议,肯定不会有实质性进展,因为行政机关都是"理性"的,总是会作出对自己部门利益最大化的决定。古今中外,概莫能外。从国外发达国家的成功实践经验来看,仅仅依靠某个政府部门的努力是根本无法实现的,并联审批和相对集中审批必须要"加强统一领导和规划"[①]。

结合福建自贸区的实际,我们建议专门出台《福建自贸区行政许可并联审批和相对集中审批管理办法》,明确设立专门的"并联审批和相对集中审批协调机构"。设立该机构的主要目的是让他独立于其他行政机关,摆脱部门利益束缚,专门行使福建自贸区的并联审批和相对集中审批事项。同时,《福建自贸区行政许可并联审批和相对集中审批管理办法》要明确要求福州、平潭和厦门三大片区管委会也设立相应的专门机构,为并联审批和相对集中审批管理提供强有力的组织和人力保障。

(二)福建自贸区要设立专门的相对集中审批的管理部门

无论是并联审批还是相对集中审批,该制度的建立有一个重要的前提,就是必须明确各行政审批机关的行政权力和具体职责,从而避免职责的相互交叉导致的交叉审批。在此基础上,对于相对集中审批来说,可能涉及的法律问题和行政关系相对更加复杂。因为,相对集中审批涉及行政机关的行政权力和法律责任的转移,这与行政部门的利益息息相关。

为此,我们建议《福建自贸区条例》和《福建自贸区行政许可并联审批和相对集中审批管理办法》针对相对集中审批制度,借鉴《平潭片区实施方案》的规定,设立专门的行政审批管理局。对同一审批事项涉及多个职能部门的,授权行政审批管理局按照"相对集中行政许可权"的办法实施集中审批。同时,《福建自贸区行政许可并联审批和相对集中审批管理办法》应当详细规定行政审

---

① 吴昊:《我国网上并联审批存在的问题及对策探析》,载《企业导报》2012 年第 21 期。

批管理局的议事规则,包括行政相对人的审批材料提交的要求、时限以及权利受到侵害后的救济途径。就行政复议而言,宜根据现行《行政复议法》的精神规定相对人可向原行政机关共同的上级机关申请复议。

(三)福建自贸区要开展行政机关之间的信息合作与共享立法,为并联审批和相对集中审批提供科学规划和基础技术支持

随着网络技术的快速发展,福建省各级政府机关电子政务水平取得了长足的进步,这对于提高政府效率是非常有益的。但同时,一个不容忽视的缺点随之产生:政府机关之间缺乏沟通和交流,不同政府部门之间,甚至同一个系统内部都在没有任何规划的前提下,频频"上系统",最终导致本部门可能都不知道总共有多少个在用系统、有多少可用信息。"为了实现协调一致的管理体系,在信息交流与沟通方面,地方政府与中央主管部门之间、主管部门与相关部门之间、相关部门与地方执行机构之间、地方政府与各执行机构之间需要加强协调。"①

《福建自贸区行政许可并联审批和相对集中审批管理办法》应针对信息的充分共享设立专章,解决行政机关之间的信息不对称问题。具体要做好三个方面的内容:其一,加强并联审批和相对集中审批的总体规划,包括当前规划和长远规划。事实证明,没有规划的系统建设是不可持续的,该问题在涉及多个行政部门的情况下将越发明显。其二,通过上文建议设立的协调机构牵头,组织跨政府部门的、跨行政级别的信息化建设,实现行政机关"上下左右"深度合作的大数据共享平台,从而使政府各部门能够及时掌握有关行政审批的持续进展动态,彻底解决信息不对称的难题。其三,确立"谁使用,谁负责"的原则,加强电子政务信息的存储、归档和涉密管理,保证网上并联审批和相对集中审批系统的稳定服务、安全服务,确保福建自贸区并联审批和相对集中审批的安全性。

(四)福建自贸区要构建并联审批和相对集中审批的配套法律制度

并联审批和相对集中审批是福建自贸区转变政府职能,推进服务型政府建设的重要手段,代表现代政府管理形式的发展趋势。在并联审批和相对集中审批模式下,政府机关之间的合作与协同机制得到强化。故此,福建自贸区应尽快制定电子签名和电子政务相关立法,可制定《福建自贸区电子政务和电

---

① 徐慧:《新常态下自贸区行政管理体制研究——基于上海自贸区的体制创新》,载《经营管理者》2015年第7期。

子签名试行办法》,对电子证照、电子印章、电子文件、电子档案等政务工作中普遍涉及的问题予以规范,加强网络、应用、安全、信息资源等领域的技术标准和业务规范的制定。对于电子合同,《福建自贸区电子政务和电子签名试行办法》宜规定,当事人可以不签订合同确认书而直接使用电子签名。在涉及多个主体签名的情况下,以最后一个主体签名完成的时间为合同成立时间。而关于行政相对人伪造电子签名的,不仅要通过技术手段予以完善并防范风险,《福建自贸区电子政务和电子签名试行办法》可规定相应的法律责任:即适用《刑法》第 280 条关于伪造、变造、毁灭国家机关的公文、印章以及公司、企业、事业单位、人民团体印章罪的规定,因为当前司法实践已将公文和印章的概念扩大解释到电子签名。

此外,《福建自贸区行政许可并联审批和相对集中审批管理办法》要明确各个协同的行政机关的法律责任问题:"在并联审批模式下,两个以上部门分别实施的行政许可转由一个部门受理、多个部门同步办理,各部门分别承担相应的法律责任。在相对集中审批模式下,各相关部门的行政许可权被集中到一个部门行使,其他相关部门不再行使被集中的行政许可权,并由集中行使的部门承担相应的法律责任。"

(五)福建自贸区要加强对并联审批和相对集中审批的监督机制立法

对于监督机制,《福建自贸区行政许可并联审批和相对集中审批管理办法》一方面要规定后置许可部门对未办理行业许可证而实施营业的执法检查,该问题在下文有详细的制度设计,另一方面,要特别规定社会组织和公众参与监督的相关机制以及奖励机制。这方面,厦门经济特区已经进行了相关的探索。从厦门商事主体登记及信用信息公示平台运行以来,截至 2015 年 4 月末,厦门市场监管局已接到社会公众举报 184 件,[①]社会监督已经成为厦门市市场监管的一种重要的力量。福建自贸区可在此基础上,建立健全公众参与监督的激励机制,鼓励社会大众参与商事主体监管管理,维护市场竞争秩序,加强消费者权益保护。

此外,《福建自贸区行政许可并联审批和相对集中审批管理办法》应明确对行政机关并联审批和相对集中审批行为的评估监督机制,建立事后审计监督和公正的绩效评价。同时,对于并联审批和相对集中审批行为的运作绩效

---

① 陈泥、张艳华、张奇辉:《"一照一号"改革 厦门走在全国前列》,http://www.xmftz.gov.cn/xxgk/xwdt/201504/t20150427_4113.htm,下载日期:2016 年 4 月 10 日。

进行社会调查和社会声誉评价,确保并联审批和相对集中审批的权威性和公信力。

三、福建自贸区对市场主体事中事后监管立法建议

福建自贸区对市场主体事中事后监管立法应该从两个角度展开:一个是从政府的规制手段的视角,即构建有关"四位一体"综合监管体系的立法;另一个则是从政府对市场主体的规制方式的视角,即构建企业年报管理制度的立法。

(一)有关"四位一体"综合监管体系立法的建议

首先,必须通过立法明确"四位一体"综合监管体系中,各种角色的特定地位。"四位一体"综合监管体系应当是上中下三层、呈树形的结构分布。从效力结构来说,在该综合监管体系中,政府的行政监管地位显赫,处于最上层,具有最高的权力和权威,同时监管下面各个市场主体;行业自律是在政府的指导下实施监督的,因此居于中间层。从功能上来看,行业自律也具有起到沟通政府与市场主体二者之间联系的桥梁作用;社会监督和公众参与具有天然的自发性,当然也受到上层的政府和中间层的行业自律的倡导、组织以及其他影响。由于其分散性和低效力的特征,处于整个综合监管体系的下层。从表现形式来看,政府(含自贸区相关部门)主要的履职形式是制定各种法规政策及规范性文件,并实施行政许可、接受行政复议、开展行政执法等。当然从内部来说,还包括自贸区相关部门为契合市场事中事后监管而进行的必要的机构改革。行业自律主要是通过出台一些行业标准、技术标准、行业业务规范,并"协调与解决行业内的争议"等。[①] 社会监督和公众参与则主要通过举报、投诉、舆论等各种形式。

其次,建议福建自贸区通过立法,对信用信息共享平台的建立和完善提供指引。事实上,三大片区已经基本建立自己的信用信息共享平台,以厦门片区为例,其已建立并运行了"厦门市商事主体登记及信用信息公示平台"[②]。完善的信用信息共享平台将在功能上实现进一步的突破,它应当能支持便捷高

---

① 郭薇:《政府监管与行业自律》,中国社会科学出版社 2011 年版,第 144 页。

② 陈泥:《多措并举提高事中事后监管能力》,http://fujian.hexun.com/2015-04-27/175327818.html,下载日期:2016 年 4 月 4 日。

效的投资准入服务、精确的部门条线化管理、及时准确的跨部门信息交换以及一条龙式的企业网上政务办理功能。在技术设计上,要将共享平台的信息做三层架构的分类:A 类——基础数据层、B 类——应用数据层、C 类——交换数据层。与此相对应,系统的建设分为三个阶段:第一阶段主要是基础数据收集,既包括管委会层面的各种基础数据,还包括省级以下相关地方政府部门的基础数据以及中央垂直部门的相关数据。本阶段的主要目的是构建信息数据基础,以便更好地为后两阶段的应用服务。第二阶段,着力解决数据应用的重大问题。其一是构建对内的内部信息系统,相关部门包括:中央垂直机关、省级以下相关政府机关、驻区政府机构以及自贸区管委会等。其二是构建对外的外部服务信息系统,包括自贸区网站、投资服务平台、国际贸易单一窗口以及公共信用信息子平台等,不仅便利市场主体办理业务,也为社会和公众监督提供平台。第三阶段,主要解决数据的共享和互换,通过技术层构建数据与数据的对接标准,形成标准化的共享数据,实现信息整合。

我们建议,首先对《福建自贸区条例》第 46 条的表述进行完善,可修改为:"自贸试验区创新行政管理方式,完善管理规则,注重事中事后监管,推动形成以政府行政监管为主导、以行业自律为辅助,包括社会监督、公众参与在内的'四位一体'的综合监管体系。充分发挥社会和公众通过投诉和舆论监督等形式参与自贸区监管事务。"同时,建议福建自贸区针对"四位一体"综合监管体系,根据本部门建议出台专门立法。

(二)有关企业年报管理制度立法的建议

1. 建立完善的公司年报管理制度法律体系

一方面,修订《公司法》,将公司年报管理制度作为重要内容予以规定。公司年报管理制度作为国家对市场主体规制的重要形式,不应当仅仅出现在行政机关的行政法规、地方性法规、政府规章、自贸区层面的立法以及规范性文件之中,而应当以法律的形式,将其写入《公司法》之中。这种做法也在国外的立法实践中得到印证。美国《标准商事公司法》规定,公司在"公司法令规定的期限内,应呈递年度报告"[①],在建立完善的公司年报管理制度法律体系中,修订后《公司法》的规定居于最高的地位,具有最高的法律效力。

另一方面,在国家层面《公司法》尚未修订的情况下,建议制定专门的福建自贸区企业登记管理办法。这方面,厦门经济特区于 2013 年 12 月 27 日制定

---

① 杨士富主编:《国际商法理论与实务》,北京大学出版社 2009 年版,第 58 页。

的《厦门经济特区商事登记条例》提供了很好的借鉴,其第25条规定:"实行商事主体年度报告制度。商事主体应当按照商事登记机关规定的格式和时间,通过信息平台如实公示其上一年年度报告。年度报告包括投资人缴纳出资情况、资产负债、登记及备案事项变化情况等内容。商事主体对其提交公示的年度报告的真实性、合法性负责。商事登记机关无须对商事主体进行年度检验。"福建自贸区企业登记管理办法应当详细规定企业年报的具体内容(要特别突出公司的财务报表相关内容)和年报的特定格式标准等内容,保证企业年报披露的统一和规范性,接受行政机关、自律组织、社会和公众的监督。

2.建立和完善违反公司年报制度的法律责任体系

违反公司年报制度的法律责任有两点需要特别予以明确:一是明确规定会计和审计机构在企业年报管理制度中的角色;二是明确会计和审计人员违反法律规定后的法律责任。对于前者,立法可规定"企业年度报告必须接受独立的审计机构的审计",对于后者需要丰富会计和审计人员的法律责任类型,包括刑事责任(按照刑法相应规定)、民事责任和行政责任(资格罚和财产罚等)。同时,福建自贸区企业登记管理办法要特别规定企业年度报告违法情况下公司高管的个人法律责任,在具体制度设计上,可规定:"企业不按时提交或不提交年度报告的,对企业法定代表人处以罚款;企业提供虚假年度报告的,对企业法定代表人处以罚款并追究刑事责任;会计或审计人员在企业年度报告中隐瞒真实情况或者弄虚作假的,应当承担刑事责任。"此外,福建自贸区还可以借鉴厦门经济特区2014年制定的《商事主体经营异常名录实施办法》对商事主体资格方面进行的处罚:"不按期公示年度报告或者通过住所无法联系的商事主体将被载入经营异常名录。商事主体被载入经营异常名录未满三年,主动消除经营异常事由(补公示年度报告或办理住所变更)可以申请恢复记载于商事登记簿。"

3.完善福建自贸区征信法律制度

信用是福建自贸区市场经济赖以发展的重要基石,而作为企业核心竞争力的一种无形价值,信用也越来越为众多的企业所重视。但不容否认的是,当前企业的信用状况一旦在全面实行企业年度报告管理制度后可能面临巨大的挑战。随着国务院《征信业管理条例》的出台,我国征信法制虽然立法层次不高,但总体框架已然出炉。福建自贸区可以利用先行先试的政策优势制定自贸区立法,规范信用信息的采集和开放,加强政府对信用信息的监管,同时提高社会对信用信息的使用,营造诚信的社会环境。2015年4月16日,天津市人民政府颁布的《关于加强市场主体事中事后监管的意见》在"实行跨部门信

用激励和惩戒"部分要求按照守信企业一路绿灯、失信企业处处受限的原则，建立从市场主体准入到退出的全过程的跨部门信用约束机制的经验值得借鉴。此外，福建自贸区征信立法要特别加强对企业在年报管理中出现失信行为的处罚，提高企业的违法成本，从而达到维护公平市场竞争秩序，保护消费者的目的。

具体的制度设计，可规定："福建自贸区设立企业登记及信用信息共享平台，支持企业登记及信用信息共享平台依照《征信业管理条例》的规定进行数据采集。建立失信企业'黑名单'制度，协调各许可监管部门制定并通过信息公示平台公示失信企业'黑名单'，实现违法商事主体'一处违法、处处受限'。鼓励社会大众参与商事主体行为监督。建立并完善对商事主体失信行为的有奖举报制度，对经查实的公众举报，实施特定的奖励。"

四、福建自贸区"先照后证"制度的立法建议

(一)建立双告知制度，着力解决"证前抢跑"监管中行政机关之间的信息不对称问题

"由'先证后照'改为'先照后证'，不仅仅是证照办理先后顺序的变化，更是市场监管体系和监管格局的重构"[①]，"先照后证"改革以后，在取得营业执照与取得行业许可这两个时间点之间，存在一个较长的监管真空期。这个监管真空期的存在，根本原因在于，在该期间内，营业执照的颁"照"部门与行业许可的发"证"机关存在严重的信息不对称问题。之所以称之为"真空"是因为：对于颁"照"部门来说，他的行政权力是负责颁"照"，而在真空期，市场主体已经获得其"照"。所以，颁"照"部门不能利用其手中的行政权力按照无照经营对市场主体进行处罚；并且，在真空期，发"证"机关并没有接收到任何有关已颁"照"而未发"证"的市场主体的基本信息，故而尽管其手中有权对无证经营进行查处，却没有被监管对象的相关信息。这种信息不对称的矛盾在"先照后证"实行以后，随着市场主体数量的暴增而愈演愈烈。

解决这个矛盾的重要手段首先是明确监管责任，也就是说，必须明确在真空期，对市场主体经营行为的监管应当由行业许可部门进行。这个问题虽然表面上看起来理所当然，但在传统大工商、合并式登记思想的影响下，实际上

---

① 钱宪文：《"先证后照"将改为"先照后证"》，载《前线》2015 年第 6 期。

行业许可部门大多还抱有一种被动的、"坐等上门"的工作理念。因此,有必要从思想上重构"谁许可,谁监管"的基本原则。此外,建立颁"照"部门的"双告知制度"。2015 年 10 月 13 日,国务院颁布的《国务院关于"先照后证"改革后加强事中事后监管的意见》明确要求工商部门要履行"双告知"职责。双告知制度是指,"工商部门应告知行政相对人只有获得许可方可经营;工商部门应把自己掌握的信息告诉给相关的监管部门"[1]。即当颁"照"部门为市场主体办理完营业执照,在颁"照"的同时告知市场主体按照许可经营的项目类型在法定期间内到行业许可部门办理后续行政许可事宜;颁"照"部门在为市场主体办理完营业执照的同时立即通过信息共享平台告知后续行政许可主管部门已颁"照"而未发"证"的市场主体基本信息,并通知后者,由后者开展后续跟踪监督和处罚,从而彻底解决监管真空的问题。

(二)福建自贸区可尝试进行"营业执照"改革,在自贸区内颁发"市场主体资格证书"

一般意义上理解,"营业执照作为营业资格的证明文件,营业执照的取得即意味着营业资格的取得"[2]。然而事实上,《国务院取消和调整一批行政审批项目的决定》文件精神已经清楚地表明我国现在颁发的"营业执照"的真正法律意义,即"营业执照"只表明某一市场主体设立的资格。鉴于上文分析的我国现行营业执照制度执行过程中存在的逻辑矛盾,笔者建议,在福建自贸区尝试进行"营业执照"改革,在自贸区内颁发"市场主体资格证书"替代现行的"营业执照"。市场主体资格证书顺势成为我国传统的合并主义登记模式走向分离主义登记模式过程中发明的法律意义与外观完全吻合的公示证明。他只证明市场主体资格,取消原来记载于营业执照之上的"经营范围"。在实践中,工商行政部门无须再对经营范围做强制记载,而仅仅起到一个信息收集的作用,其主要意义在于,工商行政部门可以据此对行业许可部门进行告知。

在制作"市场主体资格证书"确认市场主体资格制度实行以后,福建自贸区可以借鉴国外经验,建立商事登记簿制度。由工商行政部门在颁发"市场主体资格证书"之后,将市场主体的相关信息记载于商事登记簿之上,由商事登记簿制度代替现行的营业执照制度。由此,就理顺了这样一个法理:"经营资

---

[1] 马夫:《先照后证:改革后加强事中事后监管的制度建设》,载《中国工商管理》2015年第 11 期。

[2] 周小龙:《公司登记制度中证照关系透析——以"先证后照"至"先照后证"为中心》,载《北京政法职业学院学报》2014 年第 1 期。

格的存在依附于主体资格,主体资格的存在并不依附于经营资格。"[1]

(三)福建自贸区在"先照后证"改革中,要进一步扩大后置许可的适用范围,为市场准入提供便利

在上述因证照关系逻辑混乱,造成企业市场准入总体陷入证照互为先后顺序的死循环问题方面,福建自贸区首先必须明确各行政机关具体的监管职责。该问题在上文已有涉及,此不赘述。其次,要不断扩大后置行政许可的适用范围。因为后置行政许可毕竟是福建自贸区工商行政管理领域改革的一大趋势,它代表了更加市场化,也是效率更高的一种市场主体准入模式。但后置行政许可的缺点是:"许可证与执照不同步,申请人在领取营业执照后仍需办理许可证,在获得许可证之前申请人无法开展专项经营活动。因此,保证后续许可的快捷,对后置许可至关重要。"[2]福建自贸区在厘清各行政机关的权力,进一步扩大后置许可的适用范围,提升后置许可的效率的同时,应该说对于因证照关系逻辑混乱带来的准入困难问题就迎刃而解了。

不过,立法仍需要加大对相关市场主体不及时办理后置许可程序的规制力度。这方面可在《福建自贸区企业登记管理办法》中规定:"市场主体领取执照后,在一定期限内仍未申请办理相关后置许可的,登记机关应通知其如在规定期限内仍未申请后置许可时,应主动申请取消后置许可项目。对超过规定期限仍未申请相关后置许可的市场主体,应当作出载入经营异常名录决定并通过信息平台予以公示。"

(四)福建自贸区应建立行政机关对消费者的行政提示和告知制度,加强对交易相对人权益保护

在中国长期实行"先证后照"的市场准入规制模式下,社会公众早已形成一种将营业执照视为合法从事经营的最后一道许可,不少老百姓都认为只要领取营业执照就是合法经营主体了。这种观念至少在实行"先照后证"后短期内是难以得到更正的。无疑,如果工商行政管理机关不对交易相对人进行一定的行政提示,那么很有可能会导致部分的交易相对人基于错误认识而与该市场主体从事交易。特别是一些普通的老百姓,他们的辨识能力相对较差,而市场主体选择从事某项后置许可营业,一般都已经经过了认真的商业市场调

---

[1] 王丽:《论"先照后证"商事登记模式下核准登记与营业执照各自功能的回归》,载《中国工商管理研究》2013 年第 9 期。

[2] 袁曙宏、杨伟东:《论建立市场取向的行政许可制度》,载《中国法学》2002 年第 5 期。

查,市场刚需强烈。比如市场主体准备开网吧、开餐馆,其选址往往是精挑细选的人流量较大的商业旺地。众多的消费者一般都不会仔细查看甚至详细识别市场主体对外公示的证照。这极有可能造成市场主体违法经营,导致爆炸等安全事故或者食物中毒等侵权行为。

总之,福建自贸区对行政提示制度的建立是迫在眉睫的。笔者建议,在福建自贸区企业登记管理办法中规定:"对于已经取得市场主体资格的市场主体,工商行政部门应当告知其在依法办理后置许可程序之前不得营业,并通过企业信用信息网站对消费者发出该市场主体尚未办理后置许可提示。相关市场主体在尚未取得后置许可之前,应在营业场所显眼的位置公示工商行政部门的行政提示内容。"

结 论

福建自贸区在构建和完善市场主体规制模式时,在安全、效率和公平三大价值理念的权衡过程中,应始终坚持针对特定制度需求的变化而动态调整的原则,切忌因立法理念绝对化导致制度设计僵化。福建自贸区市场主体规制模式改革的主要内容应当是:通过建立和完善"多规合一"制度,根除多头规划带来的市场准入规制顽疾;通过建立行政审批协同机制,实行并联审批制度和相对集中审批制度,提升现代政府的"服务"职能;通过将政府对企业的监管从严苛的市场准入改为事中事后监管,提升政府的效率;改市场准入监管环节的"先证后照"模式为"先照后证"模式,激发市场主体的活力。此外,建立相应的风险防控和治理机制,确保市场主体规制模式改革的平稳运行。

第三章

福建自贸区外商投资准入前国民待遇加负面清单管理法律问题研究

在我国实现从资本净输入国到资本净输出国的转变之后,由国际投资法的外资准入管理制度演变而来的准入前国民待遇加负面清单管理制度已被确定为我国自贸区外资准入的核心治理模式。准入前国民待遇加负面清单管理制度不仅是外资管理的有效手段,也为我国传统行政审批体制改革提供有益的实践契机,更为我国正在进行的中美双边投资协定(BITs)以及以美国为主导的新一轮服务贸易协定(TISA)的谈判等提供重要的基础。十八届三中全会通过的《全面深化改革若干问题决定》指出:"实行统一的市场准入制度,在制定负面清单基础上,各类市场主体可依法平等进入清单之外领域。探索对外商投资实行准入前国民待遇加负面清单的管理模式。"这是我国在中央层面关于准入前国民待遇加负面清单管理的最早的正式提法。自 2013 年上海自贸区正式挂牌以来,作为在自贸区实行投资开放与便利化的重大改革举措,外商投资准入前国民待遇加负面清单管理制度受到国内外的广泛关注。截至目前,我国已经正式批复了上海、广东、天津和福建四个自贸区,外商投资准入前国民待遇加负面清单管理制度从最初的学理讨论已正式付诸实施。从总体上看,福建自贸区立法虽然从总体上确立了该制度,但割裂了"准入前国民待遇"与"负面清单管理"二者之间的有机联系,负面清单内容仍缺乏合理性并缺乏体现福建实际的"闽台特色"。同时,立法并未引入竞争中立原则,对民企、外资与国企给予同等保护的关注不足,负面清单的确定性和透明度水平仍然不高,负面清单模式下准入前国民待遇产生的争议缺乏国际投资争议仲裁保护等问题依然突出。本章基于我国当前自贸区立法的现状,结合福建自贸区的实际,以制度分析为基础,拟对上述问题的解决提供有益的参考。

第一节 外商投资准入前国民待遇
加负面清单管理的基本理论

一、基本概念

外商投资准入前国民待遇加负面清单管理是国际投资法上外资准入制度的一个下位概念。外资准入制度即指一国(东道国)究竟在多大程度上,向哪些行业、以何种形式管理外商直接投资进入本国市场的法律制度。各国对外商直接投资一般通过实体法和程序法两个层面进行法律管制:实体法主要解决的是行业管制问题,即外资法对不同行业外国投资采取的"鼓励""限制"和"禁止"态度。程序法主要解决的是外商直接投资进入东道国的程序路径问题,主要包括对外资进行审批的行政主体、审批的程序依据等法律问题。

"晚近国际投资法发展的一个显著特征就是在外资准入方面呈现自由化趋势。"[①]外资准入的国民待遇,是指东道国在民事权利方面给予在其境内的外国公民和企业与其本国公民和企业具有同等待遇,包括"准入权"和"设业权"两个方面的内容。[②] 在国际投资法领域,国民待遇原则是最惠国待遇原则的有力补充。后者解决了东道国给予 WTO 内部不同国家投资主体的差别待遇问题,而前者则在此基础上进一步解决了东道国对外国投资和本国投资给予的差别待遇问题,因此,国民待遇原则是非歧视待遇原则的重要组成部分。具体来说,国民待遇分为两种:准入前国民待遇(pre-establishment)和准入后国民待遇(post-establishment)。准入后国民待遇,是指外资进入东道国以后,其民事权利与本国公民和企业相同。《全面深化改革若干问题决定》要求建立的准入前国民待遇则直接将国民待遇扩展到了投资发生和建立之前的阶

---

① 刘志云:《国际经济法律自由化原理研究》,法律出版社 2015 年增订版,第 227 页。
② 胡家祥:《国际投资准入前国民待遇法律问题探析》,载《上海交通大学学报(哲学社会科学版)》2014 年第 1 期。

段,该原则的核心就是给予外资准入权,是指在企业设立、取得、扩大等阶段均给予外国投资者及其投资与本国投资者及其投资的相同待遇。

负面清单(Negative List)又被称为"禁止清单""黑名单"或者"否定清单"等,其与正面清单(Positive List)相对应,具有国内法与国际法两个层面的含义。在国际法上,它是一个国际投资法领域的概念,具体是指在国际投资协定或者与投资有关的协定中,缔约国"以行业表格的形式将与自身所应承担的责任不符的外资准入措施列入该表,表明目前外资准入的限制条件,或者以行业表格的形式列出部分现在国内还不存在的行业,保留在将来可以采取不符措施的相关权利"①。而在国内法上,负面清单即东道国政府列明的外国投资准入特别管理措施,是东道国在建立逆向开放模式下,在外资准入方面明令其不得进行投资的行业。

准入前国民待遇和负面清单管理是国际投资和国际投资法领域通常同时使用的一个概念。国际经济自由化是世界经济发展的趋势和潮流,在经济全球化和自由化大潮之中,东道国对外资采取非歧视性保护成为各国的共识,即尽可能地给予外资准入前国民待遇。但无论自由化程度多高的国家,其对外资的开放程度又都会存有一定的限制。一些国家的限制模式为"负面清单"制度,即负面清单所列的是东道国出于对本国经济和产业结构等综合考量而予以限制的行业,这些行业是对外资实行准入前国民待遇的例外,在负面清单之外的行业,均给予准入前国民待遇。

二、发展概况

美国是世界上最早采用并对外推动准入前国民待遇加负面清单管理的国家。负面清单最早起源于美国在"二战"后签订的《友好通商航海条约》,在美国的倡导下,1994年的《北美自由贸易协定》(NAFTA)对投资条款明确采用了"负面清单囊括不符措施"的模式。不仅在区域贸易协定中,美国在其与其他几十个国家签订的双边投资条约(BIT)中均采用将国民待遇适用于投资准入阶段的做法,而不论条约的对方国家是发达国家还是发展中国家,抑或是最不发达国家。因此,美国应当算是准入前国民待遇和负面清单管理的重要倡导者,此后出现的加拿大与泰国、克罗地亚等国以及日本与越南、秘鲁等国签

---

① 任清:《负面清单:国际投资规则新趋势》,载《中国中小企业》2013年第12期。

订的双边投资协定均采用该种模式。不仅如此,欧盟继《里斯本条约》生效取得对外商投资事务管辖权后,也加入准入前国民待遇和负面清单管理的推广运动之中。2012 年,欧盟与美国联合发表国际投资"七条原则",其首条便是要求各国政府给予外国投资者广泛的市场准入和不低于本国和第三国投资者的准入前和准入后待遇。另外,在发展中国家之间签订的投资协定中,比如世界上第一个完全由发展中国家组成的共同市场——南方共同市场(简称南共市)制定的投资保护协议也开始采用准入前国民待遇加负面清单管理。时至今日,在国际层面,不论是经济合作与发展组织(OECD)出台的《多边投资协议》还是世界银行制定的《外国投资待遇指南》,抑或是《与贸易有关的投资措施》(TRIMs)、《服务贸易协议》(GATs)等,均采用准入前国民待遇加负面清单管理。

三、制度价值

法的价值也被称为法律的有用性,是指作为客体的法能够满足作为主体人类、社会和国家的需要。[①] 准入前国民待遇加负面清单管理法律制度到底具有哪些价值呢?我们可以从自由、效率以及公平等维度进行分析。

无疑,经济全球化已经成为现代世界经济发展的主流趋势。而经济全球化最为核心的并最为各国政府关心的两项内容就是投资自由化和贸易自由化。在经济全球化背景下,自由化成为国际经济立法的主旋律。[②] 自由是现代社会不同于既往社会的本质特征。[③] 法律作为直接反映并作用于经济基础的上层建筑,其正当性和生命力均须得益于正确反映经济发展之所需。在国际投资自由化大行其道的当下,国际投资法各项权利和义务的设置与最终付诸实践的过程中,必须始终贯穿自由的投资价值理念。为此,正如某些学者所述,法律最本质的价值是自由,它以自由为最高的价值目标。[④] 在准入前国民待遇加负面清单管理的模式下,东道国一改传统的"正面清单"管理方式,将所有的在当下必须予以禁止的投资行业写入负面清单,而除此之外的任何行业,投资者均可自由准入,这是该制度自由价值的最大体现。

[①] 宋方青主编:《法理学》,厦门大学出版社 2007 年版,第 199 页。
[②] 刘志云:《国际经济法律自由化原理研究》,法律出版社 2015 年增订版,第 1 页。
[③] 高兆明:《黑格尔〈法哲学原理〉导读》,商务印书馆 2010 年版,第 40 页。
[④] 唐武娇:《自由的价值与意义》,载《学理论》2011 年第 35 期。

东道国对外国投资的管理不仅关注自由也同样关注效率,因此,效率价值理应成为其关注的重点之一。法律效力是指法律效益与法律成本之比。[1] 就国际投资而言,法的效率价值意味着法律的制定必须以促进国际投资效益和收益的最大化为己任,使国际资本流动最大限度地促进国际经济发展。准入前国民待遇加负面清单管理模式不同于传统正面清单管理的一个主要区别就是,在准入前国民待遇加负面清单管理模式下,东道国概不采取"一事一审"的行政审批模式。只要不是东道国负面清单所列的行业,东道国一般采取事后备案等管理形式,在促成投资自由的同时,极大地提升了国际投资的效率和收益。因此,准入前国民待遇加负面清单管理法律制度越来越受到各国的推崇,其对发展本国经济具有十分重要的促进作用。

无疑,公平应当是法所奉行的一种价值观。[2] 对东道国的外资管理法律制度而言,公平价值具有特殊的意义。这可能在两个层面掣肘东道国外资法的实施:其一,在国际层面,如果东道国对外国资本采取过于严苛的管制,而这种管制已经严重低于相应国家的外资管理开放水平的情况下,外国政府可能修改法律,改变对该东道国的国际投资管制形式,从而不利于东道国外资的引进和本国经济的发展;其二,在国内层面,如果东道国对外国投资采取远远低于本国企业的待遇,无法营造良性的国内市场竞争环境和竞争机制,不利于本国经济的发展。准入前国民待遇加负面清单管理法律制度正好是着眼于上述两方面的问题而提出的:一方面,负面清单管理模式下,各国通过削减负面清单目录的文本内容,逐步扩大对外资的开放,有助于引导国际投资开放和自由化良性环境,改善总体国际投资环境,促进国别间的外资法的公平价值;另一方面,准入前国民待遇加负面清单管理模式最大限度地给予外国投资者较之国内资本的准入公平,最大限度地给予平等对待,这对于构建国内公平有效的市场竞争环境、促进市场公平和激发市场活力具有里程碑式的意义。

四、我国自贸区推行的必要性与可行性

随着改革开放以来我国经济的迅速发展和综合国力的增强,以及对国际事务参与度的不断提升,我国在国际投资市场中的角色悄然发生重大的转变:

---

① 郭道晖:《法理学精义》,湖南人民出版社 2005 年版,第 219 页。
② 周旺生:《法理探索》,人民出版社 2005 年版,第 56 页。

传统上，我国属于资本净输入国，利用外资的规模大于对外投资的规模。2014年，统计数据显示，我国全行业对外直接投资规模高达1400亿美元，高出利用外资规模200亿美元，[①]从而实现从资本净输入国到资本净输出国的华丽转身。在我国国际资本流动大幅上升和对外直接投资实现大幅增长的背景下，我国政府必须要做好两方面的应对准备：一方面，通过提高外资待遇，进一步提升我国利用外资的质量，增强我国对外资的吸引力；另一方面，通过提高外资待遇并加强与我国主要对外直接投资国的谈判，同步提升外国对我国直接投资的待遇水平。问题的核心聚焦于准入前国民待遇加负面清单管理上，只有我国主动对外资实施准入前国民待遇加负面清单管理，在国际资本市场上才有竞争力。同样，基于互利原则，只有我国主动对外资实施准入前国民待遇加负面清单管理，我国的对外直接投资才能获得同等保护。

不仅如此，准入前国民待遇加负面清单管理也为我国传统行政审批体制遭遇的指责和诟病找到了成功的改革之匙，在行政审批日益不能满足当前外资经济发展所需的大背景下，准入前国民待遇加负面清单管理的推出具有历史的必然性。众所周知，我国传统对外资的行业管制主要采取的是行政审批的模式，审批的主要依据则是国家发改委和国家商务部联合制定并经国务院批准后发布的《外商投资产业指导目录》，这种外资准入审批制的弊端已十分突出：比如"一事一审"低效率，再比如行政干预过多而忽视国际投资主体私法自治和外资企业的独立经营权等。这些问题的解决都有待准入前国民待遇加负面清单管理的推出和实行，从而从审批体制甚至国家行政权力的运行模式的理论视角根除上述矛盾。

此外，我国正在进行的中美双边投资协定（BITs）以及以美国为主导的新一轮服务贸易协定（TISA）等均以准入前国民待遇加负面清单管理作为谈判基础，因此，从这些双边投资条约和多边投资协定的谈判准备的视角来看，我国在自贸区实施准入前国民待遇加负面清单管理进行先行先试，具有重要的实践意义。

我国自贸区推行准入前国民待遇加负面清单管理具有当前法律框架下的可行性。首先，2013年8月30日，全国人大常委会通过了《全国人民代表大会常务委员会关于授权国务院在中国（上海）自由贸易试验区暂时调整有关法

---

① 李予阳：《2014年我国实际对外投资已超过利用外资规模》，http://www.ce.cn/xwzx/gnsz/gdxw/201501/26/t20150126_4426936.shtml，下载日期：2016年4月28日。

律规定的行政审批的决定》(简称《授权国务院在上海自贸区调整法律规定行政审批的决定》),2014 年 12 月 28 日,全国人大常委会通过了《授权国务院在广东、福建、天津自贸区及上海自贸区扩展区调整法律规定行政审批的决定》,这两个决定均授权国务院在上海自贸区暂时调整《外资企业法》《中外合资经营企业法》《中外合作经营企业法》《台湾同胞投资保护法》等法律中有关行政审批的规定,国务院据此获得在自贸区内暂行调整法律的适用的权力。其次,2013 年 9 月颁布的《国务院关于印发中国(上海)自由贸易试验区总体方案的通知》明确要求:要探索建立投资准入前国民待遇和负面清单管理模式,深化行政审批制度改革,加快转变政府职能,全面提升事中、事后监管水平。《中国(上海)自由贸易试验区总体方案》(简称《上海自贸区总体方案》)明确规定:借鉴国际通行规则,对外商投资试行准入前国民待遇,研究制订试验区外商投资与国民待遇等不符的负面清单,改革外商投资管理模式。据此,上海自贸区率先制定了最早的负面清单。2015 年,国务院颁布了《自由贸易试验区外商投资准入特别管理措施(负面清单)》(简称《自贸区负面清单》),详细列明不符合国民待遇等原则的外商投资准入特别管理措施,并适用于我国上海、广东、天津、福建四个自由贸易试验区。此外,国务院作出的《暂时调整有关行政法规和国务院文件规定的行政审批或者准入特别管理措施在自贸区实施的决定》,则进一步为准入前国民待遇加负面清单管理的实施提供了便利。2016 年 3 月 2 日,国家发改委和商务部根据《国务院关于实行市场准入负面清单制度的意见》联合出台了《关于印发市场准入负面清单草案(试点版)的通知》(简称《国内准入负面清单》),初步列明了在中华人民共和国境内禁止和限制投资经营的行业、领域和业务等。《外商投资负面清单》和《国内准入负面清单》均为外国投资者在中国自贸区投资必须遵守的投资管理措施,正如国家发改委体改司司长徐善长介绍,二者实际上是"两道门"的关系。外商投资到中国来以后,首先要经过外商投资负面清单,进入国内后,还要符合市场准入负面清单。①

---

① 国务院新闻办公室网站:《市场准入负面清单和外商投资负面清单既有联系又有区别》,http://www. scio. gov. cn/32344/32345/32347/20151030/zy33677/Document/1453335/1453335.htm,下载日期:2016 年 4 月 28 日。

第二节 福建自贸区外商投资准入前国民待遇加负面清单管理的立法现状、存在问题及其解决思路

一、福建自贸区外商投资准入前国民待遇加负面清单管理的立法现状

目前,福建自贸区外商投资准入前国民待遇加负面清单管理立法主要有三个层面的法律制度。一是国务院制定的《自贸区负面清单》以及各部委颁布的支持福建自贸区建设的相关制度;二是国务院批复的《福建自贸区总体方案》、国务院发改委和商务部制定的《国内准入负面清单》等;三是福建省人民政府制定的《福建自贸区管理办法》、《福建自贸区条例》、福建自贸区内各片区制定的促进自贸区建设立法以及福建省和各市级部门制定的在自贸区内实施的相关制度。

在国务院立法的层面,最重要的当属国务院于 2015 年 4 月 20 日批准成立广东、天津、福建三大自贸区的同日公布的《自贸区负面清单》。该负面清单列明了不符合国民待遇等原则的外商投资准入特别管理措施,适用于上海、广东、天津、福建四大自贸区。这是福建自贸区外商投资准入前国民待遇加负面清单管理的最高层级制度依据。

2015 年 4 月 8 日,国务院批准的《福建自贸区总体方案》中关于外商投资管理模式方面明确规定:"探索对外商投资实行准入前国民待遇加负面清单管理模式。对外商投资准入特别管理措施(负面清单)之外领域,按照内外资一致原则,外商投资项目实行备案制(国务院规定对国内投资项目保留核准的除外),由福建省办理;根据全国人民代表大会常务委员会授权,将外商投资企业设立、变更及合同章程审批改为备案管理,备案由福建省负责办理,备案后按国家有关规定办理相关手续。"此外,福建自贸区的外国投资者还必须遵守国务院发改委和商务部于 2016 年 3 月共同制定的《国内准入负面清单》。

《福建自贸区管理办法》第 10 条规定:"自贸试验区实行外商投资准入前国民待遇加负面清单管理模式。负面清单之外的领域,按照内外资一致的原

则,外商投资项目实行备案制,但国务院规定对国内投资项目保留核准的除外;外商投资企业设立、变更及合同章程审批实行备案管理。"

2016 年 4 月 1 日开始实施的《福建自贸区条例》第 17 条规定:"自贸试验区外商投资实行准入前国民待遇加负面清单的管理模式。负面清单之外的领域,按照内外资一致的原则,外商投资项目实行备案制,但国务院规定对国内投资项目保留核准的除外。负面清单之内的领域,按照特别管理措施的要求实行准入管理。外商投资企业的设立和变更实行备案管理。"

《福州片区实施方案》在"改革外商投资管理模式"部分规定:"探索对外商投资实行准入前国民待遇加特别管理措施(负面清单)的管理模式。"《平潭片区实施方案》在"改革外商投资管理模式"部分规定"探索对外商投资实行准入前国民待遇加负面清单管理模式,对负面清单之外的领域,按照内外资一致的原则,外商投资项目实行备案制(国务院规定对国内投资项目保留核准的除外),由片区管委会办理。将外商投资企业设立、变更及合同章程审批改为备案管理,由片区管委会办理,备案后按国家有关规定办理相关手续。放宽外资准入,先行选择航运服务、商贸服务、专业服务、文化服务及社会服务等领域扩大开放。降低外商投资性公司准入条件"。《厦门片区实施方案》规定:"探索对外商投资实行准入前国民待遇加负面清单加备案管理的管理模式。符合自贸试验区产业发展要求的区内台资企业视同内资企业,与内资企业享受同等待遇。改革境外投资管理方式,对一般境外投资项目实行备案制,属省级权限的由片区管委会负责备案管理。"

二、福建自贸区外商投资准入前国民待遇加负面清单管理存在的问题

(一)现行立法割裂了"准入前国民待遇"与"负面清单管理"二者之间的有机联系

"准入前国民待遇"与"负面清单管理"是一个问题的两个方面,"准入前国民待遇"是原则性规定,体现了福建自贸区对外资准入给予的直接的、正面的总体性描述。准入前国民待遇意味着进一步推行投资便利化,但是这不表示

福建自贸区重大法律问题研究

厦门大学法学院经济法学文库

对外商投资准入不再进行必要的监管。[①] 而"负面清单管理"则正是例外性规定,体现了福建自贸区对外资在该区域必须予以准入禁止和限制的总括性的负面描述。根据这一逻辑关系,在我国现行法律架构下,率先概括性出台适用于四大自贸区的《自贸区负面清单》的立法模式存在逻辑不周之处,因为仅仅出台"负面清单管理"措施,而未从同样层次的法律层面对"准入前国民待遇"进行规定,相当于是只出台了例外规定而未出台原则性规定。此为其一。其二,如果根据原则性和例外性逻辑进行立法,《自贸区负面清单》不应该是单独出台的一部规定,而应当是作为原则性立法的附件而存在。实际上,从国际投资法的视角来说,在国际投资领域,负面清单也往往是作为双边投资协定的附件或者是协定国的国内法律的附件而出现的。而从中国自贸区立法的实践来看,从 2013 年和 2014 年《中国(上海)自由贸易试验区外商投资准入特别管理措施(负面清单)》到 2015 年 4 月国务院公布的《自贸区负面清单》,全部沿袭了单独制定特别管理措施(负面清单)的模式。因此,福建自贸区的现行立法割裂了"准入前国民待遇"与"负面清单管理"二者之间的有机联系。

(二)负面清单内容的合理性存疑

福建自贸区目前的《自贸区负面清单》(2015 版)是国家在上海自贸区前期试点的基础上对前两版(即 2013 版和 2014 版)进行修订而成的。《自贸区负面清单》(2015 版)的内容主要源自《外商投资产业指导目录(2015 年)》。尽管从整体内容上来看已有明显"瘦身"[②],但负面清单的部分内容仍然有失合理性,其对待外商投资的开放程度尤其是文化、体育和娱乐等服务业明显不够。典型的例子是"十四、文化、体育和娱乐业"中的(四十九)文化娱乐领域"禁止设立文艺表演团体""大型主题公园的建设、经营属于限制类"。实际上,随着国际化程度的提升,我国目前已经有不少外国设立的表演团体或者在外国设立而到中国进行演出的表演团体,这尤其受到近年来日益火爆的各种国内"真人秀"节目、选秀节目的热捧。从社会效果来看,这些团体在中央电视台和地方卫视的演出效果和老百姓的接受与认可程度都非常高,并且对于各

---

① 祝珂昕:《中国(上海)自由贸易试验区投资便利化法律问题研究》,北京交通大学 2015 年硕士学位论文。

② 《中国(上海)自由贸易试验区外商投资准入特别管理措施(负面清单)(2014 年修订)》比 2013 版减少了 51 条,总共为 139 条。其中:限制性措施 110 条,禁止性措施 29 条。而《自贸区负面清单》(2015 版)共计 122 项特别管理措施,相比上海自贸区 2014 版负面清单减少了 17 项。

国文化的交流具有积极的意义。另外,把大型主题公园的建设、经营列为限制类行业也缺乏合理性论证,在我国国内旅游市场蓬勃发展的背景下,不仅减少了公众的娱乐消费选择,而且对旅游经济的发展也造成重大的束缚。其实,国务院 2014 年印发的《关于促进市场公平竞争维护市场正常秩序的若干意见》中要求"凡是市场主体基于自愿的投资经营和民商事行为,只要不属于法律法规禁止进入的领域,不损害第三方利益、社会公共利益和国家安全,政府不得限制进入"的标准是完全合理的。相比之下,无论从实践经验检验来看,还是基于社会公共利益和国家安全考虑,对外资进入娱乐业的限制明显过紧。这种负面清单臃肿带来的市场准入管制过严的问题,在 2016 年 3 月我国对外资实行"两道门"的投资管理措施之后,显得尤为突出。表面上看,328 项《国内准入负面清单》(包括禁止准入类 96 项,限制准入类 232 项)对内外资是完全公平、同等适用的,但实质上对外资而言,其必须先跨过"第一道门"。因此,《自贸区负面清单》内容不合理带来的准入难问题在"双重负面清单"管理模式下被进一步放大。

(三)适用全国统一的负面清单难以体现"闽台特色"

由于当前的《自贸区负面清单》(2015 版)统一适用于上海、广东、天津和福建四大自贸区,并且根据规定,福建自贸区在负面清单这一事项上无权做出调整,这就造成福建自贸区与全国其他三个自贸区无法体现"试验"的特殊性。对于是在全国制定统一的负面清单,还是由各自贸区分别制定负面清单这个问题上,曾经引发学术界和实务界的热烈讨论。不可否认,制定统一的负面清单有其优势,比如,避免政策洼地和监管竞次等。但其无法满足自贸区政策试验差异性的需求也是不争的事实。以《自贸区负面清单》"十五、所有行业"中规定的"不得作为个体工商户、个人独资企业投资人、农民专业合作社成员,从事经营活动"为例,在福建省,特别是与我国台湾地区隔海相望的厦门市,早已存在大量的台湾同胞作为个体工商户从事经营活动,比如涉足餐饮行业等。2015 年 7 月 28 日,厦门市市场监督管理局、中国(福建)自由贸易试验区厦门片区管理委员会专门印发了《关于服务中国(福建)自由贸易试验区厦门片区建设若干意见的通知》,明确规定"放宽台湾个体工商户经营限制""支持台湾居民、台湾农民依法以个人经营的组织形式在区内设立个体工商户,取消从业人员、经营面积的限制,并根据省政府公布目录放宽其经营范围限制"。因此,负面清单的规定过于笼统和死板,无法体现福建省本身的地域和产业发展优势所需。

（四）没有引入竞争中立原则，对民企、外资与国企给予同等保护的关注不足

从本质上来看，准入前国民待遇加负面清单管理是建立在我国国民待遇基础上的外商投资特别管理措施。也就是说，我国改变了传统的正面清单管理模式以后，在更广泛的领域向外商投资实施开放政策，给予其准入前的国民待遇，让外资进入更加自由化和便利化，这是最基本的立法目的。"保护市场主体之间的公平竞争与交易自由是市场经济制度的首要任务。"[①]但现实情况是，我国目前市场经济体制本身还不够完善，市场主体的地位并没有获得实质性的平等保护。最显著的例子就是国有企业、国有经济所占比重和地位畸高，而民营企业和民营经济的比重和地位很低，国有企业享受政府权力更多的"照顾"，在市场竞争中占绝对的优势，而民营企业并不能享受到同等的待遇。质言之，福建自贸区外商投资准入前国民待遇加负面清单管理立法（包括《福建自贸区总体方案》《福建自贸区管理办法》《福建自贸区条例》以及福建自贸区内各片区制定的促进自贸区建设立法等），并未同时引入竞争中立原则，这让外资从进入便会产生这样的顾虑，即外资企业从进入自贸区开始，其生产经营各环节是否会受到过多的政府行政权力的干预，是否会受到来自享受更高待遇的国有企业的排挤和不公平竞争。

（五）负面清单的确定性和透明度不理想

准入前国民待遇加负面清单管理是对传统的准入后的正面清单管理模式的重大改革。这其中，负面清单的确定性程度和透明度显得十分重要。因为，如果福建自贸区只是在形式上实行了准入前国民待遇加负面清单管理，而在外资准入时，由于负面清单本身规定的不确定性和不够透明，造成外资准入仍然在很大限度上依赖于行政机关的自由裁量权的行使，那么这就不是名正言顺、名副其实的准入前国民待遇加负面清单管理。福建自贸区现行《自贸区负面清单》的确定性和透明度仍然不高，比如，第122条规定"外国投资者并购境内企业、外国投资者对上市公司的战略投资、境外投资者以其持有的中国境内企业股权出资涉及外商投资项目和企业设立及变更事项的，按现行规定办理"，但此处"现行规定"包括哪些规定？仅仅是指法律法规层面还是包括地方政府规章甚至地方政府部门出台的一些规范性文件？答案不得而知。第119条有关"大型主题公园的建设、经营属于限制类"的规定中何为"大型"，没有具体的认定标准，这必然造成负面清单在实行的过程中依靠主管部门的自由裁

---

① 刘志云：《国际经济法律自由化原理研究》，法律出版社2015年增订版，第355页。

量权而行事。此外,《自贸区负面清单》多次使用"限制类"的表述,却对限制的具体形式和内容没有涉及。比如按照第41条有关"公路旅客运输公司属于限制类"的规定,外资进入公路旅客运输行业,是限制外资持股比例,必须由中方股东控股,还是限制其市场占有率? 这样不透明和不确定的负面清单一旦开始施用,会造成很大的麻烦,并可能影响准入前国民待遇加负面清单管理模式真正的制度价值。

(六)负面清单模式下准入前国民待遇产生的争议缺乏国际投资仲裁解决路径

准入前国民待遇加负面清单管理不能由福建自贸区单方面说了算,对负面清单的理解和适用方面产生的分歧和争端需要有合适的争端解决机制。福建自贸区对该机制的立法是相当薄弱的,《福建自贸区总体方案》《福建自贸区条例》均未对此作出规定,福州、平潭和厦门三大片区的实施方案中对负面清单理解和适用方面的争端解决机制也没有专门的内容。仅《福建自贸区管理办法》第57条规定:"支持仲裁机构依据法律、法规并借鉴国际商事仲裁惯例,完善自贸试验区仲裁规则,提高商事纠纷仲裁的国际化程度,并基于当事人的自主选择,提供独立、公正、专业、高效的仲裁服务。"但是,对负面清单管理所引发的纠纷和一般的商事纠纷是有重大差别的,后者往往是商事主体之间产生的由商事活动所带来的纠纷,而前者系一种由外国投资者与东道国政府之间所产生的纠纷,因此,普通商事仲裁对该问题的可适用性存在较大的争议。从国际投资法来看,《华盛顿条约》确定的争端解决中心(ICSID)自然是解决此类争端的最重要机制,但我国在签订《华盛顿条约》时作了保留,即只能是在外资准入之后的征收和清算程序才能由 ICSID 进行仲裁,[①]对负面清单理解和适用产生的争端产生于投资准入前,因此,ICSID 不能径直行使管辖权。

三、福建自贸区外商投资准入前国民待遇加负面清单管理的解决思路

对于上述福建自贸区外商投资准入前国民待遇加负面清单管理中存在的问题,从表面上看,仅仅是负面清单本身的内容或者形式以及逻辑性等问题,但深入研究会发现,这其实是目前我国自贸区建设过程中对自贸区这一特殊

---

① 商舒:《中国(上海)自由贸易试验区外资准入的负面清单》,载《法学》2014 年第 1 期。

经济区域内政府与企业的相互关系认识不透彻、处理不正确而导致的应然结果。因此,基本的解决思路是在正确厘清自贸区相关部门与各经济主体(企业)相互之间关系演变发展过程的基础上,重构自贸区的政府权力边界和权力运行模式,以此推进制度完善与升级。

中国经历的长期的封建社会对现行中国政治文化以及政府理念产生着根深蒂固的影响。传统的那种"管理—被管理"的政府与企业的关系模式随着我国步入社会主义市场经济,尤其是在我国四大自贸区火热试点的当前,越来越显示出其滞后性和不适应。从经济学的视角来说,政府与企业的关系已经从传统的对立或者单方服从的结构演化为相互合作和相互补充的关系。宏观层面主要体现在面对市场本身的不完善和不完全以及竞争不充分等现实情况时,纯粹的自由主义与干预主义都是不符合实际的,不仅市场可能失灵,政府也一样面临失灵的风险。为此,必须将市场和国家两方面各自的优势都互动起来,在自贸区相关部门和企业之间架构起合作与互动的桥梁才能实现经济良性发展。微观层面表现为自贸区建设热火朝天的背景下,不仅福建自贸区与国内其他三大自贸区之间存在竞争,而且作为一种改革开放的先行先试区,福建自贸区与国外的特殊经济区域也存在不同程度的竞争,为了提升福建自贸区的经济实力和影响力,自贸区相关部门必须与企业特别是引入的外资企业、大型跨国公司等展开合作。而当福建自贸区相关部门为企业提供的这些服务不再成为唯一的稀缺资源的情况下,传统政府的那种管理者地位必然受到挑战,从而转变成一种合作与服务的地位。从组织行为学的视角看,自贸区相关部门和企业均符合组织的构成要素,这两个独立的组织又成为自贸区经济共同体的构成要素。在自贸区经济共同体中,为了实现共同的经济目标,传统铁板一块的单方服从的政企关系逐渐发生微妙的演变,一种新型的既包含管理者与被管理者的关系,又包含基于组织目标和组织职能的互相依存关系的复杂的综合性关系应运而生。

由于政府与企业关系发生了上述转变,福建自贸区在准入前国民待遇加负面清单管理立法的问题上必须将政府的职能进行重新定位,自贸区相关部门的职责和角色宜界定为管理者和服务者两个方面:

从管理者来说,福建自贸区相关部门应当从做好宏观调控和维护经济稳定的需求出发,做好自贸区经济的结构性疏导。《福建自贸区条例》第 11 条规定:"省人民政府和片区所在设区的市人民政府及其有关部门、平潭综合实验区应当遵循简政放权、高效便捷的原则,将经济社会管理权限依照法定程序授权或者委托给片区管理机构。"在准入前国民待遇加负面清单管理制度上,就是要以开放的姿态最大限度地对外资实行准入前国民待遇,通过大力引进外资激发市场活力,同时必须做好负面清单的科学性论证和评估,对不合时宜的清单内容进行删减和修订。同时,凡是有关准入前国民待遇产生的争议必须依照相关法律的调制绩效原则提供有效的争端解决机制。另外,福建自贸区相关部门须坚持有所为和有所不为,坚持竞争中立,对国有企业等重点企业不能给予特殊待遇。

从服务者来说,福建自贸区相关部门应当着力解决信息不对称的问题,认真做好信息的采集与披露。如《福建自贸区条例》第 13 条规定:"自贸试验区建立综合统计制度,及时统计相关数据,分析预测区内经济社会的运行情况。"在准入前国民待遇加负面清单管理制度上,至关重要的是增强负面清单的确定性和透明度,让各经济主体尤其是境外投资者能够便捷地获取并理解负面清单的主要内容。

第三节　福建自贸区外商投资准入前国民待遇加负面清单管理的完善建议

一、制定全国统一的《中国自由贸易区促进法》

要完善自贸区的负面清单,"必须先行修改我国相应的外商投资法律法规"[①]。如上文介绍,我国现行自贸区建设的所有制度,除了《自贸区负面清单》以外,几乎都是通过国务院对各自贸区总体方案进行批复的方式进行的。一方面,"批复"这种形式的法律效力不高,会影响其执行力。这在"负面清单"等与外资法可能形成冲突的领域显得殊为敏感。另一方面,由于缺乏国家层面对自贸区的总体法律的顶层设计,各自贸区(包括福建自贸区)在自主立法过程中必然出现原则性、统一性和协调性等问题。

福建自贸区厦门片区发布了《厦门片区建设若干规定(草案)》,目前正在

---

① 李晶:《中国(上海)自贸区负面清单的法律性质及其制度完善》,载《江西社会科学》2015 年第 1 期。

征求社会各方的意见。但自由贸易区顶层设计的立法应与此不同，它主要针对中共十八届四中全会关于"全面推进依法治国"基本方略和中央"重大改革于法有据"的基本要求，作为我国自由贸易区建设的基本法，对准入前国民待遇加负面清单管理等重要原则通过法律的形式作出权威的界定，而负面清单本身也将作为该法规定的对外资实施准入前国民待遇的例外形式，通过附件予以罗列。

值得注意的是，尽管倡导制定包含准入前国民待遇加负面清单管理的全国性统一立法，但并不否认各个自贸区突出本身的产业和地缘等优势开展不同的试点内容。对此，我们建议，在转变原有主要通过"批复"形式出台自贸区制度的模式之后，在自由贸易区顶层设计的立法下，授权国务院在不违背法律的基本原则和精神的基础上，对各自贸区提出的差异化和特色化的变更部分负面清单内容的申请进行审批。同时，鼓励地方政府和自贸区管理机构出台相关的配套立法和实施细则。这样，福建自贸区外商投资准入前国民待遇加负面清单管理的整个制度体系将是以国家立法及其负面清单为基础，包括结合福建自身实际对负面清单进行调整的地方性立法以及《厦门片区建设若干规定(草案)》等区内立法有机结合构成的多主体、多层次、内容丰富、灵活性与原则性相结合的综合性法制框架。

二、建立负面清单的评估和修正机制

准入前国民待遇加负面清单管理制度在现行法律框架下最核心的体现就是负面清单。目前，福建自贸区实行的是全国统一的负面清单，并且在现行法律框架下，没有对负面清单进行修改的权力。如前所述，2015 版的《自贸区负面清单》是以《外商投资产业指导目录》为基础，并结合上海自贸区 2013 年和2014 年试验情况而制定的。我国四大自贸区试点的最终成果是希望在全国普遍推广这种外资准入管理模式，因此，准入前国民待遇加负面清单管理制度必然是一个开放和发展的制度，否则无所谓进步，也不具有推广的现实意义。制定和实施负面清单只是第一步，从全国推广的终极目的来看，这仅仅是一个起点。为此，福建自贸区有必要建立起负面清单的评估和修正机制，以定期对准入前国民待遇加负面清单管理制度实施的绩效进行量化评估，检验试点成效，对不符合福建自贸区经济发展需求和不利于尽可能引进外资增强自贸区经济活力的产业在负面清单中进行修正。尽管《福建自贸区条例》第 14 条规定："自贸试验区工作领导小组办事机构会同有关部门建立综合评估机制，对

试点政策执行情况进行综合和专项评估,必要时委托第三方机构进行独立评估,及时复制推广改革创新经验。"这种评估主要针对的还是"试点政策执行情况",而是否包含对"负面清单"本身的评估,立法并未明确,存在争议。

当然,这里涉及两个方面的问题:一是在现有法律框架下,全国自贸区适用同一份负面清单,福建自贸区无权对其进行改动;二是,由于上文所涉《中国自由贸易区促进法》等自贸区基本法缺位,福建自贸区自身的负面清单评估和修正机制的建立无法可依。鉴于此,我们建议,制定专门的《中国自由贸易区促进法》,规定负面清单的提请修正程序,对四大自贸区负面清单试验过程中,发现需要修正的部分,可根据法定的程序提请修正。同时,福建自贸区可率先在《福建自贸区条例》中增补规定负面清单的评估和修正机制。

三、进一步缩减负面清单的内容,扩大行业开放

"逐步扩大外资准入范围与条件是发展中国家新近修订的涉外投资法的一个重要内容";[①]"只要不影响我国经济的宏观大局和社会公平正义,我们就应当缩小负面清单的限制范围"[②]。作为一项重大的国家战略,继上海自贸区之后,广东、天津和福建自贸区的获批和设立体现出中国进一步扩大对外资开放、进一步加大改革力度的诚意、信心和决心。不仅如此,福建等第二批自贸区的获批还反映出国家在摸索"以开放倒逼改革",从而"形成一种国际化和法制化的营商环境"[③]的重要思路。

根据国务院《关于促进市场公平竞争维护市场正常秩序的若干意见》和对设立自贸区的相关批复精神,福建自贸区实行的最新版《自贸区负面清单》在内容上还可以进一步进行缩减,特别是在"文化、体育和娱乐业"方面,"禁止设立文艺表演团体""演出经纪机构属于限制类,须由中方控股(为本省市提供服务的除外)""大型主题公园的建设、经营属于限制类"。这三项清单完全可以取消。另外,第14项"文化、体育和娱乐业"中第45子项"广播电视播出、传输、制作、经营"、第46子项"新闻出版、广播影视、金融信息"、第47子项"电影制作、发行、放映"等行业,以及第26子项互联网和相关服务中"互联网新闻服

---

① 刘志云:《国际经济法律自由化原理研究》,法律出版社 2015 年增订版,第 226 页。
② 杨真:《中国自由贸易试验区负面清单的法律制度研究》,云南大学 2015 年硕士学位论文。
③ 董微微:《上海自贸区的经验及对天津的启示》,载《城市》2015 年第 4 期。

务、网络出版服务、网络视听节目服务、网络文化经营(音乐除外)、互联网上网服务营业场所、互联网公众发布信息服务"等内容不能仅仅因为意识形态领域的敏感性就完全予以限制,甚至对整个行业实行禁止。并且,对于负面清单中限制和禁止的领域,应该明确其实施的理由。[①] 从国际惯例来看,比如美国的新闻媒体和出版业,很多就直接移交给私人来经营。从实践效果来看,在保障更加广泛言论自由的同时,对于进一步扩大对外资开放、激活外资的积极性和创造力是非常有益的。基于福建自贸区设立的初衷,在对《自贸区负面清单》进行缩减的同时,还必须对《国内准入负面清单》进行评估、论证和缩减,以从根本上促进市场开放,这才符合"以开放倒逼改革"的重要思路,即让更加广泛的舆论对自贸区相关部门开展监督,不仅有利于充分暴露自贸区的政府工作中的不足和缺陷,而且对于倒逼自贸区进行行政管理改革也大有裨益。

四、进一步提高负面清单的确定性和透明度,减少政府"任性"审批

《福建自贸区条例》第 3 条规定:"自贸试验区应当围绕立足两岸、服务全国、面向世界的战略要求,以制度创新为核心,坚持扩大开放与深化改革相结合,强化功能培育,加快政府职能转变,建立与国际投资贸易规则相适应的制度与监管模式,建设国际化、市场化、法治化的营商环境。"因此,营造国际化、市场化和法治化的营商环境是福建自贸区建设的重要目标。在这"三化"中,市场化和法治化由于涉及对传统行政权力的限制和规范,其难度是最大的。市场化的最基本要求就是要让市场在资源配置中起基础性作用,市场化必然要求在一定程度上去行政化。那么到底如何限制和规范行政权力的不规范运行呢?答案就是提高负面清单的确定性和透明度,以减少政府的"任性"审批。

"法律的稳定性是法治原则的基本要求。"[②]以上文提到的负面清单规定的"限制类"行业为例,政府必须明确限制的内容和方式。"大型主题公园"中的"大型"没有明确的界定,因此,我们建议细化或取消本条目录。对于"外国投资者并购境内企业、外国投资者对上市公司的战略投资、境外投资者以其持有的中国境内企业股权出资涉及外商投资项目和企业设立及变更事项的,按

① 孙元欣、吉莉、周任远:《上海自由贸易试验区负面清单(2013 版)及其改进》,载《外国经济管理》2014 年第 3 期。

② 任冰:《中国(上海)自由贸易试验区的投资管理制度分析》,苏州大学 2015 年硕士学位论文。

现行规定办理"中的"现行规定"则必须予以明确,应当限定在"法律、行政法规和部门规章"的层面,不允许通过地方政府的规范性文件予以改变,否则地方政府就存在对这些模糊词汇进行解释过程中的主导权,并可能滥用行政权力。

五、福建自贸区相关部门要积极作为,充分开展具有"闽台特色"的创新

早在 2014 年 6 月 3 日,福建自贸区平潭片区就发布了《平潭综合实验区外商投资准入简化审批目录(2014 年)》,当时被业界认为是继上海自贸区之后推出的国内第二张"负面清单"。当时的目录与上海自贸区 2013 年版的"负面清单"相比,缩短了将近一半的内容。其主要思路是将多数对外资限制的行业对台资实行开放,尤其是金融业特别管理措施部分。

根据《福建自贸区总体方案》,福建自贸区的战略定位就是要"围绕立足两岸、服务全国、面向世界的战略要求……充分发挥对台优势,率先推进与台湾地区投资贸易自由化进程,把自贸试验区建设成为深化两岸经济合作的示范区"。为此,从国家层面来说,"各地自贸区的负面清单应当各有特色"[①],《福建自贸区条例》第 5 条特别强调各片区的重点分工与合作:"片区应当根据发展定位和目标,优势互补,错位发展,加强协作,相互促进。福州片区重点建设先进制造业基地、21 世纪海上丝绸之路沿线国家和地区交流合作的重要平台、两岸服务贸易与金融创新合作示范区;厦门片区重点建设两岸新兴产业和现代服务业合作示范区、东南国际航运中心、两岸区域性金融服务中心和两岸贸易中心;平潭片区重点建设两岸共同家园和国际旅游岛。"因此,应当赋予福建自贸区根据本地实际对部分负面清单的内容予以灵活适用的余地,而问题的关键就是要在法律层面,规定这种申请准予灵活适用的正当程序。其基本的理念是通过增强法律的灵活性来规制行政权力行使的不规范性。至于基本法律制定的构想前文已经详细介绍,此不赘述。对目前的福建自贸区而言,在适用统一负面清单的大背景中,在不违反法律的基本精神的前提下,可充分开展具有"闽台特色"的创新,积极探索相关经验,待时机成熟可向国家申请负面清单的调整适用。

---

① 杨圣明:《负面清单:对外开放的全新管理模式——上海自贸区调研有感》,载《全球化》2014 年第 4 期。

福建自贸区重大法律问题研究

厦门大学法学院经济法学文库

六、引入竞争中立原则，消除行政壁垒，促进公平发展

"竞争中立"最早为澳大利亚竞争中立投诉办公室所确立。[①] 其最基本的要求是政府的商业行为不应当仅因其具有公有制地位而获得相较于私营竞争者的竞争优势。

中国国务院副总理汪洋在《构建开放型经济新体制》一文[②]中表示，越来越多的国家采取"准入前国民待遇"和"负面清单"的外资管理方式，将禁止或限制外资进入的领域列入清单，未列入的领域外资均可进入，内外资企业享受同等待遇。我国外商投资管理体制改革方向，"要赋予各类投资主体公平参与市场竞争的机会"。准入前国民待遇加负面清单管理赋予外资在准入阶段的国民待遇标准，却不能从根本上保障外资与国企的平等地位。因此，基于公平原则，准入前国民待遇加负面清单管理应当与竞争中立原则结合立法，同时表述。要首先厘清不正当竞争优势的来源，进而保持政府的中立立场，从根本上改变国企与民企、外企之间共同竞争的市场环境，最终实现市场公平竞争的目的，这也是准入前国民待遇加负面清单管理制度真正体现其制度价值的重要前提。

具体的制度设计可在《福建自贸区条例》第 17 条规定的"自贸试验区外商投资实行准入前国民待遇加负面清单的管理模式"之后增加："政府坚持严格的竞争中立原则，给予民营企业、国有企业和外资企业等各类投资主体公平参与市场竞争的机会。"

七、建立福建自贸区投资者——东道国政府争端解决机制

在准入前国民待遇加负面清单管理模式下，外商对福建自贸区负面清单管理存在理解上的争议所产生的纠纷属于投资者——东道国政府争端解决机制的范畴。正所谓无救济者无权利，质言之，对于负面清单这种特别管理措施的范围、对负面清单所包含内容本身的理解，比如前述"现行规定"等，必须为

---

① 李晓玉：《"竞争中立"规则的新发展及对中国的影响》，载《国际问题研究》2014 年第 2 期。

② 汪洋：《构建开放型经济新体制》，http://politics.people.com.cn/n/2013/1122/c1001-23620181.html，下载日期：2016 年 4 月 28 日。

投资者提供有力的救济措施，否则准入前国民待遇加负面清单管理制度只能是停留在纸面上的理想蓝图，对外资难有吸引力。

对投资者—东道国政府争端解决机制的构建是一个非常复杂的系统工程。在历史上，一些拉美发展中国家曾经以"卡尔沃主义"为典型，主张适用"用尽当地救济原则"，而我国几乎所有对外签订的 BITs 也都要求东道国救济优先原则，因此，福建自贸区外国投资者因为对负面清单有不同理解而产生的纠纷必须先穷尽自贸区内的所有救济。目前来看，其可能选择的渠道至少包括行政复议和行政诉讼，但鉴于我国《仲裁法》第 2 条的规定，"平等主体的公民、法人和其他组织之间发生的合同纠纷和其他财产权益纠纷，可以仲裁"，投资者因负面清单产生的纠纷因为主体的范围和相互之间的不"平等"性，不能选择适用商事仲裁。那么到底如何构建福建自贸区独具特色的纠纷解决机制呢？从目前各国的实践来看，解决投资者—东道国争端的主要途径主要包含两种：一种是东道国当地救济，另一种是国际仲裁。福建自贸区一方面必须完善自贸区层面的国内争端解决机制，具体的法律制度设计可包含以下内容：当投资者与福建自贸区相关部门因准入前国民待遇加负面清单管理问题发生争议时，应首先通过与相关部门友好协商进行解决。协商不成的，投资者可以向自贸区相关部门提起行政复议，对行政复议决定不服的，投资者可向自贸区法院提起行政诉讼。此外，必须建立和完善福建自贸区自身的国际争端解决机制。立足点如下：其一，基于福建自贸区利益的考虑，外国投资者与我国政府之间发生的"涉自贸区投资争端"，必须首先适用"用尽当地救济原则"。只有该原则的适用已经无法解决纠纷时，才能进一步寻找别的救济方式。其二，设立福建自贸区特别仲裁机制。当投资者已穷尽福建自贸区的救济机制，可根据协商一致的原则，选择自贸区特别仲裁机制。构建特别仲裁机制将是福建自贸区一项重大的试点工作，其不仅有利于保护自贸区内外国投资者的权益，而且为我国未来和正在进行的 BITs（争端解决机制部分）的谈判积累经验。

结　论

针对福建自贸区外商投资准入前国民待遇加负面清单管理制度面临的各种问题，基本的解决思路应当是在正确厘清自贸区相关部门与各经济主体关系演变发展过程的基础上,重构自贸区的政府权力边界和权力运行模式。建议制定全国统一的《中国自由贸易区促进法》,建立负面清单的评估和修正机制,进一步缩减负面清单的内容,扩大行业开放,提高负面清单的确定性和透明度,减少政府"任性"审批,充分开展具有"闽台特色"的创新,并引入竞争中立原则,消除行政壁垒促进公平发展,建立福建自贸区投资者—东道国政府争端解决机制。

第四章

福建自贸区法治化营商环境建设研究

　　论及自贸区的重大法律问题,法治化营商环境是无法绕过的一个话题。自 2013 年 9 月我国首个自由贸易试验区即上海自贸区挂牌成立以来,"法治化营商环境"的概念在一系列国家和地方文件、立法中反复出现。① 2015 年随着各自贸区总体方案和管理办法等文件和立法的出台,"法治化营商环境"的

---

　　① 上海市人民政府于 2013 年 9 月 29 日印发的《中国(上海)自由贸易试验区管理办法》中,第 3 条规定:"培育国际化、法治化的营商环境。"

概念使用之频繁更是前所未有。① 然而面对上述发展，我们却难以断言对有关法治化营商环境的研究已经进入相对完善的阶段。目前的研究不仅缺乏对"法治化营商环境"的最基本概念界定，对"法治化营商环境"概念指导实践出现一系列困难也缺乏深入研究，包括：建设法治化营商环境仅仅是对以往概念的重述还是另有其积极意义；相关举措相比以往的招商引资举措有何区别；建设法治化营商环境的可行性如何；在建设过程中中央与地方政府的职能分工如何体现，地方政府具体在哪些领域可以有所作为等等。因此，本章将围绕"法治化营商环境"这一重大法律问题，从相关基本概念与理论入手，探讨建设法治化营商环境的必要性、可行性，并结合福建自贸区当前建设法治化营商环境过程中取得的成绩和遇到的具体问题，在提出总体解决思路的基础上，提出建立健全法治化营商环境的具体制度设计和对策分析。

① 国务院于 2015 年 4 月 20 日印发的《进一步深化中国(上海)自由贸易试验区改革开放方案》中首句即提出"推动体制机制创新，营造国际化、市场化、法治化营商环境等积极探索"；国务院同日印发的《中国(广东)自由贸易试验区总体方案》在发展目标中首先提出"经过三至五年改革试验，营造国际化、市场化、法治化营商环境"，并将"建设国际化、市场化、法治化营商环境"作为"主要任务和措施"部分的第一项主要任务；国务院同日印发的《中国(天津)自由贸易试验区总体方案》中"总体要求"部分提出"着力营造国际化、市场化、法治化营商环境"；国务院同日印发的《中国(福建)自由贸易试验区总体方案》中将"营造国际化、市场化、法治化营商环境"作为其战略定位的一部分。同时在印发上述四份方案的通知中国务院均要求"自贸试验区要在……建设法治化营商环境等方面，率先挖掘改革潜力，破解改革难题"。在 2015 年通过的各自贸区管理办法中，广东省人民政府于 2015 年 4 月 20 日公布的《中国(广东)自由贸易试验区管理试行办法》第 3 条规定："培育国际化、法治化、市场化营商环境"；福建省人民政府于 2015 年 4 月 20 日公布的《中国(福建)自由贸易试验区管理办法》第 3 条规定："营造国际化、市场化、法治化的营商环境"；天津市人民政府于 2015 年 4 月 17 日公布的《中国(天津)自由贸易试验区管理办法》第 3 条规定："自贸试验区应当建设成为……法制环境规范、监管高效便捷……的国际一流自由贸易园区"，并将第 41 条至第 52 条专列为第六章"发展环境"。2015 年 10 月 29 日中共十八届五中全会通过的《中国共产党第十八届中央委员会第五次全体会议公报》中，亦明确指出，要"完善法治化、国际化、便利化的营商环境"。

第一节　福建自贸区营造法治化营商环境的必要性与可行性分析

一、法治化营商环境的内涵界定

(一)法治化营商环境的概念

就法律法规层面而言,"法治化营商环境"的概念最早见于上海市人民政府于 2013 年 9 月 29 日印发的《中国(上海)自由贸易试验区管理办法》,该《办法》第 3 条规定:"培育国际化、法治化的营商环境。"2015 年随着各自贸区总体方案和管理办法等文件和立法的出台,"法治化营商环境"的概念开始被频繁使用。进入 2016 年,甚至包括四川省在内的内陆非自贸区省份也开始强调建设"法治化营商环境"。① 至此,"法治化营商环境"的概念已不仅仅局限于针对自贸区建设和对外开放,而是进一步拓展适用于面向内资,全面改善国内各行业全体民营企业生存环境。与此相应,国内有关法治化营商环境的研究也有所发展,这不仅体现为数量方面呈现显著增长,而且体现在文献体裁方面也从以新闻报道为主,逐步转变为以理论性更强的期刊论文为主。这一点可以通过中国知网文献数据库加以印证,在该库中以"法治化营商环境"为关键词进行主题检索,分析所得文献,可知自 2012 年"法治化营商环境"这一概念首次出现以来,2012 年至 2015 年间相关文献的数量和体裁分布如图 4-1 所示。

面对上述发展,我们却难以断言有关法治化营商环境的研究已经进入相对完善的阶段。依据之一是此类文献往往篇幅短小,集中于对相关事件的报道、描述,理论性方面虽偶有论及建设法治化营商环境的重要性,提出部分建议举措,却往往缺乏对"法治化营商环境"的最基本概念界定。

从词语组成上拆解,法治化营商环境可理解为符合法治要求的营商环境,

---

① 2016 年 2 月,四川省政府出台了《四川省人民政府关于推进国内贸易流通现代化建设法治化营商环境的实施意见》。

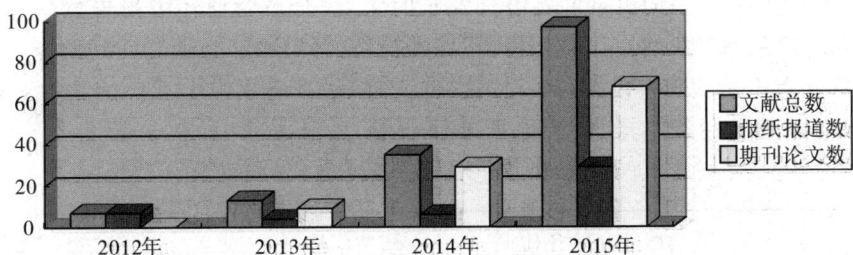

图 4-1

故为理解这一概念，首先有必要了解"法治"与"营商环境"这两个基本概念。

作为一个舶来概念，根据元照英美法词典释义，"法治"（rule of law）的含义依具体语境而有所不同，最常见含义是指与恣意的人治相对的，根据现存既定规则（法律）进行的治理；第二个含义是指"法律之下的治理"（rule under law），即无任何人或政府机构凌驾于法律之上或者超越于法律许可之外；第三个含义是指"治理应符合更高的法律"（rule according to a higher law），即任何成文法律如不符合某些非成文却普遍存在的公正、道德性和正义等原则，则政府不得强制执行。① 而 LexisNexis 法律词典中则以八项标准阐述法治，即：可预期；有被遵循的可能性；经过公布；内容清晰；规则间相互协调；足够稳定（以使人们按照其对规则内容的认知行事）；法令适用于相对有限情形，且其制定受具有上述特征的规则指引；根据官方授权制定、执行且引用规则者对规则负责，做到执法时连贯一致并符合法律的要旨。② 综合上述观点可知，法治既包含具有价值取向和法律形式方面含义的形式法治要求，要求法律享有最高权威，法律必须经过公布、保持稳定、立法程序合法、执法环节严明公平，又包含了针对法律条文具体内容的实质法治要求，要求法律条文符合公正、道德性和正义等原则，允许人们对其进行价值判断。因此法治的实质是，在形式、程序上限制肆意妄为的公权力，并同时实现法律内容的民主，将法律作为最高层级的社会共治工具以取代个别人、个别阶级垄断权力背景下的人治。

---

① 详见《元照英美法词典》在线版："rule of law"词条，http://lawyer. get. com. tw/Dic/DictionaryDetail. aspx? iDT=75582，下载日期：2016 年 7 月 18 日。

② 详见《LexisNexis 英汉法律词典》："rule of law"词条，http://www. lingoes. cn/zh/dictionary/dict_down. php? id=F39E5267052B4C47A0738671482CE675，下载日期：2016年 7 月 18 日。

"营商环境"一词出自世界银行发布的年度《全球营商环境报告》(Doing Business)系列出版物。该系列报告以各国私营部门中小企业为受访对象,自2003年首次出版面世以来,截至2015年年底,总计已出版13期。全部13期的具体评测指标等内容如表4-1所示。

表 4-1

报告年份	副标题	总指标组数/排名依据指标组数	评估国家数	全部具体指标组	备注
2004年	理解规制	5/5	130多个	开办企业、雇用及解雇员工、执行合同、获得信贷、关闭企业	该系列年度报告第一期
2005年	去除增长阻碍	7/7	145	开办企业、雇用及解雇员工、执行合同、获得信贷、关闭企业、登记财产、保护投资	登记财产、保护投资者为2005年报告中新增指标
2006年	创造就业	10/10	155	开办企业、雇用及解雇员工、执行合同、获得信贷、关闭企业、登记财产、保护投资者、办理执照、纳税、跨国贸易	办理执照、纳税、跨国贸易为2006年报告中新增指标
2007年	如何改革	10/10	175	开办企业、办理执照、雇用员工、登记财产、获得信贷、保护投资者、纳税、跨国贸易、执行合同和关闭企业	
2008年	无	10/10	178	开办企业、办理执照、雇用员工、登记财产、获得信贷、保护投资者、纳税、跨国贸易、执行合同和关闭企业	

续表

报告年份	副标题	总指标组数/排名依据指标组数	评估国家数	全部具体指标组	备注
2009 年	无	10/10	181	开办企业、办理施工许可证、雇用员工、登记财产、获得信贷、保护投资者、纳税、跨国贸易、执行合同和关闭企业	评估指标中,"办理执照"变更为"办理施工许可证"
2010 年	困难时期的改革	12	183	开办企业、办理施工许可证、雇用员工、登记财产、获得信贷、保护投资者、纳税、跨国贸易、执行合同、关闭企业、获得电力和员工保护	获得电力和员工保护为 200 年报告中新增指标,仅作为附录收录初步结果,不包括在 2010 年的排名中
2011 年	为企业家创造可能	11/9	183	开办企业、办理施工许可证、登记财产、获得信贷、保护投资者、纳税、跨国贸易、执行合同、关闭企业、获得电力和雇用员工	获得电力和雇用员工的数据没有包括在 2011 年的营商便利度排名中
2012 年	在更透明的世界里营商	11/10	183	开办企业、办理施工许可证、获得电力、登记财产、获得信贷、保护投资者、纳税、跨国贸易、执行合同、解决破产(原来称为关闭企业)和雇用员工	雇用员工的数据没有包括在 2012 年的营商便利度排名中

报告年份	副标题	总指标组数/排名依据指标组数	评估国家数	全部具体指标组	备注
2013年	更聪明地规制中小企业	11/10	185	开办企业、办理施工许可证、获得电力、登记财产、获得信贷、保护投资者、纳税、跨国贸易、执行合同、解决破产（原来称为关闭企业）和雇用员工	雇用员工的数据没有包括在2013年的营商便利度排名中
2014年	理解对中小企业的规制	11/10	189	开办企业、办理施工许可证、获得电力、登记财产、获得信贷、保护投资者、纳税、跨国贸易、执行合同、解决破产和雇用员工	雇用员工的数据没有包括在2014年的营商便利度排名中。
2015年	不止步于效率	11/10	189	开办企业、办理施工许可证、获得电力、登记财产、获得信贷、保护少数投资者、纳税、跨国贸易、执行合同、解决破产和劳动力市场规制	评估指标中，"保护投资者"变更为"保护少数投资者"；营商环境报告也评估劳动力市场规制，但并未包括在2015年的排名中
2016年	评价规制质量和效率	11/10	189	开办企业、办理施工许可证、获得电力、登记财产、获得信贷、保护少数投资者、纳税、跨国贸易、执行合同、解决破产和劳动力市场规制的特征	营商环境报告也评估劳动力市场规制的特征，但并未包括在2016年的排名中

从表 4-1 可以看出，自 2004 年以来，全球营商环境系列年度报告所评估的国家数量逐年增加，评估指标也日益全面，现基本稳定为开办企业、办理施

工许可证、获得电力、登记财产、获得信贷、保护少数投资者、纳税、跨国贸易、执行合同、解决破产和劳动力市场规制特征这 11 组（作为排名依据的指标仅包括前十组）。上述指标围绕着中小企业设立、运行、关闭的生命周期而设置，故"营商"所对应英文"Doing Business"中，do 可理解为运营（operate），business 则取企业（firm/enterprise）之意。结合世界银行在回答有关营商环境报告项目的常见问题时提到的，营商环境报告旨在提请决策者们注意商业规制及其执行制度的重要性，[①]我们可以将营商环境定义为中小私营企业主在运营企业过程中面临的国内商业规制及其执行制度。当然对于营商环境这一概念，也有一种常见观点认为，它是指一个企业在开设、经营、贸易活动、纳税、关闭及执行合约等方面遵循政策法规所需要的时间和成本等条件，[②]但这种观点未免过分流于表面——遵循商业规制导致的时间、费用等合规成本数据只是营商环境报告各组指标中的相关参数，从规制之后果侧面考察商业规制及其执行制度，起手段作用而非指代营商环境本身。[③]

此外，还须注意的是，根据"获得信贷、关闭企业/解决破产、执行合同"这几组始终贯穿于全部 13 期全球营商环境报告的指标，在定义"营商环境"这一概念时提及的商业规制显然并不局限于通常意义上的由工商、劳工、环保等行政执法部门对企业实施的行政监管，也包括来自金融监管部门和国有金融机构以及法院等其他类型机构的干预，但上述种种机构背后无一不体现国家的身影，故此处的商业规制应宽泛理解为包括但不限于行政干预的、更宽泛意义上的国家干预，其既可能通过常见的行政执法手段表现，也可能通过立法手段（如发布部门规章）或司法手段（如运用法律法规进行裁判）表现。

综上，可以将"法治化营商环境"定义为这样一种主要面向国内中小私营

[①]　世界银行：Doing Business-Answers to frequently asked questions，http://www.doingbusiness.org/about-us/～/media/GIAWB/Doing％20Business /Documents/Methodology/Doing-Business-FAQs-answered-2013.pdf，下载日期：2016 年 4 月 6 日。

[②]　唐磊磊：《大连市中小企业营商环境分析》，东北财经大学 2012 年硕士学位论文。

[③]　可作佐证的是，《2004 年全球营商环境报告》中明确指出该报告将"满足规制要求所需的时间和费用等规制后果"作为其考察对象之一（"Itcovers regulatory outcomes，such as the time and cost of meeting regulatory requirements to register a business"），说明遵循商业规制导致的时间、费用等合规成本数据仅起到考察营商环境的手段作用，而非指代营商环境本身。详见 World Bank：Doing Business in 2004，http://www.doingbusiness.org/reports/global-reports/doing-business-2004，下载日期：2016 年 4 月 6 日。

企业主的商业规制及其相关制度——它必须满足形式法治要求，通过立法进行规制，严格依照法定程序执行，同时还必须满足实质法治要求，符合公正、道德性和正义等原则，与被规制对象间存在一定程度上的互动，从而为社会共治、自治留有一定空间。而营造法治化营商环境的实质，则可以理解为以法治手段实施的，旨在增进经济自由、释放经济活力的去监管化过程：过重的合规负担将不可避免地抑制经济活力，但若将去监管化简单等同于完全不加规制，又会陷入"一管就死，一放就乱"的怪圈，因此应当借助法治化过程，通过对市场主体进行调研，考察现存种种商业规制的有效性和合规成本，经由立法尽可能做到仅保留必要规制并从降低合规成本方面对其加以改进，从而做到国内商业规制的统一、明确、精简。

（二）与相关概念的区别与联系

1. 与"法治化投资环境"的区别与联系

一个由来已久且常与法治化营商环境相混淆的概念是法治化投资环境。为此，必须区分营商环境与投资环境这两个概念。实践中，投资环境这一概念的产生源于"二战"后，跨国公司为寻找理想投资区位，评估发展中国家适宜投资程度的需求。而世界银行提出营商环境的概念则旨在于督促各国改善对国内中小私营企业的商业规制并提供经验借鉴，以促进世界范围内的经济增长，减少贫困。所以，在实践层面，改善投资环境往往意味着发展中国家当局向外国企业提供更优厚的条件，吸引外资，但并不必然改善其国内中小私营企业的处境；而改善营商环境则侧重于改善对国内中小私营企业的商业规制，它们往往在国内经济总量中占据较大比重却处于相对弱势地位，外资企业在此过程中虽然受到影响，但往往只是附带性的。事实上，我国时下改善营商环境的部分举措，就是为了将此前由外资企业独享的一些优惠措施向内资私营企业普及，改变外资企业此前享有的事实上的超国民待遇，实现内外资待遇的一致化。

在理论上，投资环境相比营商环境具有更丰富的内涵。现选取国内三种具有代表性的投资环境定义简述如下：第一，冯德显等认为，投资环境是指由地区吸收和消化资本能力连同对资本产生影响的所有元素（包括国际国内、区外区内的自然、经济、社会、文化、科技、法律、政策、服务等）组成的综合体；[①]第二，黄达等认为，投资环境是指投资项目所在地的自然、技术、政治、经济和

---

① 冯德显等：《河南省投资环境研究》，地震出版社 1993 年版，第 1 页。

社会的各种条件的总和；①第三，厉以宁认为，投资环境是指投资者进行投资活动所具备的外部条件，包括投资硬环境（当地基础设施）和投资软环境（当地行政管理效率、政策、法令、劳动生产率、资金市场、技术水平、外汇管理制度、原料、零件及元件市场等）。② 综上可知，在理论层面，投资环境作为一个整体，复合性、复杂性是其基本特点，各国自然、社会、文化等方面存在的差异导致难以从整体上总结、借鉴他国改善投资环境的经验，以至于"One size doesn't fit all"（"一鞋难合众人脚""区别国情处理"）成为国家抵制改善投资环境方面的国际指导的最有力理由。而营商环境的内涵则要狭窄明确得多，主要限于商业规制方面，这使得总结、借鉴国际经验变得相对简单、可行。历年的全球营商环境报告通过选取企业生命周期中的若干环节，对各国采集数据进行量化分析和排名，所得出的结论具有很强的可重复性和规律性，这也说明改善营商环境相比改善投资环境，改革方向更明确、可行性更高。例如，《2004 年全球营商环境报告》中就以"商业规制领域内，经验具有普适性"（One Size Can Fit All—in the Manner of Business Regulation）作为其概述部分的一个小标题，选取企业准入环节举例证明，借鉴加拿大、新加坡等先进国家做法，仅就数据登记、税务和社保登记进行审批并尽量实现电子化的举措在洪都拉斯、越南、摩尔多瓦、巴基斯坦等国也取得了良好效果。③ 因此，在区别法治化营商环境与法治化投资环境时，应特别注意营造法治化营商环境重点相对明确，强调通过法治手段，改善针对国内中小私营企业的商业规制，故国外和国内其他地区在此方面的先进做法的可复制性也较强。

2. 与"国际化、市场化营商环境"的区别与联系

在中央和地方相关政策文件中，多将国际化、市场化、法治化并列为建设营商环境的三大目标，国际化、市场化营商环境与法治化营商环境三者间存在怎样的关系，建设过程中应以哪一个为重点成为实践中无法回避的问题。一些从事自贸区法律实务工作的专家认为，国际化、市场化、法治化营商环境这三者中应聚焦于法治化营商环境，营商环境是否国际化、市场化关键看其法治

---

① 黄达等：《中国金融百科全书》，经济管理出版社 1990 年版，第 644 页。

② 厉以宁编：《市场经济大辞典》，新华出版社 1993 年版，第 439 页。

③ World Bank, Doing Business in 2004, http://www. doingbusiness. org/reports/global-reports/doing-business-2004，下载日期：2016 年 4 月 6 日。

化程度有没有与国际接轨、符不符合市场发展规律。[①] 我们对上述观点持赞同态度。从相关文件上下文行文和意旨来看，所谓营商环境的国际化，是指针对相关市场主体的商业规制采取了国际通行标准，或商业规制的效率之高、给相关市场主体造成的负累之低足以媲美此领域内的先进国家；而营商环境的市场化，则是指商业规制的重点明确、力度适中，既能有效掌握信息，抑制不端行为，又不会使市场主体为满足合规要求而付出不成比例的时间、财务成本，致使其错失市场良机。营商环境的国际化、市场化之重要性，从《2004 年全球营商环境报告》中所举例子可见一斑。以开办企业环节为例，印尼雅加达的企业家 Tenku 接到客户订货要约，决定开设一家纺织厂，为此他需要历经填表并公证、证明自身为本地居民且无刑事犯罪记录、申请税务登记证号、向银行存入出资、公报刊登章程、支付印花税、在司法部进行登记、申请社保等烦琐步骤，耗时达 168 天（其中包括申请社保前的 90 天等待期），等到其完成企业设立，客户早已转投其他厂家怀抱；与此形成鲜明对比的另一个实例是，在巴拿马，企业家 Ina 仅仅耗时 19 天就设立了一家建筑公司。[②] 可以预想，由于国内商业规制模式在企业设立这一环节上未能满足国际化、市场化要求，与国际先进标准间存在差距，当印尼的企业家们面对国际贸易领域的需求波动，试图通过新设企业抓住转瞬即逝的商机时，若不违规设立非正规企业，便难以与巴拿马等国企业家进行竞争。而要改善上述状况，必须调整有关商业规制的国内法律法规，在设立时限、费用等方面向国际先进标准看齐，简化、省略或延后办理非必需程序，通过将法律法规内容合理化实现实质法治，进而使企业家乐于遵法守法，法律的权威性和普遍适用性得以体现，形式法治得以稳固。营商环境的国际化、市场化也正是通过这一途径，与营商环境的法治化相联系。因此，法治化的营商环境本身内在契合了国际化、市场化的要求，只要实现了商业规制方面的高水平形式法治和实质法治，就能建成兼具国际化、市场化、法治化特征的良好营商环境。

① 丁贤志：《第十一讲自由贸易试验区的法治环境及法律服务》，载苏国强、汤庆发编：《"大家"之言——厦门市鹭江公证处成立十五周年名人传经讲座实录》，厦门大学出版社 2016 年版，第 200 页。

② World Bank, Doing Business in 2004, http://www. doingbusiness. org/reports/global-reports/doing-business-2004，下载日期：2016 年 4 月 6 日。

二、福建自贸区营造法治化营商环境的必要性

本部分将采用大、小前提相结合的推理逻辑论述福建自贸区营造法治化营商环境的必要性。

（一）大前提：新形势下，出口＋投资主导的原有中国经济增长模式已不可持续，必须更加注重科技创新对产业发展的重要性

改革开放以来，依靠本国的劳动力和资源优势以及不断增长的全球市场需求，我国积极吸引外资，并借助外资企业打开出口，成功打造了以外贸为重要经济增长动力、辅以大规模政府主导投资的中国经济增长模式，取得了显著的经济发展成果。然而，与以日本、韩国等邻国为代表的东亚发展模式相比，中国模式尽管成绩斐然，实质上却依然属于要素投资驱动型增长，产值多集中于劳动密集型产业，出口产品附加值不高，科技进步速度较慢，科技对经济增长的贡献率也相对较低。数据显示，日本在 1950 年至 1973 年间，整体经济的全要素生产率年增长率为 5.1％，中国台湾地区在 1970 年至 1990 年间，全要素生产率的年增长率为 4.5％，而中国大陆在 1992 年至 2010 年间，全要素生产率的年增长率只有 1.2％，说明技术进步与效率改善速度不尽如人意；另一方面，韩国在中等收入阶段（1972 年至 1997 年），资本、劳动和全要素生产率对经济增长的贡献率分别为 61.2％、18.9％和 19.9％，在高收入阶段（1998 年至 2011 年），三者的贡献率分别为 46.4％、−0.3％和 53.9％，而专家测算的我国在 1979 年至 1999 年间全要素生产率对经济增长的贡献率仅为 14.9％，[①]表明科技所起到的支持经济增长作用十分有限。

现阶段中国模式的以上特点决定了以出口拉动经济增长存在潜在的不可持续性，这主要表现为：伴随人口拐点临近，我国的劳动力成本正不断上升，丧失相对于越南等周边其他发展中国家的劳动力成本优势；同时，在经历经济危机后，美国等发达国家国内的消费主义倾向开始减弱，实施了去产业空心化、制造业回归等一系列举措，一方面减少了国际市场的总需求，另一方面又作为具备技术优势的强势生产者加入全球竞争，使得产品技术含量较低的中国出口业面临更大挑战。福建作为我国东南沿海开放省份，多年来其经济表现出

---

① 袁雪：《国务院参事谈"十三五"规划思路：转型升级提质增效》，http://business. sohu. com/20150722/n417259926. shtml，下载日期：2016 年 3 月 11 日。

外贸依存度较大、民营中小企业占比较高的特征,是全国各省市中践行传统的中国式经济增长模式的典型代表,因此面对全球经济新形势,福建省也不可避免地受到冲击。以福建自贸区正式挂牌成立前的 2014 年为例,当年福建省外贸进出口总额达 10902.9 亿元,同比增长 3.7%,其中,出口 6969.2 亿元,同比增长 5.4%,增幅比全国平均水平高 0.5 个百分点,而以美元计价的话,当年的进出口、出口增幅分别为 4.8%、6.6%,相较于 2013 年,这份外贸成绩单可以说是表现平平,与年初制定的出口同比增长 7% 的目标也略有差距。[①]

面对出口困局,中央政府在投资方面曾一度加大力度实施宽松的财政和货币政策,然而由于我国所处经济增长阶段已发生变化,有效内在增长动力已由要素扩张逐步转变为效率提升,导致经济发展仅依赖政府主导下的单纯资本投入增加的话,不仅会出现边际效益递减的现象,而且还增加了未来产能过剩的可能。消费方面,在国内消费增长乏力的同时,出境购物、海购、代购现象日益普遍,中国游客海外大举扫货的新闻频频爆出,这除了货币购买力等方面的因素外,也反映伴随国民收入提高,民众对消费品价格的敏感度下降,对品牌和品质的要求却有所提升,消费结构发生了明显变化。传统上主打价格优势的中国制造业,由于对品质、品牌的投入较低,不免在一定程度上偏离业已变化的国民消费需求。

这一切表明,面对全球经济新形势和国内消费新需求,要想令出口、投资、消费这三驾驱动中国经济增长的马车恢复运转如前,中央及地方政府应回归根本,更加强调科技创新对产业发展的重要性,从"世界工厂""中国制造"转变为"中国创造"。

(二)小前提 I:要鼓励科技创新,必须通过建设法治化营商环境,稳定预期,减少交易成本,鼓励企业进行长期投资

推动科技创新的重点在于要引导广大中小民营企业立足长远发展,加大研发和自主品牌投入,为此必须确保高科技投入的产品在市场上能得到有效保护,确保企业家精神得到充分激发。法治化营商环境恰恰是排除制度性交易障碍,促使市场正常运作,鼓励、培育企业家精神的前提条件。唯有通过调整法规和政策、建立健全法治化营商环境,即换言之,唯有通过法治化手段改善对中小私营企业的商业规制,才能引导企业家们积极从事实业创新而非投

---

① 杜静:《2015 年:福建外贸何去何从?》,http://www.hxcjdb.com/portal.php?mod=view&aid=34459,下载日期:2016 年 5 月 3 日。

机套利,引导其以做百年企业、创事业为目标,不再专注于一锤子买卖,一哄而上竞相模仿生产低端产品,或弃主营业务而陷入资本运作游戏。

这主要是因为:(1)以往有关商业规制的法规大多过于概括笼统,施行时往往有赖于当地出台相关政策,不仅导致各地商业规制的具体要求不统一,而且由于政策决策过程不透明、政策文件本身缺乏相对稳定性,导致许多企业主对满足商业规制所需付出的成本缺乏稳定预期,即使当下的政策环境对其较为有利,企业家也倾向于避免进行成本回收周期较长的经营活动(如扩大再生产、增加研发投入等),在经营过程中自发选择短视。一些专家进行多地调研后指出,自贸区建设过程中应将法治环境而非招商引资补贴作为着力培养的竞争优势,政策手段(如在前期给予一定年限的招商引资补贴)吸引来的往往是小企业、短期企业。① 通过建立健全法治化营商环境,将传统的商业规制类政策转化为法律,一方面可以重新审视原有的商业规制措施,只保留其中切实有效的部分,给企业减负,另一方面也通过使商业预期统一、稳定、可预判,鼓励了企业建立长远目标,促使更多中小企业进行长周期投资,实现规模增长和品质改善。(2)商业规制的作用不仅在于限制、处罚违规经营者,更在于保护守法经营者。建立健全法治化营商环境不仅要如上文所述,加强商业规制的稳定性,一般性地减少对所有企业的限制,更要重点加强商业规制对合法经营者的保障作用。理想的法治化营商环境中,一旦出现交易双方一方违约或市场主体侵犯他人知识产权等情形,争端要能多样化、低成本、高效率地解决,所得出的解决结果要能切实、迅速地加以执行,违约、侵权者的相关违约、败诉记录应及时、完整地记入相关信用体系以供未来的潜在交易对手查询。这些都有利于排除交易障碍、减少交易成本,鼓励企业积极进行市场开发(即与不熟悉的交易对手进行合作)和产品、服务研发创新,寻求建立自身特有优势,实现企业经营效率和产品附加值的提高。

(三)小前提Ⅱ:营造法治化营商环境以改善针对中小私营企业的商业规制为目标,与福建省的区域经济特点内在契合,对福建自贸区而言,具有比全国其他地区更为突出的重大意义

正是因为营造法治化营商环境有利于鼓励中小民营企业进行科技创新,

---

① 丁贤志:《第十一讲 自由贸易试验区的法治环境及法律服务》,载苏国强、汤庆发编:《"大家"之言——厦门市鹭江公证处成立十五周年名人传经讲座实录》,厦门大学出版社2016年版,第201页。

实现规模增长和品质改善,相较于全国其他地区,营造法治化营商环境对福建自贸区的必要性尤为突出——根据《2016 年福建省人民政府工作报告》,2015年民营经济已占福建省全省生产总值的 67.3%。[①] 同一时期,参考全国其他三大自贸区 2016 年政府工作报告,除上海自贸区相关数据不详外,2015 年民营经济占天津市、广东省生产总值的比重分别仅为 46.7%和 53.4%,[②]这表明就区域内民营经济的发达程度而言,福建省不仅领先于全国大多数地区,即便在自贸区中,也堪称翘楚。营造法治化营商环境,改善针对民营经济的商业规制,将对福建整体经济形成强大的潜在助推作用。尤其是考虑到民营经济体中,中小规模者居多,通过营造法治化营商环境引导其更加注重产品、服务创新,将有利于打破中小企业生命周期短、产品同质化的怪圈,打造一批具有日、德等国“匠人精神”气质,“(业务范围)专而(工艺技术)精”的中小私营企业,为经济的可持续发展提供充足后劲。

综上,营造法治化营商环境之所以必要,主要是因为通过减少商业规制的限制作用、增强其保障作用,可以创造更有利于企业家进行产品、服务创新的环境,令市场机制更有效地通过供需关系发挥其激励作用,实现产业转型升级。面对后危机时代的全球经济新形势,对经济外向型程度高、民营经济发达的福建自贸区而言,营造法治化营商环境将有利于其实现全球产业链再定位,是完成《福建自贸区总体方案》中“推进贸易发展方式转变”这一主要任务的重要途径。福建自贸区率先营造法治化营商环境,不但有利于本区域内的经济发展,也体现了自贸区的功能定位,即通过“先行先试”,积极培育贸易新型业态和功能,形成以技术、品牌、质量、服务为核心的外贸竞争新优势,有利于形成、推广相关经验,实现全国范围内的经济可持续增长。

三、福建自贸区营造法治化营商环境的可行性

明确营造法治化营商环境意义重大,具有相当的必要性后,接下来的问题

---

① 福建省人民政府:《2016 年福建省人民政府工作报告》,http://www. fujian. gov. cn/szf/gzbg/szfgzbg/201601/t20160120_1133024. htm,下载日期:2016 年 7 月 18 日。

② 天津市人民政府:《2016 年天津市人民政府工作报告》,http://leaders. people. com. cn/n1/2016/0201/c58278-28099710. html,下载日期:2016 年 7 月 18 日;广东省人民政府:《2016 年广东省人民政府工作报告》,http://leaders. people. com. cn/n1/2016/0214/c58278-28122901. html,下载日期:2016 年 7 月 18 日。

就是除期待中央政府出台全国性的法律法规自上而下推动外，福建自贸区内各级政府及下属部门在营造法治化营商环境过程中能够扮演怎样的角色？有无率先改善本区域内营商环境，实现经济领先增长的可能？为此，需要从理论和实践两方面检验福建自贸区营造法治化营商环境的可行性。

（一）理论层面

地方率先营造法治化营商环境需要考虑如何从实施法治的四个环节——即立法、执法、司法（争端解决）、守法激励，提升营商环境法治化水平，并考虑相应措施的可行性。

对这四个环节的要求大致可以概括为立法科学民主、执法高效、争端解决多样、守法激励机制完备，下面将逐一论述其具体内涵及可行性。

首先，就立法层面而言，为实现实质法治，做到自贸区内立法与国际接轨，符合市场发展规律，地方人大和政府必须努力实现立法科学民主。这要求地方立法机关必须积极利用其相比中央政府更贴近市场主体的优势，征求受规制对象的意见建议，并通过与其他地区监管部门和高校、研究机构的学者交流，吸收国内其他地区和国外的规制经验，论证相关立法草案的科学性。而采取上述种种举措后，相应的经验、结论能否及时、充分地转化为地方立法，则取决于地方是否拥有相关立法权限。福建自贸区恰恰在立法权限方面具有独到的优势，一方面中央授予了自贸区"先行先试"的创新权限，可以就法律法规所未涉及的新兴领域制定相应立法，另一方面福建自贸区内包括此前就具有经济特区地位的厦门片区，而该片区享有较一般性地方立法权效力更高的经济特区立法权，在遵循宪法规定以及法律和行政法规基本原则的前提下，可以对已有相关立法的具体规定作出相应变通。在"创新"和"变旧"方面，福建自贸区相比其他非自贸区地区，无疑具备了率先改善本区域内营商环境，实现经济领先增长的前提条件。而且，国务院印发各自贸区总体方案通知时，对自贸区提出了"形成可复制可推广的改革经验，发挥示范带动、服务全国的积极作用"的要求，客观上也鼓励自贸区将先行先试所涉及的事务范围、采用的方式和途径等加以总结并制度化，以利推广，而积极推进自贸区地方立法工作恰恰是制度化的重要手段，因此从立法角度而言，福建自贸区营造法治化营商环境具备可行性。

其次，就执法层面而言，由于狭义的"商业规制"传统上多指来自政府行政部门的监管、干预，因此，改善执法环节也是营造法治化营商环境的重中之重，其改进目标是在确保有效监管的前提下，以提升执法效率、规范统一度和透明度为重点，减轻企业负累。这就要求要注重监管方式转变，减少事前审批，倡

导事中事后监管、备案制,普及电子政务,加强监管信息共享和联合执法。综合运用这些措施,一方面,可以从总体上大幅缩减某些商业规制所涉及的市场主体数量,从以往的对合规市场主体也全面覆盖,改为重点监控、限制违法违规市场主体和行为;另一方面,对继续受到监管的企业而言,随着监管程序更简洁、监管主体更集中,其因重复提交相关材料、往返各执法部门和反复面对现场执法所耗费的时间、金钱成本也得以削减。监管实效得以确保的同时,企业也能更专注于发现市场机遇和生产创新,对保证市场的资源配置效率和孕育企业家精神无疑大有裨益。仅以外商投资"负面清单"一项措施为例,在2014 年 9 月 26 日举办的上海自贸区一周年新闻发布会上,上海市商务委负责人答《解放日报》记者问时就表示,上海自贸区外商投资"负面清单"运行一周年以来,新设外商投资企业数同比增加 10 倍。[①] 外商投资"负面清单"之外的领域,外商投资项目由核准制改为备案制,大量新设外资企业不必再面临准入前审批,由此带来了新设企业数井喷式的增长,充分显示优化行政执法环节、塑造法治化营商环境可能带来的巨大经济红利。此类改善行政执法的措施大体而言可以分为两类:一类是在现有法律框架内,通过对执法手段、方式的改进,提高执法效率,减轻企业负担(如监管信息共享、联合执法、电子政务、一表申请、一口受理等)。这些举措大多以单纯加强本地各部门间的协调为主,由于不存在法律风险、无须请求上级政府给予政策支持,因而是各地改善行政执法的首选项,但改进营商环境法治化水平的效果相对有限。另一类措施则需要突破现有法律规定,从实质上变更、优化执法内容,由于其涉及对执法对象、执法事项等的根本性调整,属于实质法治范畴,创新得宜的话,对营造地方法治化营商环境、促进经济增长将取得更为显著的成效,前文提到的外商投资管理体制由正面列举审批制转向"负面清单"制度即为一例。为顺利推进"负面清单"制度落地,上海市相关领导和国务院商务部进行了较长时间的准备布置,于 2013 年 8 月 30 日在全国人大常委会通过《关于授权国务院在中国(上海)自由贸易试验区等国务院决定的试验区内暂时停止实施有关法律规定的决定》,在上海自贸区内暂停实施《中外合作经营企业法》《中外合资经营企业法》《外资企业法》和《文物保护法》四部法律的相关规定后,才解决了正式实施该制度的合法性问题。这说明这类关乎执法内容的创新往往成本较高,需

---

① 郭晓萍:《自贸区"负面清单"运行 1 周年取得 3 大成效》,http://news. cnstock. com/news/sns_bwkx/201409/3193552. htm,下载日期:2016 年 3 月 25 日。

要以上级乃至中央政府的大力支持为前提,通过立法方式加以变革,贸然推出可能存在一定法律风险。这些高成本又反向决定了地方政府在构思此类创新时,必须以国内外运作较成熟的制度(如外商投资"负面清单"制度)为效仿对象或对此类创新的科学有效性详加论证,以避免实际运行效果背离预期。高成本和政府对待此类创新的谨慎态度,共同筑就了执法内容创新的高门槛,使大多数地方政府望而却步,但这恰恰是福建自贸区相对其他非自贸区地区的优势所在。作为自贸区之一,福建自贸区一方面在制度创新方面得到了中央"先行先试"的预授权,另一方面省内城市厦门作为经济特区又享有特区立法权,这些都说明福建自贸区从优化执法内容方面入手,进一步提升营商环境法治化水平是具有可行性的,用好这些优势条件就有可能实现对国内其他经济发达地区的赶超式发展。

再次,就司法(争端解决)层面而言,建设法治化营商环境则要求尊重当事人的意思自治,低成本、高效地做到定分止争、减少经济活动不确定性。这意味着一方面要加强法院的专业性,提高审案效率,另一方面在传统的诉讼途径之外,也要积极倡导、尝试非诉讼争端解决方式,尤其是带有准司法性质的仲裁。这是因为随着自贸区建设的推进,商事纠纷急剧增加,传统司法途径虽然以国家强制力为后盾,在争端处理结果的国内可执行性方面占优,但也面临诸多缺陷,至少体现为以下四点:第一,大多数法院中,法官处理的案件种类繁杂,接触的自贸区内商事类纠纷相对较少,就自贸区制度改革演变过程中新衍生出的一些商事纠纷,能否准确理解其争议本质,可能受到争议双方和外界的质疑;第二,诉讼的争议双方无法参与选定裁判者,可能会使外界产生对法官中立性、客观性的误解,败诉方可能以此为借口采取各种手段,阻碍判决结果的及时、充分执行;第三,判决结果的域外效力以存在双边司法协助协议条约或相关国际公约为前提,且由于诉讼判决出自一国的公权力机构,在他国的承认和执行可能因某些政治因素干扰,无法顺利进行;第四,诉讼过程由于程序正式,当诉讼一方刻意采用拖延战术时,往往耗时过长,成本较高,特别是考虑到自贸区内的商事纠纷往往可能涉及外方,在文书传达、取证方面可能耗时、耗费更多,而对寻求权利救济方而言,诉讼过程导致的时间延宕和资金沉淀可能导致其面临错失市场机遇、资金链断裂等恶果,身陷"迟来的正义并非正义"的窘境。采取自贸区内设立专门法庭处理相关商事纠纷的做法,虽然可以部分解决专业性问题,有助于提高相关国内商事纠纷的处理效率,但无法解决其他问题,特别是在处理国际商事纠纷时,更显得捉襟见肘,因此必须强调诉讼与仲裁等非诉讼争端解决方式相结合,尤其是需要法院配合,保障仲裁裁决的

可执行性和稳定性。仲裁具有下列比较优势：第一，从起源和发展历程来看，仲裁始终天然地具备国际性特征，常被用于解决商事领域内的跨国纠纷，具有裁决人员专业性强、市场和业界认可度高、与商业信用信誉联系紧密、解决争议迅速、争议双方负累低的内在优势；第二，伴随我国 1986 年 12 月加入了联合国 1958 年《承认和执行外国仲裁裁决的公约》(即《纽约公约》)，我国涉外仲裁机构的仲裁裁决的域外可执行性得到了进一步加强；第三，即便是对于那些未加入公约的国家，由于仲裁裁决相比法院判决民间属性更强，也更有可能免受政治因素干扰，在许多未加入公约国家境内得到承认和执行。

因此，仲裁与诉讼作为两大商事纠纷解决方式，彼此间是互补合作而非潜在竞争关系，在商事领域内推动普及仲裁意识，不仅不会阻碍营商环境法治化水平的提高，而且恰恰是营造法治化营商环境的重要手段。而就可行性而言，我国的确曾在较长时期内出现过涉外和国内两套仲裁制度并行，国内仲裁体系规定不一、高度行政化的现象，但随着全国人大常委会于 1994 年颁布了《中华人民共和国仲裁法》，除劳动争议和农业集体经济组织内部针对农业承包合同纠纷的仲裁外，国内和涉外仲裁在仲裁原则上得到了统一，均体现了民间仲裁、自愿仲裁、一裁终局的特点，符合国际通行做法，确保了仲裁方式的独特优势得以体现，使得自贸区内的商事纠纷无论是发生在国内市场主体间，还是具有涉外因素，都能得到公平一致的解决，这为各自贸区制定具体仲裁规则创造了良好的大前提。上海自贸区就于 2014 年 5 月 1 日正式实施了其自主制定的《中国(上海)自由贸易试验区仲裁规则》(简称《上海自贸区仲裁规则》)，并于 2016 年 3 月 3 日吸引了国内首家外国仲裁机构新加坡国际仲裁中心落户上海自贸区，获得了外界的广泛好评。上海自贸区的例子表明，地方通过倡导、尝试仲裁等非诉讼争端解决方式，实现争端解决方式的多样化，进而营造法治化营商环境是可行的。福建自贸区挂牌成立之前，省内就已有福州仲裁委员会、厦门仲裁委员会、泉州仲裁委员会等多家仲裁机构，且自贸区挂牌成立后，更是或通过依托原有仲裁机构，或通过专设相关机构，成立了多家旨在处理国际商事纠纷的专业仲裁机构，为推广运用仲裁提供了组织保障。

最后，就守法层面而言，为建成法治化营商环境，在加强立法环节法治化水平，具备"良法"的前提下，守法环节也是我们必须予以关注的重点。通过建立针对政府和市场主体双方的完备守法激励机制，促使行政执法和市场行为依法而为，才能保证有效贯彻立法成果，切实改变执法现状。

具体而言，针对政府执法，要建立相对集中的行政复议制度，在方便相对人申请行政复议的同时，行政复议机构相对原行政执法机关的独立性也得以加强,从而保证行政复议对执法部门的监督作用和复议结果的公信力。特别要注意的是,在实施负面清单制度后,针对不熟悉中国法律法规、在投资过程中可能与政府部门产生纠纷的外商,应建立专门的投资投诉协调处理机制,引导其通过我国国内的行政复议等渠道进行纠纷调解。

促使市场主体守法应一方面推动完善市场主体信用体系建设,通过增强市场主体违法违规信息对交易对手的透明度,引入公众和市场监督,使其"一处违法,处处受限",增加其违法成本;另一方面,在未建成覆盖全国的市场主体信用体系前,可通过在具体特定交易中推广运用公证制度,避免因事实不清或违约责任不明、诉讼迁延而诱发纠纷和违法行为。上述措施的共通点在于通过促成政府与行政相对人间相互监督、交易对手间相互监督、利用中介机构进行监督,改变以往单纯依靠政府各部门对市场主体进行单向、割裂的守法监督的现象,建成广泛的双向守法监督体系,使得违法违规方将承受相比过去更为沉重的代价,这将有利于预防政府不公平执法和市场主体恶意交易,使得合法合规经营成为市场主体的最优选择,有利于市场机制的顺利运行,有利于巩固经济发展基础。

具体考察福建自贸区实施上述举措的可行性时,实行相对集中行政复议的依据可见于国务院于 2010 年 10 月 10 日印发的《关于加强法治政府建设的意见》,其中明确提出"探索开展相对集中行政复议审理工作,进行行政复议委员会试点"的要求。具体实施时,只要做到相对集中于地方政府行政复议委员会的是行政复议审理权而非行政复议权,复议决定依然以受理行政复议申请的本级政府或上一级主管部门的名义作出,就能避开与现行《行政复议法》第 12 条相冲突的合法性问题。实践中,其他先行先试地区的良好成效也佐证了该制度的可行性。国务院法制办于 2008 年 8 月、2009 年 8 月分别在贵州和北京召开了行政复议委员会试点工作会议和行政复议委员会试点工作情况交流会,2008 年动员和部署复议委员会试点工作后,2009 年总结交流了试点工作情况和经验。截至 2011 年 11 月,试点单位已经扩大到 12 个省、自治区、直辖市的 95 个单位,此外还有未纳入试点范围的 7 个省、区、市的 13 个单位也自行组织开展了试点工作。[①] 以纳入首批试点范围的北京市石景山区为例,从案件统计情况来看,该区呈现出行政复议案件逐年增加(2008 年 12 件,

---

① 湛中乐:《论我国〈行政复议法〉修改的若干问题》,载《行政法学研究》2013 年第 1 期。

2009 年 18 件,2010 年 20 件),①从行政复议转向行政诉讼的案件逐渐减少的态势,表明更多行政相对人开始选择行政复议这一救济途径,该区范围内,行政复议正逐步转变为化解行政纠纷的主要渠道。福建省范围内,厦门市、南靖县以及其他 8 个县也早在 2011—2012 年间就以设立行政复议委员会等形式开展了相对集中行政复议制度的试点,印证了该制度在福建自贸区内具有可行性。

至于福建自贸区构建、完善市场主体信用体系的可行性方面,我国中央政府此前的一系列发文可作为依据。早在国务院办公厅于 2007 年 3 月 23 日印发的《关于社会信用体系建设的若干意见》(简称《国务院办公厅社会信用体系建设意见》)中就提道"针对我国市场经济秩序中存在的突出矛盾和问题,借鉴国际经验,进一步完善信贷、纳税、合同履约、产品质量的信用记录,推进行业信用建设",具体表现为"要依托'金税'、'金关'等管理系统,完善纳税人信用数据库,建立健全企业、个人偷逃骗税记录。要实行合同履约备案和重大合同鉴证制度,探索建立合同履约信用记录,依法打击合同欺诈行为。要依托'金质'管理系统,推动企业产品质量记录电子化,定期发布产品质量信息,加强产品质量信用分类管理",旨在"逐步建设和完善以组织机构代码和身份证号码等为基础的实名制信息共享平台体系,形成失信行为联合惩戒机制,真正使失信者'一处失信,寸步难行'"。其后,国务院于 2012 年出台了《征信业管理条例》,2014 年又根据《中华人民共和国国民经济和社会发展第十二个五年规划纲要》提出的"加快社会信用体系建设"的总体要求,由国务院发布了《关于印发社会信用体系建设规划纲要(2014—2020 年)的通知》,指出"完善社会信用体系,是深化国际合作与交往,树立国际品牌和声誉,降低对外交易成本,提升国家软实力和国际影响力的必要条件,是推动建立客观、公正、合理、平衡的国际信用评级体系,适应全球化新形势,驾驭全球化新格局的迫切要求",而作为社会信用体系重要构成部分的商务诚信建设则要关注生产、流通、金融、税务、价格、工程建设、政府采购、招标投标、交通运输、电子商务、统计、会展、广告等多领域内的信用建设以及企业诚信管理制度建设。上述文件足以表明,伴随经济增速下降和对信用体系重要性认识的加深,中央政府对建立、完善市场主体信用体系的态度已经从积极倡导地方先行先试,进一步转为督促地方限期执行,并就具体改革方向和措施进行了明确的提示。目前,鉴于该领域内《征

---

① 周宇星:《新时期的行政复议改革实践——石景山区行政复议改革试点研究》,载《科技视界》2014 年第 1 期。

信业管理条例》等基础性法规已出台,中央政府也明确表示支持,就市场主体信用体系建设进行改革的法律和政策风险已明显趋小,改革条件已经成熟,将成为未来各地政府陆续发力的重点,地方政府在该领域的落后不仅将影响到其政绩考核,而且将使本地在与国内其他区域竞争时落于劣势,影响未来经济增长。现阶段以福建自贸区内三个片区为抓手,在福建全省范围内构建、完善市场主体信用体系正当其时,具有可行性。

在推广运用公证制度保障交易安全方面,福建自贸区内的可行性因素主要表现为福建省内公证人才储备相对充足,相关部门和地方公证处注重产学研相结合,积极进行业务开发创新。以厦门市鹭江公证处为例,该处早在2007年1月即成立了金融业务部,系统介入金融行业的公证研究和实践;2012年7月6日召开公证云论证会,尝试开发以互联网手段和手机移动端为媒介的云公证技术,在此基础上于2012年12月成立了厦门法信公证云科技有限公司,2014年12月17日又与厦门大学合作设立了"公证法律与信息化研究中心",正式实现了产学研一体化。此后,依托法信公证云科技有限公司和公证法律与信息化研究中心,该处先后推出了公证云在线公证平台、电子数据公证保管平台、人民法院电子送达系统等核心产品,实现了在线办理出国留学、探亲旅游、商务劳务等方面公证事宜,对电话、图片、网页等证据进行在线保全等功能。① 这些地方上的优秀公证机构可以从服务方面有力保障厦门等自贸试验区片区内的商事活动交易安全。省级层面上,福建省公证协会等组织注重人才队伍的建设,如2015年11月16日至11月19日,该会就在福州市首次举办了涉外公证业务培训班,对来自全省公证机构的43名执业公证员就涉外公证核查实务、涉外公证相关法律法规、新定式公证书格式的规范使用等内容进行了培训,以更好地服务于福建自贸区对外开放;2016年2月25日至26日,在厦门召开了全省金融公证业务现场会。② 这些都说明在福建自贸区营造法治化营商环境的过程中,推广运用公证保障交易安全具有扎实的基础。

---

① 公证云:《核心产品》,https://www.egongzheng.com/aboutUs-products.htm,下载日期:2016年7月22日。

② 中国公证网:《福建省金融公证业务现场会在厦门召开》,http://www.chinanotary.org/content/2016-03/02/content_6506401.htm? node=78395,下载日期:2016年7月22日。

（二）实践层面

　　福建省与广东省同为我国沿海发达省份,在经济结构和地理环境等方面具有较大的相似性。广东省多年来的经济建设成绩表明,法治化营商环境对地方经济发展具有重大助推作用,从侧面印证了福建自贸区营造法治化营商环境的可行性。1980年深圳经济特区作为中国首个经济特区成立之初,时任中央领导人邓小平的寄语"中央没有钱,可以给些政策,你们自己去搞,杀出一条血路来"阐述了深圳经济发展初期的主要模式。在当时全国实施计划经济的总体条件下,中央允许在深圳经济特区内率先试行面向国际市场的"出口特区",同时为了推动和促进深圳特区市场经济的发展,在税收、引进外资和先进技术等方面,中央又给予了特区一定年限的特殊优惠经济政策,使深圳在全国范围内一跃成为"率先试行市场经济的特殊地区"和"享受特殊优惠经济政策的地区",加上原本毗邻香港特区的地缘优势,深圳成为全国瞩目的政策洼地,经济发展水平迅速提升。而时至今日,一方面,伴随全国范围内的大规模对外开放,香港特区作为连接祖国大陆与西方世界的转口贸易中心的作用日益式微,其他经济特区和沿海开放城市在进出口贸易方面与深圳的差距不断缩小;另一方面,20世纪90年代以来,主张在全国发展市场经济的条件下,要调整对经济特区的政策,以缩小地区差别的呼声日益高涨,税收减免相关优惠政策也成为逐步调整、取消的对象。2001年时任总理的朱镕基在答香港特区记者问时表示"现在特区已经不'特'了,已经没有什么特别优惠的政策了,全中国都是一样的",标志着深圳"享受特殊优惠经济政策的地区"身份已经终结。然而,在这两大初期增长动力消失后,深圳的经济发展水平不但没有一蹶不振,反而继续延续了良好的增长态势,2015年全市生产总值达17500亿元人民币,增长8.9%左右,明显高于全国平均增长水平,按当时的汇率计算,约合20636亿港元,追近香港特区,显示了2016年生产总值赶超香港的可能性。[①]近年来深圳房价屡创新高,也从侧面反映了外界看好深圳未来的经济发展潜力。这一切固然有基础设施建设、人才吸引政策等多方面因素的影响,但高水平的法治环境所起到的作用亦不容小视。深圳市投资推广署和零点研究咨询集团于2015年发布的《深圳市营商环境评估报告》作为深圳市的首份营商环境评估报告,在"专项评估"部分以政务政策环境评估、法治环境评估、经济与

---

　　① 毛丽娟:《深圳GDP破2万亿 追近香港谋建全国经济中心》,http://finance.takungpao.com/dujia/2016-01/3266798.html,下载日期:2016年7月22日。

市场环境评估为小标题向企业进行了调研,显示相较全国整体水平,深圳市各级政府职能部门的办事效率、办事流程的规范性已成为深圳政务政策环境的特色和优势,同时改革开放以来,深圳一共制定了 213 部地方性法规,成为全国地方立法最多的城市,[①]经济开放水平及市场准入难易程度方面深圳也保持了优势,这些都说明就法治化水平而言,深圳当地的商业规制处于先进地位,更有效地发挥了保障、促进而非限制当地中小企业发展的作用。

王利明教授认为:"法治社会中要尊重社会自治,预留社会自治的充分空间。"[②]以此观之,虽然伴随本地企业的法治化需求不断提高,现在的深圳在法律监管机制完备性、立法创新性等方面仍存在一定滞后,但法治社会的氛围已经十分浓厚,企业、个人等市场主体的自治意识强烈。截至 2014 年 9 月,深圳市涵盖社会服务、工商服务、职业及从业者组织、生态环境、法律等众多门类的各类社会组织总计已达 7852 家,[③]其中也包含许多行业协会类社会团体,在提供企业所需服务、促进行业发展、监督市场主体行为等领域表现活跃,从侧面补充完善了由国家、政府所主导的商业规制,优化了当地的营商环境。这种法治、自治的氛围进一步渗透影响到了民众个人,促进社区层面的基层民主自治,为营商环境法治化水平的进一步提高奠定了基础。于 2013 年、2015 年分别见诸报端的深圳海裕社区社会组织服务中心和蛇口深圳湾社区居民委员会就是两个典型例子,两者除保持了一贯的"去行政化",成员均由社区居民担任外,后者还通过街道办购买服务的方式,委托专业机构建立社区综合服务中心(具体包括"一平台两中心",即综合信息平台以及指一体化的行政服务中心和社区服务中心)实行社区治理和服务,实现社会团体自治和居民自治的有机结合。[④]深圳作为全国第一个经济特区和广东省内发展最迅猛的代表性城市,

---

① 零点研究咨询集团:《深圳市营商环境评估报告》(2014 年 12 月编制),http://wenku. baidu. com/link? url=hev6xv4ykwajptf86cgukoarjcehjttlovr5_q79qbwv2bodjtmzjyj1ijmocsy8zryyllL42wr-icf_jrydpxf3n_eltjz-qpqmckt_Iwq,下载日期:2016 年 4 月 6 日。

② 王利明:《人民的福祉是最高的法律》,北京大学出版社 2013 年版,第 66 页。

③ 盛佳婉:《深圳社会组织发展迅猛》,http://sztqb. sznews. com/html/2014-11/04/content_3050953. htm,下载日期:2016 年 7 月 22 日。

④ 相关新闻详见曹崧、邢丙银:《一个社区的自治探索》,http://sztqb. sznews. com/html/2013-10/30/content_2666756. htm,下载日期:2016 年 3 月 22 日;王慧琼:《蛇口深圳湾社区"一平台两中心"运营两年居民纷纷点赞》,http://news. eastday. com/eastday/13news/auto/news/china/u7ai4516923_K4. html,下载日期:2016 年 3 月 22 日。

其建设模式、经验也影响到了广东省内其他地市,使得广东省内较早普及了提升营商环境法治化程度的意识。

世界银行在 2008 年曾与中国社科院"中国城市竞争力"课题组合作推出《2008 年中国营商环境报告》,在全国范围内选取了省会城市和直辖市共计 30 个,根据开办企业、登记物权、获取信贷——设立和登记担保物权、强制执行合同四个环节耗费的时间和财务成本对其进行排名。深圳虽非省会城市并未入选,但通过考察广东省会广州,我们可以从另一个角度体察广东建设法治化营商环境的成效,广州在这四项指标上分列第 3 位、第 2 位、第 3 位、第 1 位,①可谓成绩突出。伴随后危机时代出口受阻等经济发展困局,2008 年后广东省更加注重通过营造法治化营商环境打造替代优势。2012 年广东省委、省政府制定公布了《建设法治化国际化营商环境五年行动计划》,自此"法治化营商环境"的概念开始正式进入广东省内相关文件。相关数据库中的查询结果也与这一事实相呼应:笔者于 2016 年 7 月 22 日在 CNKI 数据库中选取"文献"类数据,以"法治化营商环境"为主题词,将查询条件设置为"精确"后,根据查询结果可知中文期刊、报纸等媒介方面,"法治化营商环境"这一概念最早见诸 2012 年 7 月 13 日《惠州日报》所载的报道《进一步加快改革创新 营造国际化法治化营商环境》中,同时 2012 年全年以该概念为主题词的 7 篇文献除一篇载于《人民法院报》外(题为《广东高院护航法治化营商环境建设》),其他文献全部载于广东省内报刊。其后 2013—2015 年间发表的相关报刊报道和期刊论文中,来自广东省内的文献也占据了相当大比重,可以说"法治化营商环境"正是广东省多年经济建设经验理论化后提出的概念。近年来面对全球经济下行、全国经济增长减速的大背景,广东省内深圳、广州等发达地市依然保持经济高速增长,这一事实本身已经验证了地方率先营造法治化营商环境的可行性。

在 2014 年夏季达沃斯论坛开幕式上,李克强总理在答记者问时表示,"上海自贸区是改革高地,不是政策洼地"②。这一要求今日看来对全国所有自贸区均适用,伴随竞争中立原则、国民待遇原则的日益普及,税收减免等特殊优惠政策的正当性将日益受到质疑。放弃以特殊优惠政策招商引资促进本地经

---

① 世界银行集团:《2008 中国营商环境报告》,社会科学文献出版社 2008 年版,第 40~41 页。

② 新华网:《李克强:上海自贸区是改革高地,不是政策洼地》,http://news.xinhuanet.com/fortune/2014-09/10/c_126972387.htm,下载日期:2016 年 7 月 22 日。

福建自贸区重大法律问题研究

厦门大学法学院经济法学文库

济发展的老路后,长期看来,厉行法治、改善本地营商环境,做到商业规制规范、高效,将是各大自贸区的唯一选择,先行者将在吸引国内外优质企业、做大做强本地中小企业等方面占据先发优势。

当我们重新聚焦于福建自贸区时,可以发现,无论是就整体还是局部而言,福建自贸区都具备了营造法治化营商环境的现实基础,可行性较强:一方面,根据通行观点,某地区的经济发展水平和市场经济发育程度越高,其对法治的需求也就越强烈,其内在逻辑大致为市场经济造就公民社会,而伴随公民社会而来的则是不断增强的自治能力和愿望,以及严格界定、限制国家权力的呼声,要求政府在职能方面由管理型向服务型转变,[①]这恰好与营造法治化营商环境的实质相吻合。就整体而言,福建省自改革开放以来不仅保持了较快的经济增速,而且省内不同地市间发展水平也相对均衡,在全省范围内存在对法治的较强需求,营造法治化营商环境有着扎实的社会基础——福建省不但于 2014 年首次突破了人均 GDP10000 美元的重要目标,接近中等发达国家水平,且通过表 4-2 所载 2015 年两省各地市人均 GDP 可知,相比广东省,福建省内厦门、福州等发达地市与其他地区间的经济差距更小,省内各地市间对法治的需求强度更为接近。

表 4-2

排名	城市	GDP 总量 (亿元)	常住人口 (万人)	人均 GDP(元)
1	深圳	17502.99	1077.89	162381.97
2	广州	18100.41	1308.05	138377.05
3	珠海	2024.98	161.42	125447.90
4	佛山	8003.92	735.06	108887.98
5	中山	3010.03	319.27	94278.51
6	厦门	3466.01	381.00	90971.39
7	福州	5618.10	743.00	75613.73
8	东莞	6275.06	834.31	75212.57
9	泉州	6137.74	844.00	72722.04
福建		**25979.82**	**3806.00**	**68260.17**
10	三明	1713.05	251.00	68249.00

① 伍俊斌:《市场经济视野下公民社会的发展》,载《重庆社会科学》2010 年第 3 期。

续表

排名	城市	GDP 总量 （亿元）	常住人口 （万人）	人均 GDP（元）
	广东	**72812.55**	**10724.00**	**67896.82**
11	龙岩	1738.45	259.00	67121.62
12	惠州	3140.03	472.66	66433.17
13	莆田	1655.16	285.00	58075.79
14	漳州	2767.45	496.00	55795.36
15	宁德	1487.65	285.00	52198.25
16	南平	1339.51	262.00	51126.34
17	阳江	1250.01	249.95	50010.40
18	江门	2240.02	451.14	49652.44
	全国	**676708.00**	**136782**	**49473.47**
19	肇庆	1970.01	403.58	48813.37
20	茂名	2445.63	604.90	40430.32
21	韶关	1149.98	290.89	39533.16
22	清远	1284.99	381.91	33646.41
23	汕头	1850.01	552.37	33492.22
24	潮州	910.09	272.04	33454.27
25	湛江	2380.02	721.24	32999.00
26	揭阳	1890.01	603.54	31315.41
27	云浮	710.07	244.46	29046.47
28	河源	810.08	306.32	26445.55
29	汕尾	760.06	300.66	25279.72
30	梅州	955.09	432.33	22091.69

说明：2015 年福建、广东省内各地市人均 GDP 排名表，灰底高亮标出的为福建省内地市，加粗标出的为福建省全省、广东省全省和全国人均 GDP 数据

另一方面，就局部来看，以厦门市为例，该市多年来经济增速稳定，且与深圳存在诸多共性，具备在该市率先打造高标准法治化营商环境的可行性。例如同为经济特区，两市均享有经济特区立法权，同样毗邻港台，对外开放程度高，且都具备便捷的交通运输条件——厦门港年进出口货物吞吐量居于全国前列，厦门机场于 2014 年首次达到年旅客吞吐量 2000 万人次后，也跃居全国

十大机场之列。[1] 厦门既具备营造法治化营商环境的有利立法前提,也具有放大改革效果的完善基础设施条件,适宜以该市作为先驱,在福建省内发挥类似深圳对广东省的示范拉动作用,先行试验、孕育成熟营造法治化营商环境的具体举措,将其立法化、制度化后,推广至全省。

第二节　福建自贸区当前法治化营商环境状况和存在问题

一、福建自贸区当前法治化营商环境状况

福建省作为东南沿海省份,毗邻台湾地区,港口资源丰富,省内有全国首批四个经济特区之一的厦门,而泉州则是联合国教科文组织所承认的海上丝绸之路起点,无论是从地域优势还是历史传统角度而言,福建均具有商业往来、对外开放的巨大潜力,改革开放至今,在经济建设领域亦成绩突出。即便面临全球市场需求萎缩、国内经济下行压力增大的现状,福建省近年来也保持了较快经济增长,2014 年、2015 年全年地区生产总值分别达 24056 亿元、25979.82 亿元,经济增速分别为 9.9%、9.0%,全省人均 GDP 亦于 2014 年首次突破 10000 美元,[2]三项指标均居全国前列,标志就经济发展程度而言,福建已接近中等发达国家水平。福建省所取得的上述经济发展成果,既得益于省内以往良好的营商环境,也对进一步优化营商环境、提高其法治化水平提出了更高要求。早在 2008 年,根据世界银行和中国社科院对全国范围内 30 个省会城市和直辖市的营商环境指标调查排名,福建省的参评城市——福州就成绩斐然,四项指标中"获得信贷—设立和登记担保物权""登记物权"两项尤

---

[1]　杨伏山:《厦门机场年旅客吞吐量突破 2000 万跻身特大型机场》,http://news.xinhuanet.com/air/2014-12/09/c_127290291.htm,下载日期:2016 年 7 月 22 日。

[2]　新华网:《福建等八省份 2014 年人均 GDP 突破万美元》,http://www.fj.xinhuanet.com/news/2015-01/28/c_1114162613.htm,下载日期:2016 年 7 月 22 日。

其令人瞩目,分别位列第 1 位和第 3 位,①相关行政执法的高效确保了能相对有效地满足本地企业的融资需求和不动产交易需求,为企业生产扩张提供保障,在很大程度上助推了福建省经济的快速发展。在李克强总理提出"大众创业,万众创新"的口号后,蓬勃发展的福建民营经济力量所表现出的对地方发展的巨大推动作用,也促使政府更多关注其需求,不断优化行政执法和行政服务,福建自贸试验区厦门片区首创企业注册"三证合一,一照一码"登记制度并经国务院倡导在全国范围内推广即为一例。

尽管福建具有国内相对较好的营商环境基础,但随着中央领导人提出覆盖上海、福建、广东、浙江、海南 5 省市的"一带一路"发展战略,建立涵盖泉州、厦门、福州三个港口的 21 世纪海上丝绸之路,可以预想,未来福建省内的营商环境将面临国际化、开放性方面的更高要求,营造法治化营商环境,尤其是推动福建自贸区内法律法规、仲裁规则、商业惯例等在内容上与国际接轨,建立社会广泛参与、信息公开透明的市场自发运行模式,将变得越来越重要。因此,根据公开资料,下文将从立法、执法、司法(纠纷解决)、守法激励四方面归纳总结福建自贸区自成立以来采取的种种营造法治化营商环境举措,以发现相对薄弱之处,为下文提高自贸区营商环境法治化水平的有关论述奠定基础。

(一)立法方面

在 2015 年 4 月 21 日福建自贸区正式挂牌成立前,福建省政府积极进行了立法方面的准备工作。福建省人民代表大会常务委员会于 2015 年 3 月 31 日通过了《关于在中国(福建)自由贸易试验区暂时调整实施本省有关地方性法规规定的决定》,暂时停止实施《福建省实施〈中华人民共和国台湾同胞投资保护法〉办法》中有关行政审批的规定;2015 年 4 月 20 日,福建省人民政府一并印发了《福建自贸区管理办法》、《中国(福建)自由贸易试验区管理委员会规范性文件法律审查规则》和《中国(福建)自由贸易试验区相对集中行政复议权实施办法》(简称《福建自贸区相对集中行政复议权实施办法》),在确定福建自贸区管理体制和改革重点的同时,强化了对各级政府部门、行政单位的执法监督,为营造自贸区内的法治氛围奠定了基础。2016 年 4 月 1 日,福建省第十二届人大常委会第二十二次会议表决通过的《福建自贸区条例》结合自贸区设立以来所取得的改革成效,以事后追认的形式确认了许多制度创新在自贸区内的合法性和长期有效性,有利于企业和个人形成稳定预期。地方立法方面,

---

① 世界银行集团:《2008 中国营商环境报告》,社会科学文献出版社 2008 年版,第 40~41 页。

以厦门市为例,自贸片区成立一年来,该市积极运用经济特区立法权,通过了一系列地方性法规和地方政府规章,典型代表如《厦门经济特区商事登记条例》(厦门市人大常委会于 2013 年 12 月 27 日通过)及其实施细则《厦门市商事主体登记备案办法》《厦门市商事主体登记及信用信息公示办法》《厦门市商事主体经营场所备案及监管若干规定》(均由厦门市政府办公厅于 2013 年 12 月 30 日印发),为在该市范围内建立健全市场主体信用体系奠定了法律基础。

(二)执法方面

行政执法是福建自贸区改革过程中的亮点,从自贸区成立前厦门市在全国范围内率先响应国务院号召,落地实施"三证合一""一照一号",到福建自贸区成立后 2015 年入选四大贸易区八个"最佳实践案例"的国际贸易"单一窗口"和投资管理体制改革"四个一"方案,均为行政执法方面的改革举措。国际贸易"单一窗口"和投资管理体制改革"四个一"方案分别旨在实现国际贸易领域内"一个平台、一个界面、一点接入、一次申报"办理各项业务,和投资建设项目领域内所有行政审批细分为四阶段,做到每一阶段"一表申请、一口受理、并联审查、一章审批",两者均取得了良好的改革成效:实施国际贸易"单一窗口"后,企业进出口货物申报时间从 4 个小时缩短至 5 至 10 分钟,船舶检验检疫申报时间由 50 分钟缩短至 5 分钟,一般货物贸易出口全流程时间从 16 天(世界银行评估的中国货物贸易全流程时间)缩短至 8 天,船舶进境时间由 36 小时缩短至 2.5 小时,出境时间由 36 小时缩短至 1 小时;而实施投资管理体制改革"四个一"后,截至 2015 年 9 月 30 日,平潭片区共有 42 个投资建设项目适用"四个一"模式,共出具《综合审批决定书》113 份,社会投资建设项目的审批办理时限压缩到 93 个工作日以内,整体行政效能提高近 3 倍。即使与其他自贸区相比,在上述两个领域内的部分具体指标上,福建自贸区也显示出一定优势:例如,相比同样以国际贸易"单一窗口"入选最佳实践案例的上海自贸区,在货物通关环节,福建自贸区经过改革,将原本分别报关、报检所需的 149 项数据整合减少为 96 项,相比上海自贸区在该环节所需的 103 项,精简力度更大。[①]

此外,就涉台行政执法、服务,福建自贸区也取得了许多成绩,其中比较显

---

① 相关数据详见商务部 2015 年 11 月 30 日印发的《自由贸易试验区"最佳实践案例"》,http://wzs. mofcom. gov. cn/article/n/201512/20151201210390. shtml,下载日期:2016 年 7 月 22 日。

著的有三处：2015年11月正式落地实施了"两岸检验检疫电子证书互换互查"，此后台湾地区进口货物报检时，企业可免于提交证书物理件，检验检疫电子证书从台湾地区一经签发即可通过双边架构的信息化通道实时传输，福建检验检疫局可在货物到港前提前获取对方证书信息进行查询核对，并根据证书信息提前受理企业报检、安排货物检验检疫事宜，而不必等待传统纸质证书，大大提高了证书传递速度和货物通关速度，方便两岸货物进出口；2015年12月国家工商总局与福建省政府发布了《关于发布中国（福建）自由贸易试验区台湾居民个体工商户营业范围的公告》，允许台湾地区居民在福建自贸试验区注册登记为个体工商户，无须经过外资备案（不包括特许经营），从事129个行业的经营活动，对台湾地区居民区别于外国投资者，进一步放松监管限制；2016年1月，福建省商务厅和台湾地区关贸网路股份有限公司在福州签署了《闽台口岸信息互联互通合作协议书》，根据协议，双方将围绕福建省国际贸易"单一窗口"与台湾地区国际贸易"单一窗口"两个平台的互联互通，开展闽台口岸合作，合作初期将就两岸货物通关状态信息、两岸海运快件通关数据交换与预录入服务、台湾地区出口商品的产地证明、检验检疫证明资料与相关验证需求核查、入闽台车的保险状态查核等方面进行协作，逐步推动实现闽台企业诚信经营情况、通关状态、货物检疫检验认证以及港口物流、货柜动态等数据的交换共享，使闽台通关速度更快、成本更低、操作更便利。营造法治化营商环境对行政执法提出了提升执法效率，规范统一度、透明度，从而减轻企业负累的法治化要求，上述改革举措通过加强部门协调、简化手续，实现了对行政执法的法治化要求，符合从"管理型政府"向"服务型"政府转型的发展趋势，为鼓励新设企业、推动外贸进出口总量增长、促进闽台两地商贸往来发挥了重要作用，是福建省现阶段良好营商环境的重要体现。

（三）司法（争端解决）方面

目前福建自贸区所做工作可分为三类。

其一，专设自贸区法庭，集中处理自贸区案件。通过专设自贸区法庭，抽调具有相应专业特长的法官，对诉讼主体、法律事实、诉讼标的涉自由贸易试验区特定片区的一审商事案件、房地产案件、知识产权民事纠纷案件，包括涉外和涉港澳台案件进行归口审理、专项审判，以避免因处理其他类型繁杂案件不必要地分散了法官精力，增加给定期限内法官接触的涉自贸区案件的绝对数量，迅速提升其审理水平，在一定程度上弥补法院在此类案件上的专业性短板。

省内首个自贸区法庭是经福建省高级人民法院批准，于2015年8月7日挂牌成立的厦门市湖里区人民法院自由贸易区法庭。该庭推行"主审法官＋法官助理＋书记员"的团队办案模式,坚持"让审理者裁判,由裁判者负责"的原则,完善主审法官、合议庭办案责任制,健全审判管理监督机制,推动建立权责明晰、权责统一、监督有序、配套齐全的审判权运行机制。同时该庭还计划强化与高校、科研机构等的联系互动,聘请专家学者组成自贸试验区司法服务保障顾问小组;与厦门大学台湾研究院共建台湾地区法律查明研究中心,探索解决"外国法查明难"问题;改革陪审员工作机制,建立投资等专业陪审员队伍。与之对应,厦门市中级人民法院亦下设了自由贸易区案件审判庭。

随后成立的是 2015 年 12 月 19 日正式挂牌的福州市马尾区法院自由贸易区法庭。作为全省第二个自贸区法庭,马尾法院自贸区法庭着力构建以涉自贸试验区专业审判为中心,结合多元纠纷化解、法律实务研讨、两岸司法交流、法律风险预警等多项实用功能的"一专多能"审判机制,为自贸试验区提供直通式司法服务,并在未来加强与工商联、台办、侨联、保险、金融等部门的沟通合作,将商事调解组织、行业协会、商会等专业调解机构引入自贸区法庭。

其二,成立专门的商事仲裁和调解机构,完善多元化纠纷解决机制。从2015 年 6 月至 12 月,短短半年间,三个片区内相继成立专门性的商事仲裁、调解机构,就涉外、涉台商事纠纷建立了比较完备的多元化纠纷解决机制,有利于充分发挥以仲裁为主的替代式纠纷解决机制的作用。

就创新之处而言,2015 年 6 月 6 日在厦门仲裁委员会下挂牌成立了国际商事仲裁院和厦门市仲裁委员会国际商事调解中心,该仲裁委员会计划成为全国首家取消事业单位身份的法院仲裁服务机构,建立市场化运作的法人治理机构,形成决策、执行、监督三者间有效制衡的治理机制。早前设立的天津国际商事仲裁机构仅具备仲裁功能,与之相比,厦门国际商事仲裁院和厦门国际商事调解中心通过共同运作,计划成为集仲裁、调解、专家评审、中立评估等于一身的多元化纠纷解决服务平台。同时,厦门国际商事仲裁机构的专业指导委员会均预留了一定比例的成员名额给境外人士,仲裁员名册和调解员选聘也完全对境外人士开放,并加大与台湾调解组织的合作和共建。

2015 年 8 月 21 日揭牌成立的福州仲裁委员会国际商事仲裁院则计划突出对台特色,打造四大服务平台,即多元化的商事纠纷解决服务平台(创新自贸试验区商事仲裁机制,努力探索"互联网＋"纠纷解决新模式,进一步完善"在线仲裁"服务机制,为自贸试验区内市场主体提供零距离的仲裁咨询、立案、开庭、调解等一体化、多元化的商事纠纷解决服务平台,实现片区内商事纠纷解决不出区);市场化的商事纠纷解决服务平台(逐步引入市场化运作机制,加大仲裁法律制度宣传,使自贸试验区各类市场主体了解仲裁,提供有针对性、个性化的高效、公正的仲裁法律服务);国际化的商事纠纷解决服务平台(借鉴国际经验,积极探索仲裁员名册的开放化、国际化,不断完善涉外仲裁的现代化规则,加强与国际知名商事仲裁机构的交流合作);两岸经贸合作争端友好解决的服务平台(在推动实施《海峡两岸投资保护和促进协议》方面深入探索,聘请更多的台、港、澳籍法律、经贸专家担任仲裁员参与仲裁工作,加大与港、澳、台地区仲裁机构的合作力度,为两岸经贸合作争端提供商事仲裁法律服务)。

2015 年 12 月 29 日由中国贸促会组织在平潭成立的海峡两岸仲裁中心,则是大陆首家专门设立、主要服务于两岸企业解决经济纠纷的仲裁机构,其《仲裁规则》参考了两岸仲裁相关规定及实践做法,更有利于解决两岸经贸争议;其《仲裁员名册》吸纳了大陆及港、澳、台地区的仲裁法律界 200 多名知名人士,方便当事人选择两岸四地仲裁员审理案件;地处平潭综合实验区,地理位置上距离台湾地区较近,也便于就近为当事人提供独立公正高效的仲裁服务。此外,2015 年 12 月 29 日当天还揭牌成立中国国际经济贸易仲裁委员会福建分会、中国海事仲裁委员会福建分会、贸仲委和海仲委福建自贸试验区仲裁中心、21 世纪海上丝绸之路商务理事会福建联络办公室,这些都为在福建自贸区全境范围内推广运用仲裁奠定了相应基础。

其三,及时总结经验成果,通过发文、立法将纠纷解决机制方面的改革经验予以制度化。以厦门片区为例,在自贸区法院工作方面,厦门市中院于 2015 年 12 月 29 日对外发布了《自由贸易区案件审判工作指导意见(试行)》和《关于涉自由贸易区民商事案件集中管辖的实施办法(试行)》两个规范文件,前者共 4 章 22 条,从审判工作基本原则、审判机制、多元化纠纷解决机制、审判延伸工作机制等四个方面,对自贸区案件审判工作提出具体要求,后者共 8 条,对涉厦门自贸片区案件的认定、实行集中管辖的范围、管辖出现冲突时的解决办法、两级法院受理一审涉自贸区案件的诉讼标的额等内容进行了规定。

在多元化纠纷解决机制方面,2015 年 4 月 1 日厦门市人大常委会通过了《厦门经济特区多元化纠纷解决机制促进条例》,使该市成为全国最早对多元化纠纷解决机制进行地方立法的城市。《厦门经济特区多元化纠纷解决机制促进条例》从纠纷解决途径、纠纷解决程序衔接、纠纷解决组织建设、纠纷解决保障措施、考核监督等方面就建立健全该市的多元化纠纷解决机制提出了较为具体详细的要求。

争端解决方面,福建自贸区所做的三类工作中,前两类属于机构设置类工作,起手段作用。机构设置后实践中具体如何运行、如何总结相关实践经验,并为日后在全省范围内推广先进经验、统一实践标准奠定基础,是福建自贸区在这方面应当探索解决的根本性问题,这要求其将第三类工作作为工作重心,重点关注未来就如何通过立法、发文将纠纷解决机制方面的改革经验予以制度化。

(四)守法激励方面

1.相对集中行政复议

福建自贸区正式挂牌成立前,省人民政府第三十七次常务会议于2015年2月15日已经通过《福建自贸区相对集中行政复议权实施办法》,规定在自贸区全区范围内,公民、法人或其他组织以及境外投资者对福建自贸区福州、厦门、平潭片区管理委员会(简称片区管理委员会)及下设职能部门实施的具体行政行为不服申请行政复议的,实施相对集中行政复议。根据该办法,福建自贸区福州、厦门、平潭片区内的行政复议案件,除涉及海关、金融、国税、外汇管理等实行国家垂直领导的行政机关和国家安全机关外,片区管理委员会可根据各自职责分工,统一行使行政复议权,不得委托其他行政机关行使行政复议权,省人民政府、福州市人民政府、厦门市人民政府相关职能部门不再履行对自贸区行政复议案件的管辖权。而对平潭片区管理委员会作出的具体行政行为不服申请行政复议的,由省人民政府行使受理、审理和作出行政复议决定的职权;公民、法人或者其他组织对福州、厦门片区管理委员会作出的具体行政行为不服申请行政复议的,分别由福州、厦门市人民政府行使受理、审理和作出行政复议决定的职权。在方便行政相对人寻求救济的同时,实现了行政复议机关与原行政行为作出机关间的相对独立,有利于保障行政复议结果的公信力,加强行政复议对行政执法部门的监督作用。

2.市场主体信用体系

根据我国实践,现阶段我国的市场主体信用体系主要表现为依托于企业信用信息公示平台的企业年度报告公示、行政处罚信息公示、经营异常信息公示、严重违法信息公示、司法协助信息公示等制度。国务院于2014年7月24日审议通过的《企业信息公示暂行条例》,连同国家工商行政管理总局此后于2014年8月19日据此制定下发的《企业经营异常名录管理暂行办法》《企业公示信息抽查暂行办法》《个体工商户年度报告暂行办法》《农民专业合作社年度报告公示暂行办法》《工商行政管理行政处罚信息公示暂行规定》这五部实施细则,是自2014年10月1日起在全国范围内建立上述市场主体信用体系

的法律依据。福建省内,省、市两级层面亦进行了相应的细化立法工作,在全省范围内具体推动落实市场主体信用体系建设工作。

具体而言,省级层面相关立法内容包含:2014 年 9 月 23 日《福建省工商局关于印发市场主体年度报告公示制度试行意见的通知》中,"个体工商户可以选择通过信用信息公示平台申报年度报告并公示;也可以向其登记所在地工商部门(或委托的工商所)书面申报年度报告,并由工商部门(或委托的工商所)自收到书面年度报告起 10 个工作日内通过信用信息公示平台公示'已报送年度报告',不公示年报具体内容","个体工商户决定公示年报信息的,应当自行通过信用信息公示平台报送年度报告并公示","公民、法人和其他组织可以通过福建省工商系统市场主体信用信息公示平台查询市场主体主动公示的年度报告信息";2014 年 12 月 22 日《福建省工商局关于印发〈福建省工商系统企业经营异常名录管理实施办法(试行)〉的通知》第 1 条规定"为加强企业信用约束,促进企业诚信自律,规范福建省企业经营异常名录管理,根据《中华人民共和国公司登记管理条例》《企业信息公示暂行条例》《企业经营异常名录管理暂行办法》《国务院关于促进市场公平竞争维护市场正常秩序的若干意见》和《福建省人民政府关于推进工商登记制度改革实施方案》等有关规定,制定本办法";第 4 条规定"……(四)同意列入企业经营异常名录的,工商部门应及时制作《列入经营异常名录决定书》,并通过福建工商一体化平台(以下简称一体化平台)录入和上传企业经营异常名录相关信息。《决定书》应当包括企业名称、注册号、列入日期、列入事由、作出决定机关。(五)信息公示。工商部门通过福建省工商系统市场主体信用信息公示平台(以下简称公示平台)向社会公示企业经营异常名录情况";第 11 条规定"企业被列入经营异常名录满三年仍未履行公示义务的,由国家工商总局或省工商局将其列入严重违法企业名单,并通过公示平台向社会公示。严重违法企业名单管理办法另行制定";第 12 条规定"省工商局通过公示平台向社会公示企业被列入、被移出经营异常名录情况。公示平台'公告栏'向社会公示被列入、被移出经营异常名录的企业名单,公示平台'查询栏'向社会提供被列入、被移出经营异常名录的企业详细信息查询";第 13 条规定"对被列入经营异常名录的企业,工商部门应通过一体化平台、公示平台、工商红盾网等载体进行警示,提醒其及时履行相关义务,同时根据不同情形在'守合同重信用'企业公示、'福建省著名商标'认定以及报送'驰名商标'认定等活动中对其予以限制或者禁入";第 14 条规定"工商部门应积极推动同级政府及有关部门建立企业信用约束部门联动机制,对被列入经营异常名录或者严重违法企业名单的企业,在政府采购、工程招投标、国有土地出让、授予荣誉称号等工作中依法予以限制或者禁入";2015年4月2日《福建省工商局关于印发促进中国（福建）自由贸易试验区市场公平竞争工作暂行办法的通知》第13条规定"建立健全处罚信息管理、使用和共享机制，依托市场主体信用信息公示平台，按照'一处受罚、处处受限'的原则，对因不公平竞争行为受到行政处罚的经营者实行联合惩戒";2015年5月12日《中国（福建）自由贸易试验区监管信息共享管理试行办法》第9条规定"省市相关政府部门、驻自贸试验区机构、管委会应当及时主动提供信息，各单位相关业务信息系统（平台）应当对接共享平台，参与信息交换和共享。共享平台应与省、市公共信用信息平台实现互联互通、对接共享"。市级层面相关立法，以厦门为例包括：2013年12月30日，厦门市人民代表大会常务委员会《厦门经济特区商事登记条例》全文；2013年12月30日《厦门市人民政府办公厅关于印发厦门市商事主体登记备案办法的通知》第36条规定"商事登记机关应当通过商事主体登记及信用信息公示平台公示商事主体的登记事项信息。商事登记机关对商事主体应当备案事项和可以备案事项信息，除涉及国家秘密、商业秘密或者个人隐私外，通过商事主体登记及信用信息公示平台予以公示。利害关系人可以向商事登记机关申请查询商事主体的备案信息"。

在相关法律法规基础上，国家层面组织连接了各省工商系统市场主体信用信息公示平台，建立了"全国企业信用信息公示系统"[①]，作为具体实施上述各制度的基础设施，其中亦包含了子系统"全国企业信用信息公示系统（福建）"[②]。福建省自身亦建立了"福建省工商系统市场主体信用信息公示平台"[③]，除可查询到上述全国企业信用信息公示系统福建省子系统所载有的福建省市场主体信用信息外，还提供了更广义层面上的其他信用信息（工商部门抽查信息、中直和省直部门公示信息、简易注销公示）的查询功能，并允许福建省内企业借助该平台进行市场主体年度报告和其他信息的网上申报。福建省内部分地市也开设了独立的市级市场主体信用信息公示平台。以厦门市的"厦门市商事主体登记及信用信息公示平台"[④]为例，为方便查询厦门片区内企业信用信息，该平台在其首页右侧单独划分出了"自贸区商事主体信用平台"，查询结果划分为"政府部门公示"和"商事主体自主公示"两部分，划分清

---

① http://gsxt.saic.gov.cn/.

② http://wsgs.fjaic.gov.cn/creditpub/etpsInfo/toQueryExcept.

③ http://wsgs.fjaic.gov.cn/creditpub/.

④ www.xiamencredit.gov.cn.

晰,一目了然,并实现了与市信息平台数据的实时更新,截至 2015 年 10 月,共收录了自贸区内 13120 家商事主体的信息,1200 家商事主体被收入经营异常名录;且该平台除查询信用信息和线上办理商事登记相关事项之外,还具备针对行政处罚信息设计的"部门信息归集共享"等功能;市场主体还可以通过首页左下角"投诉举报"栏直接就该平台上的公示信息提出异议或举报其不实,实现了集查询、办事、部门信息共享、异议及举报等各种功能于一身的较完善功能设计。厦门市依托该平台重点实施、完善了商事主体年度报告公示制度、经营异常名录制度、商事主体年报公示信息抽查制度,截至 2015 年 10 月该市共有 35 万家企业主体上网公示,企业年报公示率达 93.3%(厦门片区企业年报公示率 97.43%)。①因此,可以说福建省内已经初步形成了包含国家、省、市三级的企业信用信息公示平台体系,可以就省内企业信用信息提供比较权威、全面的查询结果。

3.公证

2016 年 1 月 5 日,福建省司法厅与福建省高院、福建省金融办、人行福州中心支行、福建银监局联合下发了《关于为我省金融改革创新、防范金融风险提供公证法律服务的指导意见》,大力拓展金融公证业务,明确了常见金融公证业务的内容和功用,以及全省各级相关部门在发展当地金融公证业务过程中的职责分工。具体而言,业务大致包括了对金融合同进行公证,在审查、证明过程中确保合同内容合法、具体、明确,保证合同主体自愿、平等,同时通过预警违约成本,提高合同各方主体履约意识,发挥纠纷预防作用;向各类金融机构提供赋予债权文书强制执行效力的公证服务,降低诉讼成本,使金融债权人得以迅速实现其债权,加快资金周转,降低信贷资金风险;进行签名、印鉴公证,为金融主体从事金融活动提供便利,降低交易成本;准确提供证书、资质公证服务,协助构建征信体系;完善保全证据公证服务,依法锁定交易证据;依法办理公证抵押登记服务,赋予抵押权以相应的法律效力;开拓提存公证服务,满足金融债权双方对资金交易的履约和安全需求等。而全省各级相关部门的职责分工则体现为司法行政机关加强业务监督和指导,人民法院审理和执行金融案件时依法认定公证的证据效力和强制执行效力,金融办(局)和中央驻闽金融管理部门引导各银行业金融机构积极通过公证手段防范风险。

---

① 厦门市人民政府:《中国(福建)自由贸易试验区厦门片区工作情况的汇报》,2015年 10 月,第 5 页。

这份指导意见并不具有严格意义上的法定约束力,并未对金融合同双方设定必须办理公证的义务,而是提供了一个可选项,由金融合同双方视需要,按照自愿原则,向有关公证机构提出办证申请,但其一方面为全省范围内金融公证业务的发展内容和方向奠定了框架,下属各地司法行政机关和公证机构通过对照,可以发现本地金融业务方面的短板,做到针对性改进,有利于全省范围内公证业务种类的完善和统一;另一方面,其有关加强部门间的合作、共同构建防范金融风险机制的内容有利于此前联系较少的各部门间形成协调、联动机制,也为未来联合执法和共建社会信用体系奠定了基础,尤其是建立金融公证电子信息系统和公证信用信息数据库这一举措,如实施顺利,将为促使企业合规经营、维护市场交易秩序提供有力保障。

此外,在推动更广泛运用公证服务方面,福建省此前在 2015 年还取得了两个比较突出的成果。首先,由省司法厅部署开展了公证机构窗口规范化建设活动,全省各公证机构按照《福建省公证机构形象导视识别系统手册》要求,统一服务标识,统一办公场所功能布局,规范执业着装、文明礼仪,完善窗口便民服务设施,进一步优化了公证服务环境。截至 2015 年 7 月,全省有 69 家公证处完成了窗口统一标识标牌建设,[①]并积极推进行业规范性指导意见出台,建立了行业业务交流微信平台,加强对业务问题的交流与研讨,2014 年以来制定出台了《适用新定式公证书格式的指导意见》等行业规范性文件,通过提高行业辨识度和业务操作统一、规范程度提升了公证行业的公信力。其次,考虑到福建省由于地处海峡两岸交往最前沿,承担大量的涉台公证业务,为提升对台公证服务水平,省公证协会专门设立了"台湾公证书"验核窗口,设计了涉台公证文书管理软件,安排专人办理涉台公证,对台胞台属申办的一般性公证案件,做到当场受理、当场审查、当场办理、当场出证,对有特殊需求的当事人提供办证绿色通道,有力促进了包括商贸投资在内的两岸民众交往互信。

二、存在的问题

目前,福建自贸区营商环境虽然总体良好,但与广东等地还存在差距,以

---

① 福建省司法厅:《以行业文化激发行业发展动力——福建省公证行业文化建设初见成效》,http://www.fjsf.gov.cn/html/9/2479/88663_201599846.html,下载日期:2016年7月22日。

华南美国商会针对在华南地区(含广东、福建、广西、海南、香港、澳门)运营的2300多家美资会员企业调查后得出的《2016 中国营商环境白皮书》为例,就其中"贵公司的运营总部位于华南地区的哪个地方"这一问题,回答"广州"的2014 年、2015 年、2016 年分别占受访企业的 56％、52％、60％,回答"深圳"的2014 年、2015 年、2016 年分别占 19％、20％、20％,而回答"厦门"的 2014 年、2015 年、2016 年分别仅占 2％、2％、＜1％。[①] 该报告中另一调查问题的受访结果则直接凸显了现阶段福建自贸区在吸引外资方面相比广东自贸区的相对弱势地位,现直接转引如图 4-2 所示[②]:

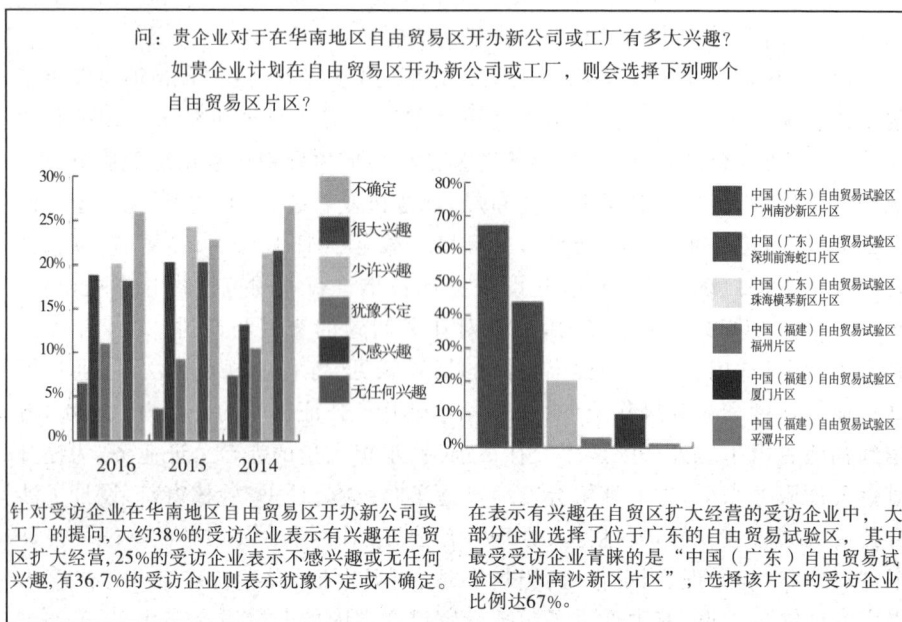

问:贵企业对于在华南地区自由贸易区开办新公司或工厂有多大兴趣?
如贵企业计划在自由贸易区开办新公司或工厂,则会选择下列哪个自由贸易区片区?

针对受访企业在华南地区自由贸易区开办新公司或工厂的提问,大约38%的受访企业表示有兴趣在自贸区扩大经营,25%的受访企业表示不感兴趣或无任何兴趣,有36.7%的受访企业则表示犹豫不定或不确定。

在表示有兴趣在自贸区扩大经营的受访企业中,大部分企业选择了位于广东的自由贸易试验区,其中最受受访企业青睐的是"中国(广东)自由贸易试验区广州南沙新区片区",选择该片区的受访企业比例达67%。

图 4-2

为增强福建自贸区对包括外资企业在内的私营市场主体的吸引力,有必

① The American Chamber of Commerce in South China, 2016 *White Paper on the Business Environment in China*, http://www. amcham-southchina. org/amcham/static/publications/2016_WhitePaper_web/index. html,下载日期:2016 年 4 月 6 日。
② 华南美国商会:《2016 中国营商环境白皮书》,第 309 页,http://www. amcham-southchina. org/amcham/static/publications/2016_WhitePaper_web/index. html。

要了解企业在决策过程中的关注重点，对此，华南美国商会该系列报告中的另一个固定调查问题可以提供一些启发：就"在您看来，哪五项挑战会阻碍或限制贵公司在华南地区发展"这个问题，一直到 2015 年，选项"法律法规问题（中国政府，例如：税收、关税或行业法规）"都是被选最多的，直到《2016 中国营商环境白皮书》中该选项才将榜首位置让给了"本地竞争"选项，但仍牢牢占据着第二位。这一方面说明 2015 年我国政府强调法治、实施自贸区改革的种种举动获得了外资企业一定程度上的认可，但另一方面也表明法律、法治问题始终是外资企业关注的焦点。参考深圳华为技术有限公司法务部雇员多达 600余人这一事实，[①]可以推论，伴随企业规模上升和产品科技含量提高，内资、外资企业均会表现出对所处经营环境法治化水平的极大关注，因此，营造法治化营商环境将成为未来福建自贸区赶超其他地区，吸引上规模中外企业的关键。为实现这一目的，在总结已有成绩之余，识别影响现有营商环境法治化水平进一步提高的薄弱之处，显得尤为重要。笔者在此总结为以下几点：

（一）立法方面

福建自贸区现存问题主要表现为：

1. 立法数量少，立法层级不高，效力低，在关键领域内立法权限不明，立法改革推动困难

福建自贸区网站上"信息公开"栏下"政策法规"项内，自 2015 年 2 月 22日至 2016 年 4 月 2 日共列有 90 项条目，然而仔细观察的话，就能发现其中大多数条目依然属于政策发文范畴，并未上升到立法层面。如早在 2015 年 3 月11 日由福建省商务厅、福建省经信委、福州海关、厦门海关、福建出入境检验检疫局、厦门出入境检验检疫局联合印发的《中国（福建）自由贸易试验区开展境内外维修业务试点管理暂行办法》，由福建省发展和改革委员会于 2015 年4 月 20 日发布的《中国（福建）自由贸易试验区外商投资项目备案管理办法》，由福建省商务厅于 2015 年 4 月 20 日发布的《中国（福建）自由贸易试验区监管信息共享管理试行办法》等，虽然为在自贸区内开展境内外维修业务，落地实施外商投资"负面清单"和联合执法、事中事后监管等创新设计提供了制度保障，其中一些在内容上规定得也比较清晰具体，但根据《立法法》相关条款，上述发文依然只是地方规范性文件。这意味着在论证其内容的科学性、民主

---

① 参见华为法务部 2016 校园招聘页面介绍，http://www.yjbys.com/mingqi/job-show33956.html，下载日期：2016 年 7 月 22 日。

性时,上述文件所要满足的标准相对宽松,但其稳定性也相应较低,后来制定的地方法规、地方政府规章等完全有可能取代乃至扭转其规定内容。由此难以使市场主体依据上述文件形成稳定预期,计算在自贸区内进行长期投资的成本和收益。此外,根据《立法法》第8条规定,经济社会事务方面,金融基本制度、民事基本制度、税收基本制度属于只能由法律加以规定的内容,而在自贸区建设过程中,一方面,推进金融领域开放创新是《福建自贸区总体方案》中载明的主要任务之一,完善税收环境则是其中规定的重要保障机制;另一方面,立法如欲处理知识产权保护领域的一些新情况,或满足对接台湾财团法人制度的需求的话,则可能涉及对一些民事基本制度要有所完善,例如规定财团法人的设立目的、如何确认财团法人的意思表示、组成形式等,这些都多少涉及对这些禁区内事项的灵活解读或变通处理。以厦门为例,其所具有的经济特区立法权来自国务院授权,若试图就上述事项进行相关立法,则面临着立法成果效力层级低,存在潜在法律冲突的可能。《福建自贸区总体方案》中"暂时调整《中华人民共和国外资企业法》《中华人民共和国中外合资经营企业法》《中华人民共和国中外合作经营企业法》和《中华人民共和国台湾同胞投资保护法》规定的有关行政审批"的规定也说明,在自贸区内法律效力中止、受限仅仅是例外。因此,立法方面,在明确现阶段福建自贸区内相关立法数量偏少、需要积极开展立法工作的同时,立法可以在多大程度上改动现有制度,单一制国家体制下地方立法如何做到引领制度创新与尊重上位法并重,尚有待探索、解决。

2.立法内容上,制度创新力度不够,立法更多限于事后追认而非事前引领

与上一个问题相联系,为了避免潜在法律冲突,自贸区内现有立法在内容上往往创新力度不够,特别是考虑到福建自贸区在设立时间上晚于上海自贸区,相关立法部门在立法过程中为求保险,往往容易受到其他自贸区既有立法的影响,丧失自主探索、发掘自身特色的动力。例如,福建省人民政府于2015年4月20日发布的《中国(福建)自由贸易试验区管理委员会规范性文件法律审查规则》与上海市人民政府于2014年8月7日发布的《中国(上海)自由贸易试验区管理委员会行政规范性文件法律审查规则》雷同,改进之处仅体现在相比上海自贸区的审查规则第11条,福建版第11条将审查期限最长可延长不超过30日缩减为不超过15日,这既有可能是两地使用了相似的专家论证组所致,也有可能是由于地方先行试验过程中完全照搬了上海的做法,而立法时为求稳妥,仅做到了对已经试验成熟的经验进行事后追认,而放弃从制度层面上予以引领改进。

3.《福建自贸区条例》与《福建自贸区管理办法》并行，诸多内容重复或者冲突

作为福建自贸区正式设立前即由省人民政府常务会议通过的地方政府规章，《福建自贸区管理办法》发挥了重要作用，为自贸区成立之初的机构设置和各项改革任务奠定了必需的法律基础。然而，伴随福建省人大常委会于2016年4月1日正式公布施行了《福建自贸区条例》，《福建自贸区管理办法》的存续必要性已不明显——《福建自贸区条例》几乎囊括了《福建自贸区管理办法》中所涉及的所有领域，按照上位法优于下位法，新法优于旧法的法律适用原则，《福建自贸区条例》显然将取代《福建自贸区管理办法》得到更广泛适用。此种情况下继续保留《福建自贸区管理办法》，不仅没有实际意义，而且可能由于其中的某些具体规定与《福建自贸区条例》中相关内容存在冲突，影响《福建自贸区条例》充分发挥其指引作用。但遗憾的是，已完成其过渡时期使命的《福建自贸区管理办法》目前并未伴随《福建自贸区条例》的出台而功成身退，这在一定程度上影响了福建自贸区的法治化水平。

（二）执法方面

1.改革多集中于对行政执法、服务的形式改革，而对行政执法、服务的内容改革涉及较少

福建自贸区目前在行政执法、服务领域取得的成绩毋庸置疑，但当我们纵观上述改革举措时可以发现，大部分依然是行政执法、服务形式上的改革，这当然与改革初始阶段先易后难、逐步推进的特点相符，但若想继续领先于其他地域，形成只有自贸区才能形成的先进发展经验，在全国范围内进行推广，就应当利用好自贸区"先行先试"优势，逐步转向对行政执法、服务进行内容上的改革，啃下改革过程中的硬骨头。

以福建自贸区入选最佳实践案例的国际贸易"单一窗口"为例，和同批入选最佳实践案例的上海自贸区国际贸易"单一窗口"一样，现阶段两者的发力点都在于架设电子平台、加强相关部门间协作，以"一个平台、一次提交"解决重复申报和重复提交单证的问题，提高通关效率，属于行政执法、服务形式方面的改革。而就下一步工作思路，福建自贸区提出了"加快数据标准化工作，对接国际标准和国家标准，进行数据规范。做好基础性工作，通过福建省信息化标准委员会的支持，在'单一窗口'的开发中尽量采用现有的国际标准和国家标准，最大限度实现数据标准化"，而上海自贸区在国际贸易"单一窗口"案例中则提出了"下一步还将结合亚太示范电子口岸运营中心建设情况，研究推进国家间原产地证书、产品检验检疫证书、海关监管信息等联网核查或互认"。

这表明两大自贸区均意识到,在建立好相关电子系统、加强本地各部门间协调合作后,进一步深化国际贸易"单一窗口"改革的方向应转为数据(尤其是关检数据)内容、格式上的国际化,这是与其他区域和国家交换相关数据、实现国际合作的基础,也是降低国外贸易商来华交易的适应成本,增强福建自贸区对其吸引力,进一步便利外贸的必要举措。福建自贸区在阐述这一目标时以合规导向为其叙述基调,直接目标是实现相关数据的标准化、符合现有国际和国家标准,着重的是"守",未回应当现有国际和国家标准不一致时如何处理。而上海自贸区则将改革目标直指国家间原产地证书、产品检验检疫证书、海关监管信息等的联网核查或互认,隐含了以"变"为主的行动主题,带有当相关数据标准出现差异时,推动国内标准向国际标准靠拢的意味。目前,由福建省电子口岸管理中心主导推进的闽台口岸信息互联互通合作,和由上海市政府参与推动建设的亚太示范电子口岸网络,均为探索数据内容、格式的标准化、国际化提供了难得的试验机会,未来福建、上海两地在这一领域内谁将率先取得突破很可能仅仅取决于哪一方具有更坚决的变革决心。

2.行政执法、服务过程中,第三方社会组织参与度仍有待提高

加快政府职能转变是四大自贸区的重要共同任务,为此一方面要深化行政体制改革,将能够下放的经济社会管理权限全部下放给自贸试验区,另一方面也要提高行政管理效能。双重压力之下,可以预见未来自贸区下属各片区管理机构的工作量必然不断增加。现阶段通过建设部门间协作平台、实行监管信息共享等技术手段尚可应对,但伴随自贸区内市场主体数量不断增加、金融创新等新兴事物层出不穷,政府部门在人力和专业性上的短板必将日益明显。而要增加政府公务人员编制、加强对其专业培训的话,则存在可行性低、成本高、见效慢等弊端。提高行政执法、服务过程中第三方社会组织的参与度,将自贸区内政府机构的部分公共职能外包,是相对有效可行的解决途径。无论是新近出台的《福建自贸区条例》,还是已经实施一年有余的《福建自贸区管理办法》,对第三方社会组织参与行政执法、服务的方式都规定得极其有限,

所明确规定的仅限于委托或吸纳第三方机构就自贸区改革措施、创新成果进行评估。① 不仅缺乏前瞻性，而且即便是与《福建自贸区条例》颁布前出台的其他自贸区管理办法或条例相比，也显得过分保守谨慎——其他自贸区除规定可委托第三方社会组织就改革举措和创新成果进行独立评估外，也全都明确规定了在检验检疫环节要建立第三方检测结果采信机制，这实际上是将检查检疫部门的部分行政执法、监管权限赋予第三方社会组织。② 因此，可以说在立法保障、鼓励第三方社会组织参与政府行政执法、服务方面，福建自贸区仍存在着明显短板，有较大的改进空间。

(三)司法(争端解决)方面

现阶段福建自贸区内，专设自贸区法庭、成立专门的商事仲裁和调解机构等机构设置类工作已基本完成，争端解决方面的薄弱处主要表现为：

1.实际推广运用国际商事仲裁仍因欠缺一些软性条件而受到制约

尽管福建自贸区内，包括厦门国际商事仲裁院、福州仲裁委员会国际商事仲裁院等在内成立了多家国际商事仲裁机构，具有比较完备的硬件条件，但也许是由于成立时间较短，许多机构都存在具体仲裁规则未出台、网站建设不到位等软性条件方面的问题，直接影响其实际发挥作用。以厦门仲裁委员会下设的厦门国际商事仲裁院为例，进入该仲委会网站③后，在"厦仲简介""组织机构"等部分均无法找到厦门国际商事仲裁院的介绍或外部链接，在全站范围内搜索"厦门国际商事仲裁院"，也只能搜到有关成立该国际商事仲裁院的新闻，并无对其的进一步介绍；仲裁规则方面，点击首页"仲裁指南"栏下"现行仲裁规则"，也只能查到 2007 年版的中英文《厦门仲裁委员会仲裁规则》，不仅制定时间已经是较早以前了，而且也未发现专门针对自贸区内商事案件的、具备

---

① 相关条款仅见以下两条：1.《中国(福建)自由贸易试验区条例》第 14 条：自贸试验区工作领导小组办事机构会同有关部门建立综合评估机制，对试点政策执行情况进行综合和专项评估，必要时委托第三方机构进行独立评估，及时复制推广改革创新经验。2.《中国(福建)自由贸易试验区管理办法》第 52 条：自贸试验区建立行业信息跟踪、监管和归集的综合性评估机制。自贸试验区管理机构应当会同有关部门和各片区管理机构建立工作机制，吸纳第三方评估机构参与开展监管制度创新、行业整体、行业企业试点政策实施情况和风险防范等方面的评估。

② 典型的如《中国(上海)自由贸易试验区条例》第 20 条："……在自贸试验区建立有利于第三方检验鉴定机构发展和规范的管理制度，检验检疫部门按照国际通行规则，采信第三方检测结果。"

③ http://www.xmac.org.cn/index.aspx。

更多国际性因素的专门性仲裁规则。难以想象,自贸区内相关企业在无法直接便捷地与该国际商事仲裁院工作人员取得联系,或无法了解该机构相关具体仲裁规则内容的前提下,会主动约定日后产生争议则由该国际商事仲裁院进行管辖。福州仲裁委员会下属的国际商事仲裁院也存在着类似问题,尽管福州仲裁委员会现行的《福州仲裁委员会仲裁规则》(2015)[简称《福州仲裁委仲裁规则》(2015)]相对较新,但该会网站上亦未出现在国际商事仲裁中专用的、针对自贸区案件专设的更国际化的专门性仲裁规则。与之形成对比的是,上海国际经济贸易仲裁委员会(上海国际仲裁中心)下属的中国(上海)自由贸易试验区仲裁院成立后,在上海国际经济贸易仲裁委员会网站[①]"仲裁指南"项下"仲裁规则"部分,就能看到《上海国际经济贸易仲裁委员会(上海国际仲裁中心)仲裁规则》(2015)与专门性的《中国(上海)自由贸易试验区仲裁规则》(2015)[简称《上海自贸区仲裁规则》(2015)]并存,就当事人、标的物或民商事关系产生、变更、消灭的法律事实涉及上海自贸区的案件,在当事人无反对意见的情况下,优先适用后者进行仲裁。

诚然,省内的仲裁机构大多就仲裁规则的适用给予了一定弹性,《福州仲裁委仲裁规则》(2015)第 3 条规定:"当事人就仲裁程序事项或者仲裁适用的规则另有约定的,从其约定,但该约定无法实施或者与法律、行政法规的强制性规定相抵触的除外。"这意味着福州仲裁委员会国际商事仲裁院在实际审理自贸区案件时,仍有可能适用《联合国国际贸易法委员会仲裁规则》(2010 年修订)、《斯德哥尔摩商会仲裁院仲裁规则》(2012 年修订)、《国际商会仲裁规则》(2012 年修订)等国际化程度更高的仲裁规则,但这并不足以成为充分理由,用以阻却该仲裁院针对自贸区特点专设仲裁规则。这是因为:首先,由于上述国际仲裁规则并不是被默认采用的,要使用其中某一特定国际仲裁规则需要自贸区案件的双方达成合意,这在一些个例中可能无法实现;其次,相比自行制定了专门性仲裁规则并默认适用的情形,多种国际仲裁规则并用且适用频率不分上下的话,将对仲裁员个人提出更高的执业水平要求,也将要求仲裁机构在确定仲裁员名单时要从整体上更充分地考虑仲裁员队伍的知识结构分布等因素,这在现阶段很可能难以满足;最后,针对自贸区案件,仲委会自行制定国际化程度更高的仲裁规则,本身就是仲委会消化吸收、综合运用各现行国际仲裁规则的学习过程,不仅能提高其对国际规则、国际惯例的了解程度,

---

① http://www.cietac-sh.org/SHIAC/index.aspx.

也有利于提高仲委会自身的知名度、体现其专业性。例证之一就是，上海国际仲裁中心由于在其下属专门性仲裁机构和制定专门性仲裁规则中推广运用《纽约公约》《联合国贸易法委员会仲裁规则》等统一国际仲裁规则，于 2016 年 3 月 2 日获评了《环球仲裁评论》"2015 年度最受关注的仲裁机构"奖项。

2.各片区相关法院的先进做法仍有待省高院等相关部门进行系统的制度化和推广，以消除各地区重复试验现象，减少不必要浪费

以建立完善多元化纠纷解决机制为例，仲裁、调解等替代性纠纷解决机制在实践中能否得到良好运用，往往取决于仲裁裁决和调解协议的可执行性以及诉仲、诉调是否衔接顺畅，而这些在很大限度上都有赖于各片区相关法院的配合。部分法院在这一领域内已取得了一些行之有效的改革经验，但由于相关制度化成果存在地域效力方面的限制，未能及时推广普及到其他正在重复进行相关改革试验的地区，无形中导致不必要的浪费。如在厦门市，为进一步支持多元化纠纷解决机制，提高争端解决的开放性，厦门市中级人民法院于 2015 年 10 月出台了《关于支持商事调解与商事仲裁行业发展的若干意见》，就厦门市中级人民法院支持和监督厦门商事调解与商事仲裁行业的发展提出了具体工作意见，并在福建省内，率先将申请撤销仲裁裁决和申请确认仲裁条款效力的司法审查案件集中由同一审判庭审查，依法支持、监督涉自贸案件进行仲裁，促进多元化纠纷解决渠道保持畅通；此外，厦门市中级人民法院还走访了市贸促会、市知识产权局、保险行业协会等多家单位，签订诉讼与非诉讼相衔接的合作备忘录或协议，扩大多元化纠纷解决平台；专门成立了课题组，就保障和服务自贸试验区建设开展调研工作，形成相关研究报告，从推动 ADR 纠纷解决方式（非诉讼纠纷解决方式）、加强合同风险防控、提高司法程序效率以及推进区域性国际商事仲裁中心建设等四个方面，对现有的良好实践做法进行了理论总结与制度梳理，并就其所面临的问题提出了相应对策。与之类似，福州市中级人民法院与海关、工商局等五家知识产权行政、司法部门共同构建了知识产权纠纷调解联动机制，其中既包括了诉前调解和诉讼程序的衔接机制（行政部门组织诉前调解时可以引导当事人根据行政调解协议内容，自行约定请求人民法院依法出具与民事裁判文书具有同等强制执行效力的司法调解书），又涵盖了诉讼过程中的邀请、委托调解机制，在征求当事人同意后，法院可以邀请相应的行政部门参与调解，或委托行政部门调解。诸如上述法院如何与当地知识产权行政管理部门、相关行业协会等机构就多元化争端解决机制展开合作，相关合作备忘录和协议应具备哪些具体内容，如何将司法调解与行政调解相结合，这些操作实践中得出的具体经验往往局限于某

一片区的法院系统内部，如能通过省高级人民法院等相关部门提供的平台，与其他片区展开有效共享、交流，无疑可以在全省范围内更高效地推动建立健全多元化纠纷解决机制，减少不必要的改革成本。

(四) 守法激励方面

1. 行政复议

需要有针对性地进一步加强行政复议对行政执法部门的监督作用。目前，福建自贸区内行政复议制度改革的主要举措是实施了相对集中行政复议制度，其法律依据为《福建自贸区相对集中行政复议权实施办法》，对比本地区实践和其他地区相对集中行政复议制度改革，《福建自贸区相对集中行政复议权实施办法》至少存在以下几处可以考虑加以改进：

(1) 实施地域问题

由于标题中包含了"中国（福建）自由贸易试验区"，《福建自贸区相对集中行政复议权实施办法》第2条便以"对中国（福建）自由贸易试验区平潭、厦门、福州片区管理委员会（简称片区管理委员会）及下设的职能部门实施的具体行政行为"的表述，将相对集中行政复议制度的实施范围局限了自贸区的三大片区内。而实践中，仅以厦门为例，该市依据《福建省人民政府办公厅关于在厦门市、南靖县开展相对集中行政复议审理和行政复议委员会试点工作的通知》，自2011年3月起，即在全市而非仅仅现今的厦门片区范围内开展了相对集中行政复议审理和行政复议委员会试点工作，至福建自贸区挂牌成立，已实施四年有余，因此可以说《福建自贸区相对集中行政复议权实施办法》中规定的实施范围略显保守。

(2) 受案范围问题

《福建自贸区相对集中行政复议权实施办法》第3条规定，对涉及海关、金融、国税、外汇管理等实行国家垂直领导的行政机关的案件，不纳入实施相对集中行政复议权的受案范围。这点固然有其机构设置、归属上的依据，这些实行国家垂直领导的部门就所属体系而言并不隶属于当地地方政府，当地政府并不是《行政复议法》第12条中规定的此类行政机关的上级主管部门，也就无法授权片区管委会对其实施相对集中行政复议。但实践中对涉及此类部门的行政复议案件实现相对集中是否绝无可能呢？江苏海门市给我们提供了可以借鉴的经验，该市自2009年开展以相对集中行政复议权为主要内容的行政复议委员会试点以来，由市政府相对集中全市行政复议权，公安、劳动、交通、农林、农机、工商、地税等行政复议机关不再行使行政复议权，而针对与实行国家垂直领导的部门，如国税局相关的行政复议案件，该市则采取了由市政府行政复议委员会办公室以国税局的名义受理,复议决定由国税局根据委员会案件审理报告以自己名义作出的方式,通过由行政复议委员会行使相对集中行政复议审理权,而非相对集中行政复议权,绕过了对涉及此类行政机关的行政复议案件直接实施相对集中复议权的合法性问题。[①] 与其类似,黑龙江省政府本级也已集中了除农垦、森工之外各省级部门的行政复议审理权,并将试点扩大到了全部地级市(12个),采取的办法也是由原机关而非负责审理的行政复议委员会签发复议决定,破解了本级政府无法授权对实行国家垂直领导的行政机关实施相对集中行政复议权的难题。[②] 因此,相比上述省市,福建自贸区目前实行相对集中行政复议制度的案件范围仍有待进一步扩大。

(3)行政复议委员会人员组成问题

《福建自贸区相对集中行政复议权实施办法》第10条、第11条仅规定了片区管理委员会中,由其法制工作机构负责审查相关行政复议案件并提出处理意见,片区管理委员会应当配备、充实专职行政复议人员,保证行政复议办案能力与相对集中行政复议工作任务相适应,而未规定相关行政领域的专家、法律专家,以及社会公正人士是否有权作为兼职行政复议人员,参与片区管理委员会法制工作机构对行政复议案件的审查过程。仅仅由国家公职机关工作人员组成片区管理委员会法制工作机构,并由其全权负责审查行政复议案件的话,一方面由于视角问题,可能难以发现原行政行为的不妥之处,另一方面也会使社会公众对行政复议审查结果的公信力产生怀疑,这应该是《福建自贸区相对集中行政复议权实施办法》在具体实施过程中应当考虑加以改进的部分。

2.市场主体信用体系

市场主体信用体系主要表现为以下几个方面:

(1)现存市场主体信用信息公示平台在简便易用性方面仍有待改进

市场主体信用信息公示平台作为面向普通公众开放查询的媒介,必须做到操作简便、易于上手。因此,尽管福建省内的"福建省工商系统市场主体信用信息公示平台"和市级平台(如"厦门市商事主体登记及信用信息公示平台")相比"全国企业信用信息公示系统"提供的信息更加丰富、功能更加齐全,

---

① 王思健:《行政复议体制改革的海门实践》,载《群众》2015年第3期。

② 王瑞雪:《对我国行政复议委员会试点的省思》,载《天津行政学院学报》2014年第4期。

但在简便易用性方面，省内相关平台仍存在着三个突出问题，即部分查询功能设置重复，影响查询结果的唯一性和准确性；查询内容分散，综合查询不便；页面布局不尽科学，定位相应功能比较耗时。

具体而言，在查询工商部门行政处罚信息时，以"福建省工商系统市场主体信用信息公示平台"为例，通过该平台主页"市场主体信用信息查询"栏搜索企业名称后，在"工商公示信息"栏下可以找到"行政处罚信息"这一栏，但该平台在首页依然设置了"工商部门行政处罚信息查询"栏，这不免令使用者疑惑，仅仅是由于工商部门行政处罚信息的查询量较大，故特意在首页设置了一个快捷入口，还是因为通过首页直接查询到的行政处罚信息与通过主页"市场主体信用信息查询"栏查询到的行政处罚信息间在更新方面存在着一定的时间差，故分别设置而未加整合？特别是考虑到通过主页"市场主体信用信息查询"栏查询某一企业时，往往会遇到行政处罚信息项下空白，且未显示该"未受行政处罚"状态到底是截止至何时何日、是否是最新状态的情形，许多查询人谨慎起见往往又通过"工商部门行政处罚信息查询"栏进行重复查询，既无谓浪费了查询人的时间、精力，也影响了利用该平台查询工商部门行政处罚信息的唯一性和准确性。

综合查询方面，依然以"福建省工商系统市场主体信用信息公示平台"为例，进入该平台"中直、省直部门公示信息查询"栏后，可以发现罗列了省高院、省国税局、省烟草局等 27 个部门的公示信息。查询人在对特定企业进行综合查询时，必须根据企业性质，逐项列出所要查询的信息的内容综合判断，进入多个部门子系统的链接多次查询，无形中造成了很多不便，也增加漏查重要公示信息的概率。以查询某食品公司为例，要对它进行比较全面的了解，就至少得进入省高院子系统查询其是否是失信被执行人，进入省食药监子系统查询其是否具备食品生产许可证，进入税务部门子系统查询其纳税情况等等，不胜其烦。而且对普通个人、企业而言，要根据这些逐项查询出来的信用信息，综合判断交易对手的整体信用状况，也存在一定困难。

平台网站的页面布局方面，以"厦门市商事主体登记及信用信息公示平台"为例，该平台使用者主要包括欲查询市场主体信用信息的公众、进行网上办事的企业、监管部门三类群体，集查询、办事、部门信息共享、异议及举报等多功能于一身，首页上集中了"商事主体公示查询""经营异常名录查询""商事登记"等众多栏目，某些栏目如"商事登记"栏部分，在栏目标题下还列出十多项子项目。这让平台主页一眼看上去比较纷繁复杂，初次使用者往往要花费较多时间准确定位自己想要使用的功能，"信用公告"栏等重要部分首页所占面积也被挤占得较为狭窄，只能显示前五条，不利于向全体网站访客显著公示相关名单，不利于充分发挥信用平台扩散名单内容，褒扬守信、贬抑失信的作用。

（2）缺乏在实践中推广运用市场主体信用信息的相关具体法律规定

我国构建现有市场主体信用体系的主要法律依据是 2014 年出台的《企业信息公示暂行条例》和《企业经营异常名录管理暂行办法》，作为该领域内的两份早期基础性法律文件，两者的局限性十分明显，即未详细规定当企业不履行信息公示义务或被列入经营异常名录时应承担何种法律后果。《企业经营异常名录管理暂行办法》作为一部篇幅有限的部门规章，更多关注实施企业经营异常名录过程中，企业在何种情况下应被列入名录、何种情况下应被移出名录、有异议的情况下如何寻求救济等其他技术性问题，完全没有细化规定企业被列入经营异常名单所导致的种种法律后果；《企业信息公示暂行条例》则仅有第 17 条和第 18 条涉及相关法律后果，但第 17 条仅为模糊的准用性规则，而第 18 条虽规定"在政府采购、工程招投标、国有土地出让、授予荣誉称号等工作中，将企业信息作为重要考量因素，对被列入经营异常名录或者严重违法企业名单的企业依法予以限制或者禁入"，但企业信息公示情况作为考量因素到底应该占多大权重，何种情况下应予以限制，何种情况下应予以禁入，均有待各地通过地方性法规或地方政府规章予以细化、明确。福建作为自贸区之一，在市场主体信用体系的基础设施搭建方面不遗余力，于省内建成了"福建省工商系统市场主体信用信息公示平台""厦门市商事主体登记及信用信息公示平台"等多个省、市级信用信息公示平台，但至今却未曾立法明确规定这些公示平台上的信用信息到底应就哪些事项、能在多大范围内得到采用，也没有细化列明不履行信息公示义务或被列入经营异常名录时应承担的法律后果，从而影响了市场主体信用体系实际发挥作用，"让失信者寸步难行，让守信者一路畅通"。

空有良好的基础设施，能有效收集、形成市场主体信用信息，却怠于制定相关法律规定，怠于在尽可能多的领域内运用信用信息落实守信激励和失信惩戒的话，市场主体将难以感受到信用信息的重要性，不利于在自贸区内形成良好的信用意识，无法有效降低交易成本。这是福建自贸区目前在守法激励环节所亟待解决的问题。

3.公证

就公证而言，福建省内存在的不足则主要表现为缺乏相应的标准化业务操作指南，收费标准也存在进一步下调空间。为利用好自贸区这一平台，从整

体拉动福建省经济发展,除福建自贸区下属三个片区之外,提高福建省内其他地域,尤其是三片区周边城镇县市的公证业从业人员的业务水平也尤为重要。福建省公证协会采用的业务培训班模式,虽有利于参训人员直接感受培训地从业人员工作氛围、方法,但也存在难以统一受训、培训成本高、受训时间短、覆盖面窄的缺陷,不利于迅速缩小省内其他地区与先进地区间在公证业务水平方面存在的差距。自贸区建设过程中,在合同公证、证据保全公证领域出现涉外化、新型化的趋势,例如对电商金融、电子合同、网络支付等交易信息数据如何进行证据保全公证,对省内许多地区的公证员而言就相当陌生。在此情况下,在组织业务培训之余,面对省内全体公证员广泛发布详尽、统一的相关业务具体操作指南和文书范本不失为一种低成本的有效解决方法,而这方面福建省依然有许多工作有待完成。

同时,在公证服务收费标准方面,目前福建省执行的是福建省物价委员会、福建省司法厅于 1998 年 9 月 28 日联合发布的《关于调整公证服务收费标准的通知》,其制定依据为国家发展计划委员会、司法部分别于 1997 年 3 月 1 日和 1998 年 5 月 6 日公布施行的《公证服务收费管理办法》和《关于调整公证服务收费标准的通知》(简称《调整公证收费标准的通知》)。《调整公证收费标准的通知》中就证明民事协议、有法律意义的事实、有法律意义的文书这三类公证事项采取了规定浮动区间的方式,给予各省一定的公证收费调整自决权。例如,就证明"有法律意义的事实"项下的"办理证据保全"部分,《调整公证收费标准的通知》规定:"1. 证人、证言及书证保全,每件收费 100～200 元。2. 声像资料、电脑软件保全,每件收费 500～800 元。3. 对物的保全:(1)不动产每件收费 500～1000 元;(2)其他物证保全每件收费 200～400 元。4. 侵权行为和事实证据保全,每件收费 500～1000 元。"福建省据此制定的对应收费标准为:"1. 证人、证言及书证保全,每件收费 150 元。2. 声像资料、电脑软件保全,每件收费 700 元。3. 对物的保全:(1)不动产每件收费 800 元;(2)其他物证保全,每件收费 300 元。4. 侵权行为和事实证据保全,每件收费 900 元。"而广东制定的对应收费标准为:"1. 证人、证言及书证保全,每件收费 100 元。2. 声像资料、电脑软件保全,每件收费 600 元。3. 对物的保全:(1)不动产每件收费 700 元;(2)其他物证保全,每件收费 300 元。4. 侵权行为和事实证据保全,每

福建自贸区重大法律问题研究

厦门大学法学院经济法学文库

件收费 500 元。"①

　　由此可见广东省几乎每一项收费都采取了接近收费区间下限的具体值，证据保全方面各项收费标准相比福建省，低了 50～400 元不等，这对在当地企业中普及公证意识，提高市场交易中公证服务的介入程度无疑是起到积极的促进作用的。经济发达的广东是如此，经济欠发达地区，如青海则更是根据《公证服务收费管理办法》第 5 条的规定，②考虑到本地居民的评价收入水平和承受能力，进一步调低了相关公证服务收费水平的价格区间下限，甚至突破了《调整公证收费标准的通知》中所规定的下限："1. 证人、证言及书证保全，每件收费 90～180 元。2. 声像资料、电脑软件保全，每件收费 450～720 元。3. 对物的保全：(1)不动产每件收费 450～900 元；(2)其他物证保全，每件收费 180～350 元。4. 侵权行为和事实证据保全，每件收费 450～900 元。"

　　可见就全国范围内的公证服务相对价格而言，福建省的公证服务收费标准仍然有下调的空间，特别是随着"公证云"等电子公证平台的推出，仅就证据保全公证这部分，办理公证事项所需公证员人数、时间以及公证服务的复杂程度已经出现了明显下降。根据《公证服务收费管理办法》第 5 条中规定的调整公证服务费标准的条件，以及《公证法》第 6 条所界定的公证机构的非盈利属性，相应降低收费标准符合法律规定，同时由于这部分又是为保障交易安全所频繁使用的公证服务，可以预见，调低收费后将有效提高相关公证服务在企业中的使用频率，促进争端快速解决，保障交易安全。

三、总体解决思路

　　综上可知，福建作为东部沿海省份，相比其他地区，本身就具有较好的营商环境基础，自自贸区自成立之初至今，在完善法治化营商环境方面也取得了许多成绩，而面对不足，要推进营商环境的进一步法治化，大体需要从以下几方面入手：

---

　　①　广东省司法厅、广东省财政厅、广东省物价局：《广东省公证服务收费管理规定》附件一《广东省公证服务收费标准》"(四)办理证据保全"部分。

　　②　该条规定的具体内容为："制定和调整公证服务费标准以公证处提供公证服务的社会平均成本为基础，根据办理公证事项所需人数、时间以及公证服务的复杂程度，并考虑申请人的承受能力确定。"

(一)转变思想,变"监管"为"规制"。

"regulation"一词,学界多称之为"规制",而政府部门实践中乃至相关立法中则往往使用"监管"这一表述。同一英文原词,却对应了不同的中文词汇,细究起来,这一现象并非只是无意义的文字游戏的结果,通过这两个词汇在中文语境中所蕴含的截然不同的价值和情感取向,恰恰反映了我国理论和实务界在市场和政府间关系等问题上存在思想割裂。"监管"是监督管理的合称,与该词搭配使用、受其制约的客体既可以是违规市场主体,也可以是合规经营的市场主体,不可避免地带有权力者优位的意味。这种"父爱主义"(paternalism)的用语假定作为市场参与者的个人和企业因其短视、逐利性、自利性,即便是现阶段合规经营者,也大多具有侵犯他人权益的潜在倾向,依靠市场和市场主体自身难以长期、有效地自治,因此为了维护社会整体利益乃至市场主体自身的长远利益,有必要由政府通过审批等手段"防患于未然"式地施加全面、普遍的事先干预。我国"父母官"等传统概念中所体现的预判也恰好与这种民智未开、强政府弱民间的预设立场如出一辙,在切合传统的背景下,以往实践中 regulation 向"监管"靠拢也就不难解释。

"规制"这一概念所针对的对象则具有局限性,以市场主体和市场行为违法、违规为介入干预的前提,因而内在地具有有限干预、事中事后干预的特征。其理论依据有二:一是其认为市场有缺陷的同时,政府干预的缺陷也不可忽视,除固有的寻租腐败、监管俘获问题外,在归责制度不明确的情况下,决策错误、监管失当的可能性也会被进一步放大,特别是考虑到政府部门存在远离市场、决策信息不够充分等限制性因素。因此应限制政府干预的频率和范围,仅干预违法市场主体和市场行为。2013 年三四月发端,六七月蔓延到全国的甲巯咪唑药荒即为一例,国产甲巯咪唑片作为治疗甲亢的常规用药,相比丙硫氧嘧啶等替代用药肝毒性小、价格低廉,是全国数百万甲亢患者用量最大的常规用药,但由于纳入国家基本用药目录后长期实行价格管制,限制其药价上涨,保持每瓶(5mg/片,100 片/瓶)2～3 元的低定价,致使原料药价格上涨后,出现价格倒挂,2013 年全国 18 家有资质生产该药的厂商全部停产,一部分患者被迫采用每瓶几十元的赛治(进口德国产甲巯咪唑片)替代,而伴随赛治也供应吃紧,更多患者则面临无药可用、吃过期药的困境。其后,经多部门协商,北京市药监局负责牵头联系国内唯一具备甲巯咪唑原料药生产能力的北京同济达药业有限公司,落实原料供应,协调北京燕京药业等生产企业加快安排生产,将医疗卫生机构的采购价格提高至国家发展改革委制定的最高零售指导价 4.9 元/瓶,但截至 2013 年 12 月,全国市场上甲巯咪唑依然处于供不应求的半断货状态。① 此例中,药品长期断货乃价格方面的不当规制所致,其后补救性的行政协调、干预手段也被证明其效不彰,同时事后也难以对具体人员和部门进行追责,充分显示了政府贸然滥加管制可能导致的不利后果,故规制的范围应有所限制。二是考虑到市场主体除自利倾向外,也存在潜在的利他、合作倾向,善加引导则足以克服其弊端,国家、政府应更多着力于构筑行业自律、公众监督体系,而非亲自披挂上阵,削弱市场自身的调节能力。张维迎教授认为人类追求幸福的方式分为两类,一种是通过转移、夺取他人财富,使自己幸福,谓之为强盗的逻辑,仅仅是在分配乃至毁灭财富,另一种则是通过使他人幸福,自己也变得幸福,谓之为市场的逻辑,属于真正创造财富,即市场的逻辑在于为了实现自利,必须确保产品服务和市场行为也对他人具有功用,即具备利他性,故而存在对其进行引导进而克服市场弊端的可能。他进一步引申,提出中国经济发展有赖于企业家而非行政调控者,② 代表了许多经济学家的主张,即国家、政府应善于利用法治等手段构筑行业自律、公众监督体系,而非不加辨别地推广适用行政干预,体现了将"监管"局限为"规制"的呼声。

这种限制政府对商业的干预,化"监管"为"规制"的主张也为世界银行的营商环境报告所支持。早在《2004 年全球营商环境报告》中就明确指出"穷国最为严格地监管商业""过重的监管招致恶果",认为概括而言,过重的监管只会导致公共机构出现时间延误、费用高昂等低效率表现,带来失业人口增多、腐败、生产和投资下降等恶果,却并不能提高私营部门和公共部门的产出质量。③《2013 年全球营商环境报告》中则进一步提出了对中小企业"更聪明地规制"这一概念,实质上也传达了化"监管"为"规制"的内涵,即认为精简监管环节、降低企业合规成本(以企业登记注册环节为例)可以鼓励企业家精神、提高企业生产率、提高正式雇佣机会,而提高行政执法效率、保证政府制定及执行合理政策和规制的能力(以关税征管环节为例)则可以提高贸易总量、促进私营部门发展,与此同时,健全金融市场基础设施(如法院、破产法、债权和抵

---

① 王杰:《甲亢廉价药他巴唑全国告急廉价救命药正消失》,http://henan. sina. com. cn/finance/y/2013-12-24/139-42239. html,下载日期:2016 年 7 月 22 日。

② 参见中国经济周刊:《张维迎:中国经济发展靠柳传志而不是周小川》,http:// money. 163. com/12/0828/05/89VKKKIL00252G50. html,下载日期:2016 年 3 月 21 日。

③ World Bank, *Doing Business-Answers to Frequently Asked Questions*, http:// www. doingbusiness. org/about-us/~/media/GIAWB/Doing% 20Business/Documents/ Methodology/Doing-Business-FAQs-answered-2013. pdf,下载日期:2016 年 4 月 6 日。

押物登记制度）则可提高中小企业获得信贷的可能性。① 这些都比加大监管力度、规定银行对中小企业贷款比例等更有助于改善宏观经济表现，促进经济增长。

因此，福建自贸区完善法治化营商环境的首要重点在于从传统的监管路径转向规制路径，意识到监管措施应着重于必要性而非数量，重视法制建设方面的基础性、间接性调整，而非头痛医头脚痛医脚式的直接调控，将行政干预措施的限制性作用局限于违法违规市场主体和行为。缺乏上述思想上的明确认识，只是简单将监管措施以更高层级的法律文本形式进行书面化，不从质和量两方面对其进行改造的话，不但难以取得显著效果，也有违实质法治的要求，将有损而非促进全社会层面上的法治化进程。

（二）尊重商业惯例，尊重当事人的意思自治

法律自其诞生之初便具有滞后性，自贸区内以外商投资"负面清单"、鼓励金融创新等措施为代表，积极推行对外开放，鼓励制度创新，各种国际性因素、新兴因素层出不穷，更加凸显了法律的滞后性。面对快速增加的金融、知识产权、涉外等非传统领域内的经济纠纷，在相关法律缺位时如何实现市场经济的法治化？以英美为代表的西方发达国家选择了尊重商业惯例，尊重当事人意思自治的应对思路，可供福建自贸区建设过程中予以参考。这首先表现为积极引导当事人通过庭外和解或商事仲裁等非诉讼争端解决方式化解矛盾，理由在于和解过程中所注重的双方当事人意思自治原则以及仲裁过程中所依据的商业惯例，可以避免因法律依据不足而难以做出决断，同时仲裁案件审理人员往往由于长期处理特定类型案件，一般具有更高的专业性，可以更好理解行业背景知识和争议焦点，作出更合理的裁决；其次表现为当纠纷必须以诉讼方式解决时，司法者往往倾向于不轻易认定双方的合同约定无效，在不违反法律强制性规定和国家宏观金融政策的前提下，优先适用当事人合同文本所约定的条款处理纠纷；最后则表现为后续立法过程中，往往会积极吸收采纳此前实践过程中形成的商业惯例，并在内容上做到强制性规定与任意性规定并存，给予当事人一定的意思自治空间，体现了英美法系国家"法律的生命在于经验"的立法取向。

相比立法机关和司法者，市场主体直接面对竞争，更靠近市场，在大多数

---

① World Bank, *Doing Business-Answers to Frequently Asked Questions*, http://www. doingbusiness. org/about-us/～/media/GIAWB/Doing％ 20Business/Documents/Methodology/Doing-Business-FAQs-answered-2013. pdf,下载日期：2016 年 4 月 6 日。

情况下,也是其自身利益的最好看护者,其互动过程中形成的商业惯例也往往更具公平、合理性。因此在通过立法、司法手段进行商业规制时,立法者和司法者应做到不妄自尊大,而应相信市场主体的自决和自治能力,尊重商业惯例,给当事人意思自治留下空间,以不过分介入干预为准。

(三)加强沟通,主动联系相关理论、实务部门和社会力量

建立完善法治化营商环境过程中,所采取的改革和立法措施必须以实现实质法治为目标,即内容上具备合理性、能切实有效地减少不必要规制、释放市场活力,为此这些改革和立法举措的有效性必须经过严谨论证,这就要求省政府、片区管委会等必须加强沟通,主动联系相关理论、实务部门和社会力量,具体包括征求实际从业人员意见以预估改革效果,借助行业协会了解相关商业惯例,通过高校等研究机构紧跟国外相关动态,及时借鉴吸收其他地区相关政府部门先进经验等。近年来,为鼓励制度创新,以上海为首在实践中提出了"容错机制"的概念,并成为 2016 年两会的热词之一,福建省人民代表大会常务委员会于 2016 年 4 月 1 日通过的《平潭综合实验区条例》(简称《平潭实验区条例》)中也确立了相关制度。但"容错机制"适用的前提是相关改革创新举措的制定、实施过程符合程序,决策过程科学、民主,"容错机制"不应作为理由,为那些未经严格论证、一意孤行加以推行而又实效不佳的改革举措进行辩护,唯有如此,才能在鼓励制度创新的同时,也有效确保制度创新的质量,减少试错成本。

福建自贸区在这方面已经做出有益的尝试,以与其他自贸区合作为例,在检查检疫制度创新方面,2015 年 10 月 20 日福建自贸区参与在上海浦东召开的首届中国自贸试验区检验检疫创新发展论坛,与上海、广东、天津自贸试验区相关检验检疫部门签署了《关于建立中国自贸区检验检疫制度创新合作联动机制备忘录》,由天津、上海、福建、厦门、广东、深圳和珠海检验检疫局成立联动机制领导小组,定期召开联席会议,建立日常工作联系机制,从信息互通、问题共商、政研互助、改革创新成果共享四个方面开展合作,确定了及时分享制度创新经验,同步开展创新制度的试点和推广,共同对创新制度进行完善和提高,统一向国家质检总局报送可复制可推广措施的合作计划。

地市层面,在征求实际从业人员意见以预估改革效果方面,厦门市 2015 年年底亦于"厦门中小在线"网站上发布《关于开展厦门市打造国际一流营商环境意见征集的通知》,针对全市成长型中小微企业开展了为期一年的常态化问卷调查,调研其对厦门市场环境、政务环境、社会环境、开放环境、法治环境、要素环境、设施环境等方面的意见,以有针对性地以国际先进国家(地区)为标

杆,改善本地营商环境。[①]

接下来的建设过程中,福建自贸区应继续注重加强沟通,在联系实际从业者、行业协会、研究机构,充分了解改革需求和国内外动态的前提下,协同其他自贸区,在金融创新等四大自贸区功能共通但推进困难的关键领域形成合力,共同试验,联合寻求上级政府、部门的支持。

(四)统筹兼顾、突出重点,注重法治创新竞争而非优惠政策竞争

按照《福建自贸区总体方案》,福建自贸区三大片区的功能定位分别是"平潭片区重点建设两岸共同家园和国际旅游岛,在投资贸易和资金人员往来方面实施更加自由便利的措施;厦门片区重点建设两岸新兴产业和现代服务业合作示范区、东南国际航运中心、两岸区域性金融服务中心和两岸贸易中心;福州片区重点建设先进制造业基地、21世纪海上丝绸之路沿线国家和地区交流合作的重要平台、两岸服务贸易与金融创新合作示范区"。三片区之间功能定位虽各有特色,但也不可避免地存在着功能重合部分,这也是为避免制约企业的选择,提升福建自贸区对企业的整体吸引力,并促进各片区间就同一领域进行法治创新竞争而进行的必要设计。在此情况下,各片区应该依靠行政执法服务、纠纷解决机制等方面的法治创新成果吸引企业,而非依赖旧式的税费削减、用地补贴等优惠政策,因为只有以立法形式确定下来的法治创新成果才能令企业就营商成本、前景形成稳定预期,才能具有更大的潜在可推广复制性,依托优惠政策进行的招商引资受制于地方政府财力,不具有可持续性和可复制性,结果往往只能招来吃完政策优惠就跑的小企业。而且福建自贸区内各片区在竞争关系之外,更存在不可忽视的协同合作和辐射拉动效应,受某一片区吸引而来的项目投资、进出口贸易可能会连带拉动附属项目和相关服务需求落地周边片区,而某一片区试验总结的法治创新成果也最有可能首先推广至省内周边片区,改善其对外吸引力。故省内各片区一方面在各自的特色功能定位方面要集中发力,创出特色,另一方面,就重合的功能定位方面,要形成在协同合作之余,以法治创新成果打造各自吸引力的良性竞争态势。然而,在2015年10月19日厦门片区管委会组织的象屿、海沧园区企业代表座谈会上,就有入驻厦门片区的企业反映其他片区有以提供更优惠政策为条件竞争

---

① 厦门中小在线信息服务公司:《关于开展厦门市打造国际一流营商环境意见征集的通知》,http://news.xmsme.gov.cn/2015/12/2/403_34205.shtml,下载日期:2016年4月6日。

其新建项目、要求其转移现有项目。即便企业反映的情况属实,而非其为了争取厦门片区更优惠政策捏造的一面之词,上述情况必然也只是个例,但仍有必要考虑到,各片区的确存在出于本地利益考虑,在一些功能定位重合区域进行政策优惠竞争的可能。此类借助特殊优惠政策,招揽已确定入驻省内其他片区的项目、企业的行为,不但就整体而言属于内耗式的零和博弈,而且不利于各片区将竞争重点聚焦于法治创新方面,从而可能使得福建自贸区作为一个整体在面临其他省级自贸区竞争时落于劣势,有违其整体利益。

福建省现在处于着重形成全国范围内可复制经验的自贸区地位,这决定了其在进行经济建设过程中,不能仅仅考虑省内区域发展平衡,抑制、打压先行区域,相反,在必要时应考虑统筹兼顾、突出重点,助力先行区域更快、更好地呈现法治创新成果,以求以点带面式地带动自贸区整体进步。特别是考虑到现阶段福建自贸区面临来自其他三个自贸区的强有力竞争,在部分领域并不占优(例如根据上文提到的华南美国商会《中国营商环境白皮书》,华南地区美资企业运营总部所在地以压倒性的比例集中于广东省内广州、深圳、东莞等市,福建省内仅厦门一市上榜,且所占比例甚微),更有必要要求各片区加强协作,甚至必要时省政府应考虑集中力量,协助特定片区通过推行法治创新,巩固其在某一领域内业已确定的相对优势,允许片区间暂时存在一定程度的发展落差,唯有此,才能确保各片区竞争时着力于法治创新,确保各片区保持竞争中亦有合作的良性态势。

第三节　福建自贸区建立健全法治化营商环境之对策建议

为在福建自贸区内建立健全法治化营商环境,一方面,面对上一节所提到的种种问题,福建自贸区应该有针对性地逐一进行改善;另一方面,自贸区下属各片区在实施过程中亦应有所侧重,以求迅速、高效地提高外界对福建自贸区营商环境整体法治化水平的感受。在争端解决方面完善现有仲裁制度,并在守法监督机制方面建立健全市场主体信用体系,应当是福建自贸区各片区营造法治化营商环境工作中的重点。这是因为,相比传统商业规制更多依靠司法机关、行政机关等国家公权力的代表,仲裁制度和市场主体信用体系就其本质而言,是一类更强调社会参与的先进商业规制模式,更符合法治理念中暗含的自治思想,有利于争端产生后得到迅速解决,有利于通过扬信遏伪从源头上防患于未然。相比发展中国家,市场经济发达国家普遍更少进行国家干预,而具备更发达、完善的仲裁制度和市场主体信用体系,也从侧面印证了改善商业规制需要从单纯强调改进国家干预,转为同时支持、鼓励社会力量参与制裁、抵制违法违规市场主体和市场行为。作为本章最后一节,下文将一一论述各方面的具体对策建议,其论述先后顺序与前两节叙述顺序保持一致,并不代表对相关建议的重要性排序或在实施相关建议时必须遵守的时间顺序。

一、立法方面

(一)加强与上级政府、部门的沟通,争取其支持,以充分利用自贸区"先行先试"优势和相关经济特区立法权,推动关键问题上的改革和创新

完备、合理的法律法规是自贸区营造法治化营商环境的基础。通过各片区管委会制定规范性文件推动改革创新,由于在时效性方面占优,固然是现阶段改革创新的主要途径,然而我们必须意识到,一方面,这些低层级规范性文件所确立的改革如成效良好则需要得到更高层级立法的事后确认,以令其在当地成为稳定可预期的长期制度,并在立法论证过程中再次充分检验其科学合理性和可推广复制性;另一方面,在金融等福建自贸区旨在探索归属中央事权范围或有明确相反法律规定的关键性领域,难以寄希望于片区管委会等会甘冒法律风险,通过出台规范性文件的方式在灰色地带先行启动"边缘革命",而必须通过正式立法对其合法性事先进行确认、背书,才能推动此类领域内的探索、改革。自贸区"先行先试"优势和相关经济特区立法权是打破僵局、加速改革创新的利器,必须意识到利用此二者,一方面可以在遵循宪法规定以及法律和行政法规基本原则的前提下,对已有相关立法的具体规定作出相应变通,另一方面也面临事项和程序上的更多制约,如经济特区法规在报送全国人大常委会、国务院备案时,应当说明对法律、行政法规、地方性法规作出变通的情况,这就要求在进行事前立法时,必须加强与上级政府、部门的沟通,争取其支持,为运用自贸区"先行先试"优势和相关经济特区立法权排除障碍。新近出台的《福建自贸区条例》中,第59条即体现了上述思想,规定,"自贸试验区改革创新需要暂时调整或停止适用有关法律、行政法规、部门规章的部分规定的,有关部门应当及时提出意见,依法定程序争取国家支持自贸试验区先行先试"。

（二）及时废止《福建自贸区管理办法》，以利《福建自贸区条例》充分发挥其指引作用

四大自贸区在成立之初均以地方政府规章的形式颁布了各自的管理办法，作为指导自贸区内机构设置和改革任务推进的法律依据。地方政府规章相比同级地方性法规在立法、修订程序和成本上更具优势，更适应各自贸区成立初期摸索改革经验的需要，这解释了各自贸区对管理办法的初期偏好。但地方政府规章相对较低的法律层级和效力也促使各自贸区在积累形成相对成熟的改革经验后，纷纷以省级地方性法规的形式出台自贸区条例，追认一系列改革成果的合法性，将其制度化。因此可以说，各自贸区管理办法从根本上而言是临时过渡性的，终将被后续出台的效力更高、结合了改革经验从而在内容上更为成熟的各自贸区条例所取代，其他自贸区的实际做法也印证了这一点。全国四大自贸区中，目前除福建、广东自贸区由于其自贸区条例出台时间较晚（分别由各自的省人大常委会会议于 2016 年 4 月 1 日和 2016 年 5 月 25 日通过）而未见相关动作，继续沿用其管理办法外，较早出台自贸区条例的上海和广东自贸区都在出台其自贸区条例后，先后于 2015 年 4 月 1 日和 2015 年 12 月 24 日宣告废止《上海自贸区管理办法》和《天津自贸区管理办法》。《福建自贸区条例》于 2016 年 4 月 1 日公告施行后，《福建自贸区管理办法》亦应及时废止，特别是考虑到两者所涉领域基本相同（如均涉及管理体制、贸易便利化、闽台交流合作等），而《福建自贸区条例》在内容上更为成熟、章节结构上更为合理（如就各片区管理机构职责，《福建自贸区条例》第 10 条规定了包括兜底条款在内的 7 项内容，而《福建自贸区管理办法》第 5 条仅仅规定了 4 项；《福建自贸区管理办法》第六章"综合管理和保障"对应内容在《福建自贸区条例》中被细化分类为"综合监管""法治环境"等多个章节）。因此，笔者建议，应及时废止《福建自贸区管理办法》，结束福建自贸区内两者并行的局面，减少法规间的冲突，从而提升自贸区的法治化水平。

二、执法方面

（一）应利用好自贸区"先行先试"优势，进一步加强行政执法、服务内容方面的改革

《厦门片区建设若干规定（草案）》起草过程中，曾经出现过"设立专门机构，负责各部门涉及国际贸易单一窗口的数据元标准化整合工作，数据元的标准与国际对接"的表述，然而随后被相关部门审议人员以"关检数据内容、格式

标准由国家海关总署制定，难以推动变革"为由建议删除。作为自贸区的组成片区之一，其反映的困难无疑是切实存在的，但福建自贸区挂牌前也出现过厦门市在响应国务院"三证合一"号召进行改革过程中，开创性探索"一照一码"升级措施，以一市之力撬动全国性制度创新的先例。在福建自贸区挂牌并明确享有"先行先试"优势后，只要福建省政府充分理解该议题的重要性、具备推进该议题的决心，拿出经过试行验证的详尽改革方案，积极协调上级政府部门，就关检数据标准在全国范围内再次推广"福建经验"并非没有可能，但若在推进改革过程中，全部止于执法形式上的改革，而执法内容方面的改革选择回避的话，则不但有违中央设立自贸区"先行先试"、主动探索的初衷，也会在未来自贸区间新一轮更深层次的竞争过程中丧失优势。

此外，对于本省和其他省市最佳实践案例中那些普适性强、无须协调上级政府部门的措施，可以考虑通过地方政府规章等形式推广适用于其他领域内的行政执法。比如平潭片区投资管理体制"四个一"案例中涉及的"超时默认""缺席默认"绩效管理倒逼机制，就值得一试。就该制度的具体内容，有关案例中是这样表述的："将各个阶段办理情况全过程纳入绩效考核，并实行'超时默认''缺席默认'。即在不涉及公共安全、公共利益等情况下，当事人提交的申请材料符合法定申请条件的，相关职能部门缺席联合审查、超期不反馈或超期未会签的，视为默认同意。一个月之内 3 次超期，或一个季度累计 5 次超期的，给予行政效能告诫。因'超时默认''缺席默认'引发法律责任的，依法追究相关人员责任，给当事人合法权益造成损害的，依法给予赔偿。通过'超时默认''缺席默认'等办法保证投资管理体制改革的各项措施落到实处、收到实效。"伴随现在电子政务的普及，各级政府网站开始上线网上办事功能，可以考虑对网上办事的事项，在加强政务透明度的同时，进一步结合引入此类"超时默认""缺席默认"绩效管理倒逼机制。办事企业、个人凭申报号进行网上查询办理事项状态时，可在相关页面下提供办理该事项业已耗费时间、标准办理耗时等信息进行对比，并提供申诉或举报链接，让办事企业、个人在办理事项超期时可以快速申请默认核准或举报办事部门。在保证可行性的基础上，从办理绝对量较少的事项入手，将此类"超时默认""缺席默认"倒逼机制逐步推广至所有网上申办事项，同时不断拓展网上办理事项范围，将有效提升行政执法、服务的透明度，确保政府部门依规限时办理，从形式法治层面推动营造法治化营商环境。

（二）立法保障、鼓励第三方社会组织参与自贸区内的行政执法、服务，在确保稳妥的同时，将尽可能多领域内的一部分行政执法、服务工作外包

引入第三方社会组织分担相关政府部门的一部分行政执法、服务工作，有助于实现多方共赢：相关政府部门在人力和专业性方面的短板可以得到有效弥补，工作负担可以得到切实减轻；第三方社会组织在拓展业务的同时，其受聘事实亦表明其资质、能力和信用度获官方认可，有助于其在市场竞争中树立良好声誉；最重要的是，对市场主体而言，相关政府部门和受聘第三方社会组织形成的双方竞争态势将有利于其享受到高效、优质的服务。

因此，通过立法保障、鼓励第三方社会组织参与自贸区内的行政执法、服务，将是福建自贸区从执法方面建设法治化营商环境的重要举措，为此必须一方面弥补现有短板，针对已实施多时的检验检疫环节采信第三方检验鉴定机构检测结果现象，以立法形式明确确认其合法性；另一方面，需要进行一些前瞻性立法，将第三方社会组织参与行政执法、服务的范围进一步拓展。以《广东自贸区条例》为例，其充分体现了利用第三方社会组织改善行政执法、服务环节的意图。其一，《广东自贸区条例》第 15 条第 2 款通过概括性规定，为第三方社会组织参与自贸区内行政执法、服务预留了足够广大的空间，广东自贸区此后可以据此在进出口检验检疫领域之外引入第三方社会组织。[①] 如根据此前浙江省部分地市在实施 2015 年新《环境保护法》过程中的经验，仅以环保领域为例，便可引入第三方社会组织对企业建设项目环评、"三同时"验收、排污申报与收费、自行监测和各类台账管理等进行检查，并核查企业配套污染治理设施是否建成和正常运行、污染治理工艺是否适当、排放是否达标等。[②] 而学者刘忠和在其 2005 年的博士学位论文中，也就在金融监管领域建立公—私

① 该条相关具体内容如下：《中国（广东）自由贸易试验区条例》第 15 条第 2 款自贸试验区片区可以探索设立法定机构或者委托社会组织承接专业性、技术性或者社会参与性较强的公共管理和服务职能。此外，类似条文也见于《中国（上海）自由贸易试验区条例》第 42 条第 2 款规定，即管委会、驻区机构和有关部门应当通过制度安排，将区内适合专业机构办理的事项，交由专业机构承担，或者引入竞争机制，通过购买服务等方式，引导和培育专业机构发展。

② 王以森：《切实引入环保第三方监督》，http://www.cenews.com.cn/gd/jczs/201502/t20150210_787779.html，下载日期：2016 年 5 月 20 日。

复合型监管进行了论述。[①] 其二,《广东自贸区条例》第 19 条还就委托第三方社会组织进行独立评估做了进一步完善,相关评估将不仅限于"自上而下"的顺向评估(即接受省自贸试验区工作办公室或自贸试验区片区管理机构委托,对同级或下级政府部门的改革举措和创新成果进行评估),也包括了"自下而上"的逆向评估(即接受各片区管理机构委托,对上级政府部门支持自贸试验区改革创新工作情况进行评估)。[②] 上述两点做法都为福建自贸区利用第三方社会组织改善行政执法、服务提供了有益的借鉴,可以作为接下来立法鼓励第三方社会组织参与行政执法、服务的具体着手点。

三、司法(争端解决)方面

(一)督促省内相关仲裁机构积极借鉴通行国际规则,尽快制定适应自贸区案件处理需求的专门性仲裁规则,推动在实践中运用国际商事仲裁。

前文已指出省内相关仲裁机构大多并未发布针对自贸区案件的专门性仲裁规则,而通常直接运用《厦门仲裁委员会仲裁规则》(2007)[简称《厦门仲裁委仲裁规则》(2007)]等现有一般性仲裁规则,由此带来的最大问题在于,规则内容的国际性不够,不能完全满足灵活、高效、专业解决自贸区案件的需求。比如《厦门仲裁委仲裁规则》(2007)和《福州仲裁委仲裁规则》(2015)中就均未能突破当事人选定仲裁员的"名册制"限制,规定当事人应从仲裁员名册中选定仲裁员。相比之下,上海国际经济贸易仲裁委员会自贸区仲裁院所适用的《上海自贸区仲裁规则》(2015),则充分借鉴联合国国际贸易法委员会以及国际主流仲裁机构的最新成果,条款内容参考了《联合国国际贸易法委员会仲裁规则》(2010 年修订)、《斯德哥尔摩商会仲裁院仲裁规则》(2012 年修订)等仲裁规则的相关规定,对我国原有仲裁规则的完善和创新主要有九项,包括完善临时措施,增设紧急仲裁庭制度;确立仲裁员开放名册制;细化案件合并、其他协议方加入仲裁程序及案外人加入仲裁程序等制度;通过设立仲裁庭组成前

---

① 刘忠和:《第三方监管理论:金融监管主体角色定位的理论分析》,吉林大学 2005 年博士学位论文。

② 该条具体相关内容如下:《中国(广东)自由贸易试验区条例》第 19 条规定,省自贸试验区工作办公室、自贸试验区片区管理机构可以组织市场主体、专业机构对省人民政府相关部门、自贸试验区片区所在市人民政府相关部门支持自贸试验区改革创新工作进行评估,评估情况纳入对政府部门的年度考核。

的调解员调解程序进一步完善仲裁与调解相结合的制度;进一步强化仲裁中的证据制度等;纳入友好仲裁制度;增设小额争议程序,降低相应的仲裁收费等。这些制度创新有利于应对伴随自贸区金融创新而产生的一些新兴争议,以友好仲裁制度为例,按照公允善良原则而非完全按照法律规则来处理,可以解决诸如对赌协议等法律未明文规定,实践中又存在一定疑虑的新型案件。中国(上海)自由贸易试验区仲裁院自 2013 年 10 月设立以来,11 月审理了首起自贸区商事仲裁案件,依据该制度,在法律没有明文规定,同时又不违反国家金融管理制度的情况下,仲裁了几个案件,维持了交易原则,均获得认可。

(二)就法院为自贸区建设提供司法服务保障方面,由省高院等相关部门建立常态化的各片区创新成果定期汇报、审查机制,及时总结先进做法,以发文或推动立法形式在全省范围内推广

除专设自贸区法庭,提高审理人员专业性和审案效率外,自贸区建设过程中还需要法院从多个环节提供司法服务保障。例如如上文所述,为推动国际商事仲裁等多元化争端解决机制真正运用于实际,除制定适应自贸区案件处理需求的专门性仲裁规则外,还需要法院在对仲裁裁决进行司法审查、判定仲裁裁决的执行效力时予以相应支持。《上海自贸区仲裁规则》于 2014 年 5 月 1 日正式实施,确立仲裁员开放名册制等制度后,上海市第二中级人民法院即迅速跟进,于 2014 年 5 月 4 日发布了《关于适用〈中国(上海)自由贸易试验区仲裁规则〉仲裁案件司法审查和执行的若干意见》(简称《适用〈上海自贸区仲裁规则〉仲裁案件司法审查和执行的意见》),及时、高效地实现了对《自贸区仲裁规则》中相关制度创新的司法对接:就开放仲裁员名册制而言,《适用〈上海自贸区仲裁规则〉仲裁案件司法审查和执行的意见》规定,仲裁当事人推荐或共同推荐仲裁员名册外的人士担任仲裁员或者首席(独任)仲裁员,经仲裁委员会主任确认同意的,若选定的仲裁员符合我国仲裁法关于仲裁员的聘任条件,且选定程序符合《自贸区仲裁规则》的规定,不违反我国法律的相关规定,在司法审查时,可予以认可。这种仲裁规则创新+法院发文确认的改革模式,说明法院系统积极运用制度化手段,通过发文或推动立法及时将其他领域的制度创新予以确认、推广,可以有效避免伴随制度创新产生的市场主体对其效力的质疑,值得福建自贸区借鉴。

此外,法院系统积极运用发文或推动立法等制度化手段,还有利于法院系统内,地方法院先进经验的推广、扩散。福建自贸区内,如能由省高级人民法院牵头,就司法服务自贸区建设这一主题建立常态化的各片区创新成果定期汇报、审查机制,将此前局限于单一片区的先进做法以制度化手段在全省范围

内总结、推广，必将有利于更迅速地提升福建自贸区营商环境法治化水平。以厦门市地方法院系统为例，厦门市中级人民法院此前以发文形式推出了一系列制度化成果，包括《贯彻执行〈最高人民法院关于建立健全诉讼与非诉讼相衔接的矛盾纠纷解决机制的若干意见〉的实施意见（试行）》《关于非诉讼调解协议司法确认的实施意见》《民事案件立案调解工作规则》等，其后又与湖里区法院在自贸区综合服务大厅开设了司法服务专门窗口，为自贸区主体提供立案、材料接收、释法答疑解惑、案件信息查询等一站式司法服务，推进厦门执行合同便利化，取得了良好的实效，如 2015 年 8 月 13 日湖里区法院自贸区法庭所受理的首个案件，从立案、保全、送达到结案全案仅耗时 18 天。[①] 这些体现在地方法院规范性文件和改革举措中的创新经验，如能通过省级层面的协调、联动予以适时推广，将有利于避免出现各地一拥而上、重复试验的情况，有利于更高效地推动自贸区法治建设步伐。

四、守法方面

（一）相对集中行政复议

1. 拓展相对集中行政复议权实施地域范围

《福建自贸区相对集中行政复议权实施办法》至今已实行一年有余，应考虑在《福建自贸区相对集中行政复议权实施办法》之外，由省政府视实施效果，另行制定地方政府规章，将相对集中行政复议权的实施范围拓展至三大片区周边地区，乃至全省其他有条件的地市。这是因为在片区内落户的企业，经过一段时期的发展后，伴随规模增加，很可能考虑在片区周边乃至福建省内其他地区设立分支机构，周边地区的行政执法行为能否通过简便、独立的行政复议程序得到有效监督，此时就将成为其关注重点之一。在全省更大范围内实施相对集中行政复议权，从整体上提高全省营商环境的法治化水平，将有利于增强福建自贸区对上规模或有意愿做大、做强的企业的吸引力。

2. 扩大实行相对集中行政复议的案件范围

具体表现为将涉及国税等实行国家垂直领导的行政机关的案件亦纳入实行相对集中行政复议的案件范围。操作上可参考江苏省海门市和黑龙江省的

---

① 杨伏山:《厦门法院力推新举措服务保障自贸区建设》，http://www.xmcourt. gov.cn/xwzx/mtkfy/201512/t20151230_31805.htm，下载日期:2016 年 7 月 22 日。

现有做法,针对涉及片区内实行国家垂直领导的部门(如国税局)的行政复议案件,由片区管委会以国税局的名义受理,复议决定由国税局根据片区管委会的案件审理报告以自己名义作出,通过由片区管委会行使相对集中行政复议审理权,而非相对集中行政复议权,变相达到规避潜在法律风险,扩大相对集中行政复议制度受案范围的目的。

3. 允许政府部门以外人员与片区管理委员会法制工作机构共同审查行政复议案件,并规定其所占的最低比例

参考北京市石景山区的相对集中行政复议权实施方案可以发现,其为了确保参与审查行政复议案件的人员的中立性,加强结果的公信力,规定负责审查行政复议案件的行政复议委员会中,必须包含相关行政领域的专家、法律专家,或社会公正人士等非国家机关工作人员。具体做法是,行政相对人可以根据《石景山区行政复议委员会、石景山区政府法律顾问名单目录》,从中选择一名非常任委员或政府法律顾问,与行政复议机构指定的一名专家,及法制办的一名工作人员,组成三人审案小组,对受理的案件进行公开审理。[①] 与之类似,笔者建议,福建自贸区各片区在实际实施相对集中行政复议权的过程中,应制定囊括法律专家、社会公正人士等非国家机关工作人员的行政复议案件审理人员目录,由行政相对人从中选择一定数量的人员,与区管理委员会法制工作机构的专职人员共同审理行政复议案件。如此,既有利于不同行业的人士多角度、全面地审视原行政行为的合理性、合法性,也有利于增强行政复议审查结果在社会公众间的公信力。

(二)市场主体信用体系

为解决福建自贸区现阶段在构建市场主体信用体系过程中遇到的问题,可以尝试:

1. 进一步完善省内现存市场主体信用信息公示平台

相关做法包括查找并删除网站内容中不必要的重复查询项,增加数据更新频率,确保查询结果的唯一性、准确性;进一步整合各部门数据库系统,使公众可以便捷地一次性完成综合查询,全面了解市场主体信用状况。例如,具体而言可以将"福建省工商系统市场主体信用信息公示平台"首页的"工商部门行政处罚信息查询"栏取消,转而确保通过该平台主页"市场主体信用信息查

---

① 周宇星:《新时期的行政复议改革实践——石景山区行政复议改革试点研究》,载《科技视界》2014 年第 1 期。

询"栏搜索所得结果中,"工商公示信息"栏下"行政处罚信息"这一项下所反映的是唯一且及时、准确的最新信息。

同时,也必须解决在上文"福建省工商系统市场主体信用信息公示平台"一例中提到的问题,即普通公众如果想要全面了解某一特定企业的信用状况,必须清楚了解具体应查询该平台"中直、省直部门公示信息查询"栏下27个部门中的哪些以获取所需信息。这对于缺少相关实务经验的初次使用者而言,无疑麻烦又增加了遗漏的可能。如可行的话,应考虑将平台上相关各部门的数据库资料进行一体化整合,使得一次查询就能在同一页面上显示各部门数据库中的所有相关资料。

2. 综合运用立法、执法等手段,将市场主体信用信息推广运用于政府采购、市场监管、贷款发放等多个领域,落实守信激励和失信惩戒联动机制

《福建自贸区条例》第48条和《福建自贸区管理办法》第44条中均明确规定要"建立自贸试验区内市场主体信用信息记录、公开、共享和使用制度,推行守信激励和失信惩戒联动机制",而福建自贸区目前构建市场主体信用体系的短板主要体现在未能充分利用市场主体信用信息,有效落实守信激励和失信惩戒联动机制。为此,参照国内其他地区的实践做法,建议福建自贸区从以下几方面改进:

首先,在立法方面,应通过出台相关强制性地方法规或政府规章,明确规定就政府采购、招投标等以国家机关为一方当事人的民事行为,必须查询相关企业的信用信息,对存在不良信用记录(如被纳入企业经营异常名录)的市场主体一概剥夺其参与政府采购或招投标的资格。各级政府作为国家公权力的代表,率先落实国家相关政策号召是其应尽之责,从政府部门入手也具有较高可行性,此前出台的《天津自贸区管理办法》(现已失效)中第39条第2款便体现了类似意图,规定"管委会、驻区机构和有关部门可以在……政府采购以及招投标等工作中,查询相对人的信用记录,使用信用产品,并对信用良好的企业和个人实施便利措施,对失信企业和个人实施约束和惩戒"。但该条款的缺陷主要体现在采用了"可以"这一表述,并非强制性条款,此外对"约束和惩戒"也未予明确定义,这两点值得福建自贸区在借鉴时注意。

其次,在执法方面,应加紧制定相关细则,根据信用信息在市场准入、日常抽查等众多环节对市场主体实行区别处理,重点限制、监管具有不良信用信息者。2015年天津自贸区入选全国自贸区最佳实践案例的"以信用风险分类为依托的市场监管制度"就极具借鉴意义。天津自贸区综合考虑了市场主体是否被列入经营异常或严重违法企业名单、接受行政处罚的种类和次数以及被

罚款总额、是否因重特大生产安全或食品安全事故被追责等标准,将市场主体的信用风险自动分为"良好""警示""失信""严重失信"四个类别,将"警示""失信""严重失信"的企业列为各部门重点监督检查对象,并于 2015 年年底通过《天津自贸区条例》将上述做法予以制度化,在第 51 条中规定:"……实施市场主体信用风险分类监管制度,建立随机抽查联合检查机制,对信用等级低的市场主体实施重点监管。"

最后,在社会合作方面,应与金融机构、第三方征信机构、电商平台等加强联系和接触,请求其协助,以互利共赢的方式在更广大范围内有效传播市场主体信用信息,惩戒失信市场主体。合作方式至少可以包括以下几种:

其一,可以考虑将省内市场主体信用信息公示平台上的既有信息和由相关政府部门掌握的其他信用信息提供给相关互联网企业,使公众可以通过查询手机 APP 或微信等方式,便利地运用移动终端实现综合查询。以现有的此类手机 APP 之一"启信宝"为例,该应用在输入企业名称后就能显示包括工商信息、企业年报、法院判决、失信信息、专利信息等 24 项内容在内的企业资信情况明细,然而可能是由于缺少与政府相关部门的合作,欠税信息、资质认证等项下的相关数据往往处于缺失状态,政府部门与其加强合作的话,不仅可以分流查询人群、减轻平台的访问量压力,而且也便于促进相关信用信息在社会上扩散,加强信用体系对相关市场主体的约束力。

其二,鉴于中国管理科学研究院、企业管理创新研究所、中国市场学会信用工作委员会早在 2009 年就已经发布了《中国市场信用企业诚信评价管理办法》,企业诚信状况综合评级工作经过几年发展,其标准已经相对规范、统一,因此也可考虑与相关评级机构合作,在信用信息平台上增设综合信用评级查询功能,这样,大多数情况下公众就能凭借 AAA、AA、A、B、C 等简单易懂的综合评级结果,直观地了解特定企业在合同信用、还贷偿债缴费信用、依法纳税状况等多个领域内的综合资信状况,这种综合评级结果可以促使公众更加关注作为评级指标的市场主体依法纳税状况、环保安全状况等以往相对而言容易被忽视的信用信息。

其三,还可以考虑与第三方征信机构合作,通过向其提供信用信息,引导接受第三方征信机构服务的合作商户对失信市场主体予以限制。例如,2016 年 4 月以来,浦东市场监管局就与芝麻信用展开合作,向后者提供了首批近 6 万条企业信用信息,涵盖了行政处罚、经营异常名录、严重违法失信、罚款逾期未缴纳等多个方面,并确保相关数据保持实时更新。根据上述数据,芝麻信用将 5.9 万家企业纳入"企业行业关注名单",将 160 多名个人被纳入"个人行业关注名单",并披露给包括上海银行等在内的众多相关合作商户。而对上海银行等合作商户而言,上述名单则帮助其有效过滤了违约风险高的客户(据芝麻信用数据统计,浦东市场监管局提供的首批失信企业的法定代表人在芝麻信用消费信贷场景中的平均违约率为1.2%,比平均水平高出0.4个百分点),银行在避免潜在损失的同时,也通过限制失信者申请贷款、融资,有效支持了社会信用体系建设。[①]

(三)公证

进一步优化法治化营商环境的措施包括:

1. 结合《福建自贸区总体方案》中载明的各片区的功能划分和福建自贸区作为一个整体所需完成的主要试验任务,由福建省公证协会等部门组织省内先进公证机构,探索总结金融、航运、涉台、涉外等领域内新兴公证业务的规范操作流程,结合现有的现场和线上培训班等模式,通过发布业务操作指南和文书范本,对全省范围内的,尤其是各片区周边县市城镇的公证员群体进行低成本、高效率的执业技能培训。

2. 由福建省司法厅等部门针对省内企业和公证员群体组织调研,就企业经常使用的一些现有公证服务事项收费标准确定可行的下调幅度,如就《国家发展计划委员会、司法部关于调整公证服务收费标准的通知》中规定了确定值的事项(如证明土地使用权出让、转让,房屋转让、买卖及股权转让)需要降低收费的,或规定了浮动区间的事项(如办理证据保全)需要突破收费下限的,应积极运用自贸区"先行先试"的优势,协调相关上级政府、部门,在三个片区范围内先行调整试行。

结　论

综合本章各节阐述的主要内容,至此,就引言部分提出的问题,我们可以归纳答案如下:

就概念而言,"法治化营商环境"指的是以国内中小私营企业主为主要规

---

① 　佚名:《浦东信用监管再出实招——联手第三方征信机构,打通企业与个人信用信息共享通道》,http://www.pudong.gov.cn/website/html/fwwb/hydt/2016-05-25/Detail_728620.htm,下载日期:2016年5月20日。

厦门大学法学院经济法学文库

制对象,符合形式法治和实质法治要求,包含立法、执法、司法(争端解决)和守法激励等完整有机环节在内的一种广义的商业规制及其具化实施制度。与近似概念区分时需要注意,相比"法治化投资环境","法治化营商环境"这一概念聚焦于商业规制,在内涵上更狭窄明确,从而更有可能借鉴国际经验加以改善,并形成可供推广的改革举措;而"国际化营商环境""市场化营商环境"这两个概念则可视为从对"法治化营商环境"的不同侧面的重点聚焦,即关注法治化有没有跟国际接轨,法治化符不符合市场发展的规律,因此,法治化营商环境本身已经内在地隐含了国际化、市场化的要求,国际化、市场化营商环境与法治化营商环境是内在一致的。

究其本质,营造法治化营商环境这一过程可理解为依托法治手段实施的,旨在增进经济自由、释放经济活力的渐进、有序去监管化过程,对传统劳动力和资源成本优势逐渐消失、出口受阻、内需有待激活、投资拉动效益趋弱的当今中国而言,其积极意义主要在于通过释放制度红利,长期、根本性地促使实现产业升级转型、经济增速企稳回升,对民营经济发达、中小企业集中、外贸GDP 占比较大的福建省而言,其重要性则更为突出。

相比一定期限内削减税费、给予用地补贴等政策性、临时性的原有招商引资措施,营造法治化营商环境重在减少企业在执法环节所承担的非必要监管负累,加大社会中介机构、行业自律组织等市场力量在司法和守法激励环节发挥的作用,并将以上措施通过立法手段加以统一化、制度化,从而使企业家形成稳定预期,诱导其从专注于短期政策、市场套利,转为立足长远,注重信誉和产品、服务质量。

福建自贸区营造法治化营商环境的可行性主要体现在:立法创新层面拥有自贸区"先行先试"的制度创新授权和以厦门市为代表的经济特区立法权;执法优化层面有以厦门大学为代表的国内重点高校给予优化方案构思、可行性论证等智识支持;司法(争端解决)层面,福建省内原本就有福州仲裁委员会、厦门仲裁委员会、泉州仲裁委员会等多家仲裁机构,福建自贸区挂牌成立后,其下属三片区进一步加强涉台涉外商事仲裁工作,先后各自成立了国际商事仲裁院、海峡两岸仲裁中心等专门的商事仲裁机构,为充分利用仲裁这一准司法途径高效、低成本地化解区内商事争端提供了组织保障;守法激励层面,2010 年《国务院关于加强法治政府建设的意见》《国务院办公厅社会信用体系建设意见》等文件为福建自贸区开展相对集中行政复议和构建、完善市场主体信用体系提供了相关依据,福建省内公证部门注重人才培养、业务创新能力较强的比较优势也有利于推广运用公证制度保障交易安全。

福建自贸区建设过程中，往往可能涉及金融、税收等中央事权范围内事宜，但这并不意味着地方政府就难以有所作为。具体而言，目前各片区所采取的提高营商环境法治化水平举措多限于在执法方面对手段、形式进行改革（如建立相关电子系统、加强本地各部门间协调合作，以实现在线办事、一口处理等），福建省相关各级地方政府具体职能分工可以大致划分如下：各片区重点做好司法和守法激励两面的工作，尤其是要加强推进国际商事仲裁规则完善工作，提高国际商事仲裁的实际采用率，并着力完善相对集中行政复议机制、构建市场主体信用体系；省政府则应着重加强自贸区内各片区的协调工作，做好与其他自贸区的沟通、联动，一方面，适当突出重点，鼓励先行区域充分利用经济特区立法权等工具更快更好地试验、产出法治创新，并由省政府及时运用立法途径将其制度化、普及化，另一方面，就金融创新等四大自贸区功能共通但涉及中央事权的关键领域，以及执法内容改革等涉及现有上位法规定而推进困难的事宜形成合力，共同试验，联合寻求上级政府、部门的支持。

第五章

福建自贸区税收法律制度研究

福建自贸区的蓬勃发展往往离不开税收法律制度的支持,伴随着我国财税体制改革和税收法定的落实,自贸区的税收优惠措施是否有存在的必要,其合理限度是什么? 在清理税收优惠规范的背景下,福建自贸区如何在"扩"与"减"冲突的背景下,发挥税制创新优势,避免政策洼地的出现亦是不可回避的一个重大问题。当然,税收优惠措施不是自贸区的真实意旨,制度的创新才是自贸区建设的主要目标。因此,本章将围绕"税收法律制度"这一重大法律问题,从相关基本概念与理论入手,探讨福建自贸区税收法律制度的必要性以及当前财政体制改革对自贸区所带来的影响,并结合福建自贸区税收法律制度的现状和存在的具体问题,探讨总体的解决思路,进而提出建立健全福建自贸区税收法律制度的具体制度设计和对策分析。

第一节　福建自贸区税收法律制度的概述及其必要性分析

一、福建自贸区税收法律制度的概述

考察世界各国,特别是发展中国家建设自贸区的经验可知,自贸区在促进出口、吸引外资、增加就业等方面发挥了积极作用,还可以作为"市场经济的实验室",增加发展中国家国内公司与外国公司的接触与联系。据统计,目前世

界上有超过 135 个国家设立免税性质的自贸区。① 因此,为了更好构建福建自贸区税收法律制度,理应对自贸区与保税区的概念差异有清晰的把握。

(一)自贸区与保税区的概念差异

在我国语境下,自贸区②一词最早可以追溯到 1990 年国务院批准设立的上海外高桥保税区,上海自由贸易区也是基于此而设立的。因此,自贸区与保税区存在概念上交叉,并存在于不同的法律规范之中。但究其本质,二者皆存有共性,即二者都在区内实行优惠的税收政策。

保税区作为我国特有的一个概念,2005 年 11 月 28 日国家海关总署颁布的《海关对保税物流园区的管理办法》中首次使用了这一术语,第 2 条规定保税区属于"海关监管特殊区域",第 7 条将其功能定位为"保税仓储、转口贸易③、出口加工、商品展示"等,享有"免税、保税、免证"政策。相比而言,自贸区更具有国际水平的功能创新、服务贸易发展充分、贸易投资便利、货币兑换自由、离岸业务发达,有高效便捷监管、集聚营运总部、规范法制环境、良好行政效率和透明度的自由贸易区;其旨在率先建立"符合现代化、国际化和法治化要求的跨境投资和贸易规则体系"④。

我国保税区本质上仍是"境内关外"⑤,并且在实际中"一线"也并未完全放开,如货物从境外进入保税区时仍然需要向海关备案,区内投资注册的贸易企业没有出口经营权;而自贸区经济自由化的程度比"境内关外"高,换言之,自贸区是一种"境内关外"的特殊区域,其核心特点是:"一线放开(自贸区与国境线)、二线管住(自贸区与非自贸区)以及区内不干预"⑥(如图 5-1 所示)。因此,保税区在条件成熟时往往向开放程度更高的自贸区转变,实现真正的"境内关外"。

---

① 该法案经过 1950 年、1984 年、1991 年、2012 年不断修订而逐渐趋于完善;Susan Tiefenbrun: U. S. Foreign Trade Zones, Tax-free Trade Zones of the World, and Their Impact on the U. S. Economy, *Journal of International Business and Law*, 2013, Vol. 12, No. 2. p. 151.

② 自贸区一词具体的含义在本书的第一章予以详细的论述,在此不予以展开。

③ "转口贸易"已修改为"国际转口贸易",参见 2010 年海关总署《关于修改〈中华人民共和国海关对保税物流园区的管理办法〉的决定》(海关总署令第 190 号)。

④ 国务院:《中国(上海)自由贸易试验区总体方案》。

⑤ 对于保税区的"境内关外",有人形象地称之为"孤岛"(island)模式。

⑥ 刘剑文、魏建国、翟继光:《中国自由贸易区建设的法律保障制度》,载刘剑文:《财税法论丛》(第 3 卷),法律出版社 2004 年版,第 389～390 页。

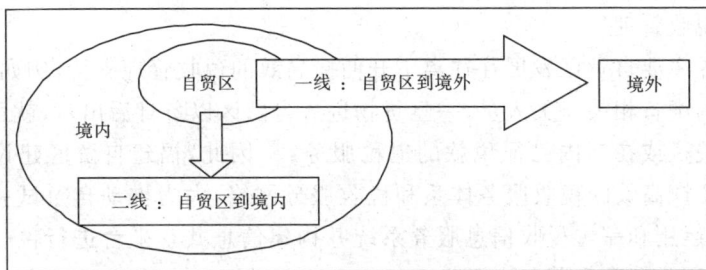

图 5-1　自贸区一线、二线

(二)自贸区的税收法律相关术语

1.税收优惠

税收优惠措施与税收重课措施共同构成税收要素体系中的税收特别措施要素,主要通过减轻甚至免除特定纳税人群体的税收负担的制度设计,来引导某区域或某行业的发展,或保障某特殊群体的合法权益。[①] 政策性税收优惠是其中一种优惠形式,通过激励或诱导措施的引入,实现特定的政策目的。[②] 从理论上讲,税收优惠政策具有减税效应,各种税收优惠规定代表着政府对税收收入的放弃,将对各国的经济和政治产生深远的影响。[③] 纵观税制发展史,税收优惠作为一般性税法条款的例外规定自有税收以来就存在,目前我国税收优惠的具体规定几乎渗透到基准税收制度的所有要素之中。

2.自贸区的税制模式

考量欧洲、美洲及其他大洲国家的自贸区所实行的税制模式,大都采取复合税制结构模式进行课税,且以税收优惠作为主要方式。具体表现为:一是关税的优惠,在自贸区内关税基本趋零化,申报程序简单化;二是税率的优惠或是折旧的补贴,在自贸区内注册企业享有优惠的税率和折旧的补贴,如英国、法国、丹麦、意大利等国家自贸区;三是个人所得税的优惠,在个人所得税上采用综合所得税制征收模式,在此基础上再给予一定的激励,同时实施个人自行申报制度;四是延期缴纳税款模式,在欧美国家的自贸区内,通过延期缴纳所得税来缓解企业的资金紧张,相当于赋予企业及个人一定量的无息贷款。

---

① 叶姗:《税收优惠政策制定权的法律保留》,载《税务研究》2014 年第 3 期。

② 熊伟:《法治视野下清理规范税收优惠政策研究》,载《中国法学》2014 年第 6 期。

③ See Åsa Hansson & Cécile Brokelind:Tax Incentives,Tax Expenditures Theories in R&D:The Case o-f Sweden,*World Tax*,2014,Vol. 6,No. 2. pp. 169~196.

3.税收管理

世界主要自贸区发展往往离不开便捷高效的税收管理支持,例如,美国在自贸区内配备相关海关人员,一旦货物进入自贸区以备日后出口,就可享受快速办理关税或在国内已征税款的退税服务。[①] 因此,福建自贸区建设更应注重利用便捷高效的税收服务体系和税收服务网络,大力推动自贸试验区税收便利化;运用和完善税收信息服务系统并构建信息共享平台进行税收风险监测,提高税收管理和服务水平。

二、福建自贸区税收法律制度创新的必要性分析

上海、广东、天津和福建四个自由贸易试验区在金融、贸易、投资制度方面都有了一定程度的创新,也对税收法律制度的创新提出了更高的要求,同时亦带来新的挑战。因此,合理的税收制度的顶层设计和规范运行无疑对福建自贸区建设尤为重要。

(一)税收法律制度的创新是福建自贸区建设不可缺失的制度支持

鉴于自贸区的特殊性及其承载的经济引擎重任,大部分国家往往通过不断修正税收政策并适当赋予必要的优惠政策以增强自贸区的特有活力。

1.不断完善自贸区的税收法律以促进自贸区的发展

鉴于美国对外贸易区作为全球自贸区经济最发达的实体,其税收制度方面具有丰富的经验与合理的结构安排。因此,以美国对外贸易区税制经验与制度结构为例进行研究。为了应对 1930 年实施的《斯穆特-霍利关税法》(*Smoot-Hawley Tariffs Act*)[②]给美国国际贸易带来的破坏性冲击,美国国会在 1934 年颁布了《对外贸易区法》(*the Foreign Trade Zone Act*)。依据该法,在指定的区域内(一般位于海关入境口岸或者临近区域)实施一种特殊的关税,区内的各类商品交易不再受制于美国关税和其他从价税(ad valorem taxes)。[③] 这一做法旨在通过对外贸易区的设立以期降低美国企业的国际贸

---

① U. S. Customs & Border Prot. 、Foreign Trade Zones:U. S. Customs Procedures and Requirements (2010), http://www. cbp. gov/linkhandler/cgov/newsroom/publications/trade/foreign_trade. ctt/foreigntradezones. pdf,下载日期:2016 年 3 月 24 日。

② 1930 年《斯穆特-霍利关税法》旨在保护国内新兴产业和鼓励消费,对进口商品征收较高的关税。

③ See United States Free Trade Zones Act,19 U. S. C. §§ 81a-81u (1934).

易成本,从而促进美国产品出口和创造就业,由此奠定了美国对外贸区的"境内关外"地位。然而,美国对外贸易区区内禁止制造业和展示活动的规定,限制了自贸区的发展。为改变这种局面,1950 年美国国会修正了《对外贸易法》,授权在自贸区内进行有条件的制造业活动,即赋予区内的制成品在进入美国市场时,按照其全部价值(包括国内零部件、劳务支出、经常性开支与利润)来征收关税。[①] 此后,伴随国际贸易环境的变化,美国不合理的关税结构造成了"反向关税"(inverted tariffs),致使美国的某些增值性的生产被迫移往海外。为此,1984 年国会再次修正了《对外贸易法》,规定从美国之外运入区内进行加工制造等,或者在美国生产为出口运入区内的有形动产,均可免除州和地方的从价税。随后,1991 年和 2012 年的修正更多是从税收行政管理层面进行优化,如审查海关税则的分类、简化申请的程序等。

上述美国自贸区的税收立法演变历程可知,从早期的实施税收优惠政策到税收管理优化的转变,充分地反映变革性立法在积极推动与应情势变化方面的重要功能,美国也借此一系列立法完成对当时其他国家自由贸易区制度的追赶,从而实现对外贸易区的立法跨越式发展。

2. 借助税收优惠措施吸引投资是世界上自贸区通常做法

考察世界上主要发达国家自贸区的税制惯例,各种类型的自贸区大都设计税收优惠措施吸引外来投资者。税收优惠政策呈现如下特点:

一是税种少,在自贸区内征收的税种较为有限,例如,土耳其 1985 年《自贸区法》规定,自贸区内企业所有的收入与利润免于征收任何税,包括个人所得税、企业所得税、增值税和关税。[②] 再如,多数国家自贸区对离岸业务一般只征企业所得税、利息股息预提税[③]、资本利得税等直接税,不征间接税。如为了吸引国际级金融机构的进驻,迪拜自贸区规定区内企业享有 100% 免交公司所得税和个人所得税税收优惠、新加坡特别取消非居民的利息所得税政策。

二是实行优惠税率,为吸引投资者落户自贸区,保证自贸区内与公司相关税种的税率不高于区外公司同税种的税率,保证区内公司的税负总水平不高

---

① Susan Tiefenbrun: U. S. Foreign Trade Zones and Chinese Free Trade Zones: A Comparative Analysis, http://ssrn.com/abstract=2617592, 下载日期: 2016 年 3 月 1 日。

② See Ramazan Biçer: An Assessment of Free Trade Zones from a Transfer Pricing Perspective, *International Transfer Pricing Journal*, 2008, Vol. 15, No. 5. pp. 236~237.

③ 新加坡为吸引国际级金融机构进入,取消了非居民的利息所得税。

于周边国家和地区市场的税负水平,是各国自贸区设置税率时所遵循的基本原则。[①] 例如,在新加坡、中国香港、韩国、德国等地著名自贸区的公司所得税税率大都在 15% 左右。设在沿海国家的自贸区、自由港出于增加进出口贸易、扩大出口的需要,关税基本上皆有趋零化的趋势,甚至实行"零关税"政策。再如美国对于在自贸区加工生产的产品,在核定加工产品的完税价格时往往扣除相关的劳务支出、经常性费用和利润等。[②]

三是税收优惠方式的多样化。除税率、税种的直接减免外,为避免因"税收洼地"出现的避税、套利等风险,税收优惠的手段逐渐趋于间接化、多样化,这主要包括:(1)所得税抵免。例如美国纽约市规定,雇用全日制或等同于全日制职工的区内企业,可以在连续 5 年内申请工资所得税抵免(wage tax credits);若雇用属于特殊目标群体(targeted groups)的职工,该抵免额每年可达 3000 美元;如果是新雇用职工,还会有一笔 1500 美元的额外抵免;并允许未使用的抵免可以无限期地结转使用(forwarded indefinitely)。(2)投资抵免。区内企业为特殊使用目的而投资到计提折旧的财产(depreciable property)或设备时,可以获得 10% 的投资税收抵免(investment tax credit),并允许向后不定期予以结转。此外,为了鼓励就业,当区内企业增加就业岗位,可以申请就业激励抵免(employment incentive credit),抵免数额可以达到投资税减免数额的 30%,申请时间为投资减免税申请提出后的三年之内。(3)加速折旧补贴。例如,在英国、法国、意大利等欧洲国家的自贸区内,对注册的企业实行所得税税率直接优惠和折旧补贴等间接优惠相结合的政策;(4)延期纳税。如美国采用延期纳税的税收优惠方式,自贸区内企业或个人可选择在较为有利的会计年度申报收益以获得延期缴纳所得税款,从而获得类似于政府给予资金支持的优惠;[③]另外,美国也允许关税迟延。[④] (5)亏损弥

[①] 薛菁、郭晓红:《我国自贸区发展中税收政策的影响评析与理性应对》,载《亚太经济》2015 年第 5 期。

[②] See Generally Treasury Department New Foreign Trade Zone Rule on Appraisement,45 Fed. Reg. 17976 (March 20,1980).

[③] Walter H. Diamond,Tax-Free Trade Zones Aid Both Exporters and Importers,*The American Banker* 15,Oct. 20,1980:17;See also Susan Tiefenbrun:U. S. Foreign Trade Zones and Chinese Free Trade Zones:A Comparative Analysis, http://ssrn. com/abstract=2617592,下载日期:2016 年 3 月 1 日。

[④] 关税延迟指货物在不同的 FTZ 间转移并最终进入美国境内销售时,美国海关允许其关税推迟到商品从最后一个 FTZ 进入美国境内时缴纳。

补。在新加坡,为鼓励企业重组并购,规定在满足一定条件下同一集团内企业间可以互相利用亏损冲抵上年税前利润,减少应纳税所得额,达到企业所得税优惠的目的。(6)免出口退税。如美国实行免出口退税,自贸区内的企业可以省去先缴税再退税的环节,直接将这部分资金留存在企业中作为营运资本,有利于解决资金周转问题。

3.福建自贸区功能的实现需要税收法律制度创新的支持

在法治社会中,一个完善有效的法律体系和合理、规范的操作规则,对自贸区的发展至关重要。

首先,伴随着自贸区的金融工具不断推陈出新,原有的税法的规制作用必然趋于弱化,甚至出现缺位。这种税法规制的缺失容易导致市场的投机行为,增加交易的潜在风险。因此,福建自贸区的健康发展亟待解决税收法律制度创新的难题。其次,国家税权的规范化是关键性的制度突破,通过税收立法可以将自贸区一些具有可行性的优惠措施予以法律化,使之引导资本、技术、劳动等生产要素的投入,促进生产要素的合理分配。因此,福建自贸易区为了推进贸易自由、货物进出口自由的战略,往往离不开关税的免除、出口退税或延期纳税等增值税、所得税的激励;离岸金融业务的发展急需有利的税收安排,如流转税的减免等优惠的税收政策。再次,适度降低个人所得税税率可以吸引更多海外人才和海外船舶公司入驻,例如新加坡,个人所得税税率在3.5%~20%,我国香港船员的个人所得税税率仅为15%。另外,有利的税收政策对一些特殊行业的发展起到积极作用,如针对船舶经纪、货运代理等物流辅助行业,按照国际经验,通常在流转税方面要给予其一定的税收鼓励。[1] 最后,良好的税收管理方式有利于促进贸易的自由化和便利化,如新加坡早在1986 年宣布国家贸易网络开发计划,对国际贸易采用了高度整合的信息统一监管系统。因此,通过纳税服务的优化,如注册程序简单化、纳税申报手续便利化、税务处理方式信息化等手段,有助于吸引外国投资者落户福建自贸区。

(二)税收法律制度改革对福建自贸区发展的影响

《全面深化改革若干问题决定》《深化财税体制改革总体方案》《中共中央

---

① 邱鸣、华樊星:《借鉴国际经验,优化上海自贸试验区的税收政策》,载《科学发展》2014 年第 6 期。

关于全面推进依法治国若干重大问题的决定》《贯彻落实税收法定原则的实施意见》[①]等重大战略决策的相继出台,拉开了我国新一轮税制改革的序幕。税收法定、营改增及个人所得税等税种的改革、全面规范税收优惠政策等作为当前税制改革中的热点,福建自贸区如何在符合国内财税改革方向和国际通行做法的前提下,应对税制改革对自贸区发展所带来新挑战和机遇。

1.税收法定原则的推行对福建自贸区发展的影响

税收法定原则,又称为税收法定主义,是现代税法所奉行的首要原则,体现为税种法定、税收要素法定、程序法定。2015 年 3 月 15 日正式通过的《立法法》第 8 条第 6 项规定"税种的设立、税率的确定和税收征收管理等基本制度"只能由法律规定,这可以认为税收法定主义在宪法性法律当中得到了部分、并非完整的确立。[②] 这种立法的变革将不可避免地对福建自贸区的税收政策选择产生重大影响:一方面自贸区所在地方政府通过与中央政府不断博弈,争取税收政策优惠的传统做法将随着税收法定原则的落实而变得不可行,如财政部关税司司长王伟在回答媒体提问时表示,自贸区的企业所得税按15%征收,不具备在全国可复制、可推广的可能性;自贸区税制改革要符合国家税制改革的方向,遵循税制公平、统一、规范的原则。[③] 同理,为了本地区的利益而随意减免税更是违法的。另一方面按照《全面深化改革若干问题决定》中关于全面立法如何与改革试点相衔接的规定"实践条件还不成熟、需要先行先试的,要按照法定程序作出授权;实践证明行之有效的,要及时上升为法律,在全国铺开",因此,福建自贸区即使争取到税收政策上的优惠,也不可能变为自贸区独享的长期优势,在试点过一段时间后,必然有一个由点到面向外推广的过程,福建自贸区的税收政策红利将逐渐消失。故在税收法定原则下,税收优惠无法也无力成为福建自贸区的政策优势,只有靠深化改革,简政放权,依法行政营造出适合市场发展的税收环境,才是自贸区吸引投资的关键。

2.清理税收优惠政策对福建自贸区发展的影响

税收优惠是国家利用税收杠杆对经济运行实行调控的一种手段,是国家

---

① 《贯彻落实税收法定原则的实施意见》全文未公开,主要以有关新闻报道为依据,具体参见:http://news.163.com/15/0326/05/ALK16F2L00014AED.html,下载日期:2016 年 3 月 15 日。

② 此观点主要是援引厦门大学法学院李刚老师在《"十三五"税法体系规划研究》第八稿中所持的观点。

③ 财政部:《自贸区按 15%征税不成熟》,http://www.chinanews.com/gn/2013/09-30/5338227.shtml,下载日期:2016 年 2 月 24 日。

为实现一定的经济社会目的,通过制定倾斜性的税收法律法规来豁免或减少经济行为或经济成果的税收负担的行为。然而,当前税收优惠沦为地方政府进行税收竞争的重要工具,存在过宽[①]、过多[②]、过滥等情形,诱导纳税主体避税的同时也加大了征税主体的自由裁量权,使擅自减免和越权减免屡禁不止,危及税收法定主义,扰乱公平的市场竞争秩序,弱化对产业结构的引导影响、国家宏观调控政策效果,明显背离设置税收优惠的初衷。

于此背景下,2013 年《全面深化改革若干问题决定》进一步提出了"税收优惠政策统一由专门税收法律法规规定,清理规范税收优惠政策"。2014 年11 月 27 日,国务院就清理规范税收等优惠政策有关问题发布《关于清理规范税收等优惠政策的通知》提出"各地区一律不得自行制定税收优惠政策。未经国务院批准,各部门起草其他法律、法规、规章、发展规划和区域政策都不得规定具体税收优惠政策""除法律规定的税政管理权限外,各地区一律不得自行制定税收优惠政策""区域发展规划应与税收优惠政策脱钩,今后原则上不再出台新的区域税收优惠政策"等规定。2015 年 6 月 8 日,国家税务总局发布修订后的《税收减免管理办法》。该办法细化了备案管理,简化办事程序,全面简化和压缩审批类减免税的申请范围和流程,同时还转变管理方式,加强事中事后监管,更加注重对减免税风险管理的动态监测、识别、评价和应对。

上述清理规范税收优惠作为我国财税体制的一项重要改革,而税收优惠作为国际上自贸区建设中通用的政策支持手段,自贸区的扩围是必然趋势。在这"减"与"扩"冲突背景下,将对福建自贸区税制建设产生深刻的影响:其一福建自贸区所依托的经济特区、保税区、加工区、高新技术开发区原有的税收优惠政策成为福建自贸区可利用的主要税收政策资源,如当前福建自贸区的免税缓税政策、出口退税政策、保税加工政策、即征即退政策等都是原保税区原有政策的延续。其二,国际上自贸区常用的较低的企业所得税税率政策在福建自贸区将难以有操作的空间。[③] 若按照国际通行的做法,福建自贸区区

---

① 过宽主要表现在:一是从税种的角度来看,无论是直接税还是间接税,都存在着税收优惠的内容;二是行业和区域都存在相应的税收优惠措施。

② 在国家税务总局税收法规库中以"税收优惠"为标题,以 1980—2016 年为时间界定进行搜索,共有 204 个规范性文件, http://hd. chinatax. gov. cn/guoshui/main. jsp♯,下载日期:2016 年 4 月 8 日。

③ 薛菁、郭晓红:《我国自贸区发展中税收政策的影响评析与理性应对》,载《亚太经济》2015 年第 5 期。

内公司享有所得税税率优惠,那必然造成新的税收政策洼地,引发新一轮区域竞争的不公平,与经济新常态下我国税制改革发展的目标相悖。其三,争取特定产业、行为的税收优惠是福建自贸区在"清理规范税收等优惠政策"背景下更为理性的选择。从实践看,国家赋予上海自贸区的 7 项新的税收优惠政策,如非货币性投资的分期纳税,因非货币性资产对外投资产生的资产评估增值、股权激励个人所得可以分期缴纳所得税;对融资租赁实行出口退税试点,对租赁境外购买飞机减征进口环节增值税等都是针对特定行业和行为的,主要集中在促进投资、贸易等国家重点支持的领域。这些举措可为福建自贸区所借鉴。其四,福建自贸区不能依赖于"优惠政策"型的路径来吸引国际资本,而应不断释放改革红利尤其是制度红利,才能从根本上增强竞争力,符合财税法治精神,进而避免陷入"政策洼地"的两难困境。

3."营改增"、个人所得税制改革对福建自贸区发展的影响

上述税收法定原则的确立和税收优惠政策的清理规范对自贸区发展带来挑战的同时,营改增、个人所得税等税制改革为福建自贸区建设提供一个良好的契机。

(1)"营改增"对福建自贸区发展的影响。为贯彻落实 2016 年 3 月 5 日国务院《政府工作报告》有关"营改增"的精神,2016 年 3 月 23 日财政部、国家税务总局制定并发布了《关于全面推开营业税改征增值税试点的通知》,规定自 2016 年 5 月 1 日起,在全国范围内全面推开"营改增"试点,将建筑业、房地产业、金融业、生活服务业 4 个行业纳入"营改增"试点范围,自此,现行营业税纳税人全部改征增值税。此次"营改增"试点的扩围旨在进一步减轻企业税负,促进经济结构转型升级。当前,福建自贸区将推动金融制度创新和发展现代服务业、高端制造业作为改革的重点,此次的"营改增"对其将产生重大影响:其一,由于银行存贷款、外汇买卖、保险服务等金融业务具有隐形收费①的特点,增值额的确定较为困难,且凭专用发票抵扣进项税额难以操作,仍然存在无法通过抵扣机制避免重复征税的情况,使得金融业成为国际上公认的增值税改革的"困难户"。鉴于增值税具有税收中性和消除重复征税的作用,针对目前"营改增"对金融业的实施细则较为粗糙,福建自贸区将金融创新作为改

---

① 从国际实践看,欧盟、澳大利亚、南非、新西兰和新加坡等区域和国家,对金融业通常征收增值税(或货劳税),且往往对"隐性金融服务"免征增值税或者给予部分进项税额的扣除。

革的重点，因而，这为自贸区成为金融业"营改增"改革试点地区创设了条件，自贸区可通过争取金融业"营改增"在区内的先行先试获取发展先机。第二，"营改增"是创新驱动的"信号源"，也是经济转型升级的强大"助推器"。因此，当前正在进行的现代服务业"营改增"改革一方面较大程度减轻了试点范围内融资租赁企业的税收负担，尤其是对于承租方而言，可以通过租赁公司开具的增值税发票抵扣进项税额，避免重复征税，大大降低其运营成本，实现融资租赁业的结构性减税，这在很大程度上促进了融资租赁行业的快速发展。另一方面，也改变了制造业与服务业税负不均的状况，有利于促进产业结构向服务业转型，这对于以服务型企业为主的福建自贸区来说是一大契机，可以在一定程度上降低自贸区企业的税负。[1]

（2）个人所得税改革对福建自贸区发展的影响。为了推动福建省加快实施创新发展和新形势下就业创业工作，吸引高层次人才投资加盟福建自由贸易试验区，个人所得税优惠无疑是其中一项重要的政策因素。例如，在自贸区已出台的税收政策中关于"对试验区内企业以股份或出资比例等股权形式给予企业高端人才和紧缺人才的奖励，实行已在中关村等地区试点的股权激励个人所得税分期纳税政策"的规定，对留住自贸区紧缺的金融人才、管理人才及 IT 技术人才等起到了一定作用。然而，与欧洲、美国、新加坡和中国香港自贸区的个人所得税实行综合税制征收模式相比，我国内地自贸区的个人所得税的优惠幅度仍有一定差距，且承担的税负较高。尽管目前我国正在实行（推进）的综合与分类相结合的个人所得税制改革将给福建自贸区吸引和留住优秀人才提供契机。福建自贸区应加快推进综合个人所得税制试点，以优化居民及非居民个人所得税税负结构，有利于提升人才环境的国际竞争力，吸引优秀人才向自贸区转移和集聚。[2]

---

[1]　薛菁、郭晓红：《我国自贸区发展中税收政策的影响评析与理性应对》，载《亚太经济》2015 年第 5 期。

[2]　邱鸣、华樊星：《借鉴国际经验，优化上海自贸试验区的税收政策》，载《科学发展》2014 年第 6 期。

第二节　福建自贸区税收制度现状、
存在问题及其解决思路

　　随着 2015 年 3 月 25 日广东、天津、福建自贸区的总体方案通过,加上上海自贸区扩区,我国目前已经形成了上海、广东、天津、福建四大自贸区的整体格局。虽然中央反复强调"自贸区不是搞'政策特区'或'税收洼地',而是要推进政府职能转变,探索创新经济管理模式"①。但是,不可否认的是,税收法律制度的建设作为落实国务院提出的"探索与试验区相配套的税收政策"的改革要求,是当前福建自贸区建设中亟待解决的事项,也是各国自贸区建设应有的意旨。

一、福建自贸区的税收制度现状

　　2015 年 4 月 8 日国务院批复《福建自贸区总体方案》,明确了"自贸试验区抓紧落实好现有相关税收政策,充分发挥现有政策的支持促进作用。上海自贸区已经试点的税收政策原则上可在自贸试验区进行试点"。随后,国务院于 2015 年 4 月 20 日发布了《福建自贸区总体方案》,它被认为不仅是先行先试的法律界限,也是自贸试验区相关立法活动的法理基础与各项配套政策措施的依据。② 国务院各有关部委也先后出台了相当数量的支持福建自贸区发展的规范性文件,如 2015 年 5 月 20 日财政部、海关总署、国家税务总局三部门联合发布《中国(福建)自由贸易试验区有关进口税收政策的通知》,2016 年 3 月 24 日财政部、海关总署、国家税务总局联合发布《关于跨境电子商务零售进口税收政策的通知》。此外,根据《福建自贸区总体方案》中提出了"福建省要通过地方立法,建立与试点要求相适应的自贸试验区管理制度"。福建地方政府也相继出台了管理办法和地方性法规,如 2015 年 4 月 20 日福建省政府

---

　　① 李克强:《关于深化经济体制改革的若干问题》,载《求是》2014 年第 9 期。
　　② 丁伟:《中国(上海)自由贸易试验区法制保障的探索与实践》,载《法学》2013 年第 11 期;当然对于《总体方案》本身的合法性也是存在争议。

公布了《福建自贸区管理办法》，又如 2015 年 8 月 11 日福建省地方税务局发布了《中国（福建）自由贸易试验区人才激励个人所得税政策管理办法》，2015年 8 月 28 日厦门市地方税务局《关于厦门自由贸易试验区实施人才激励个人所得税管理办法的通知》，2016 年 4 月 1 日福建省第十二届人大常委会通过了《福建自贸区条例》《平潭实验区条例》和《厦门片区建设若干规定（草案）》等，均对促进福建自贸区发展的相关税收政策作了规定。

(一)规范层面的有关税收政策：纵向的视角

1.《福建自贸区总体方案》有关的税收政策

《福建自贸区总体方案》中有关促进福建自贸区发展的税收政策主要体现为：一是拓展新型贸易方式的退税政策，主要关于跨境电子商务的退税、设立保税展示交易平台、实施境外旅客购物离境退税政策和期货保税交割。二是中资"方便旗"①船的税收优惠政策，对符合条件的船舶在自贸试验区落户登记，按照"中资'方便旗'船舶，可享受免征关税和进口环节增值税的优惠"。三是积极研究实施启运港退税试点政策。四是选择性关税，即允许海关特殊监管区域内企业生产、加工并内销的货物试行选择性征收关税政策，即对区内企业生产、加工并经"二线"销往内地的货物照章征收进口环节增值税、消费税，根据企业申请，试行对该内销货物按其对应进口料件或按实际报验状态征收关税。该规定曾在 2015 年 5 月 20 日《中国（福建）自由贸易试验区有关进口税收政策的通知》中得以落实，突破了原先特殊监管区内销货物只能按报验状态征税的限制。②五是上海自贸区已经试点的税收政策原则上可在自贸试验区进行试点，其中促进贸易的选择性征收关税、其他相关进出口税收等政策在自贸试验区内的海关特殊监管区域进行试点。六是福建自贸试验区内的海关特殊监管区域实施范围和税收政策适用范围维持不变。七是平潭综合实验区税收优惠政策不适用于自贸试验区内其他区域。八是在符合税制改革方向和国际惯例，以及不导致利润转移和税基侵蚀前提下，积极研究完善适应境外股权投资和离岸业务发展的税收政策。

---

① "方便旗"指在船舶登记宽松的国家进行登记，取得该国国籍，并悬挂该国国旗的船舶。

② 福建自贸试验区办公室：《中国（福建）自由贸易试验区总体方案政策措施解读（一）》，http://www.china-fjftz.gov.cn/article/index/aid/721.html，下载日期：2016 年 2月 26 日。

2.《福建自贸区条例》中有关的税收政策

促进福建自贸区发展的税收政策，在《福建自贸区条例》主要包括 3 个条款：一是完善跨境电商的税收征退制度，即第 25 条规定："自贸试验区支持企业发展跨境电子商务，完善……税收征退等支撑系统，提供便捷高效的配套服务。"跨境电商的税收征退制度始于 2016 年 3 月 24 日财政部、海关总署、国家税务总局联合发布《关于跨境电子商务零售进口税收政策的通知》的规定，其中："跨境电子商务零售进口商品按照货物征收关税和进口环节增值税、消费税，购买跨境电子商务零售进口商品的个人作为纳税义务人，实际交易价格（包括货物零售价格、运费和保险费）作为完税价格，电子商务企业、电子商务交易平台企业或物流企业可作为代收代缴义务人。……跨境电子商务零售进口商品的单次交易限值为人民币 2000 元，个人年度交易限值为人民币 20000元。在限值以内进口的跨境电子商务零售进口商品，关税税率暂设为 0；进口环节增值税、消费税取消免征税额，暂按法定应纳税额的 70% 征收。超过单次限值、累加后超过个人年度限值的单次交易，以及完税价格超过 2000 元限值的单个不可分割商品，均按照一般贸易方式全额征税。"二是促进投资、贸易和金融健康发展的有关税收政策，即第 36 条："自贸试验区应当实施促进投资、贸易和金融的有关税收政策，并按照国家规定进行税收政策试点。海关特殊监管区实行内销货物选择性征税，符合条件的区域实施境外旅客购物离境退税制度，落实'方便旗'船舶税收优惠和启运港退税政策。遵循税制改革原则和国际惯例，研究完善适应境外股权投资和离岸业务发展的税收政策。"三是优化税收征管环境，即第 37 条："税务部门应当在自贸试验区建立便捷的税务服务体系，开展税收征管现代化试点，推行联合办税，逐步实现跨区域税务便利化。"

3.《平潭实验区条例》中有关的税收政策

在《平潭实验区条例》有两条关于税收政策的内容：一是优惠期限内的税收优惠政策，即第 40 条实验区按照国家有关规定，在优惠期限内实行以下税收优惠政策：（1）在制定产业准入及优惠目录的基础上，对实验区内符合国家规定的鼓励类产业企业减按 15% 税率征收企业所得税；（2）注册在实验区的保险企业向注册在实验区的企业提供国际航运保险业务取得的收入，免征营业税；（3）注册在实验区的企业从事离岸服务外包业务取得的收入，免征增值税；（4）按不超过大陆与台湾地区个人所得税税负差额，给予在实验区工作的台湾地区居民的补贴，免征个人所得税；（5）除相关规定明确不予免税或者保税的货物外，对从境外进入实验区与生产有关的货物实行备案管理，给予免税或者保税；(6)除相关规定明确不予退税的货物外，区外与生产有关的货物销往实验区视同出口，按规定实行退税；(7)对实验区企业生产、加工并经"二线"销往区外的保税货物，根据企业申请实行对该内销货物按其对应进口料件或者按实际报验状态征收关税；(8)除用于商业性房地产开发项目的货物外，实验区企业之间销售其在区内的货物，免征增值税和消费税；(9)国家规定的其他税收优惠政策。二是促进投资、贸易和金融的财税政策。即第 41 条实验区按照国家有关规定，实施促进投资、贸易和金融的财税政策。在符合税制改革方向和国际惯例的前提下，按照国家有关规定建立支持境外股权投资和离岸业务发展的税收制度。税务机关应当在实验区推行网上办税，开展税收征管现代化试点，运用税收信息系统进行税收风险监测，提高税收管理水平。

4. 政府部门规章及其地方规章的相关规定

为了推动福建省加快实施创新发展和新形势下就业创业工作，吸引高层次人才投资加盟福建自贸区，《中国(福建)自由贸易试验区人才激励个人所得税政策管理办法》明确规定了两个方面的个人所得税优惠：一是股权奖励个人所得税分期缴税政策，即对自贸试验区内企业，以股份或出资比例等股权形式给予本企业高层次人才、高端人才和紧缺人才的奖励，获得奖励人员一次性申报缴纳税款有困难的，经主管税务机关审核，可分期缴纳个人所得税，但最长不得超过 5 年；二是企业转增股本个人所得税分期缴税政策，即自贸试验区内企业以未分配利润、盈余公积、资本公积向个人股东转增股本时，个人股东一次性申报缴纳税款有困难的，经主管税务机关审核，可分期缴纳个人所得税，但最长不得超过 5 年。当然，根据 2015 年 3 月 30 日财政部、国家税务总局发布的《关于个人非货币性资产投资有关个人所得税政策的通知》、2012 年 12 月 18 日福建省地方税务局发布的《关于个人投资及转增股本个人所得税征管问题的通知》等规定，个人以非货币性资产投资以及上市后备企业转增股本早已实行分期缴税优惠政策。其次，《中国(福建)自由贸易试验区人才激励个人所得税政策管理办法》对相关的执行口径和备案手续等问题作了进一步规范，简化办理流程，维护纳税人权益。最后，为进一步推动技术先进型服务企业的发展，促进企业技术创新和技术服务能力的提升，增强我国服务业的综合竞争力，厦门作为 21 个中国服务外包示范城市之一，根据财政部、国家税务总局、商务部、科技部、国家发展改革委于 2014 年 10 月 8 日联合发布的《关于完善技术先进型服务企业有关企业所得税政策问题的通知》的规定，其继续享有以下企业所得税优惠政策：一是企业所得税优惠，即自 2014 年 1 月 1 日起至 2018 年 12 月 31 日止，对经认定的技术先进型服务企业，减按 15% 的税率征

收企业所得税。二是职工教育经费支出的抵税优惠,即经认定的技术先进型服务企业发生的职工教育经费支出,不超过工资薪金总额 8% 的部分,准予在计算应纳税所得额时扣除;超过部分,准予在以后纳税年度结转扣除。

(二)四大自贸区的有关税收政策比较:横向的视角

以四大自贸区的税收政策差异作为切入点,更能清晰地认识到产业储备和政策储备对设立和发展自贸区的重要作用。

1.四大自贸区相关税收政策的共同点

2013 年 9 月 18 日国务院《上海自贸区总体方案》对上海自贸区享有的税收优惠政策作了专门规定,按照自贸区经验可复制的改革思路,目前这些政策大多已复制到其他三个自贸区而成为共性的税收优惠政策。这些政策主要体现为三个方面:

(1)确立促进投资的税收优惠政策。关于促进投资方面的税收政策,主要包括两项:一是引入资产评估增值所得递延纳税的税收优惠政策,[①]即对于注册在试验区内的企业或个人股东,因非货币性资产对外投资等资产重组行为而产生的资产评估增值部分,可在不超过 5 年期限内,分期缴纳所得税。[②] 这一政策解决了投资重组中的企业和个人尚未实现现金流收入,却按照税法的

---

① 非货币性资产投资的税收优惠政策可以追溯至国家税务总局《关于企业股权投资业务若干所得税问题的通知》(国税发〔2000〕118 号),即企业以经营活动的部分非货币性资产对外投资,资产转让所得如数额较大,在一个纳税年度确认实现缴纳企业所得税确有困难的,报经税务机关批准,可作为递延所得,在投资交易发生当期及随后不超过 5 个纳税年度内平均摊转到各年度的应纳税所得中。此后,国税发〔2004〕82 号文和国税函〔2008〕264 号文件作了类似的规定,即企业在一个纳税年度发生的转让、处置持有 5 年以上的股权投资所得、非货币性资产投资转让所得、债务重组所得和捐赠所得,占当年应纳税所得 50% 及以上的,可在不超过 5 年的期间均匀计入各年度的应纳税所得额。同时,依据国税函〔2005〕319 号文规定,考虑到个人所得税的特点和目前个人所得税征收管理的实际情况,对个人将非货币性资产进行评估后投资于企业,其评估增值取得的所得在投资取得企业股权时,暂不征收个人所得税。在投资收回、转让或清算股权时如有所得,再按规定征收个人所得税,其"财产原值"为资产评估前的价值。

② 财政部、国家税务总局:《关于中国(上海)自由贸易试验区内企业以非货币性资产对外投资等资产重组行为有关企业所得税政策问题的通知》(财税〔2013〕91 号)。依据财政部、国家税务总局《关于非货币性资产投资所得税政策问题的通知》(财税〔2014〕116 号)与财政部、税务总局《关于个人非货币性资产投资有关个人所得税政策的通知》(财税〔2015〕41 号)的规定,非货币性资产投资的税收优惠政策目前已推广至全国。

规定①将评估增值部分一次性计入确认收入的年度计算缴纳企业所得税的问题,有利于缓解所涉企业和个人因一次性纳税而可能出现的现金流压力,实现了纳税必要资金原则,同时弱化税收对于市场投资行为的干预,为企业的设立和重组提供更多的现金流。二是股权激励的个人所得税的递延纳税优惠政策。即对试验区内企业以股份或出资比例等股权形式给予企业高端人才和紧缺人才的奖励,实行已在中关村等地区试点的股权激励个人所得税分期纳税政策②。基于留住优秀人才的考量,自贸区往往对高端、紧缺人才实行股权激励,并对由其产生的个人所得税实行分期纳税政策。这两项税收优惠政策通过将当期应纳所得税推迟为分期 5 年缴纳,以减轻投资重组或股权激励时企业、个人股东以及对企业高端人才和紧缺人才获得奖励的现金纳税压力。

(2)促进贸易的税收优惠政策。这主要包括五项促进贸易的政策,涉及四个税种,分别为个人所得税、企业所得税、关税和增值税。具体而言,包括部分融资租赁项目税收优惠政策、选择性征收关税政策、启运港退税政策、保税展示交易政策以及在综合保税区基础上的延伸税收优惠政策。一是拓宽出口退税的范围,对融资租赁企业、金融租赁公司及其设立的项目子公司以融资租赁方式租赁给境外承租人且租赁期限在 5 年以上,并向海关报关后实际离境的货物,试行增值税、消费税出口退税政策。这对于鼓励福建自贸区内金融租赁企业抢占国内市场、开拓国际市场具有十分重要意义。二是符合条件的企业实行优惠的增值税税率。对试验区内注册的国内租赁公司或其设立的项目子公司,经国家有关部门批准从境外购买空载重量在 25 吨以上并租赁给国内航空公司使用的飞机,享受进口增值税税率为 5% 的优惠政策(法定税率为17%)。基于福建自贸区定位为向高端的现代服务发展,要求高效的物流与之配套,而飞机租赁业务正有助于促进资源的迅速高效配置。这些政策将对进一步优化航空租赁行业税负,起到降低交易成本的积极作用。三是对设在试验区内的企业生产、加工并经"二线"销往内地的货物照章征收进口环节增值税、消费税。根据企业申请,试行对该内销货物按其对应进口料件或实际报验状态征收关税的政策。在现行政策框架下,对试验区内生产企业和生产性服务业进口所需的机器、设备等货物予以免税,但生活性服务业等企业进口的货物以及法律、行政法规和相关规定明确不予免税的货物除外。四是实行启运

---

① 国家税务总局:《关于企业取得财产转让等所得企业所得税处理问题的公告》。
② 财政部、国家税务总局:《关于中关村、东湖、张江国家自主创新示范区和合芜蚌自主创新综合试验区有关股权奖励个人所得税试点政策的通知》。

港退税政策。五是在严格执行货物进口税收政策的前提下,允许在特定区域设立保税展示交易平台。对于符合条件的区内企业在向海关提供足额税款担保(保证金或银行保函)的基础上,允许企业在区外或者区内指定场所开展保税展示交易,对展示期间发生内销的货物实施先销后税、集中申报。

(3)明确税收制度的创新。除了上述已经明确的税收优惠政策外,在四个自贸区的建设方案中都提道"在符合税制改革方向和国际惯例,且不导致利润转移和税基侵蚀的前提下,积极研究完善适应境外股权投资和离岸业务发展的税收政策"。由此可知,自贸区有关境外投资方面的税收将有待于进一步探索和研究。

2.四大自贸区相关税收政策的差异点

除了上述四大自贸区共性的税收优惠政策外,四大自贸区还实施一些与各自定位相匹配的个性化的税收优惠政策(详见表 5-1)。例如,上海自贸区立足长江经济带,更多地定位于金融业的发展;天津自贸区注重京津冀协同发展,侧重航运、金融租赁、大型机械制造业的发展及对外开放;广东自贸区,立足珠三角,对接港澳,侧重于服务业的开放和衔接;福建自贸区,配合"一带一路",主要发展台海贸易。

表 5-1　四大自贸区的税收政策差异比较

	上海	福建	广东	天津
企业所得税	试验区内的企业或个人股东,因非货币性资产对外投资等资产重组行为而产生的资产评估增值部分,可在不超过 5 年期限内,分期缴纳所得税			
		自 2014 年 1 月 1 日起至 2020 年 12 月 31 日,对设在广东横琴新区、福建平潭综合实验区和深圳前海深港现代服务业合作区的鼓励类产业企业减按 15% 的税率征收企业所得税①		

① 企业既符合本通知规定的减按 15% 税率征收企业所得税优惠条件,又符合《中华人民共和国企业所得税法》及其实施条例和国务院规定的其他各项税收优惠条件的,可以同时享受;其中符合其他税率优惠条件的,可以选择最优惠的税率执行;涉及定期减免税的减半优惠的,应按照 25% 法定税率计算的应纳税额减半征收企业所得税。详见财政部、国家税务总局:《财政部、国家税务总局关于广东横琴新区、福建平潭综合实验区、深圳前海深港现代服务业合作区企业所得税优惠政策及优惠目录的通知》;深圳市地方税务局、深圳市国家税务局:《深圳市地方税务局、深圳市国家税务局关于发布深圳前海深港现代服务业合作区企业所得税优惠政策操作指引的通告》。

	上海	福建	广东	天津
	对试验区内企业以股份或出资比例等股权形式给予企业高端人才和紧缺人才的奖励,实行已在中关村等地区试点的股权激励个人所得税分期纳税政策			
个人所得税优惠		自 2014 年 1 月 1 日起至 2020 年 12 月 31 日,福建省人民政府按不超过大陆与台湾地区个人所得税负差额,给予在平潭综合实验区工作的台湾居民的补贴,免征个人所得税(财税〔2014〕24 号)	(1)2013 年 1 月 1 日至 2020 年 12 月 31 日,广东省人民政府分别按照不超过内地与港澳地区个人所得税负差额,给予在横琴新区工作的香港、澳门居民的补贴,免征个人所得税(粤财法〔2014〕49 号);(2)自 2013 年 1 月 1 日起在深圳前海工作、符合前海优惠类产业方向的境外高端人才和紧缺人才,其在前海缴纳的工资薪金所得个人所得税已纳税额超过工资薪金应纳税所得额的 15% 部分,由深圳市人民政府给予财政补贴。申请人取得的上述财政补贴免征个人所得税(深府〔2012〕143 号)	2016 年 1 月 18 日中心商务区修订的《滨海新区中心商务区促进现代服务业发展暂行办法》规定:对中心商务区各类人才,经认定,5 年内按其缴纳工资薪金个人所得税中心商务区所得部分给予一定比例的奖励①,并享受国家自主创新示范区有关股权奖励个人所得税优惠政策。

① 一定比例的奖励是指按照当年个人所得税地方留成部分 50% 比例的奖励。参见天津市财政局、天津市发展和改革委员会、天津市地方税务局:《天津市促进现代服务业发展财税优惠政策》。

第五章 福建自贸区税收法律制度研究

	上海	福建	广东	天津
关税				

（1）自贸区内的海关特殊监管区域试点选择性征收关税政策，即对设在自贸试验区海关特殊监管区域内的企业生产、加工并经"二线"销往内地的货物照章征收进口环节增值税、消费税，根据企业申请，试行对该内销货物按其对应进口料件或按实际报验状态征收关税的政策（财关税〔2015〕21号）

（2）对融资租赁企业、金融租赁公司及其设立的项目子公司，以融资租赁方式租赁给境外承租人且租赁期限在5年（含）以上，并向海关报关后实际离境的货物，试行增值税、消费税出口退税政策；以及对融资租赁海洋工程结构物试行类似的退税政策（财关税〔2014〕62号）

（3）对试验区内注册的国内租赁公司或其设立的项目子公司，经国家有关部门批准从境外购买空载重量在25吨以上并租赁给国内航空公司使用的飞机按5％征收进口环节增值税（财关税〔2013〕75号）

（4）对试验区内生产企业和生产性服务业企业进口所需的机器、设备等货物予以免税（财关税〔2013〕75号）

| 增值税 消费税 营业税① | 启运港退税政策（财税〔2014〕53号） | 根据《中国（福建）自由贸易试验区平潭区实施方案》（国发〔2015〕20号），福建自贸区可以开展工程设备、船舶等大型设备保税融资租赁业务，试行承租企业分期缴纳租金，对融资租赁货物按照海关审查确定的每期租金征收关税和增值税 | 注册在前海的符合规定条件的现代物流企业享受现行试点物流企业按差额征收营业税的政策（国函〔2012〕58号） | 2015年12月31日前，对注册在天津东疆保税港区内的试点纳税人，提供的国内货物运输服务、仓储服务和装卸搬运服务实行增值税即征即退政策（财税〔2013〕106号）。对注册在天津的保险企业从事国际航运保险业务取得的收入，免征营业税（财税〔2011〕68号） |
| | | 中华人民共和国境内其他地区（简称区外）销往横琴、平潭（简称区内）适用增值税和消费税退税政策的货物（包括水、蒸汽、电力、燃气），视同出口，由区内从区外购买货物的企业或区内水电气企业向主管国税机关申报增值税和消费税退税。（国发〔2014〕70号、财税〔2014〕51号） | | |

① 营业税从2016年5月1日起，改征增值税。

从表 5-1 可知,四大自贸区税收优惠政策仍然特色迥异,设定往往体现了自贸区不同产业的发展路径。例如,企业所得税和个人所得税的分期缴纳的优惠政策,对应着这些地区发达的总部经济和吸引高层次人才大量进入的现实需要;个人所得税差额补贴及免税的优惠政策则对应着广东、福建连接港澳台经贸往来和交流的重要发展战略;融资租赁方面的税收优惠政策对应着上海、天津发达的融资租赁产业及其在自贸区成立前已经先行先试积累起来的产业储备和政策储备。因此,这些政策本身就是国家在这些地区进行各自特色不同的经济改革试点所采取的差别化税收政策,体现税收政策的引导性功能。

(三)税收治理模式的创新

为了加快推进中国自由贸易试验区的示范区作用和全国新一轮改革开放先行地,四大自贸区皆在税收管理体制做了一定的创新,具体体现为表 5-2 所示:

表 5-2 四大自贸区的税收治理模式创新

	税收治理模式创新的举措
上海	"办税一网通"的 10 项创新税收服务措施①
福建	1.税收征管的创新。一是在自贸区先行推进以税收风险管理为核心的征管改革,2015 年 7 月,上线运行全省统一的税收风险管理平台,实现税收风险识别、推送、应对、监督评价全流程闭环管理。二是加强多方合作。福建地税加强与工商、国税等部门的协作配合,积极建立第三方信息应用,建立股权交易、转增股本等信息交换制度,加强对涉税信息传递的联动管理,实施联合管税,强化源头控管。 2.优化税收服务环境。(1)创设 O2O 办税模式、②涉税电子文书网上送达服务、③税控发票网上申领、"手机领票"便捷服务、税收服务自助双向电子取件模式。同时,福建国税局复制推广"办税一网通"10 项创新服务举措。(2)福建地税局提出五"一"三"化"的八条税收服务新举措:推行"一掌通"3A 移动税务平台、"一条龙"网上办税系统、"一站式"联动服务平台、"一体化"涉税咨询辅导、"一线联"扶持"两重"税户;税务登记证照电子化、日常涉税服务通办化,纳税信用管理信息化。此外,按照"统一受理、联动审批、限时办结、核发一照"的模式,对福建自贸区新设立的企业实行"三证合一、一照一码"。(3)海关"123"新型税收征管通关服务模式。

---

① 上海自贸区 10 项措施是指网上自动赋码、电子发票网上应用、网上自主办税、网上区域通办、网上直接认定、非居民税收网上管理、网上按季申报、网上审批备案、纳税信用网上评价和创新网上服务,详见国家税务总局:《国家税务总局关于支持中国(上海)自由贸易试验区创新税收服务的通知》《国家税务总局关于印发〈中国(上海)自由贸易试验区创新税收服务措施逐步复制推广方案〉的通知》。

② 所谓 O2O 办税模式,是将 O2O 新型电子商务模式引入税收征管中,依托"互联网＋"思维,通过建立 O2O 涉税事项处理中心,分步实现"纳税人网上或手机申请涉税事项—'O2O 中心'线下集中办理—纳税人选择 EMS 快递或到前台领取的办税过程"。

③ 即涉税事项电子文书,加签税务机关电子印章后通过互联网送达纳税人。

税收治理模式创新的举措	
广东	1.税收征管机关的体制机制创新。例如南沙区地税局减少税收管理审批层级,行使广州地税局在房产税、土地使用税、契税、耕地占用税等方面的税收减免管理权限等(粤地税发〔2015〕100号)。 2.税收征管的创新。简化行政审批、优化办税流程的基础上,探索"先办理、后监管""互联网＋税务"税收征管新方式;实现出口退税无纸化办理、国地税业务"一厅通办""一窗联办"。 3.创新纳税服务方式。全面落实国家税务总局"办税一网通10＋10"①创新税收服务措施。如对签署税收遵从承诺书的纳税人享受 A 级纳税人服务待遇、由限量供应改为按需领用发票等;对"走出去"企业提供涉外税收风险提示;对纳税人的服务投诉,税务机关设置前置调解程序,引入第三方社会调解员,采取现场调解以及网上、电话或上门等方式进行调解(深国税告〔2015〕5)。
天津	创新纳税服务方式。推出"快 e 通"10 项和"一窗式"管理、推广"一证一章一票"的创新办理方式、实现企业登记一日办结、A 类企业 2 日内收到退税款、国地税同办的服务

二、福建自贸区税收法律制度存在的问题

从上述四大自贸区现行的各项税收优惠政策可知,自贸区税收优惠政策大都脱胎于上述地区在之前进行的先行先试改革中已经形成的政策,使得无论在自贸区成立前还是成立后,这些地区都拥有其他地区无法比拟的"政策洼地"优势,为产业发展做好了"政策储备",例如广东自贸区内的深圳前海、横琴片区,福建平潭综合实验区的税收优惠政策并非是因自贸试验区而赋予的,体

---

① "办税一网通10＋10"是指在上海自贸区的"办税一网通"的 10 项创新税收服务措施的基础上,新增加 10 项措施包括国地办税一窗化、自助业务一厅化、培训辅导点单化、缴税方式多元化、出口退税无纸化、业务预约自主化、税银征信互动化、税收遵从合作化、预先约定明确化、风险提示国别化。详见国家税务总局:《国家税务总局关于创新自由贸易试验区税收服务措施的通知》。

现了自贸区产业发展与政策扶持具有双向强化的效应。但是,综观福建自贸区的税收政策,其难免存在以下的缺失:

(一)福建自贸区税收立法的合法性遭受质疑且立法层级较低

综观《福建自贸区条例》《厦门片区建设若干规定(草案)》均是将 2014 年 12 月 28 日第十二届全国人民代表大会常务委员会第十二次会议通过的《授权国务院在广东、福建、天津自贸区及上海自贸区扩展区调整法律规定行政审批的决定》和《福建自贸区总体方案》作为自贸区相关立法活动的法理基础与各项配套政策措施的依据,也是被认为先行先试的法律界限。[①] 姑且不论这个决定和方案能否成为福建地方政府的立法依据,但仅凭二者作为国内自贸区的税制改革的依据,始终无法消除人们对其在《立法法》中法律位阶的疑问。按照现行《立法法》第 9 条规定:"尚未制定法律的,全国人民代表大会及其常务委员会有权作出决定,授权国务院可以根据实际需要,对其中的部分事项先制定行政法规。"然而,国务院常务会议讨论通过的《福建自贸区总体方案》,不管定性于何种规范类型,肯定不构成行政法规。由此可知,以前述二者作为福建自贸区相关立法活动的法理依据,有损法律的严肃性和权威性,此为其一。

其二,按照《立法法》第 9 条的规定,对全国人大授予国务院的相关立法权,国务院原则上只能自己行使,不能将该项权力转授予其他机关。当然,关于全国人大常委会的《授权国务院在广东、福建、天津自贸区及上海自贸区扩展区调整法律规定行政审批的决定》,历来存有争议。有学者提出,全国人大常委会自身是否具有"暂时调整有关法律实施"的权限,在法律解释上也存在疑问。对于一项连自身都不具有的职权,通过一揽子授权决定,授予其他主体(例如国务院)来暂时调整全国人大制定的法律,更是存在合法性上的疑问。[②] 也有学者认为这属于特殊的立法授权,却也承认目前尚无成型的理论支撑,是我国立法实践需要研究的新问题。[③] 正因为此,全国人大常委会的"决定"利

---

① 《全国人民代表大会常务委员会关于授权国务院在中国(广东)自由贸易试验区、中国(天津)自由贸易试验区、中国(福建)自由贸易试验区以及中国(上海)自由贸易试验区扩展区域暂时调整有关法律规定的行政审批的决定》和《中国(福建)自由贸易试验区总体方案》作为地方立法依据,这可以从相关立法草案的说明得到佐证。

② 傅蔚冈、蒋红珍:《上海自贸区设立与变法模式思考——以"暂停法律实施"的授权合法性为焦点》,载《东方法学》2014 年第 1 期。

③ 丁伟:《以法治方式推动先行先试》,载《解放日报》2013 年 9 月 2 日。

用的是《宪法》中国务院第 18 项职权的规定，从而避开了这一难题。① 然而，《福建自贸区条例》在性质上作为《立法法》中明确规定的地方性法规，在一定程度上填补国家层面立法的缺失，不过这也注定了它在地方立法的权限范围内可以有较多的制度创新，而在中央立法权限范围内的事项上只能是配合国家管理部门推进相关改革创新，这是它无法逾越的固有障碍。②

其三，我国税收制度始终存在"政策性有余、法律性不足"的缺陷，自贸区的税收法律制度也未能例外。从表 5-1 可知，四大自贸区的税收立法，如在促进投资方面主要涉及非货币性资产对外投资、股权激励两项措施，在促进贸易方面主要涉及融资租赁出口退税试点、进口环节增值税、选择性征税、部分货物免税、启运港退税试点五项措施，均非由全国人大及其常委会发布施行，而是由国务院通过发布《上海自贸区总体方案》规范性文件以及部门规范性文件和相关政府的规范性文件来加以规定，特别是国务院各部门以规范性文件表达对自贸区改革措施的支持，但并未对其部门规章中的相应规定予以修改。这些做法显然背离了《立法法》的税收法定原则，也反映自贸区的税收法律规定层级较低，凸显自贸区作为"试验田"，在法律的改革上采取的也是试验和探索的策略。然而，反观美国、韩国等先进国家的自贸区的立法史可知，其"先立法后设区"已经成为一个相当普遍的惯例。例如，1934 年美国国会通过《对外贸易区法》之后，1936 年 1 月 30 日对外贸易区委员会主席签署第 2 号命令，授权在纽约市成立第一个对外贸易区。③ 韩国的马山出口自由区是根据 1970 年 1 月 1 日公布的《出口自由区建立法》设立的韩国第一个外国人专用出口加工工业区。"税法一旦制定，在一定阶段内就要保持其稳定性，不能朝令夕改，变化不定。如果税法经常变动，不仅会破坏税法的权威和严肃性，而且会给国家经济生活造成非常不利的影响"④。然而，目前自贸区有关税收政策的缺失或多或少无法给予人们一个稳定的合理预期，且在整个法律框架体系中与相关的行政法规、规章、地方性法规相比，基本法因其本身位阶较高更容易赋予人们一个稳定的合理预期。由此，如不尽快通过正常的立法途径，由全国人大

① 周阳：《论美国对外贸易区的立法及其对我国的启示》，载《社会科学》2014 年第 10 期。

② 周阳：《论美国对外贸易区的立法及其对我国的启示》，载《社会科学》2014 年第 10 期。

③ U. S. Foreign-Trade Zones Board Order No. 2, January 30, 1936.

④ 刘剑文主编：《中国税收立法基本问题》，中国税务出版社 2006 年版，第 144 页。

及其常委会主持相关税法的发布或修正工作,就无法为福建自贸区税制改革提供明确的法律依据,因而也难以形成面向全国的可复制性税制改革经验。

(二)福建自贸区的税收政策缺乏多样化和导向性不足

考察福建自贸区目前已经出台的税收政策,与上海自贸区相比,其税收政策的数量较少、内容较为单一、适用范围较窄、相关政策缺乏明确的导向性,与推动福建自贸区实现自身定位发展的关联度不高,政策效应还未显现。这主要体现为:一是国务院明确的上海自贸区适用的试点税收政策包括资产评估增值分期缴纳所得税、股权激励分期缴纳个人所得税、融资租赁货物出口退税、飞机租赁进口环节增值税优惠、内销货物选择性征收关税、生产性企业进口机器设备免税、启运港退税政策等 7 项优惠政策。[①] 然而,综观福建自贸区对符合条件的企业适用 15% 的企业所得税税率、境外高端人才和紧缺人才的个人所得税税负差额补贴免征个人所得税、符合规定条件的承租企业分期缴纳租金,对融资租赁货物按照海关审查确定的每期租金征收关税和增值税 3 项税收政策,不仅政策缺乏多样化,同时明确规定仅适用平潭综合实验区,不适用于福建自贸区内其他区域。这种以"点"为限,从地域上将不同纳税主体的利益划分为不同等级,凸显优惠不均衡问题,也明显违背中央关于区域性优惠向产业性优惠转变的原则。二是无论是平潭片区重点建设的国际旅游岛,还是厦门片区重点建设两岸新兴产业和现代服务业合作示范区、东南国际航运中心、两岸区域性金融服务中心,抑或是福州片区重点建设先进制造业基地、两岸服务贸易与金融创新合作示范区,在税收法律层面,如贸易企业所得税和个人所得税方面皆与中国香港、新加坡等存在较大差距。国际船舶注册登记税收优惠力度较小,影响离岸贸易发展以及中资船舶回国登记注册,进而影响东南国际航运中心的建设。此外,关于先进制造业和金融创新,几乎很难体现政府对其较大力度的支持。

(三)支持金融创新的税收政策存在缺位

金融业作为现代服务业的重要组成部分,随着金融市场的全球化和自由化,离岸金融业务的竞争日趋激烈,各国在离岸业务的竞争中渴望获得比较优势。因此,各国和地区都有实施更加优惠的税收政策的内在动力。[②] 境外

---

① 这 7 项优惠政策目前已被复制和推广至全国。

② 罗国强:《离岸金融法研究》,法律出版社 2008 年版,第 127 页。

股权投资和离岸金融业务作为四大自贸区一项重要的发展目标[①]，毋庸置疑，金融税制如何创新将是自贸区建设的难点和重点。基于国务院对上海自贸区"探索与试验区相配套的税收政策"的定位可知，其范围较为宽泛，意味着不设边界、大胆尝试。[②] 然而福建自贸区定位为"在符合税制改革方向和国际惯例，以及不导致利润转移和税基侵蚀前提下，积极研究完善适应境外股权投资和离岸业务发展的税收政策"，因此，福建自贸区的税制创新空间较为有限。遗憾的是，无论是上海自贸区还是福建自贸区，迄今为止有关境外股权投资和离岸业务的税收政策并未落地，基本属于空白的状态。这种政策的缺失和不完善限制区内金融企业的创新和发展，同时也在一定程度上阻碍了区内政策实现全国范围内的推广和复制，进而影响我国的整体经济发展。

(四) 融资租赁企业税收待遇的差别化

2014 年 9 月 10 日，财政部、海关总署和国家税务总局公布了《关于在全国开展融资租赁货物出口退税政策试点的通知》，决定将现行在天津东疆保税港区试点的融资租赁货物出口退税政策于 2014 年 10 月 1 日扩大到全国统一实施。该项政策主要是指"将在自贸试验区内注册的融资租赁企业[③]或金融租赁公司在试验区内设立的项目子公司纳入融资租赁出口退税试点范围"的优惠政策，即经批准经营融资租赁业务的试点纳税人中的一般纳税人提供有形动产融资租赁服务时，其增值税实际税负超过 3％的部分享受即征即退。但在具体执行中发现大量未经审批的中小型融资租赁企业无法享受这一税收优惠，即使经批准也存在税收优惠的差别待遇，如"经商务部授权的省级商务主管部门和国家经济技术开发区批准的从事融资租赁业务和融资性售后回租业务的试点纳税人中的一般纳税人，2016 年 5 月 1 日后实收资本达到 1.7 亿元的，从达到标准的当月起按照上述规定执行；2016 年 5 月 1 日后实收资本未达到 1.7 亿元但注册资本达到 1.7 亿元的，在 2016 年 7 月 31 日前仍可按

[①] 上海自贸区提出要加大金融创新开放力度，加强与上海国际金融中心建设的联动；而广东、天津、福建自贸区均提出，区内试行资本项目限额内可兑换，符合条件的区内机构在限额内自主开展直接投资、并购、债务工具、金融类投资等。

[②] 陈伟仕、王晓云：《完善前海深港自贸区税收政策体系的探索》，载《税务研究》2014年第 9 期。

[③] 融资租赁企业是指经中国银行业监督管理委员会批准设立的金融租赁公司，经商务部批准设立的外商投资融资租赁公司，经商务部和国家税务总局共同批准开展融资业务试点的内资融资租赁企业、经商务部授权的省级商务主管部门和国家经济技术开发区批准的融资租赁公司。

照上述规定执行,2016 年 8 月 1 日后开展的有形动产融资租赁业务和有形动产融资性售后回租业务不得按照上述规定执行"[①]。由此可知,未经审批的融资企业承担的税负比"经审批设立"的融资租赁企业重,这种差别待遇显然有悖于自贸区建设的精神。[②]此外,即使"试点模式"也不能解决不同类型纳税人的税负水平问题,即不能解决因增值税纳税主体多样化——一般纳税人与小规模纳税人[③]的分类所带来的差异,以及由此造成的制度设计和实施方面的不公平。

(五)启运港退税存在诸多问题

启运港退税制度是出于支持上海、天津等地打造国际航运中心的目的,对出口退税的一项制度创新,是指将过去货物运到外贸出口港口并办理结关手续以后方能退税,改为从运出启运港尚未到达中转外贸出口港即视为已经出口并办理退税手续,从而使得外贸货物出口退税的时间大大提前。[④] 这一制度创新具有以下优势:一是缩短退税时限,在启运港启运的出口货物离境前就能申报退税,它优于一般传统报关货物在离境出口后才能申报退(免)税;二是提高出口企业的资金流通;三是能够有效引导出口货物聚集特定的港口转出口从而起到促进国家国际航运中心建设目标,从而实现政府优化港口布局、抢占国际贸易高地的经济宏观调控目的。例如以上海洋山保税港区作为离境港,在港口可以选择更加符合实际经营所需的中转地,有效带动当地报关代理、船舶代理、货运代理、保险等航运服务业的发展,同时又能减轻口岸海关工作压力,提高通关效率,减少每年国内流失到国外港口的中转箱量。

无论是《上海自贸区总体方案》还是《福建自贸区总体方案》均提出:"完善启运港退税试点政策,适时研究扩大启运地、承运企业和运输工具等试点范围。"按照财政部、海关总署、国家税务总局三部门联合下发的《关于扩大启运

---

① 参见财政部、国家税务总局:《营业税改征增值税试点过渡政策的规定》。

② 欧阳天健:《融资租赁税收法律问题研究——以上海自由贸易区建设为背景》,载《金融法苑》2014 年第 1 期。

③ 按照《营业税改征增值税试点实施办法》第 3 条规定和《营业税改征增值税试点有关事项的规定》第 1 条第(5)项规定:"年应税销售额超过 500 万元的纳税人为一般纳税人;年应税销售额未超过 500 万元的纳税人为小规模纳税人。"

④ 李光春:《中国自贸区启运港退税制度的思考》,载《中国海商法研究》2015 年第 1 期。

港退税政策试点范围的通知》,目前从启运港①发往洋山保税港区中转至境外的出口货物,一经确认离开启运港口,即被视同出口并可办理退税。然而,虽然《关于扩大启运港退税政策试点范围的通知》从出口退税资格认定,出口退税备案管理、申报、审核、复核,启运港出口货物结关核销,报关出口数据的传输,出口退税数据调整等环节,详细规定了启运港退税的操作流程,但出口退税制度在实际运行中仍暴露出许多问题:一是启运港退税政策执行具有一定的针对性,主体实行五项定位,即启运港口岸、运输方式、出口企业、运输工具、承运公司;二是海关、税务、财政等部门间的协调机制还有待完善和加强;三是地方政府层面,实际启运地与启运港政府部门之间的协调机制还未建立;四是在退税审核流程方面,从退税申报到获得退税款项的时间比预想的要长。②

三、福建自贸区税收法律制度改革的思路

(一)转变思想,落实税收法定原则

完善的法律框架和合理稳定的规则对自贸区的建设至关重要,自贸区的深化依赖于更加规范、合理、透明的财税体制,也离不开法治的引领、促进和保障。③ 就自贸区税制研究来看,学界普遍认为提高自贸区法(包含自贸区税制)的法律级次与相应的立法技术,在具体制度层面关注税收优惠的合法性与稳定性、金融税制的创新与税收管理创新等问题,以此为自贸区建设提供明确的法律依据,并让优惠政策以法律的形式固定下来,形成稳定的、法制化的贸易环境,增强投资者的信心和安全感。

法治化的税收制度无疑是自贸区建设和治理现代化的基础和重要支柱。福建自贸区须以大力推进财税创新为其重要突破口和抓手,梳理现有优惠政策,构建统一的政策平台,以便从自发到自觉地将自贸区实践纳入法治框架之中,既能使改革的每一步都更为扎实、稳重,也能更好地凝聚其社会共识,为我国改革的全面深化提供不竭的动力和创造力。

---

① 目前启运港包括:青岛市前湾港、武汉市阳逻港口岸、南京市龙潭港、苏州市太仓港、连云港市连云港港、芜湖市朱家桥港、九江市城西港、岳阳市城陵矶港,共8个港口。

② 李娴、张磊、龙磊:《关于推进东疆保税港区启运港退税政策实施的思考》,载《港口经济》2011年第11期。

③ 刘剑文:《法治财税视野下的上海自贸区改革之展开》,载《法学论坛》2014年第3期。

(二)由"政策洼地"驱动模式转向制度创新驱动模式

制度创新是我国自贸区的使命所在和核心的竞争力,按照《全面深化改革若干问题决定》和税收法定的要求,当前自贸区建设若是一味强调税收方面的优惠,一方面无法突出其与保税区的区别;另一方面恐怕无法跳出改革停滞不前的怪圈。政策红利是条件,而不是重心,税收优惠措施在某种程度上使全国不同区域存在横向不公平,且时至今日依靠政策红利来吸引国际资本的效果将很难持续;况且如果自贸区的税收优惠措施无法复制推广到全国,就会带来横向的不公平,容易造成对经济的扭曲,影响到资源的合理配置。对此,有学者认为,如果自贸区仅是依托于税收优惠,所谓的自贸区就会成为资源集中区,而不是开放和改革区。[①] 因此,有学者认为,中国现在需要的已经不是一个依赖政策优惠的"特区",而是一个在法治框架内运作的、体制机制全面创新的实验区;只有不断释放改革红利尤其是制度红利,才能从根本上增强国际竞争力。[②] 香港大学道格拉斯教授在《金融稳定、经济发展和法律的作用》一书中分析了人类经济动力的历史发展轨迹。在他看来"人类经济的发展动力由最开始的地理和禀赋过渡到依靠有利的政策支持,最后上升为国家制度的良好设计"。[③] 这说明在人类经济活动的发展进程中,从要素驱动到国家制度的保障是一个从低级到高级的发展过程。因此,用制度创新代替政策优惠,探索新的发展模式,让制度创新比优惠政策具有更持续的推动力,形成可复制、可推广的经验,发挥示范带动、服务全国的积极作用,促进各地区共同发展这一宗旨应坚持不懈,贯穿始终。[④] 这也是上海自贸区在筹建期间,坚决表示"要改革,不要政策"的基本思路的体现,其所推行的改革措施大多属于市场机制创新而非单纯的政策优惠,强调要具有在全国推广、复制的可能性。

---

① 陈少英、吕铖钢:《中国(上海)自由贸易试验区税收法律制度的建设与创新》,载《上海商学院学报》2013年第6期。

② 刘剑文:《法治财税视野下的上海自贸区改革之展开》,载《法学论坛》2014年第3期。

③ See Douglas W. Arner, *Financial Stability*, *Economic Growth and the role of law*, Cambridge: Cambridge University Press, 2007, p. 14.

④ 厦门市地税局课题组:《我国自贸区发展策略选择与税收政策构想——兼论福建自贸区发展策略》,载《福建论坛》2015年第1期。

(三)构建自贸区税制应坚持公平、正义的价值理念

自贸区税制改革要符合国家税制改革的方向,遵循税制公平、统一、规范的原则。[①] 只有自贸区注重构建体现税收公平正义价值、有利于形成企业公平竞争的税收制度,才能适应市场经济的客观需求并有效地推广、复制至全国。因此,在福建自贸区税制改革过程中,应当在加强实体税法改革以充分体现公平价值的同时,把重点放在程序税法正义价值的考量与实现,税收程序能否体现正义价值是保障实体税法得到良好实施的前提和保障。这主要有如下两点考虑:一是除法定税负外,投资者更关注税收法治环境,程序恰恰决定了法治与任性的区别,[②]因而提高税制竞争力之处恰在于此。法律程序是否公正、是否得到普遍遵守,是衡量法治程度的标尺,[③]这首先体现在税收程序立法的法定性上,即税收立法要符合《立法法》的规定,尽快实现从由国务院主导向由全国人大及其常委会主导的转变,确实因自贸区制度创新需要的,也应当通过全国人大及其常委会的明确授权,做到一事一授权,从源头上保障税收立法的程序正义。

二是体现执法的法定性上,创造公平、融洽的税收环境,缓和征纳双方的冲突甚至对立地位,更好地保障纳税人权利和国家有效的税收征管。程序税法的严重滞后所引发的行政立法、执法不规范现象对纳税人权利造成极大侵蚀而致其有形或无形之纳税成本陡增,已成为我国税收法治的掣肘。

基于上述原因,应当充分考量福建自贸区的战略定位、试验价值、税制改革原则以及税制的运行实践,在继续完善实体税制的同时,应将重心放在程序税制的创新上。例如简化征税环节的程序和手续,提供优质的纳税服务,严格依法课征,不征过头税,充分保障纳税人权利,构建和谐的征纳关系,从而为全国实现从税收实体优惠向税收程序正义转型提供经验。[④]

---

① 财政部:《自贸区按 15％征税不成熟》,http://www.chinanews.com/gn/2013/09-30/5338227.shtml,下载日期:2016 年 2 月 24 日。

② 刘剑文、熊伟 :《税法基础理论》,北京大学出版社 2004 年版,第 343 页。

③ 张令杰:《程序法的几个基本问题》,载《法学研究》1994 年第 5 期。

④ 张富强:《关于中国自贸区税制设计可复制性的法律思考》,载《法学》2015 年第 2 期。

第三节　完善福建自贸区税收法律制度的建议

一、加快自贸区立法，完善现有的税收法律法规

目前，中央层面有关自贸区专门的税收立法几乎一片空白，且我国宪法中仅有一条涉及税收的条款，缺乏税收基本法或税法通则。税法领域的法律目前只有四部，《税收征管法》在某种意义上起到了一些税收基本法的作用，但仍远远不够。现有自贸区各项优惠政策均以规章形式或红头文件出现，比照国际惯例或韩国在内的多数国家的做法，有违法之嫌。因此，我国应借鉴先进国家的立法经验，改变传统做法，不要再以特事特办的态度设立"特区"，用人为的政策创造"税收洼地"，而应适时出台由人大主导制定的《自贸区法》，为全国各地自贸区的设立创造包括税制在内的顶层制度设计，在实体税制上逐步落实税收公平原则和量能课税原则，提高立法的透明性和可适性，才能为自贸区的税制改革创设足够的制度空间。

我国应注重立法过程的渐进、升级和转化，不仅仅是时间的延续、空间的转移和主体角色的置换，关键在于法的内容本身的进化。[1] 这主要是基于我国自贸区建设是"先设区、后立法"的模式的考量。一般而言，国际上自贸区的立法先于设区，这不仅为自贸区的设立提供了法律依据，而且有利于随着自贸区的发展对相关规定进一步完善和调整。[2] 这可从美国《关于自由贸易区的指定及运营的法律》的修订历程得以验证，该法虽然从名称到内容进行过多次修订，但是其框架还是相对具有一致性。然而，目前我国自贸的立法是在"摸石头过河"的阶段，理应注重立法的渐进、升级和转化。此外，考察美国自贸区税制改革，早期立法处于"有利于出口，不利于拓展内销市场，投资者财税收益较低"的困境。[2] 此后，尽管通过《对外贸易区法》创设"境内关外"一线和二线的关税新思维，但因美国相对保守的税制改革过程，在对外贸易区区内制造业

---

① 王爱声：《立法过程：制度选择的进路》，中国人民大学出版社 2009 年版，第 50 页。

② 张旭：《美国外贸区税制经验与结构解析》，载《会计与经济研究》2015 年第 5 期。

的准许,以及美国商品国内来源成本扣除等方面表现得较为保守,致使美国企业在相对长的时间内,必须在国内和国际两个市场的利害之间博弈,无形中提高了企业的交易成本。有鉴于此,我国在自贸区税制设计方面理应合理配置税收立法权与行政权。

二、实现税收政策的"突围"以完善相关税制

(一)构建公平、合理的金融创新税制

首先,统一清理散见于各税种法规中的金融业税收政策,查漏补缺,构建统一金融税制,使金融税制具有可预测性和操作性。

其次,鉴于《福建自贸区总体方案》中提到要"在符合税制改革方向和国际惯例,以及不导致利润转移和税基侵蚀的前提下,积极研究完善适应境外股权投资和离岸业务发展的税收政策",但至今有关离岸业务以及境外股权投资立法政策并未出台,基本属于空白,对福建自贸区发展构成制约。为改变这种状况,福建自贸区可以尝试在现有的政策和实践中寻找可借鉴的解决方案。这主要包括:一是引入"分项不分国"综合限额抵免法,在设计境外股权投资税收激励方案时,可以考虑借鉴美国、日本等国家的"分项不分国"综合限额抵免法,赋予企业在缴纳境外投资所得税时拥有使用"分国不分项法"(我国现行税法规定的税收抵免方法)或"综合限额抵免法"(允许企业汇总境外各国所得及已纳税收,按照不高于我国实际税负的标准予以综合抵免)的选择权,减轻企业税收负担。二是取消外国金融机构利息预提税,税收优惠政策是吸引跨国公司总部的核心因素之一,也是争取离岸业务的关键。为了推动离岸业务可借鉴中国香港与新加坡等离岸税收经验,根据国内税收实践明确不征资本利得税,取消外国金融机构利息预提税等,形成与国际通行做法保持一致且具有较强优势的税收制度体系。

此外,根据作为美国最大的金融与经济咨询公司之一的查尔斯·里弗国际顾问公司(Charles River Associates International)在 2010 年对国际金融机构的问卷访谈,金融机构普遍认为国际金融中心在税收方面依次具有以下"四维优势":税收负担较轻、税制具有可预测性,以及所签订的税收条约数量众多

并且包含设计良好的税收条款、税务机关服务态度友好。[1] 因此,福建自贸区在打造国际金融中心时,也可比照上述"四维优势",完善金融税制的稳定性和优化税收征管服务。

(二)变革融资租赁企业的监管方式

福建自贸区的建设必须理顺政府与市场的关系,减少政府对市场的干预,授予自贸区内企业更多自由选择权。这时需要地方政府在现有的法律框架作出应对,如从简政放权、高效服务的角度出发,可将融资租赁企业的市场准入方式由"审批制"改为"备案制",放松融资租赁企业一般纳税人的认定条件等,使"即征即退"等税收优惠政策尽可能惠及更多的融资租赁企业,为自贸区营造一个公平的税收法律环境。

三、完善启运港退税制度

启运港退税制度作为一项制度创新,福建自贸区在研究和实施该制度应注重以下几方面的建设:一是建立部门间的协调机制,启运港退税政策的实施目的在于提高港口中转货量,打造枢纽港,增强港口综合竞争力。然而,该项政策的实施需要中央到地方多部门的通力合作和支持。因此,应推动出境地与启运地建立海关、税务、财政等部门的沟通协调机制,推进启运港退税政策的实施,以缩短企业属地财税部门退税时间,让企业在较短时间内获得返还的税款,才能实现提高企业资金的周转效率的目标。二是创新启运港退税的管理流程。建议由国税总局和财政部制定启运港退税的相关管理办法,尽可能使启运港退税的具体操作流程最简化、最快捷、最便利,使其成为贸易便利化的一项重要措施。[2] 三是将厦门纳入启运港退税试点范围,鉴于厦漳泉的闽南金三角的地理优势,毗邻台湾地区,厦门东南航运中心又具有全球航运资源配置能力的亚太地区重要的集装箱枢纽港,因此可以将厦门港作为启运港退税制度的试点,以此增强启运港对周边货源的吸引力,巩固其地区航运中心的

---

① Charles River Associates International:Taxation of the Financial Services Sector in the UK,*Prepared for the City of London Corporation*,October 2010,转引自上海金融学院课题组:《中国(上海)自由贸易试验区金融税制创新探讨》,载《科学与发展》2014年第9期。

② 李光春:《中国自贸区启运港退税制度的思考》,载《中国海商法研究》2015年第1期。

地位,带动闽南金三角和对外贸易的发展。

四、整合税收优惠政策,构建"洼地"优势

综观世界主要自贸区的发展,除了通常的关税豁免,其他税制优惠设计取决于一国本身的经济依赖性。因此,尽管中央一再强调,自贸区没有税收优惠,不是"政策洼地",但这并不意味着自贸区的税收政策红利消失殆尽,一些新的税收政策规定如果加以充分合理利用,仍可产生优惠效应。例如,由国务院、财政部、国家税务总局联合发文在 4 个贸易区试点的选择性征收关税政策就是一项政策红利。因此,福建自贸区税制建设应注重以下几点:

一是融汇既有税收优惠政策,构建统一的政策平台,以形成特色优势。自贸区往往是在保税区、新区和特区的基础上扩展而来,这些地区往往早已出台一系列税收优惠政策,并多数已反复实践,证明是合理有效的。因此,梳理这些已有的政策,并作为自贸区发展的统一平台,在此基础上权衡优惠政策的调控幅度,避免"自贸区不冒"和政策碎片化、打乱仗的现象。除此之外,上海自贸区在选择性征税、分期缴纳所得税、融资租赁出口退税、启动港退税和飞机租赁进口环节增值税等方面享受的优惠政策也是福建自贸区可借鉴和利用的平台,同时还拥有平潭的特殊税收政策,因此,整合融汇、用好用足,对吸引国际资本具有独特的优势。

二是自贸区离岸业务实行流转税免税的设想。鉴于 2010 年财政部、商务部等发布的《关于示范城市离岸服务外包业务免征营业税的通知》及 2014 年12 月国务院宣布的"试行国际服务外包增值税零税率或免税政策",目前作为自贸区的上海、天津、广州、深圳、厦门都在国家已经批准设立 21 个国家级服务外包示范城市之列,能够享受除 15% 的企业所得税优惠,还享受境外服务外包业务免营业税,企业教育培训费用 8% 比例扣除。[①] 因此,可比照上述离岸服务外包税制规定,在自贸区离岸业务方面实行流转税免税的设想,这也与国际上离岸业务中心一般无间接税的惯例相符。

三是国家赋予福建自贸区针对融资租赁、对外投资、人才引进等专项性的税收政策,都是自贸区当前可以加以利用的政策红利。

---

① 详见财政部、国家税务总局:《关于高新技术企业职工教育经费税前扣除政策的通知》。

四是在税收制度方面，坚守"拒绝政策洼地"红线，税务部门可采取"不侵蚀国家税基的前提下"的延期纳税制度创新，如借鉴美国的关税迟延和免关税退税制度，不仅有利于简化征管成本，也有助于解决企业资金链问题，促进企业获得更大的发展空间。

总之，根据我国改革开放以来的实践情况，福建自贸区的优惠政策力度应不低于现有经济特区、新区和各类试验、开发区，随着整体改革的进一步推进，福建自贸区争取在投资、贸易、金融、服务等方面，释放更多的改革红利。

五、建立税收服务质量驱动模式以优化福建自贸区税收征管环境

从国际自贸区的经验看，跨境投资不仅需要完善、便捷、透明、高效的投资管理体系，更是依赖于税收征收、管理制度的完善与扶持。正如 Root Mint 和 Thomas Tsiopoulous 在研究报告中指出，除了极高的税收水平以及资本自由流动两种特殊情况以外，通常税收优惠在跨国公司的投资决策中并不起决定性作用。[①] 基于税收法定原则和税收优惠清理的背景下，建立优质服务的税收征管模式呼声渐高。因此，不妨借此契机进行一些实质性的程序制度改革，强化税务机关的服务职能，鼓励专业中介机构的纳税服务，促进征纳双方的良性互动，切实保障纳税人的合法权益。这些税收征管环境的优化会在一定程度上弥补福建自贸区税收优惠程度与国际的差距，实践也表明，拥有高效的税收征管体系的地区比单纯实行低税率的地区更受投资者青睐。因此，可以借鉴一些先进的税务管理经验和征管模式（详见表 5-2），如加强国地税、海关、财政部门的多方合作，减免审批等新制度创新，实现服务的一条龙，以提高税收服务的效率。

六、运用国际规则维护福建自贸区的税收利益

综观世界主要国际性自贸区的立法实践，一般认为设立自贸区最大的优势是有助于消除双重征税。例如美国 1966 年的《对外投资税法》和 1991 年税

---

① Root Mintz, Thomas Tsiopoulous: Corporate Income Taxation and Foreign Direct Investment in Central and Eastern Europe, *Investment Advisory Service Occasional Paper*, 1992 World Bank.

收协定范本草案皆规定,在东道国中基于展示商品目的而设立企业(因不具备常设机构的标准)予以免征所得税。[①] 以此消除东道国对自贸区内的展示企业课征所得税的风险,从而有助于自贸区的快速发展。然而,随着经济全球化进一步强化,有些国家通过颁布税收优惠以取得竞争优势,这种国家间无序的税收竞争有可能导致其他国家甚至全球的利润转移和税基侵蚀,从而损害国际社会的共同利益。基于此,在完善福建自贸区的税收法律时应注意以下几点:

首先,应密切关注 OECD 和 G20 等国际组织制定的规则,以跟进国际规则的发展变化。例如,OECD 于 2015 年 10 月 5 日发布了 BEPS 项目全部 15 项,这 15 项一揽子行动方案代表了一个世纪以来国际税收规则的首次实质性变革,对跨境活动的国内规则产生重大影响。

其次,加强国际税收合作,与贸易往来密切的国家签订双边税收协定,与避税地国家和国际离岸业务中心签订情报交换协定等。另外,应积极参与国际税收规则的制定,掌握国际税收规则的话语权,以维护自身利益。如 OECD 在颁布反利润转移和税基侵蚀的报告之前曾采取广泛征求建议的方式,我国积极参与,从而为争取国际规则的制定中的话语权提供了有利的机会。

最后,建立国际化的税收监管制度。如何防范在岸公司与离岸公司在关联交易中利用转移定价等手段进行国际避税是当前国际税收监管的重点,因此,在我国以投资和服务贸易为主的自贸区必须建立预约定价协议机制等国际流行的税收监管制度和逐渐完善纳税评定上的反避税制度,从而有效地防止利润的境外转移和税基遭受侵蚀,维护自贸区的税收利益和国家税权的统一。

七、尝试打造两岸税收协调的试验田

随着两岸经贸交流的愈加频繁,税收协调问题日益凸显。2015 年 8 月 25 日,海峡两岸关系协会与财团法人海峡交流基金会正式签署了《海峡两岸避免双重课税及加强税务合作协议》。该项协议具有"民间"性质,由"私协议"到对两岸具有普遍约束力的法律规范的转变,需要经历一个复杂的过程,但它的签署弥补了内地与台湾地区税收协同机制的漏洞,必将为促进两岸的经贸往来、

---

① See United States Model Income Tax Convention of 1996.

妥善解决涉税争议发挥极大作用。① 因此，福建自贸区可以发挥其对台优势，通过与台湾地区自由示范区之间的对接，探索海峡两岸之间的税收互惠制度，以及推展两岸税收业务问题、税收信息交换问题、协调制度问题的交流与合作，建立定期的协商制度和正常化的税收协调合作工作机制，以降低相关企业和个人的税收负担，为两岸投资者创造稳定、优惠、透明的税收环境，促进两岸相互直接投资和两岸经贸往来。

结　论

自贸区的改革与税收法律制度是密切相关的，自贸区的正式成立是推动中国经济转型升级、持续发展的关键举措，自贸区的改革会对税收法治提出更高的要求，也会带来新的挑战。当然，自贸区的深化依赖于更加规范、合理、透明的税收法律制度的支持、促进和保障。因而福建自贸区税制改革应当始终根据全国税制改革的方向，在税制的创新设计上，努力实现从依赖于税收优惠驱动向制度创新驱动转变，以构建公平合理的税收实体法为主，税收管理服务创新模式为辅，全面推进福建自贸区的快速发展，并在取得经验后及时复制到全国各地。

---

① 刘天永：《对〈海峡两岸避免双重课税及加强税务合作协议〉的解读与评析》，http://www.acla.org.cn/html/liutianyongzl/20150924/22911.html，下载日期：2016 年 4 月 15 日。

第六章

福建自贸区建设两岸股权交易市场法律问题研究

  2015 年 4 月 8 日,国务院批准的《福建自贸区总体方案》中明确指出要创建"两岸股权交易市场"。无疑,该市场的建设对构建两岸中小企业综合融资服务平台、对接两岸资本市场等具有重要的现实意义。但目前两岸股权市场的建设还处于初级阶段,《福建自贸区总体方案》以及包括《两岸经济合作框架协议》(ECFA)等协议也只给出了一个两岸合作的方向与框架,对于创建两岸股权交易市场而言缺乏具体的政策与法律支持。现已建成的福建海峡股权交易中心和厦门两岸股权交易中心虽已构建起两岸股权交易市场的基本框架,并吸引了一批优秀的中小企业来挂牌,但在交易制度的设置上仍有缺陷,需要进一步完善。鉴于此,本章拟从创建福建自贸区两岸股权交易市场所必须构建的基础法制环境入手,同时结合福建省现有的两所股交中心的发展情况,对挂牌、投资者准入等相关制度进行分析,对两岸股权交易市场的性质、功能定位以及监管要求进行深入探讨,并提出相关的具体建议。

第一节　两岸股权交易市场概况与法律基础

一、两岸股权交易市场概况

(一)两岸股权交易市场的功能定位

两岸股权交易市场立足于福建自贸区大平台,依托于自贸区的各项创新政策,主要目的是服务福建地区的中小企业和台资企业,改善两岸中小微企业融资困境,借此进一步吸引台湾地区的资本入驻福建,深化两岸金融合作。该市场的发展有利于提升整个福建地区的金融竞争力,并以此带动福建自贸区的金融创新,促进两岸经济增长。据此,两岸股权交易市场的功能应主要集中于以下三方面:

首先,服务于广大中小企业的融资平台。两岸股权市场作为新四板市场,其设立意义在于服务中小企业。区别于新三板主要服务高科技产业的中小企业,区域性市场主要服务于范围更广泛的具备成长性和成长价值的中小企业。鉴于我国各地经济发展水平差异较大,而福建所处的东南沿海地区是我国民营经济发展最活跃的地区之一,中小企业在此区域占比接近 90% 之多。[①] 两岸股权交易市场可以综合福建当地的政策基础、资本实力、人文环境等因素,营造适合两岸中小企业融资和发展的外部环境,建立可以整合多方资源的市场,为广大处于初创或发展阶段的中小企业开辟融资渠道,助力挂牌企业转型升级。

其次,服务于广大中小企业的金融产品创新平台。依托于福建自贸区"金融先行先试"的框架性要求,加之区域性股权市场面向的企业范围广阔,可以吸引众多类型的企业资源和资本来源,两岸股权交易市场可以利用该优势开发多类型的产品和服务,有针对性地为各类企业提供合适的定制金融服务。例如,厦门两岸股权交易中心针对不同法律形式的企业及其发展状况,分类设

---

① 刘义圣、林菁菁:《海峡股权交易中心的现实作用与发展策论》,载《福建论坛》2015年第 11 期。

置了标准板块、孵化板块和海外板块。其中,"孵化板"专门用于引导投资基金、天使投资等各类社会资本通过该平台优先对接区域内的高新技术企业。福建海峡股权交易中心设置的众创平台,专门用于解决小微企业的融资难题,激发"草根"创新、创业的热情,实践普惠金融的理念。

最后,为台资企业金融服务的先行先试平台。基于天然的地理优势,台湾地区企业在福建一直占据半壁江山。商务部在 2016 年 1 月的统计数据显示,对华投资前十名国家和地区中,中国台湾地区位列第四,[①]而在大陆的 8 万多家台资企业中,近 6000 多家落户福建,可见台资在大陆,尤其是福建有着举足轻重的地位。[②] 此次福建设立自贸区的主要方向便是"对台湾开放"和"全面合作",因而得到台商的高度关注。[③] 两岸股权交易市场的建立不仅可以帮助中小型台资企业解决融资和企业转型问题,同时还可以借鉴台湾证券柜台买卖中心的上柜、兴柜模式,为台资企业提供财务咨询、资金运作等服务。[④] 两岸股权交易市场应将自身定位于推动两岸互动联合、辐射大陆范围的新市场主体,为两岸的主板市场培育优秀的企业后备资源,开启两岸企业金融合作新篇章。

(二)建立与发展两岸股权交易市场的必要性

1.有助于改善目前中小型台资企业融资难问题

自 2001 年我国加入 WTO 以来,进入我国的大型跨国企业不断增多,给台商带来很大压力,同时大陆本地企业的迅速成长也冲击着台资企业的发展。从商务部的一份统计来看(见表 6-1),自 2003 年起台商对我国大陆的投资项目数出现了连续五年负增长、实际使用台资的金额也经常出现负增长。[⑤]

---

① 商务部商务数据中心网站:《2016 年 1—2 月对华直接投资前十位国家/地区》,http://data.mofcom.gov.cn/channel/includes/list.shtml? channel＝wzsj&visit＝E,下载日期:2016 年 3 月 8 日。

② 刘义圣、林菁菁:《海峡股权交易中心的现实作用与发展策论》,载《福建论坛》2015年第 11 期。

③ 单玉丽:《福建自贸区:两岸特色经济合作新模式》,载《两岸关系》2015 年第 3 期。

④ 彭海阳、詹圣泽、郭英远:《基于厦门前沿的福建自贸区对台合作新探索》,载《中国软科学》2015 年第 8 期。

⑤ 中华人民共和国商务部:《商务数据中心》,http://data.mofcom.gov.cn/index.html,下载日期:2016 年 3 月 8 日。

表 6-1　大陆引进台资情况表(2000—2009 年)[①]

年份	项目数			实际使用台资金额 (单位:亿美元)		
	个数	同比%	占当年总额 比重%	金额	同比%	占当年总额 比重%
2000 年	3108	24.4	13.9	23.0	-11.7	5.6
2001 年	4214	35.6	16.1	29.8	29.8	6.4
2002 年	4853	15.2	14.2	39.7	33.3	7.5
2003 年	4495	-7.4	10.9	33.8	-14.9	6.3
2004 年	4002	-11.0	9.2	31.2	-7.7	5.1
2005 年	3907	-2.4	8.8	21.6	-31.0	3.6
2006 年	3752	-4.0	9.1	21.4	-0.7	3.4
2007 年	3299	-12.1	8.7	17.7	-20.4	2.4
2008 年	2360	-28.5	8.6	19.0	7.0	2.1
2009 年	2555	8.3	10.9	18.8	-1.0	2.1

在此之后,虽然《两岸经济合作框架协议》(ECFA)、《两岸金融监管合作谅解备忘录》(MOU)的签署,以及 2015 年《福建自贸区总体方案》的出台,无一不是为了促进两岸贸易往来、加强金融合作,但由于台资企业投资规模普遍较小、财务透明度不够,仅靠银行贷款远远不能满足其需求,融资困境仍是困扰台资企业发展的一道难题。[②]

在大陆的主板与创业板市场,台资企业与大陆本土企业适用同一套上市规则,这意味着台资企业需要和大陆企业一样经历漫长的上市等待周期(通常为 3~5 年)。即便企业足够优质、有充足的资金和时间来支撑上市之路,但每年证监会的核准效率非常有限,也并不一定能够上市成功。这使得许多台资

①　资料来源为中华人民共和国商务部:《商务数据中心》,http://data.mofcom.gov.cn/index.html,下载日期:2016 年 2 月 15 日。
②　薛红兵:《中小型台资企业融资困境化解渠道——基于两岸股权柜台交易中心建立》,载《福建商业高等专科学校学报》2010 年第 5 期。

企业对大陆的交易所市场望而却步,极力寻求场外的融资渠道。^① 因此,建立福建自贸区两岸股权交易市场,放宽中小台资企业进入大陆资本市场的门槛,简化融资过程及手续,将成为广大台资企业在大陆进行融资和发展的新渠道。尤其是对于处在起步过程中的台资中小企业,即便不具备新三板的挂牌条件,也可以通过两岸股权交易中心来吸引投资,开辟进入大陆资本市场融资的新途径。

2.有助于完善我国多层次资本市场体系

我国资本市场上存在着众多资产规模不同、企业类型不同的融资主体和投资者,他们对金融服务的需求不一,这种多样化的金融服务需求决定了一个成熟的资本市场必须呈现出多层次的体系。以美国为例,作为较完善的资本市场,其构成可分为:主板市场,即全国性证券交易市场,以纽约证券交易所为主导;二板市场,即以纳斯达克为核心的交易市场;三板市场,即全美的各区域性市场及场外交易市场。目前全美各州共有 11 家区域性证券交易所,分布在较大的工业或商业中心。^②

当前,我国也在加快发展自身的多层次资本市场体系。我国的主板市场,即沪深交易所市场,现多服务于成熟的国有大中型企业;中小板与创业板市场则主要面对流通盘 5000 万股以下的优质中小企业。^③ 新三板和新四板市场(区域性股权交易市场)作为多层次资本市场体系的底端基石,目前发展却远远不如前两个市场。可以说,现阶段我国各级市场的发展程度与美国等成熟市场相比,呈现不健康的倒金字塔形,为广大中小企业服务的底层融资平台才刚刚开始起步。

近年来,大陆经济不断发展,中小型企业数量持续增多,已成为我国经济发展的主要力量之一,但中小企业普遍存在融资难、管理水平低、市场竞争力弱等问题。新三板与主板、中小创板相比,虽然门槛已有所降低,但其主要面向于高新技术及其他已有一定发展的中小企业,大部分起步不久或发展中的中小企业仍被挡在门外。因此,发展区域性股权交易市场有利于帮助该类中

---

① 李艳萍、陈朝晖:《促进闽台金融合作化解中小台资企业融资困境》,载《中小企业管理与科技》2011 年第 12 期。

② 刘岩、丁宁:《美日多层次资本市场的发展、现状及启示》,载《财贸经济》2007 年第 10 期。

③ 许莉、关琰珠:《设立两岸柜台交易市场服务福建跨越发展》,载《中国发展》2011 年第 4 期。

小企业开辟新的融资渠道、解决融资困境,有利于完善我国的多层次资本市场体系。

3.有助于深化两岸金融合作

21 世纪以来,两岸的金融合作不断深化,早在 2003 年台资企业便已获准上市 A 股,然而截至 2009 年仅有 9 家台资企业成功上市。[①] 可见,两岸资本市场的合作不能仅依靠于主板市场,更多的是要面对范围更广的中小型台资企业。建立两岸股权交易市场可以为台资企业在大陆发展提供便利的融资平台,同时也是连接两岸资本市场的纽带。随着福建自贸区的建设和两岸金融合作水平的不断提升,两岸股权交易市场将成为台资企业进入大陆新三板、中小板和创业板乃至主板的桥梁,有利于促进两岸资本市场真正的互联互通、双向开放。

(三)建立与发展两岸股权交易市场的可行性

1.福建自贸区的设立为建立两岸股权交易市场提供了强大支持

福建因与台湾地区的独特地理位置及人文联系,一直都是大陆与台湾地区交流的重要窗口。2007 年,中共十七大报告明确提出要支持海西经济发展;2009 年 5 月 14 日,国务院出台《关于支持福建省加快建设海峡西岸经济区的若干意见》,明确指出福建具有独特的对台优势,应积极引导台湾地区金融企业进入海西经济区,探索两岸经济合作的新渠道和新形式,优先批准台资金融机构在福建设立分支机构或参股福建金融企业。2009 年 11 月,《两岸金融监管合作谅解备忘录》(MOU)的签署,为两岸柜台交易市场的设立创造了积极条件,同时也标志着两岸金融监管机构将迈入监管合作时代。2014 年 4 月 8 日,国务院批准的《福建自贸区总体方案》再次要求在三个方面"推进金融领域开放创新",具体包括"扩大金融对外开放""拓展金融服务功能""推动两岸金融合作先行先试",同时,也明确指出要创建"两岸股权交易市场",进一步深化两岸经济合作。以上各项政策的出台,尤其是《福建自贸区总体方案》的发布,为建立两岸股权交易市场提供了强大的支持。

2.福建拥有丰富的对台交流经验和相近的地域文化

福建与台湾地区隔海而望,具有天然的地理优势,交通便利,自古以来都是对台交流合作的最前线。同时,两岸同胞本一家,均属闽南文化体系,血脉相连、文化相承,两岸贸易往来频繁。据统计,2016 年上半年,福建省新设台

---

① 郑晓东:《台商大陆投资现状与趋势》,载《发展研究》2009 年第 8 期。

资企业 734 户,为去年同期的 2.2 倍,投资总额 24.69 亿美元、注册资本22.48 亿美元、外方认缴 19.37 亿美元,分别为去年同期的 1.55 倍、2.29 倍、2.55 倍,台商来闽投资三年来逐年成倍增长。截至 2016 年 6 月底,福建省实有台资企业 5599 户,累计投资总额 170.12 亿美元,注册资本 117.35 亿美元,外方认缴 99.41 亿美元。[①] 加入 WTO 以后,大陆开始逐步将资本市场对外放开,大量外资金融机构及外资企业进入北京、上海、广州、深圳等城市进行布局发展。与上述几个城市相比,福建省台资以外的外资并没有占据主导,还有足够的空间迎接台资入驻。

3. 福建金融业发展迅速

福建近年来金融业发展迅速。数据统计,截至 2013 年,福建的金融总产值达 1174.59 亿元,社会融资规模 6923.79 亿元。自 2006 年到 2013 年,福建的社会融资规模年均增长 30%,金融从业人数达 15.13 万人。[②] 同时,福建金融产业聚集,集中分布在福州、厦门和泉州三个城市。以作为经济特区的厦门为例,经过多年发展,至 2011 年已有中外资银行业金融机构 33 家,其中外资机构 16 家;保险公司 29 家,其中外资机构 3 家;兼业代理机构 905 家;37 家证券营业部;7 家信托公司。[③] 目前厦门已成为福建省金融业发展最成熟的城市,呈现中外金融机构齐头并进,银行、证券、保险、期货、信托五业发达,金融功能全面的服务体系。

将两岸股权交易市场落户福建自贸区,不仅可以依托原有的丰富金融资源,还可以借力自贸区"先行先试",使两岸股权交易市场不仅可以满足中小型企业进行融资整合的需求,还可以尝试对接台湾证券柜台买卖中心市场,借鉴其场外交易经验,引入优秀的交易制度,为我国各区域性股权市场的发展提供切实可行的建议。

(四)两岸股权交易市场的建设情况

在福建自贸区成立之前,两岸股权交易市场就已先行建设,目前的交易平台有福建海峡股权交易中心与厦门两岸股权交易中心。

1. 福建海峡股权交易中心建设情况

福建海峡股权交易中心成立于 2011 年 10 月 26 日,2013 年 7 月 18 日正

---

① 福建省工商局:《上半年台商来闽投资成倍增长》,http://www.fjaic.gov.cn/bgs/gsdt/zwyw/201607/t20160721_232797.htm,下载日期:2016 年 7 月 22 日。

② 方莉萍:《福建省金融业发展现状与对策研究》,载《现代商业》2015 年第 29 期。

③ 方莉萍:《福建省金融业发展现状与对策研究》,载《现代商业》2015 年第 29 期。

式开业运营,注册地为福建省平潭综合实验区,注册资本 2.1 亿元。中心由福建省政府批准设立,福建省金融工作办公室监管。

福建海峡股权交易中心内部构建了三大板块:交易板、成长板和展示板。交易板为主板块,服务于已经历过股改的企业以及专业服务机构推荐的其他优质企业,其目标在于盘活挂牌企业股份的存量价值,推动该类企业日后高效、便捷地对接全国性资本市场;成长板,服务于愿意接受股份制改革和有意愿来此奠定资信基础的中小微企业,中心将组织各类专业服务机构为此类企业提供综合性的培育服务,督促企业规范发展,实现企业股份登记托管,推动股权流转;展示板则是专门为中小微企业提供宣传展示的平台,帮助企业对接各类服务机构、拓宽企业融资渠道。[①]

截至 2016 年 7 月 22 日累计挂牌企业 1639 家。其中挂牌交易企业 55 家、挂牌展示企业 1631 家、台资企业 31 家。挂牌企业遍布福建省 9 个设区市、数十个行业,会员机构 136 家。[②]

对比 2014 年 8 月末的数据,当时累计挂牌企业仅 791 家。其中挂牌交易企业 29 家、挂牌展示企业 757 家、台资企业 5 家,会员机构仅 90 家。[③] 可见在一年多的时间内,市场规模成倍扩张。

2.厦门两岸股权交易中心建设情况

厦门两岸股权交易中心成立于 2013 年年底,注册资本 9000 万元,经厦门市政府批准正式成立,是厦门市唯一的区域性股权交易中心和地方资本市场,是海西经济区区域性股权市场的核心机构和重要平台。中心融合了对台金融合作的各类元素,专业服务于两岸中小型企业,是两岸区域性金融体系的重要组成部分。[④]

中心采取“公司制经营、职业化管理、团队化运营、市场化运作”的发展和管理模式,整合利用互联网平台资源,为广大处于初创或初级发展阶段,无法达到场内交易市场及新三板准入条件的中小微企业,提供定制的个性化金融

---

① 海峡股权交易中心:《2015 年海峡股权交易中心挂牌企业市场层次方案》,http://www.hxee.com.cn/About/news_view.aspx? Id=12084,下载日期:2016 年 3 月 15 日。

② 数据来源于海峡股权交易中心的企业专区和会员专区。

③ 陈德富、刘伟平:《加快推动我国区域性股权交易市场建设研究——从海峡股权交易中心的实践来看》,载《福建论坛》2015 年第 12 期。

④ 厦门两岸股权交易中心:《中心简介》,https://www.xmee.com/node/about-us/,下载日期:2016 年 7 月 15 日。

服务方案。打造"线上＋线下"的开放型商业模式，形成"融资、融智、融服务"三位一体的服务体系，力求在证券场内交易市场和银行外，开辟出独特的新型融资渠道，助力中小企业实现成长梦想。①

截至 2016 年 3 月 25 日，在厦门两岸股权交易中心挂牌（展示）的企业共计 1342 家。其中近一周挂牌企业数量增加 10 家，近一月挂牌企业数量增加 43 家，近一季度挂牌企业数量增加 110 家。挂牌的 1342 家企业中，500 家为注册资本 500 万以下的企业、303 家企业注册资本在 500 万到 1000 万之间、539 家企业注册资本超过 1000 万。② 笔者 3 月初进行实地调研时，中心工作人员告知以上挂牌企业中仅有不足 10 家具有台资背景，但表示，中心正在大力推动台资企业来此挂牌，近期内可能会有大批台资企业入驻。

二、建立两岸股权交易市场的法律基础

(一)《两岸经济合作框架协议》(ECFA)

标志着两岸经济合作迈入新时代的协议，即《两岸经济合作框架协议》(*Economic Cooperation Framework Agreement*，简称 ECFA)，已于 2010 年 9 月 12 日正式生效。它包含两个经济体之间自由贸易协定谈判的框架安排及早期收获协议。两岸签署该协议的主旨是减少、消除双方贸易和投资障碍，增进双方的贸易投资联系，创造两岸公平的贸易和投资环境。因此，框架协议的内容十分全面，涵盖两岸主要的经济活动，构建两岸未来经济合作的基本框架和发展规划。

在投资领域上，框架协议主要包括逐步减少两岸相互投资的限制、建立投资保障机制、提高投资相关规定的透明度、促进投资便利化等各项目标。在经济领域的合作上，包括但不限于研究两岸产业合作布局和重点领域，推动金融合作、两岸重大项目合作等。同时，促进两岸中小企业合作、提升其综合竞争

---

① 厦门两岸股权交易中心：《中心简介》，https：//www. xmee. com/node/about-us/，下载日期：2016 年 7 月 15 日。

② 厦门两岸股权交易中心：《挂牌企业》，https：//www. xmee. com/，下载日期：2016 年 3 月 15 日。截至 2016 年 7 月 22 日，在厦门两岸股权交易中心挂牌的企业共计 1417 家，其中标准板挂牌企业 678 家、孵化板挂牌企业 739 家、登记托管企业 66 家、登记托管总股本 31. 97 亿股，融资总额 5. 3 亿元。厦门两岸股权交易中心：《挂牌企业》，https：//www. xmee. com/，下载日期：2016 年 7 月 22 日。

力,协调并解决合作中出现的问题也是框架协议的内容之一。无疑,两岸经济合作框架协议的制定和生效,为两岸加强经济、贸易和投资合作提供了大前提,也为建立两岸股权交易市场提供了基础。

(二)《两岸金融监管合作谅解备忘录》(MOU)

2009 年《两岸金融监管合作谅解备忘录》(MOU)签订,为两岸金融监管方面的合作拉开了序幕。之后两年的时间,在该谅解备忘录下两岸又陆续签订了《两岸金融合作协议》《两岸证券及期货监督管理合作谅解备忘录》《两岸银行业监督管理合作谅解备忘录》等五大协议。两岸金融市场的合作需要两岸监管部门的积极配合,双方金融监管机构有意愿并且能够助力推动才可能实现全面的合作。可以说,MOU 及后续五大文件的签订为两岸金融监管建立了定期合作交流机制,也为两岸股权交易市场在监管上提供了有利的政策支持。

(三)《福建自贸区总体方案》和《福建自贸区管理办法》

2015 年 4 月 8 日,国务院印发《福建自贸区总体方案》。《福建自贸区总体方案》分为总体要求、区位布局、主要任务和措施、保障机制四部分,强调要进一步深化两岸经济合作,要求在三方面推进金融领域开放创新,包括"扩大金融对外开放""拓展金融服务功能""推动两岸金融合作先行先试"。《福建自贸区总体方案》在拓展金融服务功能一节中提到,自贸区愿意在符合法律规定、风险可控的前提下,全力支持厦门两岸区域性金融市场建设。①

随后,福建省人民政府在 2015 年 4 月 20 日公布《福建自贸区管理办法》,提出要推动两岸金融合作先行先试,在框架协议下研究探索自贸试验区金融服务业如何对台资进一步开放,如何降低台资金融机构准入和业务门槛,创建闽台金融合作新机制,提高台资参股大陆金融机构比例。同时,自贸区将支持设立外币兑换机构、支持设立面向两岸企业的股权交易市场。②

上述两项文件的颁布,为福建自贸区设立和发展两岸股权交易市场提供了切实可靠的法律依据。

---

① 《中国(福建)自由贸易试验区管理办法》第 24 条规定:"推动两岸金融合作先行先试,创新闽台金融机构合作机制。在框架协议下,研究探索自贸试验区金融服务业对台资进一步开放,降低台资金融机构准入和业务门槛,适度提高参股大陆金融机构持股比例。支持设立外币兑换机构、面向两岸企业的股权交易市场。"具体内容参见国务院:《国务院关于印发中国(福建)自由贸易试验区总体方案的通知》。

② 福建省人民政府:《中国(福建)自由贸易试验区管理办法》。

(四)《关于规范证券公司参与区域性股权交易市场的指导意见(试行)》

2012 年 8 月 23 日,中国证监会下发〔2012〕第 20 号公告,即《关于规范证券公司参与区域性股权交易市场的指导意见(试行)》(简称《规范证券公司参与区域性股交市场意见》)明确了我国区域性股权交易市场的地位,提出区域性股权交易市场是我国多层次资本市场体系的重要组成部分,其对于促进企业,特别是中小企业的股权交易和融资有不可替代的作用;在鼓励科技创新和激活民间资本方面具有重要的现实意义,同时也是对实体经济薄弱环节的支持。[①]

该文件内容在法律层面上确认了我国多层次资本市场体系,明确将区域性股权交易中心定位为市场中的新四板。这一监管层面上对区域性股权交易市场的正名,使得各地纷纷建立起区域性股权交易中心,同时也为建立两岸股权交易市场奠定了坚实的法律基础。

第二节　两岸股权交易市场的制度建设情况以及存在的问题

从现在的市场构架来看,福建海峡股权交易中心和厦门两岸股权交易中心共同组成了福建省的区域性股权市场。根据挂牌企业的数量可以看出,两者的发展情况差别不大,虽然都面向台湾地区的场外交易市场,但挂牌的台资企业数量都仅占极少部分,这其中不乏制度上的原因。本节内容力求通过对两所股交中心发展现状的分析,找出其内部制度和外部制度上存在的问题。

一、两岸股权交易市场的制度建设情况

(一)内部制度建设情况

1.挂牌准入制度

在挂牌准入的条件上,福建两个股交中心目前都实现了市场内部分层。海峡股权交易中心在 2015 年中旬前一直采用的是挂牌交易板块、挂牌展示板

---

① 证监会:《关于规范证券公司参与区域性股权交易市场的指导意见(试行)》。

块和台资企业板块的分层准入制度,2015 年 5 月该中心出台新挂牌企业市场层次方案。目前两所交易中心新的挂牌准入制度如表 6-2、表 6-3 所示:

表 6-2　福建海峡股权交易中心挂牌制度①

	交易板	成长板	展示板
企业准入要求	1.存续满一年的非上市股份有限公司; 2.法人治理结构健全,运作规范; 3.股权结构清晰,股份发行及转让行为合法合规; 4.业务基本独立,具有持续经营能力。	1.依法设立且持续经营一年以上的非上市股份有限公司、拟股改的企业; 2.企业有明确的战略规划、盈利模式清晰,具有持续经营能力; 3.公司经营合法合规; 4.股权结构清晰; 5.同意在海交中心开展股权登记托管。	1.成立满一年,企业形式不限; 2.业务清晰、有明确的营业收入及具备持续经营能力; 3.公司经营合法合规。

表 6-3　厦门两岸股权交易中心挂牌制度②

	准入标准	附加标签要求
标准板	①最近 12 个月的净利润累计不少于 300 万元; ②最近 12 个月的营业收入累计不少于 2000 万元;或最近 24 个月营业收入累计不少于 2000 万元,且增长率不少于 30%; ③净资产不少于 1000 万元,且最近 12 个月的营业收入不少于 500 万元; ④最近 12 个月银行贷款达 100 万元以上或外部投资机构股权投资达 100 万元以上。	无

---

① 资料来源为海峡股权交易中心:《2015 年海峡股权交易中心挂牌企业市场层次方案》,http://www.hxee.com.cn/About/news_view.aspx? Id＝12084,下载日期:2016 年 3 月 16 日。

② 资料来源为厦门两岸股权交易中心:《厦门两岸股权交易中心企业挂牌业务规则(试行)》,https://www.xmee.com/uploads/docs/xm/xmee_listed_rule_test.pdf,下载日期:2016 年 3 月 16 日。

	准入标准	附加标签要求
孵化板	无企业类型和成立时间要求,在中华人民共和国境内依法注册成立并合法存续的公司、企业或其他合法组织均可在本板块申请挂牌,具体要求为:①固定的办公场所;②满足企业正常运作的人员;③合法有效的营业执照或其他合法执业证照;④不存在重大违法违规行为或被国家相关部门予以严重处罚;⑤企业的董事、监事、经营管理人员不存在《公司法》第147条所列属的或违反国家其他相关法律法规的情形;⑥本中心认定的其他情形。	①高新技术企业标签:符合《高新技术企业认定管理办法》中关于高新技术企业的认定标准; ②众筹创业标签:符合厦门市成长型中小微企业的认定标准; ③政府扶持标签:行业属于政府重点扶持产业,拥有政府投资或扶持项目,享受政府补贴。
海外板	申请在中心海外板块挂牌的企业,财务指标折算成人民币后应满足下列条件之一: ①最近12个月的净利润累计不少于300万元; ②最近12个月的营业收入累计不少于2000万元;或最近24个月营业收入累计不少于2000万元,且增长率不少于30%; ③净资产不少于1000万元,且最近12个月的营业收入不少于500万元。	无

2. 合格投资者制度

当前两所股交中心在投资者准入标准设定的问题上,分歧较大。如表6-4所示,海峡股权交易中心有较为严格的投资者准入制度,其根据机构和自然人对投资者分类设置了门槛,在自然人投资者的准入上采取了"资本规模＋投资经历"的双重要求,而厦门两岸股权交易中心则采用完全开放的准入制度,对各项指标均无具体要求。

表 6-4　两所股交中心的合格投资者要求①

	机构投资者	自然人投资者
福建海峡股权交易中心	①经监管部门许可或备案的、金融机构面向特定投资者发行的理财产品； ②注册资本不低于人民币 100 万元的企业法人； ③合伙人实缴出资总额不低于人民币 100 万元的合伙企业； ④通过相应的风险承受能力测评； ⑤海峡股权交易中心规定的其他条件。	①其托管在证券公司的资产或由银行出具证明的当期资产总额不低于人民币 30 万元； ②具有 2 年以上证券投资经验； ③通过相应的风险承受能力测评； ④海峡股权交易中心规定的其他条件。
厦门两岸股权交易中心	合格投资者须为具有完全民事权利能力和民事行为能力的个人，以及符合厦门两岸股权交易中心准入门槛的机构投资者，并在两岸股权交易中心网站注册及开户，通过中心的评估分类后，即可成为厦门两岸股权交易中心合格投资人。	

（二）外部制度建设情况

1. 监管模式

从监管主体上来看，目前福建海峡股权交易中心和厦门两岸股权交易中心均采用地方政府监管模式，如表 6-5 所示。

---

① 资料来源为福建海峡股权交易中心：《合格投资者管理》，http://www.hxee.com.cn/About/news_view.aspx? Id＝10299，下载日期：2016 年 3 月 15 日；厦门两岸股权交易中心：《投资者制度》，https://www.xmee.com/qhee-webapp/help/index.jsp，下载日期：2016 年 3 月 15 日。

表 6-5　两所股交中心的监管模式①

福建海峡股权交易中心	中心经福建省政府批准设立,由福建省金融工作办公室负责监管,遵循中国证监会对中国多层次资本市场体系建设的统一要求,是福建省贯彻落实国务院支持海西先行先试的"三规划两方案"、建设两岸区域性金融服务中心的重大举措。
厦门两岸股权交易中心	中心是经厦门市政府批准正式成立,采取地方政府监管的新型交易所。根据国务院关于大力发展场外资本市场的统一布局、证监会为了拓展多层次资本市场而特许设立。

2.政策制定

由于两所股交中心分属福建省政府和厦门市政府批准设立与监管。福建省政府和厦门市政府也分别出台了相关的政策来支持、鼓励福建海峡股权交易中心和厦门两岸股权交易中心的发展与创新,如表 6-6、表 6-7 所示。

表 6-6　支持福建海峡股权交易中心发展的相关政策②

2015 年 1 月 1 日,福建省人民政府办公厅发布《关于进一步扶持小微企业加快发展七条措施的通知》(闽政办〔2015〕1 号)	鼓励和支持企业在海峡股权交易中心挂牌和融资,对在海峡股权交易中心挂牌交易的小微企业,省级财政在挂牌当年给予不超过 30 万元的补助。　支持各金融机构在海峡股权交易中心登记托管、开展金融活动,通过信贷资产转让等方式盘活存量信贷资源,为小微企业提供资金支持;鼓励各类投资基金和产业引导基金优先将海峡股权交易中心挂牌企业纳入投资范围。③

---

① 资料来源为福建海峡股权交易中心:《中心概况》,http://www. hxee. com. cn/About/about. aspx? TypeId=10297,下载日期:2016 年 3 月 15 日;厦门两岸股权交易中心:《中心简介》,https://www. xmee. com/node/about-us/,下载日期:2016 年 3 月 15 日。

② 资料来源为福建海峡股权交易中心:《政策法规》,http://www. hxee. com. cn/About/newslist. aspx? TypeId=10317,下载日期:2016 年 3 月 16 日。

③ 福建海峡股权交易中心:《本地政策法规》,http://www. hxee. com. cn/About/news_view. aspx? Id=10572,下载日期:2016 年 3 月 5 日。

2014 年 1 月 29 日,福建省人民政府办公厅发布《福建省人民政府办公厅关于推进海峡股权交易中心建设的若干意见》(闽政办〔2014〕22 号)	在实施政策扶持一章共提到四种扶持政策,分别包括财政扶持政策、工商登记服务、拓展相关业务和其他扶持措施。 提出在海峡股权交易中心挂牌的企业,优先纳入省政府出台的扶持中小微企业发展的相关专项基金和优惠政策范围。
2013 年 7 月 18 日,福建省发展和改革委员会发布《关于推动上市后备企业到海峡股权交易中心挂牌的通知》	鼓励和推动福建省符合条件的上市后备企业进入海峡股权交易中心挂牌,为日后到沪深交易所主板、创业板或 H 股上市打好基础。 积极支持挂牌企业做好上市准备工作。加大宣传力度、积极并重点推动在海峡股权交易中心挂牌企业的上市进程,同时在安排扶持性财政基金、项目性建设用地方面给予优先支持。

表 6-7　支持厦门两岸股权交易中心发展的相关政策①

2013 年 1 月 24 日,厦门市人民政府发布《厦门市人民政府关于推进企业上市的意见》(厦府〔2013〕28 号)	进入厦门地区的服务非上市公司股份交易市场挂牌交易的,一次性奖励 20 万元;进入外地服务非上市公司股份交易市场挂牌交易的,一次性奖励 10 万元。②
2015 年 9 月 22 日,厦门市政府发布《厦门市人民政府关于加快发展智能制造十条措施的通知》	支持符合条件的成长性智能装备企业在厦门两岸股权交易中心挂牌交易,并对成功挂牌的企业给予不超过 30 万元的一次性奖励。

---

① 资料来源为厦门两岸股权交易中心:《政策法规》,https://www.xmee.com/node/rule/index,下载日期:2016 年 3 月 16 日。

② 厦门两岸股权交易中心:《厦门市人民政府关于推进企业上市的意见》,https://www.xmee.com/node/rule/index 下载日期:2016 年 3 月 16 日。

2015 年 9 月 14 日,厦门市委办公厅、厦门市人民政府办公厅共同下发《厦门市加快科技创新具体行动计划（2015—2016）》（厦委办发〔2015〕26 号）	要建立资本市场服务平台。发展壮大区域性股权交易市场,梳理全市拟上市科技型企业,一对一地对其进行上市辅导,鼓励上市企业并购战略性新兴产业企业。[①]

二、两岸股权交易市场现有制度存在的问题

(一)制约两岸股权交易市场发展的内部制度

1.挂牌准入制度不完善

(1)对"区域性"限定过严

2015 年 6 月 26 日,中国证监会发布的有关《区域性股权市场监督管理试行办法(征求意见稿)》[简称《区域股权市场监管(征求意见稿)》]对"区域性"作了限定。《区域股权市场监管(征求意见稿)》第 4 条指出:"区域性股权交易市场不得为其运营机构所在地之外的企业提供服务(运营机构所在地通常指所在的省级行政区域)。"

由于该条规定的限制,两岸股权交易市场在提供服务时主要还是面向省内的企业,福建海峡股权交易中心的企业基本来自福州、莆田、南平、三明、泉州、厦门、漳州、龙岩、宁德九个市区。厦门两岸股权交易中心虽开放对福建省以外的企业挂牌,但根据数据统计,在标准板挂牌的 653 家企业中有 467 家企业都是来自福建本土。[②] 事实上,一味地坚持"区域性"要求,不利于市场整合优质资源,也不利于拟挂牌的企业选择最适合自己的股权交易市场,从某种程度上来说将"区域性"限制过死是一种社会资源的浪费。

---

① 厦门两岸股权交易中心:《厦门市加快科技创新具体行动计划(2015—2016)》,https://www.xmee.com/node/rule/index,下载日期:2016 年 3 月 16 日。

② 厦门两岸股权交易中心:《挂牌企业》,https://www.xmee.com/node/company/standard,下载日期:2016 年 3 月 15 日。

（2）市场分层不合理

从福建海峡股权交易中心和厦门两岸股权交易中心的挂牌准入制度来看，虽然两者分别在 2015 年 5 月底和 6 月初出台新规，纷纷建立起分层次的企业准入制度，但在层次设计等各方面仍不成熟。

以福建海峡股权交易中心为例，2015 年 5 月 20 日前中心采用的是挂牌交易板块、挂牌展示板块和台资企业板块的分层方式。其中挂牌交易板提供挂牌展示、股权托管、股权交易、融资等服务；挂牌展示板除不能进行股权交易外，可提供其余各项服务，包括品牌展示、股权托管、融资等；台资企业板块则是融合了前两者，更有针对性地面向台资。[①] 根据分层可看出，真正能够进行股权交易的板块只有挂牌交易板，而我们通常所说的市场内部分层是根据板块面向服务对象的发展程度以及交易模式的不同来区分，而不是根据能否进行股权交易进行区分。如台湾证券柜台买卖中心市场分为上柜市场和兴柜市场，两者均可进行股权交易，区别仅在于服务对象和交易方式的不同。具体来说，上柜市场采取混合交易模式，面向的股票是已经公开发行但未在台湾证券交易所上市，仅可通过证券柜台买卖中心交易的股票。其采用的混合交易模式是指上柜市场不仅沿用传统自营券商的议价制度，还通过电脑等价自动成交系统使得自营券商的委托和经纪券商接收客户的委托都可以通过该系统进行股票买卖。那么区别于上柜，兴柜市场的服务对象基本是处于上市辅导期的企业，股票未上市或未进入上柜市场交易的，交易采取与推荐证券交易商议价的方式。[②] 另外，上柜市场内部其准入标准再次进行了分层，具体分为两类股票；第一类股票要求企业实收资本在一亿元新台币以上，设立年限满三年；第二类股票要求企业实收资本在新台币三千万以上，设立满一年。而对于兴柜市场，与上述两类股票相比，其门槛要求则更低，基本无资本额、设立年限等规定。[③]

由此可看出，福建海峡股权交易中心的旧版分层方案即便也分为不同板块，但并非是真正意义上的市场分层。2015 年 5 月中心虽然已出台了新的挂

① 陈德富、刘伟平：《加快推动我国区域性股权交易市场建设研究——从海峡股权交易中心的实践来看》，载《福建论坛（人文社会科学版）》2015 年第 12 期。

② 陈德富、刘伟平：《加快推动我国区域性股权交易市场建设研究——从海峡股权交易中心的实践来看》，载《福建论坛（人文社会科学版）》2015 年第 12 期。

③ 薛红兵：《中小型台资企业融资困境化解渠道——基于两岸股权柜台交易中心建立》，载《福建商业高等专科学校学报》2010 年第 5 期。

牌企业市场层次方案,但实质上新方案并未正式启用,中心网站也依然按照老的市场分层来对企业进行展示。

(3)未涉及退市公司的门槛问题

从两所股交中心目前的挂牌制度来看,并没有涉及从其他高端板块退市的公司进入中心的门槛问题,然而区域性股权交易市场作为整个资本市场的底层基石,其与新三板、创业板、主板之间应有承接功能。作为企业资源储备池,区域性股权交易市场在承担培育、孵化优秀企业输送至上层市场之责任的同时,也有义务成为接收上层市场退市企业的良好渠道。我国场内交易市场上市标准制定严格,上市周期长、审核细致,整个上市流程发展较为成熟,因此从主板、创业板乃至新三板退市的公司在进入区域性股权交易市场时可以考虑不做门槛限制,只需依照交易市场的规则进行转让。这样不仅可以尽快满足退市公司的融资需求,有利于大大降低区域性股权交易市场的工作成本,更有利于资本在整个市场中顺畅流动、合理配置。

2.投资者资格设定不合理

投资者资格问题,在区域性股权交易市场一直都是由各区域自行设定,标准参差不齐,有的股交中心甚至对投资者进入市场没有设置限制,如厦门两岸股权交易中心。此种放开准入标准吸引投资的做法也许能一时间达到预期的发展效果,然而一旦监管不力,将会发生严重的金融风险。根据对大陆几个较大的区域性股权交易市场合格投资者制度的调查统计,目前普遍的做法是:对于机构投资者,通常要求出资不低于100万元。如福建两岸股权交易中心、天津股权交易中心、齐鲁股权交易中心等。对于自然人投资者,门槛标准主要设立在资金限制和投资经历两方面。其中对于资金要求,目前各区域标准均低于新三板,要求最高为上海和广州股权交易中心的100万元;最低为湖南股权交易中心的10万元。投资经历上,各区域标准参差不齐。如广州股权交易中心要求三年以上证券投资经验,福建海峡股权交易中心要求两年以上证券投资经验,重庆要求一年以上股票投资经验。

无论是福建海峡股权交易中心,还是厦门两岸股权交易中心在投资者资格要求上都不甚合理。其中只有一所对投资者设置了相应的准入条件,从其对自然人投资者资金和投资经历的限制来看,标准的设置在全国范围内属于较宽松,而另一所则完全采取了开放性的准入要求,投资者资格的设定缺乏合理性。

(1)合格投资者标准偏低

根据目前的法律定位,区域性股权交易市场属于私募市场,发行方式为非公开发行。所谓非公开发行是指只能针对特定对象,采取特定的方式来发行证券。特定对象在此指符合一定资产要求的机构和自然人投资者,有一定的投资经验,已充分了解发行人信息,能够在投资决策中保护自己的利益。由于不同发行方式对应不同的发行市场和发行对象,我国场内市场相较于场外市场,其风险性较低、监管更为严格,因此对于合格投资者的标准设立可以较低。反观区域性股权交易市场,具备较高的风险性,因此在相应的制度设计上应以保护投资者权益为出发点,重视防范风险,尽力避免将区域性股权交易市场的风险传递给投资者。

一般而言,合格投资者的判断标准会涵盖资产数量、投资经验两项,有的还涉及与发行人的关系等。例如,投资者与发行人有关切关系的,可认为其能够获得必要投资信息;投资者有相应投资经验的,可认为其能够独立作出投资分析;投资者具有一定数量资产的,可认为其有能力承担一定投资风险;符合以上一项或多项标准的都可作为合格投资者。在美国法律中,有许多合格投资者的标准,这是因为面对不同的市场,监管者需要在设立合格投资者标准时有一定的弹性空间。目前,鉴于我国区域性股权交易市场的风险较新三板市场更高,其合格投资者的制定标准应严于新三板市场。之后,还可以考虑灵活引入投资者适当性规则,帮助实现对投资者的教育和保护。

综上,制定一个较高的合格投资者标准是比较理想的做法。我国法律所示非公开发行的"特定对象",其"特定"并不是指可以事先确定投资者的范围,而是在于划定范围的方法与非公开发行的立法目的之间能否相关。也就是说,将投资者特定化的方法是否符合非公开发行的目的。① 因此在划定特定对象的范围上,仅需考虑以该投资者的相关资质,即该投资者是否需要监管部门或证券法的保护,是否有能力获得其需要的投资信息,是否可以分析所获信息并作出合理的决策,只有符合上述各项条件的机构或自然人才可被视作区域性股权市场的合格投资者。

(2)制度中并未明确能否突破"200人"限制

除上述对合格投资者标准上的要求,根据国务院办公厅于2012年7月发布的《关于清理整顿各类交易场所的实施意见》的规定,区域性股权交易不得等额公开发行并受到"200人限制"。所谓"不得超过200人"是指权益持有人累计不得超过200人。也就是说,除我国法律和行政法规另有规定外,任何权

---

① 李亚菲:《证券公开发行法律制度研究》,黑龙江大学2009年硕士学位论文。

益无论在发行还是转让环节,只要在存续期间,其实际持有人累计均不得超过200人。[①] 这项规定大大降低了区域性股权交易市场非公开发行证券的转让效率。

事实上,股东累计超过200人的情形并非公司所能控制,强行实施此限制会给股东转让股份带来阻碍,也会使投资者参与交易的可预见性和确定性降低,影响双方参与交易的积极性。如果无法打破"200人限制",各区域中小企业的股份转让和融资活动将一直存在阻碍,区域性股权交易市场也无法健康、持续地发展。必须肯定的是,"200人限制"是一道稳固的防火墙,将公开发行市场和非公开发行市场隔离开,在维护金融安全、防范高风险给社会带来的巨大冲击方面有相当大的意义,但是否需要打破200人限制,非常值得探讨。目前,由于法律和政策方面均没有放开此限的意思,两岸股权交易市场可以在尊重此原则的基础上,利用自贸区"先行先试"的政策支持,积极申请建立试点尝试突破。

3.缺乏有效的转板规则

建立多层次资本市场体系的重要一环就是要有完善的转板机制。"各层次市场准入门槛的差异设置在某些程度上展现了其内部逻辑的层次性,但没有体现其更深层次的同一性。因此,我们需要设置升降有序的转板机制以连通各市场之间的流动渠道,从而实现各市场间企业的自由流通。"[②]转板机制的形成不单有助于场内市场和场外市场的互联互通,更有助于实现两个场外市场内部的良性循环。

从国际形势来看,发展较为成熟的多层次资本市场均有其内部的转板机制。转板方式一般分为自主申请和强制转板,前者采取自愿性原则而后者多为强制性措施。鉴于两岸股权市场面向台湾地区市场的属性,我们可以借鉴台湾地区的转板制度,方便日后的两岸资本市场对接。

台湾地区的转板制度主要涵盖两种类型:一是证券柜台买卖中心挂牌交易的公司申请转向更高级的台湾证券交易所上市;二是兴柜挂牌交易的企业申请转入上柜或者证券交易所上市。在这两种情形下,台湾法规对企业有不同的转板要求。

---

① 国务院办公厅发布的《关于清理整顿各类交易场所的实施意见》规定:"以信托、委托代理等方式代持的,按实际持有人数计算。"

② 国务院发展研究中心:《规范和发展我国场外股权交易市场》,载《发展研究》2012年第7期。

第一种情形是证券柜买中心转入交易所。上柜公司转入台湾交易所市场适用和直接申请在台湾交易所市场上市一样的条件，只是在审查过程上，台湾交易所将不再重复审查在证券柜买中心已经审核过的内容。相较于直接申请在台湾证券交易所上市的企业，由上柜市场转板进入的企业在审查程序上更加简洁化、上市审查时间大大缩短。

第二种情形是兴柜市场的企业转入上柜市场或交易所市场。根据台湾地区目前的转板政策，兴柜市场因为处于多层资本市场的低端，在转板上并没有什么明显的优势，需要严格按照台湾证券交易所或台湾证券柜台买卖中心上柜的条件来执行。由于台湾交易所市场和上柜市场活跃程度远远高于兴柜市场，大多数企业还是希望可以进入这两类市场，因此在兴柜市场挂牌满半年后，公司均可根据自身情况向交易所或柜买中心市场提出上市、上柜申请。证券交易所和柜台买卖中心会按照各自要求对申请文件进行实质性审查，此过程一般需要半年时间。也就是说，在兴柜市场挂牌满 6 个月后，向交易所或证券柜买中心提出转板申请，只要其财务指标达到上市或上柜的要求且取得审查部门的同意，则该公司可以顺利转入其申请的市场交易。每年通过兴柜转板的公司已超过该年度兴柜挂牌公司总数的一半。[①]

目前，两岸股权交易市场的两所股交中心都未构建初步的转板规则。厦门两岸股权交易中心只是在常见问题中概括性地提道"企业挂牌对未来转交易所上市无阻隔。在厦门两岸股权交易中心挂牌不影响企业申请新三板挂牌或 IPO，挂牌企业申请新三板挂牌或 IPO 的，可自主决定是否终止在本中心挂牌"[②]。事实上我国在法律上仅提到过，区域性股权交易市场挂牌的企业在申请转入新三板挂牌并公开转让股份时，除需要满足新三板的准入条件，该挂牌企业还需来自于已通过国务院清理整顿验收的区域性股权交易市场。然而，企业要想在各市场内合理流转，单凭此项规定远远不够，区域性股权交易市场转板制度仍有待进一步健全。

4.需要做市商制度盘活市场流动性

做市商是指一类活跃在证券市场的参与主体，其一般由具备良好信誉和

---

① 据统计，至 2013 年底，兴柜市场挂牌公司总数 1302 家，其中 577 家转往柜台买卖中心上柜，181 家转入台湾证券交易所，分别占比 44.3%、13.9%，累计 55.8%，超过一半。参见陈勇征：《台湾场外交易市场制度演进及风险管理》，南开大学 2014 年硕士学位论文。

② 厦门两岸股权交易中心：《常见问题》，https://www.xmee.com/qhee-webapp/help/index.jsp，下载日期：2016 年 3 月 16 日。

充足资金的机构构成,对其指定做市的证券产品提供持续性的双边报价,并在其报价上以自有资金和自由证券存货无条件接受投资者的买卖需求。通过"做市"二字可看出,其目的在于创造市场,特别是在场外交易类活跃性不足的市场上,做市商的出面,可以改变整个市场交易寡淡、换手率低的情况。因此,做市商制度是各国场外交易市场广泛采用的交易机制。

随着近年来场外交易市场不断发展成熟,仅采用单纯的做市商制度已无法满足投资者对于交易速度的需求,也无法满足市场对交易成本的控制。在此情况下,竞价交易机制开始被引入场外交易市场。这种竞价交易与做市商并存的交易机制即为混合型做市商制度。台湾地区的场外市场就采取该交易制度,并且在运用上已较为成熟。

2008 年之前,台湾地区一直采取的是传统的做市商制度,称为"推荐证券交易商"。2008 年之后由于台湾场外交易市场的迅速发展,考虑到交易速度和成本,证券主管部门开始在兴柜计算机议价点选系统中引入"计算机辅助自动点选成交功能"。至此,台湾地区开始形成报价驱动主导、指令驱动辅助的混合型交易制度。台湾兴柜市场交易的具体流程可总结如下:在交易过程中,首先由推荐证券交易商提出双边报价,投资者在参考至少两个推荐证券交易商的报价后来确定自己的委托价格及数量,此后经纪商提交投资者报价通过市场的计算机议价点选系统与证券自营商的委托进行议价,成交后计算机系统按次序反馈成交数据给双方并通过网站发布成交信息。[①] 在此过程中,如果单笔交易超过 10 万股,投资者可以不通过计算机议价点选系统,直接与推荐证券商议价交易(如图 6-1 所示)。

根据对我国区域性股权市场的调查,包括两岸股权交易市场在内的大部分市场均未引入做市商制度,目前仅有天津股权交易所进行尝试性的突破,引入做市商制度。考虑到我国区域性股权市场发展层次较低、市场流动性不足的情况,做市商作为连接投资者和挂牌企业之间的有效纽带,可以为市场带来活力,两岸股权交易市场也应尽快引入做市商制度盘活自身流动性。

---

① 王鑫:《台湾场外交易市场的做市商制度设计及其对大陆的启示》,载 2013 年《"创·四方"两岸四地青年论坛论文集》。

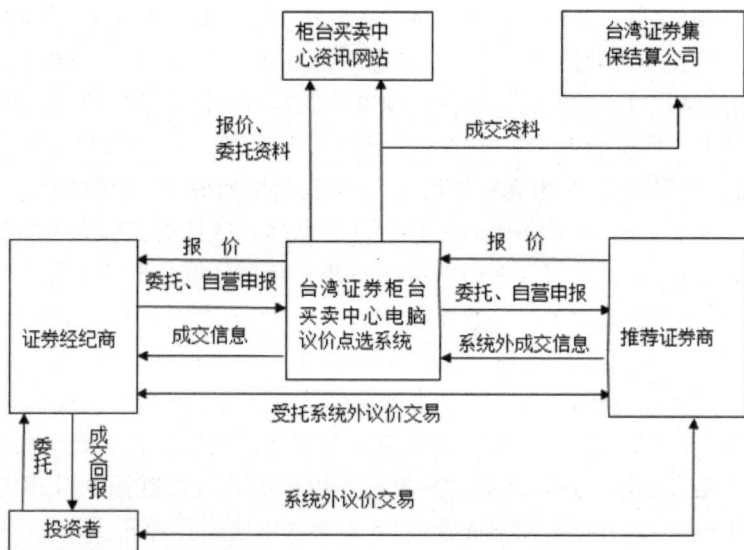

图 6-1　台湾证券柜台交易系统①

(二)制约两岸股权交易市场发展的外部制度

1.监管职责存在问题

从国务院在 2011 年 11 月 11 日发布的《关于清理整顿各类交易场所切实防范金融风险的决定》和随后中国证监会发布的《区域股权市场监管(征求意见稿)》中可以看出:监管责任是按照属地原则分配,接受省级人民政府监管。② 区别于其他证券交易市场,区域性股权交易市场的监管模式十分特殊,它既不是由证券业协会、证券交易所等机构组织的自律监管,也非在全国证券监管法规下的政府集中监管。它在各省级人民政府独自的扶持下建立,并直接受该人民政府监管。就现阶段而言,区域性股权交易市场以地方政府监管模式为主,但并没有出台具体规定来确认监管机构、颁布监管措施等,还看不到有效的监管制度。区域性股权市场能否像台湾地区的柜台交易市场一样发展壮大,不光在于业务上的进步,还与区域性股权交易市场能否有效控制市场

①　资料来源为张超:《台湾证券柜台交易市场结构及其混合交易模式研究》,载《上海金融》2008 年第 7 期。

②　中国证监会:《区域性股权市场监督管理试行办法(征求意见稿)》第 6 条规定:"……接受运营机构所在地省级人民政府指定的监管部门(以下称地方政府监管部门)的监督管理。"

风险有关,而如何有效地控制市场风险主要在于是否有配套完善、有效的监管制度。目前我国区域性股权交易市场存在的监管问题主要有以下两个方面:

第一,地方政府的职责不明晰。地方政府作为直接监管机构,在上级权力和下级任务的职责分配上并不明晰。由于政府监管部门间的权责划分不合理,导致协调配合不够,出现难以监管、无力监管的局面,在区域性股权交易市场无法形成统一的、职责明确的监管。目前大部分区域的监管者为省级政府下的金融办或国资委,其当前的人员配备并非处理区域性股权交易业务的专业人员,对这种新兴市场的熟悉度也不高,监管起来力不从心。据统计,截至2014年年底区域性股权交易市场已有3000多家企业挂牌交易,数量并不小,因此无论从专业度还是规模上,地方政府监管和市场发展的匹配度都不高。①

第二,现行监管体制不能完全适应客观实际。我国证券监管机构实行由中国证监会、地方证监局、证券交易机构一起构成的三级监管体制,即中国证监会集中监管,地方证监局辅助管理,证券交易机构配合管理。区域性股权交易市场属于省级人民政府监管范围,并未纳入上述三级监管体系,这种人为的划分不仅强制割裂了市场,而且违反追求效益最大化的经济原则。政府设置的金融办等监管部门,没有下属的监管机构,缺乏层级设置,无法敏感捕捉金融市场的变化,极易形成监管漏洞。

福建的两所股交中心采用的均是地方政府监管模式(其中厦门市两岸股权交易中心由厦门市人民政府监管),在这种模式下一般都由金融办来进行具体的监督。由于金融办工作人员缺乏监管区域性股权交易市场的经验,加之目前挂牌企业数量不断增多(仅厦门两岸股权交易中心近一周就新增10家挂牌企业),很快便会出现监管力不从心的现象,同时导致在政策的制定和扶持措施的出台方面推进缓慢。

2. 相关法律法规不健全

区域性股权交易市场发展迅速,目前已基本覆盖全国各省市。各区域股权交易市场按照当地政府的引导,自行出台相关的交易规则和制度,各市场的标准参差不齐。加之当前尚未出台全国性统一的法律法规,局面非常不利于监管部门对市场进行统一管理。举例说明,区域性股权市场的定位一直是服务于广大中小企业、解决其融资困境,这决定了该市场对企业准入的要求必然

---

① 张付琪:《区域性股权交易市场的法律监管问题研究》,四川省社会科学院2014年硕士学位论文。

不会过于严格。然而低标准低门槛往往伴随着投资风险的增加,因此对合格投资者的认定标准应该至少比新三板高,但是现阶段各市场对于投资者合格性标准制定不一,且普遍低于新三板。然而当前尚无法律法规对区域性股权交易市场的投资者设立合格的标准,监管部门也难以认定各市场的标准是否适当。现阶段这种单单依靠政府运用行政权力来干预的方法看似高效,实则可能会打乱市场自身运营规律。

如前所述,从目前支持福建海峡股权交易中心和厦门两岸股权交易中心发展的政策来看,主要出自福建省政府和厦门市政府。两岸股权交易市场这种靠政府逐一去消化问题,把法律束之高阁的做法无法从根本上解决问题。区域性股权交易市场的建设和监督不能停留在最初的法律框架内不动,要跟上市场发展的标准,构建起一系列法律规范,推动市场业务的发展。同时,发挥出证券机构的自律监管作用,重视对风险的监控,促进市场健康发展。

第三节 完善两岸股权交易市场的
制度体系的建议

根据前述对两岸股权交易市场现状的分析可以看出,无论是在市场的内部交易制度,如挂牌准入制度、合格投资者制度、转板制度等问题上,还是在外部的监管制度上,都存在大量需要改进的地方。考虑到福建自贸区立足两岸、服务全国、面向世界的战略要求,两岸股权交易市场还需进一步完善市场内部交易制度,尽量与台湾地区接轨。同时积极建议并推动相关主管部门优化市场外部环境,促进市场健康发展。

一、完善两岸股权交易市场的内部制度

(一)实施开放、分层次的挂牌准入制度

1. 建立开放的挂牌制度

中国证监会发布的有关监管区域性股权交易市场的《区域股权市场监管(征求意见稿)》中第 4 条对"区域性"作了限制,明确提到区域性股权市场不得为本区域外的企业提供服务。该文件所指的"本区域外",是指机构所在地的省级行政区域外,而对于提供服务并未明确是全部服务还是仅指股权转让

服务。

据此,笔者对各大区域性股权交易市场挂牌企业的来源地进行了统计,发现实践中大部分股权交易市场都已突破此限制。以天津股权交易中心为例,其所挂牌的企业来源于 28 个省市,范围已覆盖全国 2/3 以上。[①] 同样,上海股权托管交易中心的挂牌企业也已突破此限,接受北京、内蒙古、甘肃等多地企业的挂牌业务。深圳前海股权交易中心也开放接受省外企业前来挂牌。综上所述,我国大部分区域性股权交易市场都已突破《区域股权市场监管(征求意见稿)》对于"区域性"的限制。[②]

考虑到两岸股权交易市场面向台湾资本市场的属性,市场内部应建立起开放的挂牌制度。利用福建自贸区"先行先试"的政策支持和其他区域性股权市场的实践先例,打破上述限制,积极接受台资企业和各省份企业来中心挂牌。同时在挂牌企业的法律形态上,两岸股权交易市场将不限于公司,也接受有限合伙等各类形态的企业。《规范证券公司参与区域性股交市场意见》并未限定区域性股权交易市场的经营内容,依据市场自身的服务定位,在面对于各类中小微企业时,只要可以认定其有资本流转、资本新增的需求,市场就可为其提供相应的服务。

因此,两岸股权交易市场建立的开放性挂牌制度,可在各方面积极寻求突破,不对挂牌企业的来源区域、法律形态、经营业绩、融资方式、融资规模等作强行性规定,尊重市场环境和市场规律,积极争取本区域外的大陆企业和台湾企业前来挂牌,为其提供优秀的企业权利转让和融资服务。

2.完善合理分层的挂牌制度

两岸股权交易市场可以在借鉴台湾成熟的证券柜台市场运作模式和经验的基础上,由易入难,结合闽台两地投融资大环境的需求及大陆方面对区域性股权市场的要求,循序渐进,在中心内部建立起合理的分层挂牌制度。

首先,准入制度分为面向非上市股份有限公司和中小企业两个层次。非

[①] 天津股权交易所:《挂牌企业省份分布》,http://www.tjsoc.com/web/data1.aspx#dyfb,下载日期:2016 年 3 月 16 日。

[②] 针对《国务院关于清理整顿各类交易场所切实防范金融风险的决定》(国发〔2011〕38 号)中明确规定的"不得突破 200 人限制",目前仍是各区域股权交易市场运作中不可逾越的底线。但已有个别股交中心在积极寻求突破,争取将本区域内的非上市公众公司的股份托管及交易作为试点运作,例如浙江股权交易中心已经证监会同意,作为试点对 200 人以上企业进行挂牌,目前成功挂牌的企业已有多家。

上市股份有限公司报价系统主要针对已经过股改的企业,法律形式应为股份有限公司,可以包括从主板、创业板等退市的公司;中小企业报价系统则无此要求,面向各类形式的企业,多为创业初期或成长早期的企业,只要其产品有一定独创性,在当地拥有一定的市场份额,有较好的发展前景即可。

其次,面向非上市股份有限公司的报价系统可再次细分,拆分为标准板和成长板:标准板作为交易中心的主板,面向于发展已步入成熟期前期的企业。此类企业应已在生产上初步实现规模化,经营状况相对稳定,主营产品有一定市场占有率,在所属的细分行业内有一定影响力。成长板,主要面向处于成长期的企业,产品有科技含量,市场占有率不断攀升,生产已开始步入规模化,在细分行业内属于成长性较好的公司。

最后,不再单设台资板块,明确这两个报价系统均向台资企业开放。只要拟挂牌的台资企业注册地在大陆,按照台资非上市股份有限公司和台资其他企业进行分化,比照两岸股权交易中心两个报价系统的准入要求分别进入挂牌。

3.设置退市公司的快速通道

作为企业资源储备池的区域性股权交易市场,一项重大功能定位即是成为接收从上层资本市场退市企业的良好渠道。以沪深市场为例,企业上市在一般情况下至少需要1～2年时间,在此过程中历经烦琐的层层审批,主管层面会在各项上市指标上逐条审核。例如对主体资格,如经营年限、股东人数等项目的审核,以及对企业独立性的要求、运行规范上的要求、财务会计要求等等。无论是交易所沪深两市还是新三板,它们在企业上市要求的制定上均严于区域性股权市场。以企业经营年限为例:主板和创业板要求均为三年;新三板要求存续满两年;区域性股权交易中市场一般采取"一年模式"[1],个别采取"两年模式"[2]。无论哪种模式,其无疑是低于上层资本市场准入要求的,这也是我国多层次资本市场的分层的表现之一。由于上层资本市场准入审核严格,因此无论从上层哪个市场退市的企业,只要其满足两岸股权交易中心的最

---

[1] 浙江股权交易中心和武汉股权托管交易中心的"一年模式",即股份公司设立满一年,有限责任公司变更为股份有限公司的,持续经营时间可以从有限责任公司成立之日起计算。

[2] 天津股权交易所、湖南股权交易所和齐鲁股权托管交易中心的"两年模式",即股份有限公司成立满两年,有限责任公司变更为股份有限公司的,持续经营时间可以从有限责任公司成立之日起计算。

低入市要求,可不对该企业进行层层审核,建立快速挂牌通道使退市企业按中心面向非上市股份有限公司报价系统的要求,尽快进入标准板或者成长板交易。

(二)设置合理的投资者制度

1.设置合格的投资者准入标准

区域性股权交易不同于我国场内交易市场,它简化删除了公募发行一系列的复杂审核程序,对中小企业敞开了大门,但事实上其对投资者的保护能力也大幅度的降低。因此出于对投资者自身的保护,作为区域性股权交易市场的合格投资者必须要有较高的资质,具有相应的投资能力。在我国场内交易市场,采取的是核准制,发行人不仅要按要求进行信息披露,还要在资产、利润等各方面符合法律规定。实质上,场内证券的发行人已由监管部门为投资者进行了一遍全面的筛选。两岸股权交易市场作为区域性股权市场,由于失去了监管机关的资质审查保护和强制信息披露保护,因此在投资者资格的认定上,不仅要求投资者具有投资能力和风险承担能力,还应要求其具有信息获取能力。

(1)信息获取能力的认定标准

在两岸股权交易市场,发行人无须做同场内市场一样严格的信息披露,因此合格的投资者必须具备相应获取信息的能力来进行投资分析和决策。这一点无论在美国还是我国台湾地区的私募市场都是一项重要标准。

例如,台湾地区将发行对象分为三类:第一类为银行业、保险业、证券业等法人或机构;第二类为符合条件的自然人、法人或基金;第三类为该公司的董、监、高或相关企业的此类人员。① 据此分类,台湾地区认为以下两种投资者属于具有获取信息的能力:一是由于所处行业和自身实力可以获得由发行人主动提供的信息,例如各类金融机构;二是因为与发行人存在某种特殊关系,可以轻松获得由发行人主动提供的信息,例如发行人的高级管理人员、控股股东

---

① 台湾地区"证券交易法"第 43 条之六将私募证券的发行对象分为了三类:第一类为银行业、票券业、信托业、保险业、证券业或其他经主管机关核准之法人或机构;第二类为符合主管机关所定条件之自然人、法人或基金;第三类为该公司或其关系企业之董事、监察人及经理人。参见 http://www.njliaohua.com/lhd_56jsq1s4bt57eja0ptdl_2.html,下载日期:2016 年 2 月 21 日。

等以及发行人关联企业的此类人员。①

综上，根据金融机构的特殊属性，可以毫无保留地认定其为合格投资者。对于公司的高管、控股股东，鉴于其特殊的获取信息的优势和考虑到向其融资是公司最重要的融资渠道，因此也可认定为合格投资者。

（2）投资分析能力的认定标准

之前提到由于核准制的原因，我国场内市场发行的证券已相当于接受过一次监管部门全面的筛选，所以对于投资者的投资分析能力并无严格要求。而区域性股权交易市场不同，缺乏监管部门的初次筛选，因此需要在投资分析能力上对投资者进行把关，保证投资者具有基本的筛选和判断的能力。

在此方面，由于金融机构专门从事金融业务，且在设立上和人员的配备上均有对投资分析能力的相关要求，因此可默认其具有该能力。对于一般的自然人投资者，当前法律上的标准通常以"从事证券领域投资的年限"来体现。例如新三板市场就规定"投资者需满足两年以上证券投资经验"。对于一般的非金融企业投资者，可以从人员配备上来设置标准，比如要求企业必须拥有具有足够年限投资经验的高管人员，并达到相应的数量或比例，甚至可以直接对该企业从事金融领域投资的年限设置限制。

（3）风险承担能力的认定标准

两岸股权交易市场承接的是中小企业融资业务，多数企业处于成长期甚至发展初期，投资的风险远大于场内市场和新三板市场，因此作为中心的合格投资者必须具备相应的风险承担能力。

我国相关法律中一直把资产标准作为判断投资人风险承担能力的唯一指标，但目前我国台湾地区及其他国家法律上用来判断投资人风险承担能力的指标主要为资产标准和收入标准两项。资产多，则可以认定其有能力通过各类投资组合来对冲风险；收入多，则可以认定其利用收入弥补投资损失的能力强。因此，我们认为，资产数量多、收入水平高的投资者具有更好的风险承担能力，可以成为合格投资者。

2. 投资者的适当性

2013 年年初，我国新三板市场颁布了一系列业务规则，其中《全国中小企业股份转让系统有限责任公司管理暂行办法》明确规定新三板市场实行投资者适当性制度，参与股票转让的投资者需要具备一定的证券投资经验、相应的

---

① 参见 http://www.njliaohua.com/lhd_56jsq1s4bt57eja0ptdl_2.html，下载日期：2016 年 2 月 21 日。

风险识别能力及承担能力、能够知悉相关业务规则。此项制度引进场外交易市场,比引入融资融券、股指期货市场带来的反响更大。现在虽无法律文件明确规定要在区域性股权交易市场中推行此制度,但从各区域股权交易中心的开户规则上来看,均有引入相关风险测试内容。

目前福建海峡股权交易中心开户业务办理时要求投资者(无论个人还是机构)必须参加风险承受能力测试;天津和重庆的股权交易中心办理开户业务时则仅要求自然人投资者参与风险测评。天津股权交易所甚至按照风险承受能力测评结果结合金融资产规模对个人投资者进行了分类:愿意接受投资风险,且测评结果不低于 90 分,金融资产总额不低于 50 万为甲类;愿意接受投资风险,且测评结果不低于 70 分,金融资产总额不低于 30 万为乙类。[①]

据此,两岸股权交易市场在完善投资者制度时可以在福建海峡股权交易中心现有的风险能力测评上进行制度改进,从以下三方面履行对个人投资者适当性的注意义务:

(1)了解客户基本信息。只有充分了解客户各项基本情况的同时才能对其后续的风险承担能力和投资分析能力进行测评。首先基本信息包括但不限于年龄、职业、喜好、投资经历、资产状况、收入来源及高低等。其次是其与发行人的关系信息,是否为相关企业的董事、监事、高级管理人员等。

(2)对客户进行风险能力测评。以调查问卷或其他形式,在了解完客户基本信息的基础上进行。评估时不仅要考虑客户在测试中直接选择或阐述表现出的风险识别能力和承受能力,还要以专业人员的眼光和角度,联系其在投资过程中的各项表现综合考虑其风险承受能力,并且在后续的投资过程中可不断对其观测,调整其测评结果。

(3)充分的风险揭示。区域性股权交易市场的风险大于其他场内交易市场,因此在投资者开户前,中心有义务进行充分的风险提示。风险提示应做到足以引起投资者对现存或可预测到的风险的注意,保证其是在知情的状况下作出的容忍风险的决定。重庆股份转让中心在投资者注册时做了六方面的风险提示,包括宏观经济风险、政策风险、违约风险、利率风险、不可抗力以及因会员自身过错导致损失的情况,并提出"股转中心不对任何会员及任何交易提供任何担保或条件,无论是明示、默示或法定的。会员依赖于会员的独立判断

---

① 天津股权交易所:《投资人注册条件》,http://www.tjsoc.com/web/about05.aspx? name=1,下载日期:2016 年 2 月 21 日。

进行交易,会员应对其作出的判断承担全部责任"①。

(三)引入混合型做市商制度

各国的场外交易市场共有的一项重要特征即对挂牌公司的准入门槛制定较低,标准远远低于场内交易所市场。二者相比,在场外交易市场挂牌的企业在质量上与交易所上市的公司存在较大的差距,场内公司质量远远优于场外,这是导致场外市场证券的流动性不足的原因之一。做市商制度的出现,其主要目的是解决场外交易市场流动性的问题。观察较为成熟的多层次资本市场会发现,其场外市场无疑都选用了做市商制度,这并非巧合,而是其基于自身特点形成的共有特征。引入竞争性做市商制度,可以解决大宗交易难的困境,弥补市场在单纯竞价交易机制下流动性不足的缺陷。但是,当场外交易市场发展到一定程度后,单纯的做市商制度也开始慢慢展露出其内在的缺陷和固有的弊端,这也是台湾场外交易市场在奉行几年做市商交易后又引入竞价机制的原因。

做市商制度和竞价交易制度相比,成本相对较高,效率也远不如竞价交易制度。同时,由于做市商的收益主要来源于买卖双方的交易差额,在此情况下,不可避免地会发生做市商为了自身利益而弃投资者利益于不顾的状况。为解决此类矛盾,混合型做市商制度开始应运而生。混合型做市商制度的优点在于,不仅通过做市商制度盘活了市场的交易状况,解决了流动性不足的问题,同时也通过竞价交易机制有效抑制了传统做市商制度存在的固有弊端。可以说,混合型做市商制度的引进恰当地结合了传统做市商制度和竞价交易机制的优点,是市场发展的必然趋势,也是对市场结构变化的一种体现。

我国场外交易市场刚刚起步,而作为多层次资本市场最底层的区域性股权交易市场更是发展缓慢,市场流动性严重不足。此时引入做市商制度,是解决现阶段市场流动性缺陷的不二选择,但根据调查情况显示,除了天津股权交易中心引入做市商制度外,其他各区域性股权交易市场均未开始采用该制度。通过天津股权交易中心引入该制度后的成果来看,目前其挂牌企业数量和融资规模均在我国区域性股权交易市场中名列前茅,可以说已成为该市场上最

---

① 重庆股份转让中心:《重庆股份转让中心有限责任公司投资人服务协议》,http://uc.chn-cstc.com/custm/user/user_reg_add.htm? formCode=REG_FORM&coopKey=,下载日期:2016 年 2 月 25 日。

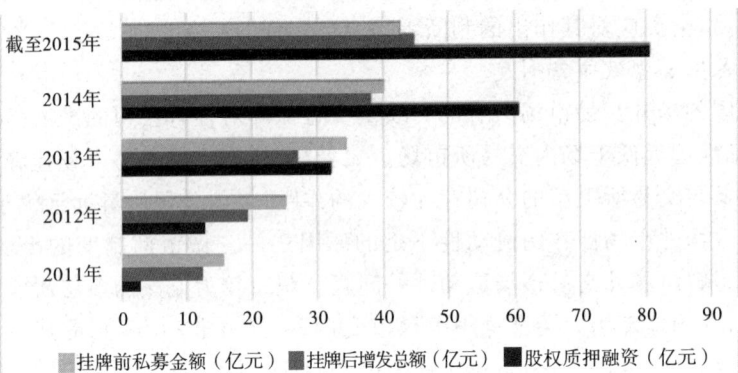

图6-2　天津股权交易所历年融资数据[①]

活跃的一个（主要融资数据见图6-2）。天津股权交易中心所制定的"集合竞价＋报价商双向报价＋协商定价"的混合型交易定价模式,正是做市商制度和竞价机制相结合的产物。天津股权交易所采用的这种混合型做市商制度,为投资人的进入和退出提供了便利,有效提高了市场的流动性。

目前混合型做市商制度是最贴合我国场外交易市场发展特性的交易制度,但是,竞价机制运行的前提是市场必须有足够的投资者。我国区域性股权交易市场处于发展初期,市场投资者较少,竞价交易机制运行的空间有限,大部分区域性股权转让平台的运行状况并不理想。因此,在交易制度设计方面,应根据各区域性股权交易市场发展程度的不同,分别采用不同的混合型做市商交易制度。将做市商制度和竞价交易制度进行灵活组合,才能充分发挥其各自的优势,进而保障市场的高效运行。

综上,根据两岸股权交易市场的几种发展状态,其交易制度可以分别做如下设计:在投资者较少的初级建设阶段,为了更充分地发挥做市商的做市功能,可以采用"做市商制度为主、竞价机制为辅"的交易机制;当两岸股权交易市场已经积累了足够的投资者,发展到一定程度之后,可以偏向更充分地发挥竞价机制的交易功能,采用"竞价交易机制为主、做市商制度为辅"或"竞价交易机制和做市商制度并重"的混合型交易机制。[②] 此外,做市商制度还区分为

---

① 资料来源:天津股权交易中心:《主要融资数据》,http://www.tjsoc.com/web/data1.aspx♯gpqysl,下载日期:2016年3月16日。

② 李学峰、秦庆刚、解学成:《场外交易市场运行模式的国际比较及其对我国的启示》,载《学习与实践》2009年第6期。

竞争性做市商和垄断性做市商。垄断性做市商,指一个证券只有一个做市商;竞争性做市商,指一个证券至少有两名或两名以上做市商。[①] 众所周知,垄断可能损害市场发展、压低消费者福利,而竞争有利于促进市场发展,有利于推动形成公允价格从而增进消费者福利。一旦市场引入做市商制度,做市商们在市场上必定占有绝对的信息优势、享有强势的交易地位,因此区域性股权交易市场的做市商制度需采取竞争性做市商。两岸股权交易市场在进行制度设计时可以规定"每个挂牌公司必须有两家或两家以上的做市商做市",并对单个做市商的最高持股比例进行限定。[②]

(四)逐渐形成有效的转板机制

所谓的"多层次资本市场体系"之所以称之为"体系",说明其各层次之间并非孤立,而应该是相互联系、相互补充的关系。场外交易市场之间应该相互连通,并且在符合场内市场的条件时有相应的安排进行转板。这样才能使各层次市场间都有丰富的企业资源,促进整个资本市场健康发展。同时,好的转板机制还要承担起"优胜劣汰"的责任,承担起督促高端市场企业的责任。因此在转板机制的设置上应考虑到以下两方面:

1. 场外市场内部的转板机制

我国场外交易市场分为两大市场:一是全国中小企业股份转让系统,面向全国各地区企业,属全国性市场,在场外交易市场中处于上层地位;二是区域性股权交易市场,政策定位于面向本区域内的中小企业,层次上低于全国性场外市场。两者在层次上虽然有着上下层关系,但由于目前缺少转板机制,其更多呈现出横向的简单并列关系,并未形成应有的纵向对接的链状关系。

在上述情况下,需要有良好的转板机制来起到链接两大场外证券交易市场的作用。企业可能最初出于成本、时间等多方面因素的限制,选择了挂牌成本较低的区域性股权交易市场来融资,但经过几年发展,企业的资金水平、规模水平、企业结构都有了较大改善,区域性股权交易中心已不能满足其融资需求,此时如果该企业已达到全国中小企业股份转让系统挂牌条件,经其申请能够直接转入全国性场外交易市场,将大大节约时间和资源成本。同时,起初在全国中小企业股份转让系统挂牌的企业,由于各个方面原因在若干时间段后

---

① 胡隆俊:《做市商制度的优缺点分析》,载《福建行政学院福建经济管理干部学院学报》2005 年第 B11 期。

② 卢紫珺:《优化我国场外交易市场监管的探讨》,载《特区经济》2010 年第 8 期。

逐渐衰落，已不能满足该市场的挂牌要求时，也可以直接下放至区域性股权交易市场。

2. 场内与场外的转板机制

在我国，场外交易市场主要是对标准化程度不高、额度较小的股份提供流通的渠道，目的在于解决广大中小企业融资难问题、培育中小企业健康发展，同时也是为了接受从交易所市场摘牌的企业，解决不同层次市场之间企业流动问题。[①] 大多数企业选择场外交易市场挂牌主要是出于当时自身条件的限制，其最终目的还是要进入更高层次的场内交易市场进行发展。因此可以看出，场外交易市场作为资本市场的基石，发挥的作用更类似于"企业孵化器"，同时也是优秀企业的储备池。因此建立场内市场和场外市场之间的转板机制是资本市场的硬性需求，也是加强我国多层次资本市场之间有机联系的必经之路。

在场外交易市场转板至交易所市场的条件上，我们认为，此类企业首先应符合我国证券法律规定的首次发行的各类标准。其次可以在转板制度的设计上加入其他条件：例如申请转入场内证券交易市场上市的企业必须是在场外交易市场挂牌满一定年限的股份公司；该拟上市公司及其董事、监事、高级管理人员在相应的年限内无违法违规行为；公司在信息披露上没有过重大的违规；公司具有较高的盈利能力和成长性等。同理，对于在场内交易市场发展情况不佳的公司，也可以通过转板机制退入场外交易市场继续进行发展。

两岸股权交易市场在转板制度的设计上可以通过与监管部门的沟通，参考台湾兴柜市场的转板制度，在市场内试行"拟在新三板、创业板或是沪深主板上市的企业需在本市场挂牌满一年"的要求。在此期间，两所股交中心可以对其进行全面的上市前培养，提高企业综合素质。

(五) 建立内部信息披露平台

严格的信息披露是场内交易市场监管立法的一大支柱，信息披露就是要求上市公司通过各种形式把可能影响投资者决策的信息向社会公众公开，以此保障投资者的权益。相对于场内交易市场，区域性股权交易市场的企业业绩不稳定、波动性较大，为了维护该市场中各方面主体的权益，参照场内交易市场建立起适当的信息披露制度，有助于帮助区域性股权交易市场健康发展。

[①] 张艳：《美国场外证券交易市场的发展经验与借鉴》，载《特区经济》2009 年第12 期。

鉴于此,两岸股权交易市场内部可以设立信息披露平台,按照"区分性原则"规范信息披露制度。

首先,参照主板、创业板以及新三板市场对于信息披露的要求,两岸股权交易中心内部的信息披露制度分为挂牌前的信息披露和挂牌后的持续信息披露。挂牌后持续的信息披露主要包括定期报告和临时报告两部分。对于有可能影响投资者决策的重大事件,挂牌企业应当及时、准确地通过临时报告在中心平台上予以公布,保证信息披露真实、不存在虚假陈述和遗漏。

其次,鉴于市场定位的不同,两岸股权交易中心应当坚持"区分性原则",在设立信息披露标准的时候应低于场内市场和新三板的要求。中心面对的企业多为规模较小、组织结构简单的中小微企业,其抗风险能力弱、承担信息披露成本的能力有限,信息公开的要求如果过高,此类企业无法承担相应的信披成本。在挂牌前的信息披露上,应该尽可能使规模较小的公司豁免信披的义务;在挂牌后持续的信息披露中,应规定在符合一定标准后的某些企业可以较少或者不受强制性信息披露的制约。

最后,建立内部的违规处理报告制度,从中心内部改变对信息披露违规处理力度不足的情况。对不履行信息披露义务的挂牌企业,中心可以在内部平台上对其予以标记,提示投资者谨慎交易。后期还可在中心内部颁布信息披露违规行为认定的规则,建立配套的追责制度,保护投资者权益不受侵犯。

(六)提供除股权交易外的多样化服务

对比我国区域性股权交易市场现阶段的发展和国外类似场外交易市场可以看出,我国的区域性股交中心提供的服务范围狭窄,基本将全部精力都集中于"交易",但在国外成熟的场外市场,其更偏向于向客户提供各种多样化的服务。

以美国为例,其主要的非上市股票交易市场有 Portal、SecondMarket、NYPPEX、SharesPost 等。其中 Portal 和 NYPPEX 两大场外市场主要从事私募股权的交易,SecondMarket 和 SharesPost 虽然也从事私募股权的转让,但更多的是交易限制性证券和非标准化的股权。因此,根据我国对区域性股权交易市场的定位来看,无论是其私募性、交易受限性还是产品的个性化方面都与美国的 SecondMarket 和 SharesPost 两大市场相贴近。而这两大市场在美国场外市场上更重要的另一个作用就是为客户提供个性化的服务。

SecondMarket 是美国私募证券交易市场的拓荒者,现已成为美国交易非流动性资产的最大二级市场。其在面对流动性压力之时,不断地创新交易产品的种类,同时提供自主成交、经纪商成交和拍卖成交等多种交易手段。不仅如此,SecondMarket 还开展自己的投资管理和咨询业务。它成立了自己的管理公司,该公司为市场上有需求的客户提供相关的投资管理服务和咨询服务,并通过公司向对方出手第三方基金。同时,该公司有线上平台用于融资,为其客户提供更多的资金机会。

SharesPost 市场的发展最初是凭借为 Facebook、LinkedIn 等网络、科技企业提供股权交易,但其后续的发展主要还是依赖于它独特的经营模式。为了满足客户多样化的需求,提供尽可能多的增值服务,SharesPost 成立了自己的基金管理公司。该公司以直接投资、贷款投资等多种方式,直接面向 SharesPost 的客户募集资金,投资于全美范围内其认为具备较高成长性的私募企业。随后,面对互联网的热潮和新的市场环境,其建立起私募股权电子融资平台,摇身一变,成为私人投资和投资者之间的金融中介,为合格投资者挑选合适的企业进行投资。

综上可知,场外市场的发展不单单只能依靠股权交易,还可以通过提供投资管理、咨询、建立基金等多种服务来进行。这种做法不仅可以帮助场外市场赢取大量的服务费用,同时也可以帮助场外市场成功地绑定大量客户。在基本的"交易"业务改进的基础上,两岸股权交易市场可以考虑拓宽自身服务范围,为发展寻求多样化的出路。

二、完善两岸股权交易市场的外部制度

(一)建立健全相关法律法规

加快区域性股权交易市场的法律建设,赋予其合适的市场及功能定位是良好监管的前提条件,也是促进区域性股权交易市场健康快速发展的基础。无论是美国还是中国台湾资本市场,都重视对证券场外交易市场的法律制度建设。美国早在 1938 年就修改了证券交易相关的法律,将监管范围扩大到柜台交易市场,同时还明确规定了场外交易市场的证券交易品种、各方权利义务等。

对于我国而言,将区域性股权交易市场纳入《证券法》的调整范围内,一方面可以明确其在证券市场中的法律地位,另一方面也能够促进区域性股权交易市场健康发展。明确市场的地位和市场交易规范,有助于调动中介机构和投资者的积极性,引导其参与到区域性股权交易市场中。但是鉴于该市场处于初级发展阶段,一时间各区域性股权市场不可能统一业务种类、交易方式,因此,在法律制度建设方面还需要各地方按照当地市场发展的现实状况和困

境来制定。

两岸股权交易市场可以根据《关于清理整顿各类交易场所切实防范金融风险的决定》《规范证券公司参与区域性股交市场意见》《国务院关于金融机构支持小微企业发展的实施意见》及福建自贸区的一系列优惠政策,结合本地市场的发展现状,制定出符合本地区的法律法规,从而对两岸股权交易市场的交易管理起到指导和规范的作用,推动市场健康运行。[①] 同时,由于两岸股权交易市场还肩负着对接台湾资本市场的使命,福建省政府应该结合现阶段遇到的对台业务探索方面的障碍,积极推动国家领导层面与我国台湾地区方面进行合作谈判。面对台湾地区多变的政治环境,要想维护两岸经济贸易稳定发展,必须推动 ECFA 后续协议的商谈。力求早日签署两岸经贸各领域的协议,对两岸股权市场对接、互认等问题应当尽早达成初步的合作框架。通过制度化、法律化、机制化来保障两岸经贸合作,维护两岸已有的经贸发展、推动两岸未来的经贸发展,让两岸企业和投资者共享经济、贸易开放带来的利益。

(二)构建合理的监管体系

1.市场需要的监管环境

目前大陆监管模式有其特殊性。一方面是国家监管和地方监管的矛盾。按照当前法律规定,我国证券业均应在中国证监会领导下统一监管,虽然区域性股权市场并非全国性市场,但仍受到中国证监会的约束,但由于区域性股权市场成立的理念是发展地方金融产业链,于理其又应该根据属地原则受地方政府监管。另一方面是区域性股权交易市场的地位未得到重视。大陆交易所市场发展时间早于场外市场,无论在市场占有量还是企业质量上都远远超过区域性股权市场,加之目前大力发展新三板市场,使得区域性股权市场再次受到冷落。基于此种监管现状,结合我国台湾地区及各国监管经验,可从以下两方面入手建立起适合区域性股权交易市场发展的监管环境:

其一,建立分层次的场外市场监管体系。同资本市场一样,监管制度上也需要根据不同的需求进行分层。目前我国场外市场主要指新三板市场和区域性股权交易市场,各类型的非上市企业在这两个市场中寻找融资和交易机会,因此根据两个市场面对的企业不同,应分层建立监管制度。以美国为例,其各市场监管要求均不同。OTCBB 市场运作相对规范,它接受全美证券交易商

[①] 孙永祥:《将区域性股权交易市场纳入证券法调整范围》,载《上海证券报》2014 年 12 月 30 日。

协会监管；美国的粉单市场挂牌要求低于 OTCBB，它基本不受监管。同时，美国证监会与全美证券交易商协会对 OTCBB 市场的挂牌交易公司有严格的信息披露要求限制，但在粉单市场则基本没有此类强行性要求。

其二，较低的准入标准配合严格的监管措施。区域性股权交易市场的功能定位是面向中小微企业，解决其融资难问题，因此在准入标准上不宜设置过高。但为了保护投资者的利益，保护区域性股权交易市场的公平、公正、公开，需要对其进行严格的监管。与台湾的场外交易市场同理，上柜市场准入标准较高，相应的监管上会比兴柜市场宽松；兴柜市场准入标准制定得较低，相反监管上就会更加严格。

2.适合市场发展的监管模式

目前区域性股权交易市场缺乏统一的、全国性的监管法规，部分相关法律规制基本散见于《公司法》《证券法》等总框架中，主要靠各部门行政规章在不完善的法律环境下摸索构建市场管理办法。根据现阶段市场的发展来看，很难形成全国性的局面，但是随着我国多层次资本市场的发展和社会主义特色市场经济体制的日益完善，需要各市场主体发挥起更大的作用。因此在监管上严格立法的同时，可以考虑给各市场主体和行业自律组织更多的发展空间，探索构建政府监管和自律监管相融合的新监管模式。转变单一的、集中监管思想，积极发展多层级监管体系，在结合区域性股权交易市场特点的同时，对中央监管机构和各级政府监管机构的职责法律化、分工明确化。可以考虑在区域性股权交易市场，筹备统一的行业自律机构，由法律授权该机构对各地交易机构进行管理和监督。对其发现的违法违规行为，则交由几个监管主体分工处理。通过类似的分层监管，可以提高监管效率、节约监管成本，行政监管可以得到市场主体自律性的帮助，共同营造起安全稳定的交易环境。

鉴于上述建议需要在区域性股权交易市场发展到合适的程度才能实现，根据目前两岸股权交易市场的状况，福建省政府首先应进一步出台政策规定，加大对市场的扶持。政府应协调各级工商行政管理部门积极配合、支持企业挂牌。其次，政府可以积极推动筹建两岸股权交易市场的自律机构，通过政策的出台，给予其相关的管理资质，共同担负起监管职责。

结　论

　　在我国的区域性股权市场建设热火朝天的时候，其发展上存在的问题也开始逐渐暴露。《福建自贸区总体方案》的出台将人们的视线引向两岸股权交易市场。本章跟随自贸区的建设的脚步，通过对两岸股权市场现有两个股交中心的发展现状分析，发现其受到的内、外部制度上的制约，进而从企业准入、投资者准入、转板制度等多角度提出了建议，也提出需要完善相关法律法规、构建监管体系等外部大环境，来促进两岸股权交易市场的健康运行。但是，本章中提出的有些制度建设，并非朝夕可成，必然还会面临许多现实困难，仍需要更多的理论研究和实践探索来推动。

　　由此，我们希望两岸股权市场的两大交易中心可以利用自贸区"金融先行先试"的有利政策，积极申请并进行制度创新，通过实践来构建更符合市场发展需求的交易制度。其中有些措施涉及面较为广泛、国内相关经验较少，只有国外的理论和实践支撑，实施难度较大，但区域性股权交易市场是我国"多层次资本市场体系"的基石，是优秀企业的"储备池"，通过不断的制度创新和实践来发展和完善我国区域性股权交易市场具有十分重大的意义。

第七章

福建自贸区引入台湾财团法人法律问题研究

　　20 世纪后期轰轰烈烈的"全球结社革命"促成了非营利组织①、政府组织、营利组织三足鼎立的局面,财团法人这一古老的制度作为非营利组织的一种,在大陆法系的传统中一直扮演着不可或缺的角色。深受大陆法系影响的我国台湾地区亦毫不例外地规定了财团法人制度,其活跃在宗教、教育、科研、技术进步、公共卫生、文化、社会福利等多个领域,展现强大的制度功能与社会功能。《福建自贸区总体方案》规定福建自贸区的一个特殊战略定位是:"充分发挥对台优势,率先推进与台湾地区投资贸易自由化进程,把自贸试验区建设成为深化两岸经济合作的示范区",福建省人民代表大会常务委员会于 2016 年 4 月 1 日发布的《福建自贸区条例》更是以专章"闽台交流与合作"将之明晰化。福建自贸区以其特殊的地理位置、优惠政策、历史文化等因素成为大陆与台湾地区紧密联系的前沿阵地。当前,大陆的民事基本法律并未对财团法人制度作出规定,此时,如何打通制度的樊篱,将台湾地区大量存在的财团法人顺利"过渡"到福建自贸区,成为一个必须面对的问题。

---

　　① 非营利组织,也可称为"第三部门""非政府组织""志愿者组织""民间组织""公民社会组织"等。

第一节　福建自贸区引入台湾财团法人的
必要性与可行性分析

一、财团法人制度的概念界定

　　制度障碍的产生不仅仅是立法的迥异延至实践所导致的结果,学理上对财团法人的认识混乱同样也会造成实践中的困惑。正如有些学者所言:"对一个概念进行界分不仅仅是一个概念纷争和文字游戏,因为在一个概念所构建的法学体系中,前面的概念界定将决定着这个概念的功能以及此概念与彼概念之间的关系等等一系列论述。"[①]是故,在讨论相关问题之前有必要先明晰财团法人制度这一逻辑起点。

　　"某些法律的概念之所以有它们现在的形式,这几乎完全归功于历史。在这些原则的发展过程中,历史在照亮昔日的同时也照亮了今天,而在照亮今天之际又照亮了未来。"[②]财团法人,简单来说就是"一定目的的财产的集合"。其雏形是古埃及托勒密王朝以财产年金的方式设立的亚历山大博物馆和图书馆,而柏拉图以遗赠方式建立的柏拉图学院,则向财团法人制度更进了一步。虽然严格来说罗马法中并不存在"法人"概念和完善的法人制度,但其人与人格分离的人格理论无疑为法人制度的最终成型奠定了良好的基石。特定目的的财产性集合恒久地存在着,在罗马法上具体表现为寺院、国库、慈善团体与待继承的遗产。更接近于现代财团法人制度的财产性集合则集中体现在由教会或者国王所拥有的各种孤儿院、养育院、学校等慈善机构上。随着经济的发展、对教会与王室狼狈为奸的憎恶和个人意识的逐渐觉醒,特定目的财产的捐助人逐渐要求获取对财产用途的控制权,其所涉及的领域也大大扩充,现代意义上的财团法人制度由此逐步成型。法人是一种使自然人之集合体乃至于财

---

　　① 熊谓龙:《权利,抑或法益——一般人格权本质的再讨论》,载《比较法研究》2005年第2期。

　　② [美]本杰明·卡多佐:《司法过程的性质》,苏力译,商务印书馆1998年版,第31页。

产的集合体成为权利义务统一归属点的法律技术。① 而对于英美法系国家来说,"只有在普通法中,社团才是唯一的法人,财产绝不可能称为法人"②。对于特定目的的财产集合,普通法国家使用的是基金会或信托来进行功能性的制度替代,也即,我们所探讨的财团法人制度是以大陆法系为依归的。根据加达默尔的本体解释论,对某一对象(在本文指法律概念,更具体来说是财团法人这一概念)的理解存在着历史的实在(历史上流传下来的意识)与历史理解的实在(新的解释者对历史流传下来的意识的新的认知)的双重视阈融合,也即"理解不只是一种复制的行为,而始终是一种创造性的行为"③。但纯粹地说法律概念是法学家人为的创造确实勉为其难,正确的说法应当是法学家对于既存的法律实践进行考察,继而将特定的概念安插到这一客观事物之上,由此概念本身必然具有人为性。④ 人为性带来的后果便是"一千个哈姆雷特"的出现,具体到财团法人制度,秉承大陆法系的各国(地区)在学理与实践中对财团法人制度细节的描述便显得各具特色。

在大陆法系传统中,法人先依其组织体的公、私属性不同,分为公法人与私法人;在私法人中又依其存在的基础是"人的集合"还是"物的集合"分为社团法人与财团法人。⑤ 沿袭这一传统,我国台湾地区"民法典"将法人分为社团法人与财团法人,其中第59条至第65条对财团法人制度进行了一般性的规定,包括财团法人的设立、捐助章程的订立等等。于其定义,则在"民法"立法理由书和台湾"法务部"提交的"财团法人法(草案)"中进行了阐释。台湾地区"财团法人法(草案)"第2条规定:"本法所称'财团法人'指以从事公益为目的,由捐助人捐助一定财产,经主管机关许可,并向法院登记之'私法人'"。总体来看,在受大陆法系传统所影响的国家和地区的立法实践中,基本上都不会在其民法典中对财团法人下定义,大多以特别法的形式对其进行界定。诚然,这些界定也并非口径一致,例如,德国《巴伐尼亚州财团法》第1条规定"本法

---

① 尹田:《民法典总则之理论与立法研究》,法律出版社2010年版,第347页。

② [美]约翰·奇普曼·格雷:《法律的性质与渊源》,马驰译,中国政法大学出版社2011年版,第50页。

③ [德]加达默尔:《真理与方法——哲学诠释学的基本特征》,洪汉鼎译,上海译文出版社1999年版,第389页。

④ 蒋学跃:《法人制度法理研究》,法律出版社2007年版,第33页。

⑤ 张力:《私法中的"人"——法人体系的序列化思考》,载《法律科学(西北政法大学学报)》2008年第3期。

福建自贸区重大法律问题研究

厦门大学法学院经济法学文库

266

所称之财团,指民法上与公法上具有权利能力之财团"[①];《爱沙尼亚财团法》第 1 条规定"财团是为了实现其章程规定的目的而管理和使用财产的没有成员的私法上的法人"[②];《印度尼西亚财团法》第 1 条规定"'财团'指拥有独立的,用于实现在社会、宗教和人道主义事业上的特定目的的财产,并且没有成员的法人"[③];《亚美尼亚共和国财团法》第 3 条规定"财团是以为公民和法人的利益而自愿捐助的财产为基础设立的非营利组织,它没有成员,以追求社会、慈善、文化、教育、科学、公众健康、环境或其他公共利益为目标"[④]。

基于各种因素,各国(地区)在立法上对财团法人的界定五花八门,而在学理上也是众说纷纭。德国学者卡尔·拉伦茨认为,财团法人是为实现一定的目的,利用为此提供的一定财产而设立的永久性的组织体。[⑤] 迪特尔·梅迪库斯指出,可以把有权利能力的财团称为法律上独立的、服务于某个特定目的的财产。[⑥] 日本学者我妻荣认为,财团法人是指以一定目的的捐献财产为中心,有运营它的组织的形态,并指出"财团法人不能自主地构成其意思进行活动,只能依据设立者给予的意思,在固定的目的和组织下,持续恒常不变地存在"。[⑦] 我国台湾学者史尚宽先生认为,财团法人谓以供一定目的之独立财产为中心,而备有组织之法人。[⑧] 王泽鉴先生则将之表述为,财团系以捐助财产为其基础的法人(财产组织体),如私立学校、寺院等。[⑨]

就目前来看,我国大陆的制定法中尚未正式承认财团法人制度,2009 年

---

① 金锦萍、葛云松:《外国非营利组织法译汇》,北京大学出版社 2006 年版,第 122 页。

② 金锦萍、葛云松:《外国非营利组织法译汇》,北京大学出版社 2006 年版,第 252 页。

③ 金锦萍、葛云松:《外国非营利组织法译汇》,北京大学出版社 2006 年版,第 327 页。

④ 金锦萍等:《外国非营利组织法译汇(二)》,社会科学文献出版社 2010 年版,第 248 页。

⑤ [德]卡尔·拉伦茨:《德国民法通论》(上册),王晓晔、邵建东、程建英、徐国建、谢怀栻译,法律出版社 2013 年版,第 248 页。

⑥ [德]迪特尔·梅迪库斯:《德国民法总论》,邵建东译,法律出版社 2000 年版,第 866 页。

⑦ [日]我妻荣:《我妻荣民法讲义Ⅰ:新订民法总则》,于敏译,中国法制出版社 2008 年版,第 125 页。

⑧ 史尚宽:《民法总论》,中国政法大学出版社 2000 年版,第 229 页。

⑨ 王泽鉴:《民法总则》,中国政法大学出版社 2001 年版,第 151 页。

修订的《中华人民共和国民法通则》(简称《民法通则》)第三章只对企业法人、机关、事业单位和社会团体法人进行了规定。即便如此,学术界还是对其有一定的讨论,例如,马俊驹、余延满教授将财团法人界定为,指为一定目的而设立,并由专门委任的人按照规定目的进行使用的各种财产,也称财产组合。[①]李永军教授则将其表述为,为实现一定的目的,利用为此提供的一定财产而设立的永久性组织体。[②] 在立法实践层面,有关财团法人制度的规定集中体现在历次的《中华人民共和国民法典(草案)》中。在 1998 年第四次《中华人民共和国民法典》编纂活动中,梁慧星教授、王利明教授、徐国栋教授的建议稿以及全国人大法工委的送审稿均不同程度地规定了财团法人的相关内容,只是表述和具体规定有些差异。在 2014 年启动的第五次《中华人民共和国民法典》编纂活动中,专家们起草的《中华人民共和国民法典·民法总则专家建议稿》直接采用了德国立法例,将法人分为"财团法人"与"社团法人",对"财团法人"进行了专门的规定。

上述分析表明,有关财团法人的定义,似乎在立法和学理上都很难得出一个统一的精准印象,但从这些规定与定义中至少可以了解财团法人的三大必备要素,即特定的目的、独立的财产和常设的组织。特定的目的是指财团法人是为了一定的目的而设立的,该目的不限于公益目的,但不应当是营利性的。独立的财产是财团法人成立的基础,财产的来源可以是捐助,也可以是遗赠,一经捐赠,财产便与捐赠人脱离关系。常设的组织是指为完成财团之任务而设立的机关,但该机关并非财团法人的成员,财团法人没有成员。据此,我们可以将财团法人界定为:为实现特定的目的,以独立的财产为中心的无成员的组织体。

"法律体系的形成是以概念为基础,以价值为导向,其间以归纳或具体化而得之类型或原则为其联结上的纽带。"[③]类型化是法律概念与价值的联结纽带,但正如各国对赋予财产以人格之制度有着迥异的表述一样,财团法人的类型化也有着本土化的特色。例如,仅就目的而言德国就有公益和私益财团之分,我国台湾地区则明确财团只能以公益为目的。此外,即便是对于财团法人之源头——罗马法上的财团法人类型,人们也是各有看法,分歧主要集中在寺

---

① 马俊驹、余延满:《民法原论》,法律出版社 2010 年版,第 115 页。

② 李永军:《民法总论》,法律出版社 2006 年版,第 366 页。

③ 黄茂荣:《法学方法与现代民法》,法律出版社 2007 年版,第 575 页。

院是否为财团法人。① 价值的导向作用在法律概念的类型化上发挥得淋漓尽致。就我国台湾地区而言,财团法人按成立资金的政府与民间之比例不同可以分为公设财团法人与民间财团法人;依设置依据的差别可分为按一般民法设置之财团法人(如消费者文教基金会、董氏基金会等,采许可主义),按特别事业目的规范法成立之财团法人(如私立学校、医院等,采许可主义),以及按特别设置的法规成立的财团法人(如工研院、台湾文艺基金会等,采特许主义);按照具体形式可以划分为:占绝大多数的基金会、宗教法人和私立学校、医院等特殊法人。此外还有"运作型财团、资助型财团""企业财团"等分类。

二、福建自贸区引入台湾财团法人的必要性分析

"在法律史的各个经典时期,无论在古代或近代世界里,对价值准则的论证批判或合乎逻辑的适用都曾是法学家们的主要活动。"② 作为非营利法人的一个重要法律形式类别,由来已久的财团法人制度在各个历史时期均发挥了积极的推动作用,无论是以私益还是以公益为目标,例如,德国就规定财团法人既可以以公益为目标,也不拒绝以私益为目标的财团法人的存在。历史的选择和现实的诉求促成了财团法人制度在我国台湾地区的生根发芽。以占绝大多数的基金会为例,根据台湾喜马拉雅研究发展基金会的统计,台湾的基金会数目已从 1997 年的 1600 家,增长到 2006 年的 6000 家左右。③ 财团法人制度不仅在我国台湾地区的社会福利、文化教育、环境保护、卫生医疗、工商经济等方面发挥了巨大的作用,对两岸关系的改善也有着积极的推动作用。是故,构建一个良好的便利化投资环境,顺利对接我国大陆尚未承认,而在台湾地区不仅大量存在,而且意义重大的财团法人制度,显得尤为必要。

首先,"赋予人格,便利交易"。从学理上看,虽然个人主义者和团体主义者时有论争,有关法人的学说也出现了法人拟制说、法人否认说、法人实在说等看法,一人公司的出现更是使得一些学者对社团法人和财团法人的分类提

① 一些学者认为在罗马社会中存在着寺院、慈善团体和待继承的遗产(江平、米健等),其他一些学者则认为是慈善团体、国库和尚未继承的遗产(黄风)。这一争议实质上显示出在罗马社会中对于如何区分社团法人与财团法人的标准并不清晰明确。

② [美]罗斯科·庞德:《通过法律的社会控制》,沈宗灵译,商务印书馆 1984 年版,第55 页。

③ 台湾地区《天下》杂志,2006 年 4 月 25 日。转引自肖扬、严安林:《台湾的基金会》,九州出版社 2009 年版,第 11 页。

出质疑。理论的分歧并不代表法人本身被质疑,而是如何"将适用于自然人的规范,应以某种'有限度的类推'方式转适用于法人"。[①] 法人制度依然在世界各国的法律中保留下来。历史地看,团体可以在没有被法律赋予人格的情形下为自己设定名称并进行交易,交易行为的后果则由于权利载体的缺乏,归属于自然人,但团体自然人的多寡以及交易相对人有限的辨识能力,使得并非权利载体的团体很难保证交易过程中权利义务的落实。作为一种目的性财产的集合,其无成员的特质似乎更是加深了无权利义务承担载体的忧虑,财团法人制度则赋予了捐助人所提供的目的性财产以法律上的人格,使其成为权利义务主体,从而更加便捷地实施财团法人的宗旨。同时对其设立、运作、终止等一系列的制度设计,也保证了目的性财产的安全性。此外,团体作为法人的基础之一便是有独立的财产,团体的行为以其独立的财产来承担责任。也即,在财团法人制度中,设立人可以将用于这一目的的财产与自己的其他财产"分离"开来独立承担责任,这无疑将极大提升私人资本投资于公益事业的积极性。

其次,"意志永续,平衡差距"。设立人通过捐赠或者遗赠的方式设立财团法人,在设立之初,必须用章程的方式来确立财团法人的目的,其目的便是设立人设立财团法人时的初衷。这种意志一旦被固定为财团法人的目的和章程,即便是设立人在世,原则上也不能变更财团法人的目的,更不能因设立人的撤销意思而撤销财团法人。人们往往在满足物质性价值需求之后便开始注重精神性价值需求的满足。无论是出于纯粹或非纯粹的利己主义还是利他主义,财团法人这一制度都实现了"使一个人的意思(同时往往还有捐赠者的姓名)永垂不朽的可能性"。[②] 例如,在德国有关财团法人的全国性协会中,最古老的财团成立于公元 917 年,至今仍在运转;我国台湾地区的财团法人型基金会则可追溯到 1824 年的"东势义渡会",1984 年,在其基础上组建的"财团法人台中县私立东势义渡社会福利基金会"一直运作到现在。一般来说,财团法人以公益为目的,我国台湾地区的财团法人便大多致力于慈善事业。从某种程度而言,财团法人将集中于某一部分人手中的财富按照设立人的意志从事公益事业,实际上是一种对财富的再分配,对于贫富差距的减少、社会稳定的

---

① [德]卡尔·拉伦茨:《德国民法总论》,第 133 页以下。转引自[德]迪特尔·梅迪库斯:《德国民法总论》,法律出版社 2000 年版,第 823 页。

② [德]迪特尔·梅迪库斯:《德国民法总论》,邵建东译,法律出版社 2000 年版,第 865 页。

维护,无疑具有重要意义。

再次,"提供服务,协调关系"。莱斯特·赛拉蒙认为,20世纪晚期的全球性"团体革命"的意义与民族国家的兴起对19世纪晚期的意义一样重大,并指出其结果是形成了一个遍及全球的第三领域:大批自主的私人组织,不再热衷于为其股东或经理孜孜逐利,而是致力于国家正式机制以外的公共目标[①]。实践表明,纯粹地依靠市场那只"看不见的手"或政府的"看得见的手"必将遭受现实的反噬。是故,在充分尊重市场的前提下,适度进行干预是非常必要的。但即便如此,市场与政府仍会失灵,无论是"小政府,大社会"还是"大政府,小社会"的状态,社会各层面的需求必定无法全然兼顾。第三部门的兴起则缓和了这一矛盾,财团法人被认为是独立于政府与市场的第三部门。这一制度不仅为私人财产促进社会公益活动提供了合法路径,更重要的是其在政府无暇顾及或照顾不周的方面提供"公共产品",满足当今社会多元化的需求。例如,台湾的基金会组织,据台湾公益资讯中心的统计,截至2016年3月9日,已登记的非营利组织有6715个,活跃在儿童少年福利、家庭福利、健康医疗、文化艺术等不同领域。同时,这样一种贴近社会的组织,能更好地了解社会的真实需求,并将之反馈给政府,促进两者的良性互动,协调政府与社会的关系。

最后,"促进交流,推动互融"。在台湾地区,行政机关为了达到某种特殊目的,往往以当局财务捐助基金会来帮助当局处理相关事务,这样一方面可以规避"立法院"预算方面的监督,另一方面,人才的任用也可以不受"公务员法规"的限制。[②]"财团法人海峡交流基金会"便是典型的例子:随着1979年两岸关系的解冻,民众交流的愿望越发强烈,特别是国民党老兵的探亲想法更是迫切。在此种情况下,台湾当局于1990年11月21日策划成立了"财团法人海峡交流基金会",其以协调处理台湾地区与大陆人民往来有关事务,并谋保障两地人民权益为宗旨,且不以营利为目的。该基金会对两岸交流和关系的改善极具意义。另外,台湾地区的其他非营利组织,如佛教慈济慈善事业基金会、财团法人两岸发展研究基金会、财团法人海峡两岸商务发展基金会等财团法人在各层面的工作也更好地促进了两岸在各项事务中的合作,推动了两岸

---

① 李亚平、于海编选:《第三域的兴起——西方志愿工作及志愿组织理论文选》,复旦大学出版社1998年版,第8页。

② 肖扬、严安林:《台湾的基金会》,九州出版社2009年版,第28页。

的互利互荣。福建自贸区作为发展两岸关系的前沿阵地,构建良好的便利措施以对接台湾财团法人制度,无疑具有重要意义。

三、福建自贸区引入台湾财团法人的可行性分析

历史的必然和现实的选择使得财团法人这一"财产的集合"像社会团体这一"人的集合"一样共存并发展壮大起来(虽然大部分是在大陆法系国家)。我国台湾地区"现行民法采德国立法例者十之六七,瑞士立法例者十之三四,而法日苏联之成规,亦尝撷取一二"[①]。无疑,我国台湾地区的财团法人制度便采自德国。当前,台湾地区的财团法人活跃在文化教育、社会慈善福利、卫生医疗、工商经济、财政金融、两岸事务等多个方面,产生了巨大的社会效益。福建自贸区的制度创新要求和"充分发挥对台优势"的特殊战略定位要求其不断推动两岸的交流互融。那么该如何解决我国《民法通则》尚未规定而台湾地区又大量存在并具有重要作用的财团法人的"顺利过渡"问题?目前促成制度顺利对接的外生定量至少包括如下方面:

首先,是政策层面的支持。制度创新是自贸区的核心要素,需要在合法的规则下大胆创新,先试先行。具体来看,无论是国家层面的法律、行政规章,还是福建自贸区本身的地方性法规、地方政府规章,都为闽台之间的相互投资提供了便利化措施。国务院 2015 年 4 月 20 日发布的《福建自贸区总体方案》明确福建自贸区的战略定位之一是"充分发挥对台优势,率先推进与台湾地区投资贸易自由化进程,把自贸试验区建设成为深化两岸经济合作的示范区",并要求其率先推进与台湾地区的投资贸易自由,包括探索闽台产业合作新模式、扩大对台服务贸易开放、推动对台货物贸易自由等。[②] 2015 年 4 月 20 日,福建省印发的《福建自贸区管理办法》专章规定了"闽台交流与合作",指出"在自贸试验区探索闽台产业合作新模式""在产业扶持、科研活动、品牌建设、市场开拓等方面,支持台资企业加快发展""进一步扩大通信、运输、旅游、医疗等行业的对台开放"。[③] 福建省人大常委会于 2016 年 4 月 1 日发布的《福建自贸区

---

① 梅仲协:《民法要义》初版序言。转引自谢怀栻:《大陆法国家民法典研究(续)》,载《外国法译评》1994 年第 4 期。

② 参见国务院:《国务院关于印发中国(福建)自由贸易试验区总体方案的通知》第一部分第 2 条。

③ 参见福建省人民政府:《中国(福建)自由贸易试验区管理办法》。

福建自贸区重大法律问题研究

厦门大学法学院经济法学文库

条例》也以专章的形式将闽台交流的具体制度细化。福建自贸区福州片区管委会于 2015 年 10 月 22 日发布的《福州片区实施方案》指出要"率先推进与台湾地区投资贸易进程,发挥省会中心城市、侨台和海洋优势",并详细地规定了两岸先进制造业合作新路径、两岸金融创新合作示范区、两岸电子商务实验区和榕台旅游、医疗服务合作的具体路径。① 福建自贸区厦门片区管委会于 2015 年 5 月 12 日发布的《厦门片区实施方案》将"创新新常态下两岸产业深度对接转型发展新路径,创新两岸共同参与国际竞争合作新模式,创新两岸交流合作新机制"作为其主要任务之一,并提出在产业转型发展、贸易监管服务、金融开放和交流交往等方面的具体对台举措。② 而当前正在审议中的《厦门片区建设若干规定(草案)》则更是直接以专章形式规定了"两岸经贸合作"。福建自贸区平潭片区管委会于 2015 年 4 月 21 日发布的《平潭片区实施方案》也指出要"充分发挥两岸合作窗口、国家对外开放窗口的作用,率先推进与台湾地区投资贸易自由化进程",并着力推进金融、航运、通关和服务贸易方面的自由化、便利化。③ 这些自贸区的相关规定,特别是有关两岸服务贸易的推进和医疗机构、文化交流服务的鼓励,虽然并未直接具体地规定台湾财团法人的进入路径,但台湾地区有大量的财团法人正从事相关业务,这无疑是在宏观上为台湾财团法人进入福建自贸区提供政策利好。除了自贸区相关的法律法规之外,《台湾同胞投资保护法》、《海峡两岸经济合作框架协议》、《福州市保障台湾同胞投资权益若干规定》、《厦门市深化两岸交流合作综合配套改革试验总体方案》(简称《厦门深化两岸交流合作改革方案》)等相关法律法规,也在一定程度上鼓励了台湾财团法人的进入。

其次,是制度方面的互通。不可否认的是,虽然从形式上看我国现行法律法规并未规定财团法人这一制度,但在实质上存在功能相近的基金会、民办非企业单位和公益信托等"类财团法人制度"。制度是在一定历史条件下满足人类社会生活需要的行为方式或社会规范体系。④ 无疑,我国大陆现阶段的"类财团法人制度"在一定程度上满足了人们对私人从事公益活动的需要,但相比财团法人制度还是稍显力有未逮,而一旦面对其他国家或地区的财团法人的

① 参见福州市人民政府:《中国(福建)自由贸易试验区福州片区建设工作实施方案》第二部分。

② 参见福建省人民政府:《中国(福建)自由贸易试验区厦门片区实施方案》。

③ 参见福建省人民政府:《中国(福建)自由贸易试验区平潭片区实施方案》。

④ 程福财:《论制度的功能演变与制度变迁》,载《上海大学学报》2001 年第 1 期。

进入，更是会出现制度对接的水土不服。但在客观条件既定的情形下，这些类财团法人制度的存在确实为台湾财团法人"合法进入"福建自贸区提供了良好的制度基础。事实上，与其说我国大陆的类财团法人制度与台湾地区的财团法人制度可以形成一种制度上的互通，倒不如说其是一种功能上的类似。台湾地区的财团法人之功能可以简述为"以公益事业为宗旨的非营利的财产性集合"，大陆的类财团法人制度与之有不同程度的类似。

第一是基金会，我国《基金会管理条例》第 2 条明确指出"基金会是以公益事业为目的的非营利性法人"，这一目的与台湾地区的财团法人无疑是一致的，只是在组织性质上相异。此处值得一提的是我国台湾地区的财团法人大部分都是以基金会为表现形式的。第二是民办非企业单位，《民办非企业单位登记管理暂行条例》（简称《民办非企业单位条例》）指出，民办非企业单位是"利用非国有资产举办的，从事非营利性社会服务活动的社会组织"。显然，其目的并不固定为公益，但其提供的社会服务以及资产集合的性质与我国台湾地区的财团法人制度十分类似。另外在实践中，民办非企业法人大多提供的是不以营利为目的的专业性服务，如咨询服务、义务教育、社会福利等等。第三是公益信托，信托制度本是英美法系最具特色的部分，目前大多数大陆法系国家都引入了这一制度。长期以来，英美法系国家就是用公益信托制度来实现大陆法系财团法人制度的功能的。我国《信托法》第 60 条明确了公益信托以公共利益为目的并对其进行了列举，2016 年 3 月 16 日颁布的《慈善法》则以专章的形式规定了"慈善信托"，同时表明"慈善信托"即"公益信托"。如果仅从目的上来看，我国大陆的公益信托制度与台湾地区财团法人制度无疑是一致的。诚然，目的和功能上的类似并不代表制度结构层面的完美衔接，但这种类似也足以成为台湾财团法人制度进入福建自贸区的一个重要的有利因素。

最后，是实践领域的推动。长期以来，台湾地区的某些财团法人一直活跃于两岸的各种公私事务之间，某些财团法人还得到了大陆的认可，并于大陆设立了分支机构，以如下两家财团法人为代表：一是财团法人佛教慈济慈善事业基金会，其源于证严上人 1966 年创办的"佛教克难慈济功德会"，是台湾全岛性的财团法人，从 1991 年开始在祖国大陆赈灾，于 2008 年经国务院批准在大陆成立"慈济慈善事业基金会"，是大陆第一家境外非营利组织所成立的基金会，由国家宗教事务局主管。二是财团法人长庚纪念医院，是台塑企业创办人王永庆为纪念其父而创办的医院，其于 2008 年同厦门海沧公用事业发展有限公司共同投资兴建厦门长庚医院。此外，财团法人海峡交流基金会、两岸共同市场基金会、财团法人两岸交流远景基金会、财团法人海峡两岸合作发展基金会、财团法人两岸交流发展基金会等财团法人在两岸各层面关系方面的促进作用,也从侧面加快了台湾财团法人进入福建自贸区的脚步。

第二节　福建自贸区引入台湾财团法人的现实考量

一、福建自贸区引入台湾财团法人的现状与困境

　　无论是从现实情况还是未来趋势来看,在福建自贸区引入台湾财团法人制度是必要的,当前政策层面、制度方面和实践领域的推动也为其提供了良好的契机,并且从我国具体的民事立法趋势来看,财团法人制度逐步被接受,历次《民法典》的起草便是最好的例证:

　　1998 年,我国启动第四次民法典的编纂工作,彼时,在各个专家的民法典草案建议稿以及全国人大法工委的民法典草案中均不同程度地规定了"财团法人"制度。梁慧星教授负责起草的民法典草案建议稿依营利与否将法人分为营利法人和非营利法人,营利法人包括公司法人和公司法人之外的营利法人,非营利法人则包括机关法人、事业单位法人、社会团体法人和捐助法人。其中捐助法人便是通常意义上的财团法人,该建议稿第 74 条规定:"捐助法人,是指以慈善、社会福利以及教育、文化、科学研究、医疗等社会公益事业为目的并以捐助财产设立的法人。"[①]王利明教授起草的民法典草案建议稿则承继了《民法通则》对法人的分类,将法人分为企业法人、机关、事业单位和社会团体法人。该建议稿并未对财团法人进行规定,只是增加了基金会这一类财团法人制度,其第 101 条规定:"基金会法人,是指以慈善、社会福利以及教育、文化、科学研究、医疗等社会公益事业为目的并以基金设立的法人。"[②]这样的

---

　　① 梁慧星等:《中国民法典草案建议稿附理由》,法律出版社 2004 年版,第 103 页。
　　② 王利明主编:《中国民法典草案建议稿及说明》,中国法制出版社 2004 年版,第 17 页。

提议似乎并不是明确地设立财团法人制度,反而更像是将我国《基金会管理条例》有关基金会的规定提升至法律层面。徐国栋教授起草的民法典草案——"绿色民法典"将法人分为公法人与私法人,公法人包括国内外享有行政权力的机关和组织、宗教机构,而公法人之外的法人都是私法人,分为社团法人、财团法人、企业法人和事业法人。该建议稿第一题第二章第9条将财团法人界定为:"是为一定目的设立,由专门委任的人按规定目的管理的目的性财产。"①其第五题又将财团法人分为"捐赠基金"和"临时的慈善活动委员会"两种具体类型。全国人大法工委于2002年12月23日将"民法典草案"提交至第九届全国人大常委会审议,但由于民法典所涉内容复杂,条件尚未成熟,该草案最终被暂时搁置。其第50条规定:"以捐赠财产设立的基金会、慈善机构等公益性组织,经有关主管机关批准,取得法人资格。"按照这一表述,该法案只是在原有的基础上进行了一定的突破,但依旧未明确地设置财团法人这一制度。

2014年,党的十八届四中全会提出编纂民法典,我国启动第五次民法典的制定工作。2015年4月20日,《中华人民共和国民法典·民法总则专家建议稿》公开向全社会征求意见。该建议稿第三章直接将法人分为"社团法人"与"财团法人",其第84条规定:"财团法人,是指利用自然人、法人或者其他组织捐助的财产,以从事慈善、社会福利、教育、科学研究、文化、医疗、宗教等特定公益事业为目的,依照法律规定成立的非营利性法人。本法所称财团法人,包括基金会社会团体法人、宗教团体法人等。"这样的规定对促进我国大陆财团法人的发展,推动我国公益事业的进步极具意义。

即便如此,由于现行基本民事制度中法人分类方式的不同,对于我国《民法通则》尚未囊括、台湾地区"民法"已经规定且在现实中大量存在的财团法人而言,其顺利对接至少还存在以下三个方面的问题:

首先是于法无据,有实无名。我国《民法通则》与台湾地区法人划分方式的显著区别在于,《民法通则》依法人的社会功能标准将其分为企业法人、事业单位法人、机关法人与社会团体法人,有关非企业法人的规定则散见于国务院的几个行政法规之中,但都未直接规定财团法人这一制度。如此一来,无论是台湾地区的捐助人要在福建自贸区直接设立财团法人,还是台湾地区的财团法人要在福建自贸区设立分支机构或代表机构,都必然会遭遇于法无据的困

---

① 徐国栋主编:《绿色民法典草案》,社会科学文献出版社2004年版,第114页。

境。诚如上文所言,我国大陆虽然没有财团法人制度的规范,却有财团法人制度之实质。无论是《基金会管理条例》(2004)中规定的基金会,还是《民办非企业单位登记管理暂行条例》(1998)规定的民办非企业单位,乃至于《信托法》和《慈善法》中规定的公益信托都可以在一定程度上实现财团法人制度的实质。

其次是国家法权,层级受限。我国《立法法》第 8 条将"民事基本制度"明确列为只能制定法律的事项之一,法人类型的界分便属于这一事项中。其制定机关必须是全国人民代表大会及其常务委员会,地方政府无权对法人的类型进行创设或改变。虽然《立法法》第 72 条规定了"省、自治区、直辖市的人民代表大会及其常务委员会根据本行政区域的具体情况和实际需要,在不同宪法、法律、行政法规相抵触的前提下,可以制定地方性法规",同时,福建自贸区的设立及其定位也为台湾地区财团法人进入福建自贸区的立法提供了更多政策上的倾斜,但这并不当然地表明台湾捐助人可以直接在福建自贸区设立财团法人和台湾财团法人可以在福建自贸区设立分支机构或代表机构,毕竟自贸区的"大胆创新,先行先试"也必须建立在不与上位法相抵触的前提之下。

最后是微观技术规则的衔接问题。我国大陆现行法中财团法人制度的缺失并非台湾捐助人在大陆设立财团法人、台湾财团法人在大陆设立分支机构或代表机构不可跨越的鸿沟,福建自贸区完全可以通过"曲线救国"的方式在大陆实现财团法人之实质。大陆的基金会、民办非企业单位乃至于公益信托等类财团法人制度在功能上与财团法人并无质的区别,用此三者来作为财团法人制度的替代无可厚非。但问题在于,制度与制度之间必然会存在诸如目的、设立方式、举办者(捐助人)、法定机关、章程的设立与变更等方面的差异。单纯的强制性嫁接必定会导致实践的失败,这就需要福建自贸区在制定相关地方性法规时,要在充分考虑本地特征的情况下,重点对某些技术性规则进行微调与衔接。

二、上海自贸区面对财团法人引入问题之经验

2013 年 9 月正式挂牌的中国(上海)自由贸易试验区作为深度改革的试验场为我们提供了很多制度创新的范本。虽然学者们对全国人大常委会及国务院的几个"暂停法律实施"之决定颇有微词,例如,《授权国务院在上海自贸区调整法律规定行政审批的决定》《国务院关于在中国(上海)自由贸易试验区内暂时调整实施有关行政法规和经国务院批准的部门规章规定的准入特别管理措施的决定》《国务院关于在中国(上海)自由贸易试验区内暂时调整有关行

政法规和国务院文件规定的行政审批或者准入特别管理措施的决定》等，但就目前所接触到的上海自贸区地方性法规而言，并无逾越《立法法》相关立法等级规定之樊篱的情况出现。毕竟"所谓'试验'，并不是恣意妄为，而是在遵守合法规则前提下的大胆创新"①。无论是 2013 年的《上海自贸区总体方案》，还是 2015 年的《国务院关于印发进一步深化中国（上海）自由贸易试验区改革开放方案的通知》，都表明上海自贸区的改革的重要抓手之一是投资开放，其在具体实践中根据授权也制定了相当一部分的境内外投资便利化的措施，但在有关境外捐助人如何在自贸区设立财团法人或境外财团法人如何在自贸区设立分支机构或代表机构的问题上，却囿于基本法律相关制度上的缺失及立法层级的限制使之尚无太多的突破，即便是对与财团法人相关或可以相替代的制度形式的规定，例如，《信托登记试行办法》《中国（上海）自由贸易试验区外商独资医疗机构管理暂行办法》都是以营利性的企业为蓝本而规定，并未直接涉及财团法人的相关内容。例如，《中国（上海）自由贸易试验区外商独资医疗机构管理暂行办法》第 2 条规定："本暂行办法所称外商独资医疗机构，是指外国医疗机构为其实际控股人的医疗机构、公司、企业和其他经济组织（以下统称'外国投资者'），经中国政府主管部门批准，在中国（上海）自由贸易试验区（以下简称"自贸试验区"）以独资形式设置的营利性医疗机构。"②也即，上海自贸区对于本书所论述的主题并未给福建自贸区提供直接的范本，但为福建自贸区相关立法提供了宏观路径选择上的经验：在立法范围上"不越雷池一步"，处理好先行先试与依法办事的关系，在法律所规定及授权的框架内，通过制定地方性法规的方式进行制度创新。最典型的例子便是简化外商投资的程序，在遵照相关法规的基础上，上海市政府出台了《中国（上海）自由贸易试验区外商投资项目备案管理办法》《中国（上海）自由贸易试验区外商投资企业备案管理办法》实际上就是将我国《民法通则》上特有的法人分类模式进行个性化处理，同时也为财团法人的替代性制度——基金会、民办非企业法人——的设立打开一扇方便之门。例如，《中国（上海）自由贸易试验区外商投资项目备案管理办法》第 2 条规定："自贸试验区项目备案管理范围包括，自贸试验区外商投资准入特别管理措施（负面清单）之外的中外合资、中外合作、外商独资、

---

① 沈国明：《法治创新：建设上海自贸区的基础要求》，载《东方法学》2013 年第 6 期。

② 参见上海市人民政府：《中国（上海）自由贸易试验区外商独资医疗机构管理暂行办法》第 2 条。

外商投资合伙、外国投资者并购境内企业、外商投资企业增资等各类外商投资项目（国务院规定对国内投资项目保留核准的除外）。"①除了两个办法本身的备案制之外，"负面清单""一表申报，一口受理"等机制都大大简化了外商投资项目（企业）的设立程序。

另外，值得一提的是在《国务院关于印发进一步深化中国（上海）自由贸易试验区改革开放方案的通知》中提到"试点扩大涉外民办非企业单位登记范围"，如果按照"民办非企业单位制度是一个简陋型的财团法人制度"这一认知，那么似乎可以将该条规定理解为国务院已经授权上海自贸区制定设立我国的"财团法人制度"（民办非企业单位）的相关规范了。但截至本书完稿前，上海自贸区并未出台相关法规，不过这一新动向无疑是值得关注的。

三、福建自贸区引入台湾财团法人的替代性选择

制度是一个社会的博弈规则，或者更规范地说，是一些人为设计的、型塑人们互动关系的约束。② 制度对经济绩效的影响必然是无可争议的，但对于不同既定外部环境的各国而言，在能够达至更优经济绩效的制度尚未成型之前，寻求制度的替代便成了一个无奈之举。虽然从线性发展角度而言制度的替代也可以说是制度变迁的一种，但从制度在异质客体间的强制性移植来看，"替代"似乎比"变迁"一词更加精当。笔者认为，每一制度的构成必定是相异的，相较于制度间构成性规则而言，功能方面的对比在制度替代方面无疑更具直观的说服力。正如前文所述，我国无财团法人之名却有财团法人之实，大陆的基金会、民办非企业单位乃至于公益信托等类财团法人制度均可在一定程度上实现财团法人之实质功能。于此，有必要对这几种制度进行简单对比和分析，以求"相形见实"。

(一) 财团法人与基金会

总体来看，基金会的内涵并不统一，英美法系和大陆法系国家均存在"基金会"的称谓，但显然其法律性质并不一致，即便是在相同法系影响下的国家（地区），其对基金会的表述和组织架构也并非相同。西方基金会的原型可溯

① 参见上海市人民政府：《中国（上海）自由贸易试验区外商投资项目备案管理办法》第2条。

② ［美］道格拉斯·C.诺斯：《制度、制度变迁与经济绩效》，杭行译，格致出版社2014年版，第3页。

源到古希腊的亚历山大图书馆和柏拉图学院，英国于 1601 年颁布的由《济贫法》和《英格兰慈善用途法规》组成的《伊丽莎白法规》所规定的征税种类的类型化、慈善事业的世俗化和有效的管理监督机制等内容，则"奠定了基金会公益理念——将私人财富以捐赠和慈善方式用于社会公益——的法理基础，被视为公益事业史上的里程碑"[1]。但事实上现代意义的基金会出现于美国，并在美国蓬勃发展，就目前来看，美国基金会数量众多、财力雄厚、规模巨大、活动领域广泛，其影响力早已跨越国界而扩散到整个世界。毫不夸张地说，世界上没有哪个国家或地区的基金会比美国的基金会更有影响力。美国的基金会出现于 19 世纪末 20 世纪初，其出现被称为慈善事业的"革命"和"慈善工业"时代的来临。[2] 美国基金会中心将基金会定义为：非政府的、非营利的、自有资金（通常来自单一的个人、家庭或公司）并自设董事会管理工作规划的组织，其创办的目的是支持或援助教育、社会、慈善、宗教或其他活动以服务于公共福利，主要途径是通过对其他非营利机构的赞助。根据基金会资金来源的不同，美国的基金会又被分为独立（家族）基金会、公司基金会、运作型基金会和社区基金会。但事实上，与大陆法系不同的是，美国并无财团法人制度，基金会只是成千上万种非营利组织中的一种，其一般在两个意义上被使用：一是表示一种组织形式，作为非营利法人的一种法定组织形式，但并不是财团法人；二是特指私人基金会，私人基金会可以采用其他形式（如公司形式）组建，但其就是法定的基金会。

按大陆法系社团法人和财团法人的传统分类，基金会一般被认为是财团法人的一种表现形式。我国台湾地区的基金会之滥觞可追溯到清朝中期的"东势义渡会"，而真正意义上的基金会则是于 1947 年成立的"汉云慈善基金会"。在我国台湾地区的"立法例"中，并未对"基金会"进行专门的规定或下定义，其更多的是作为财团法人的一种现实类型而出现的，我国台湾地区的绝大多数财团法人便是以基金会的形式表现出来的。也即，我国台湾地区的基金会并无实质的含义，其最终指向仍然是财团法人这一制度，"基金会"这一称谓更多地类似于"公司""株式会社"等后缀，并无实质含义。

早在隋朝与宋朝，我国就有类似于基金会的"义仓、义庄、义田"的存在，新

---

① 王名、徐宇珊：《基金会论纲》，载清华大学公共管理学院 NGO 研究所主办：《中国非营利评论》（第 2 卷），社会科学文献出版社 2008 年版，第 23 页。

② 王名、李勇、黄浩明：《美国非营利组织》，社会科学文献出版社 2012 年版，第 182 页。

中国第一家公益基金会是 1981 年 7 月 28 日成立的中国儿童少年基金会。从 1981 年开始,我国基金会数量不断增长,截至 2016 年 7 月 29 日,我国大陆基金会总数达 5025 家,其中公募基金会 1554 家,非公募基金会 3471 家。[①] 与台湾地区不同,虽然大陆的《民法通则》并未直接规定基金会这一制度,但制定了专门的行政法规来对其进行规制。我国《基金会管理条例》第 2 条规定:基金会是指利用自然人、法人或者其他组织捐赠的财产,以从事公益事业为目的,按照本条例的规定成立的非营利性法人。仅从"利用捐赠的财产而设立的非营利性法人"来看,完全可以将之看作是"具有法人资格的特定目的的财产的集合",实际上即大陆法系中的财团法人。但鉴于我国的基本法律尚无财团法人之分类,作为行政法规的《基金会管理条例》既不能与之相违背,也无权创设该类型的法人,故而又"犹抱琵琶半遮面"地将之模糊为"非营利性法人"。《基金会管理条例》第 3 条将基金会分为"面向公众募捐的公募基金会"和"不得面向公众募捐的非公募基金会"。由基金会的定义我们可以将其特征明确化为:(1)以公益事业为目的;(2)独立的财产,且财产源于捐赠;(3)是非营利性法人。这与我国台湾地区"财团法人法(草案)"中明确的财团法人之特征十分类似:(1)以从事公益事业为目的;(2)由捐助人捐助的财产;(3)是"私法人"。以此为基点,可以发现大陆的基金会与台湾地区的财团法人在设立、变更、注销条件、组织机构的设立、财产的管理和使用等方面均有不同程度的吻合。

一是设立条件。《基金会管理条例》第 8 条将为特定的公益目的设立;有规范的名称、章程、组织机构以及与其开展活动相适应的专职工作人员;有固定的住所;能独立承担民事责任规定为基金会设立的必备要素,同时还限定了原始资金的最低额度。我国台湾地区"财团法人法(草案)"也在不同程度上规定了上述要求,例如,其第 2 条规定"以公益为目的",第 6 条规定"以其主事务所所在地为住所",第 9 条规定"主管机关依所掌业务性质规定最低总额"。

二是组织机构的设置与任职限制。《基金会管理条例》第三章规定了基金会的组织机构,理事会为基金会的最高决策机构,并设立监察人,规定理事会每年至少召开两次会议,同时限定了理事和监察人的任职条件。例如,"非公募基金会,相互间有近亲属关系的基金会理事,总数不得超过理事总人数的 1/3"、"基金会理事长、副理事长和秘书长不得由现职国家工作人员兼任"等

---

① 基金会中心网:《基金会数据总览》,http://data. foundationcenter. org. cn/data/sjzl. shtml,下载日期:2016 年 7 月 29 日。

等。这与台湾地区的财团法人之机构设置十分类似,台湾地区"财团法人法(草案)"第 14 条、第 17 条、第 18 条分别规定了民间和公设财团法人必须设立董事与监察人,规定董事会每半年至少召开一次会议,同时也规定了类似的任职限定性条件。例如,"民间'财团法人'董事相互之间有配偶及三亲等内亲属之关系者,不得超过其总人数的三分之一""公务员兼任公设'财团法人'董事或监察人职务,除法律另有规定者外,以两个'财团法人'为限"等等。

三是财产的管理和使用方面。《基金会管理条例》第 27 条规定"基金会应当根据章程规定的宗旨和公益活动的业务范围使用其财产;捐赠协议明确了具体使用方式的捐赠,根据捐赠协议的约定使用"。台湾地区"财团法人法(草案)"第 29 条指出"'财团法人'应以捐助财产孳息及设立登记后之各项所得,办理符合设立目的及捐助章程所定之业务"。

四是监督管理和信息公开。《基金会管理条例》规定基金会或境外基金会代表机构接受登记管理机关和业务主管单位的双重监管,并明确要求基金会与境外基金会代表机构的年度工作报告在经过审查后要在登记管理机关指定的媒体上公布。台湾地区"财团法人法(草案)"则规定财团法人由主管机关监管,其经主管机关备查之材料连同接受补助、捐赠名单清册及支付奖助、捐赠名单清册等各项运营材料主动公开,并指定了公开方式:刊载于新闻纸或其他出版品;提供线上查询;提供公开阅览、抄录、录音、录像等。

虽然台湾地区的基金会之称谓"徒有其形",仅仅是一个后缀性用语,而大陆的基金会则是一种专门的实体性组织(同时此种组织带有强烈的财团法人之"实质"),但其在形式上的一致似乎更加有利于台湾地区的基金会进入大陆。台湾地区的基金会作为其财团法人的一个数量最多的表现形式,上文所分析的台湾财团法人与大陆基金会关键点的一致无疑为此增添了重要的砝码。

(二)财团法人与民办非企业单位

"民办非企业单位"是一个具有强烈本土性色彩的法律名词,以至于在国外立法例中几乎无法寻到相对应的概念,甚至很难用不繁杂的外语词汇准确翻译出它的法律含义。[①] 事实上仅从"民办非企业单位"这一称谓来看,我们就能发现其不仅极具本土色彩,同时也与台湾地区的财团法人制度十分类似。在新中国成立后的很长一段时间内,基于当时国情的需要,国家扮演着"保姆"

---

① 税兵:《非营利法人解释——民事主体理论的视角》,法律出版社 2010 年版,第 174 页。

福建自贸区重大法律问题研究

厦门大学法学院经济法学文库

的角色,政府也是作为一个"全能型政府"而存在,是典型的"大政府,小社会"的格局。除了行政机关,我国的事业单位也长期承担着提供公共服务的职能,《事业单位登记管理暂行条例》第2条规定:"事业单位,是指国家为了社会公益目的,由国家机关举办或者其他组织利用国有资产举办的,从事教育、科技、文化、卫生等活动的社会服务组织。"[①]从这一定义来看,我们几乎可以将事业单位与台湾地区的"公设财团法人"等同。改革开放以后,民营经济逐渐盘活,政府职能也在逐步转变,"小政府,大社会"的格局慢慢成形,私人资本也开始要求从事一些非营利性质的社会服务活动,但我国《民法通则》的法人分类中并无与财团法人类似的组织来满足两者的共同需求,"民办非企业单位"这一称谓和组织形式则很好地解决了这一问题。民办非企业单位的存在不仅弥补政府无暇顾及的地方,同时也成为政府和社会间矛盾的缓冲带。就目前来看,我国民办非企业单位的发展势头良好。根据民政部《2014年社会服务发展统计公报》,全国共有民办非企业单位29.2万个,比上年增长14.7%,其中:科技服务类15110个,生态环境类398个,教育类163681个,卫生类23404个,社会服务类42244个,文化类14148个,体育类11901个,商务服务类5915个,宗教类82个,国际及其他涉外组织类4个,其他15308个。[②] 而民政部2015年4季度的《社会服务统计季报》则显示全国民办非企业单位有32.7万个,增长了12%左右。[③]

我国《民办非企业单位条例》第2条将民办非企业单位界定为"企业事业单位、社会团体和其他社会力量以及公民个人利用非国有资产举办的,从事非营利性社会服务活动的社会组织",虽然并未明确指出民办非企业单位是财团法人,但这样的表述无疑让人联想到"一定目的财产的集合",而其"社会组织"的表述更是模糊了这一定义的明确指向。诚如葛云松先生所言:"我国所建立的民办非企业单位制度并非什么独创,不过是一个简陋型的财团法人制

---

① 国务院:《事业单位登记管理暂行条例》第2条。

② 中华人民共和国民政部:《2014年社会服务发展统计公报》,http://www.mca.gov.cn/article/sj/tjgb/201506/201506008324399.shtml,下载日期:2016年5月10日。

③ 中华人民共和国民政部:《社会服务统计季报(2015年4季度)》,http://www.mca.gov.cn/article/sj/tjjb/qgsj/201602/20160200880171.htm,下载日期:2016年5月10日。

度。"①民办非企业单位的法律特征包括:(1)非营利性。《民办非企业单位条例》第 4 条明确规定"民办非企业单位不得从事营利性经营活动",而其定义所指出的"从事社会服务活动"则表明民办非企业单位从事的必然是公益性活动。(2)私人性。包括举办主体和财产来源两个方面,民办非企业单位的举办主体包括企事业单位、社会团体、其他社会力量或公民个人,其财产便来源于上述主体,并明确强调是"非国有财产"。(3)社会服务性。民办非企业单位的定义明确了其提供社会服务活动的宗旨。提供的公共服务既包括为公民和其组织从事经济或生产活动所提供的服务,如科技推广、咨询服务等,又包括为公民的生活、发展与娱乐等社会性直接需求提供的服务,如义务教育、公共卫生、社会福利以及环境保护等。② 由此可见,民办非企业单位的特征与我国台湾地区的财团法人之特质非常类似,其某些设立细节,则与台湾地区的"民间财团法人"更加吻合。例如,《民办非企业单位条例》第 9 条规定民办非企业单位的举办人在设立时需要向登记机关提交登记申请书;业务主管单位的批准文件;场所使用权证明;验资报告;拟任负责人的基本情况、身份证明;章程草案。第 10 条规定了章程草案的内容,包括宗旨和业务范围;组织管理制度;法定代表人或者负责人的产生、罢免的程序等等。此处的"举办人"与基金会组织的"申请人"并非相同性质的不同表达,是故,民办非企业单位组织机构的设置、负责人的选任由章程规定,而其章程则由举办人根据其目的来设定。也即,虽然法律没有明确规定举办人自动成为其成员以及举办人是法人的最高权力机关,但在实质上表明设立人的目的将成为民办非企业单位的宗旨并指导运作,同时,也并未明确阻断由章程规定使得举办人获取法人某种机关之路径。凡此种种,均表明我国民办非企业单位与财团法人有着密切的联系,具有一致的功能指向。

另外,值得一提的是有关民办非企业法人的特殊分类,民办非企业法人是一种特定的组织,其形式可以根据《民办非企业单位条例》第 12 条的规定分为"法人型""合伙型""个体型"三种。法人型民办非企业单位是指由两人或两人以上举办,或者由企业事业单位、社会团体和其他社会力量举办,或者由上述组织与个人共同举办,具有法人资格,依法独立享有民事权利和承担民事责任;合伙型民办非企业单位是指由两人或两人以上合伙举办,不具有法人资

① 苏力、葛云松、张守文等:《规制与发展:第三部门的法律环境》,浙江人民出版社 1999 年版,第 128 页。

② 景朝阳:《民办非企业单位导论》,中国社会出版社 2011 年版,第 4 页。

格,合伙负责人和其他人员的活动,由全体合伙人承担民事责任;个体型民办非企业单位是指由个人出资并担任民办非企业单位负责人,也同样不具备法人资格,其债务以个人财产承担无限责任。[1] 这三种民办非企业单位的区别在于合伙型与个体型民办非企业单位的财产归个人或合伙人所有,且举办者要对民办非企业单位的债务承担无限责任。《民办非企业单位条例》第6条明确规定:民办非企业单位须在其章程草案或合伙协议中载明该单位的盈利不得分配,解体时财产不得私分。也即,个体型与合伙型民办非企业单位的举办人,仅享有单位财产名义上的所有权,同时非但不能获取"盈利"的分配及"瓜分"这一自己享有"所有权"的财产,还要承担无限连带责任。这明显与市场经济人的逐利本质不相符,即便民办非企业单位具有公益之目的且不得营利,但在合伙型和个体型的组织形式中,很难保证"非营利"的状态。此外,从另一个方面来说,合伙型和个体型民办非企业单位中,举办者的个人财产并未与其用来从事非营利的社会服务活动的财产分离开来,这明显与财团法人财产隔离的特征相悖,无益于该类组织的发展。无怪乎苏力先生会直言:"个体和合伙型民办非企业单位,本身在法律逻辑上就没有存在的余地。"事实上,在一些地区的实际操作中,已经停止个人和合作类民办非企业单位的登记,为统一设立法人型民办非企业单位进行积极的准备和尝试。[2] 此种趋势也为台湾地区"民间财团法人"的顺利接入提供了有利因素。

(三)财团法人与公益信托

"如果有人要问,英国人在法学领域取得的最伟大、最杰出的成就是什么,那就是历经数百年发展起来的信托概念。我相信再也没有比这更好的答案了。"[3]虽然有关信托的起源有着大陆法说和英美法说的争论,但目前来看,英美法说已成通论。普遍认为,信托滥觞于中世纪英国的用益制度(Use),是"一人为另一人的用益而占有土地的做法"[4]。现代意义上的信托制度则确立于英国1925年财产法的颁布。英国作为判例法国家,并不存在正式意义上的信托定义。权威的著作将信托定义为:"信托是一种法律关系,在此种关系中,

---

[1] 王名、刘培峰等:《民间组织通论》,时事出版社2004年版,第211页。

[2] 景朝阳:《民办非企业单位导论》,中国社会出版社2011年版,第5页。

[3] Meagher R. P., Gummon W. M. C., *Jacobs Law of Trust*. Sydney: Butterworths, 1986, p. 3. 转引自余晖:《英国信托法:起源、发展及其影响》,清华大学出版社2007年版,第1页。

[4] 陈向聪:《信托法律制度研究》,中国检察出版社2007年版,第49页。

一人拥有财产所有权,但同时负有受托人的义务,为另一人的利益而运用此项财产。"①只能说在英美法中不存在财团法人的理论,而绝不能说在英美不存在财团法人的法律实践。② 虽然大部分英美法系国家不存在财团法人制度,但其信托制度广泛地在受大陆法系影响的国家或地区中流传开来,许多设立了财团法人制度的大陆法系国家,包括德国、法国都在一定意义上承认了信托制度,我国台湾地区也不例外。

英美法系信托制度中的"公益信托"被认为是大陆法系财团法人制度的类似制度,甚至被当作是英美法系没有财团法人制度的理由之一。这样看来在拥有财团法人制度的国家或地区引入信托制度似乎就成了一种制度上的重叠,但事实并非如此。财团法人与公益信托都是通过民间资金来实现私人性公益活动的一种制度,虽然其在社会功能上有着共同指向,但本质上是两种不同的制度,它们"在达到其目的,或者完成其功能方面所选择的法律技法却明显不同"③。我国台湾地区于1996年1月颁布了"信托法",其第69条指出"称公益信托者,谓以慈善、文化、学术技艺、宗教、祭祀或其他公共利益目的之信托"④。从理论上看,以法人理论为基础的财团法人和以信托理论为基础的公益信托的最大区别在于,是否赋予用于公益的这一目的财产以独立的法人地位。财团法人是为实现一定目的而设立的财产组织体,通过章程由董事会实施管理,源于法人理论;公益信托是将为实现公益目的而捐出的一定财产(信托财产)从形式上转移至特定管理人(受托人),并在其名义下实施管理运用,源于信托法理。在实践中,我国台湾地区的财团法人制度和公益信托制度也有着诸多细节上的不同,例如,在人格上,财团法人属于法人的一种,能够以自己的名义行使权利和承担义务,公益信托则并非法人,不作为权利主体而存在;在财产的归属上,财团法人的财产当然地归属财团法人本身,公益信托的受托财产所有权与收益权是分离的,所有权属于受托人,而收益权则属于受益人等等。日本学者认为公益信托具有财团法人所不具备的三项优点:成立方

---

① 《不列颠百科全书》(英文版)第14版第22卷,上海社会科学院法学研究所编译:《民法》,知识出版社1981年版,第196页。转引自陈向聪:《信托法律制度研究》,中国检察出版社2007年版,第2页。

② 蒋学跃:《法人制度法理研究》,法律出版社2007年版,第267页。

③ [日]中野正俊:《财团与信托》,张军建译,载《河南省政法管理干部学院学报》2007年第1期。

④ 我国台湾地区"信托法"第69条。转引自赵磊:《公益信托法律制度研究》,法律出版社2008年版,第45页。

式简便,无须受财团法人必须取得法人资格的限制;无须受财团法人须设专职人员及固定主事务所的困扰,有助于节省营运经费;不受捐赠规模与存续期间的限制,因此所捐赠的信托财产,可以尽量使用于公益的目的。[①] 正是此间的种种区别使得学者将我国台湾的财团法人制度和公益信托制度的关系描述为"犹如车之二轮,为现代公益活动不可或缺的制度"[②]。"一般来说,公益法人比较适合于直接从事于经营事业类型的公益活动,例如从事图书馆、美术馆、博物馆等文化设施或从事体育馆等运动设施的管理经营;反之,对于提供奖学金或研究开发奖助金等以金钱给付为目的的公益事务,采用公益信托的方式似较采公益法人或财团法人的方式理想。"[③]也有学者将其关系表述为"财团法人可扮演公益信托的推广角色,试想公益信托应非权利义务的主体,而系一项管道、途径,相反的是财团法人具有法律所赋予行为能力的人格权,二者结合有其高度价值;况采用宣言信托的法人方式设立公益信托,一般企业(或信托业)固亦甚佳,唯其常设有企业经营理念下的财团法人基金会(如天仁茶叶公司设茶艺基金会),更可由该基金会名义成立信托,如是驾轻就熟而公益理念一致,显然在理论和事实面皆颇合宜"[④]。总体上说,公益信托和财团法人并存于许多大陆法系国家和地区,为人们根据实际情况,更好地利用资金实施私人性公益活动提供了选择。

我国大陆于 2001 年颁布《信托法》,其第 2 条将信托界定为:"委托人基于对受托人的信任,将其财产权委托给受托人,由受托人按委托人的意愿以自己的名义,为受益人的利益或者特定目的,进行管理或者处分的行为。"[⑤]而公益信托则是以公益为目的的信托,《信托法》第 60 条采用了列举的方式对其进行界定,将其公益目的限定为"救济贫困;救助灾民;扶助残疾人;发展教育、科技、文化、艺术、体育事业;发展医疗卫生事业;发展环境保护事业,维护生态环

---

① 转引自赖源河、王志诚:《现代信托法论》,中国政法大学出版社 2002 年版,第210 页。

② 赖源河、王志诚:《现代信托法论》,中国政法大学出版社 2002 年版,第 211 页。

③ 转引自赖源河、王志诚:《现代信托法论》,中国政法大学出版社 2002 年版,第211 页。

④ 郑建中、廖文达:《公益信托之法制与争议》,载《财经论文丛刊》2005 年第 3 期。转引自金锦萍:《论公益信托制度与两大法系》,载《中外法学》2008 年第 6 期。

⑤ 《中华人民共和国信托法》第 2 条。

境;发展其他社会公益事业"七项。[①] 2016 年的《慈善法》则以专章规定"慈善信托",其第 44 条指出:"本法所称慈善信托属于公益信托,是指委托人基于慈善目的,依法将其财产委托给受托人,由受托人按照委托人意愿以受托人名义进行管理和处分,开展慈善活动的行为。"[②]总体来看,我国公益信托呈现出以下几个特征:首先是公益性,我国《信托法》第 60 条列举了七项公益信托之目的,第 63 条则明确规定:"公益信托的信托财产及其收益,不得用于非公益目的";《慈善法》第 44 条明确该信托的发起基于"慈善目的"。其次是信托财产的独立性,这包括两个层面的内容:一是对于委托人来说,信托财产与委托人其他未设立的财产相区别,成为独立运作的财产;二是对于受托人而言,信托财产独立于属于受托人所有的财产,仅为信托之目的服务。最后是责任的有限性,包括两个方面:一是受托人对受益人承担的义务以信托财产为限,这体现在《信托法》第 34 条"受托人以信托财产为限向受益人承担支付信托利益的义务"之中;二是受托人因处理信托事务而产生的债务,也以信托财产承担,《信托法》第 37 条已将之明确为"受托人因处理信托事务所支出的费用、对第三人所负债务,以信托财产承担"。上述分析表明,我国大陆的公益信托制度与台湾地区的财团法人制度在功能上和法律特征上均十分相似。而事实上与其说公益信托与财团法人是一种制度替代,倒不如说两者之间是一种功能替代更加精当。对我国台湾地区财团法人进入福建自贸区而言,采取公益信托制度以达至功能上的一致也不失为一种良好的方法。

第三节　福建自贸区引入台湾财团法人的实践解析与文本进路

一、福建自贸区引入台湾财团法人的实践解析

(一)宏观路径选择

自贸区是国家推动行政管理体制改革和经济对外开放过程中产生的一个

---

① 《中华人民共和国信托法》第 60 条。
② 《中华人民共和国慈善法》第 44 条。

新事物,各方面在对它的法治问题给予关注和研究的同时,恐怕也应避免做过度解读,特别是要避免做过多的理论和制度假想,因为法治并不总是理论指导实践,很多时候实践却是理论的先导。① 虽然在国务院的各项文件中,自贸区常被描述为"改革开放排头兵、创新发展先行者",要以"制度创新为核心,贯彻'一带一路'建设等国家战略","对加快政府职能转变、积极探索管理模式创新、促进贸易和投资便利化,为全面深化改革和扩大开放探索新途径、积累新经验,具有重要意义",但这些并不当然表明自贸区有着足够的空间在立法上进行制度创新,相反,实践表明自贸区的立法权依然是严格遵照我国当前立法体系来实行,而由于其并非独立的一级行政区域,其所能形成的"立法创新"就显得更加有限。这从各大自贸区的整体方案或者具体条例中就能看出,这些条例与内容要么是花大力气详述自贸区管理机构和相关机构要遵照法律法规行使职权,要么是笼统地表述在现行法律法规下的制度性创新(或者说便利措施),并无实质上的立法独立性之存在。

就目前来看,国内有三类地方具有较大的立法自主权:第一类是特别行政区,即我国香港、澳门不仅拥有自身的法律框架、司法系统,而且全国人大常委会的很多法令在这两个地方均不适用;第二类是民族自治地区,这类地区可以根据自身聚居民族的经济文化特点在不违背上位法基本原则的前提下对法律和行政法规的规定作出变通,制定单行条例或自治条例;第三类是经济特区,《立法法》第 74 条明确规定"经济特区所在地的省、市的人民代表大会及其常务委员会根据全国人民代表大会的授权决定,制定法规,在经济特区范围内实施"。② 对于福建自贸区而言,其下属的三个片区当中仅有厦门自贸区是经济特区,享有有限的立法自主权,同时此种立法自主权也并未达到能够创设基本法律尚未规定的法人之类型的程度,也只能通过一定的变通来实现台湾财团法人的"落户"。但从福建自贸区整体的角度而言,这样的"一枝独秀"显然不够,在面对台湾财团法人进入福建自贸区之时,必须三大片区"齐头并进",这就要求在省一级出台相关法规进行规制。

根据我国《立法法》第 72 条的规定,省、自治区、直辖市的人民代表大会及其常委会可以根据本行政区域的现实需要,在不同上位法相抵触的情况下制

---

① 刘松山:《论自贸区不具有独立的法治意义及几个相关法律问题》,载《政治与法律》2014 年第 2 期。

② 《中华人民共和国立法法》第 74 条。

定地方性法规,这似乎表明法律上已经为台湾地区财团法人进入福建自贸区打开了一道口子。《立法法》第73条则将地方性法规能够规定的事项作了明确:"地方性法规可以就下列事项作出规定:(一)为执行法律、行政法规的规定,需要根据本行政区域的实际情况作具体规定的事项;(二)属于地方性事务需要制定地方性法规的事项。除本法第八条规定的事项外,其他事项国家尚未制定法律或者行政法规的,省、自治区、直辖市和设区的市、自治州根据本地方的具体情况和实际需要,可以先制定地方性法规。"①由此我们可以将地方性法规分为实施性地方法规、自主性地方法规和先行性地方法规。实施性地方法规是对法律、行政法规具体操作的本地化延展。自主性地方法规是指针对中央不可能规定的地区特色性事务进行规定的法规。先行性地方法规是指对于那些基于法律的滞后性而产生的在中央立法层面尚未规定的问题,由地方人大结合本地区的实际,先行制定法规以适应现实需求,其优势在于具体的技术性规则不必考虑是否会与上位法相抵牾。就自贸区的任务来看,其制定的法规应当属于先行性地方法规,但就全国人大和国务院的各项授权规定而言,相应地作出细化规定的自贸区立法却又似乎属于实施性地方法规。具体到本章所涉及的财团法人之设立问题,由于法人的分类属《立法法》第8条所列举的"民事基本制度",是中央的专属立法权,而该法第73条又明确将先行性地方法规的范围限定在"除本法第8条规定的事项外",故只能制定实施性地方法规,这就要求法规在制定的过程中必须注意避免与上位法产生技术性规则上的冲突。

综上所述,台湾的财团法人制度在大陆可以通过基金会、民办非企业法人、公益信托来实现其实质,也即在现行立法的条件下,福建自贸区可以制定实施性地方法规来实现台湾财团法人制度与我国大陆三种可替代性制度的对接,使得台湾地区财团法人制度"名正言顺"地过渡到福建自贸区。另外还需要注意的一点是,本部分问题实际上涉及台湾捐助人在福建自贸区直接设立财团法人和台湾财团法人在福建自贸区设立分支机构或代表机构这两种模式,故而下文也将按照此种分类来对具体的制度进行简要分析。

(二)微观技术分析

在宏观性路径既定的情形下,解决制度与制度之间技术性规则的衔接问题就成了首要任务。实际上对于台湾地区捐助人直接在福建自贸区设立财团

---

① 《中华人民共和国立法法》第73条。

法人的模式而言,与其说是进行技术性规则的调整,倒不如说是为其提供一个明确的选择指导,而对于台湾地区已经成立的财团法人在福建自贸区设立分支机构或代表机构的模式来说,则更多地涉及避免其技术性规则与上位法之规定产生冲突的问题。

1. 台湾地区捐助人直接在福建自贸区设立"财团法人"

我国大陆《基金会管理条例》《民办非企业单位条例》和《信托法》都没有对举办者(捐助人)进行地域上的限制,故而对于台湾地区捐助人直接在福建自贸区设立"财团法人"的模式而言,地方性法规的作用主要是提供选择导向。这就需要明确大陆的三种类财团法人制度(基金会、民办非企业法人、公益信托)相互之间以及这三者与财团法人之间设立方面的区别,包括但不限于如下几个方面:

(1)设立的目的。台湾地区"民法"立法理由书中将财团的目的分为公益目的与私益目的,而司法实践的态度是财团只能以公益为目的,代表台湾地区"法务部"态度的"财团法人法(草案)"也支持了司法实践的立场,其第 2 条明确规定"财团法人只能以公益为目的"。我国几个类财团法人制度的立场也持这一态度,例如,《基金会管理条例》第 2 条规定"以从事公益为目的",《信托法》则列举了公益信托的七个公益目的。也即,我国基金会、公益信托只能以公益为目的,而民办非企业法人虽然并未明确以公益为目的,但其"从事非营利性社会服务活动"实际上表明了从事的活动必然是公益性质的。

(2)设立的方式。台湾地区"民法"和"财团法人法(草案)"均规定财团法人的设立采用捐助的方式,包括生前的捐助行为(需要订立捐助章程)和死后的遗嘱捐助(不在订立捐助章程之列)。我国大陆的基金会将其财产之来源明确为捐赠取得,同时按照捐赠范围的不同分为"公募基金会"和"非公募基金会",但并未对遗嘱捐赠进行规定;民办非企业单位的定义表明其是举办人利用非国有资产设立的社会组织,在其设立之后可以接受捐赠(包括接受国家的资助),但其同样并未涉及遗嘱捐赠的内容;根据《信托法》第 8 条设立信托的形式可知,信托的设立需采用书面形式,包括信托合同或遗嘱,而作为信托的一种,公益信托也适用于该规定,故而公益信托可以采用遗嘱的方式设立。

(3)适格捐助人。我国台湾地区"财团法人法(草案)"按照捐助财产的比例将财团法人分为公设财团法人与民间财团法人,其目的是使当局对不同的财团采取不同密度的监管,但也可由此而知在台湾地区政府可以作为财团法人设立人。《基金会管理条例》第 2 条指出基金会是利用自然人、法人或其他组织捐助的财产而设立,此处似乎将政府排除在设立者之外;民办非企业单位

则直接排除了政府成为设立者的可能,但根据《民办非企业单位条例》第22条的规定,在设立之后其便可以接受国家资助了;有关公益信托的委托人之表述则和基金会的设立人一致,包括有完全民事能力的自然人、法人或者其他组织,由此看来其似乎也将政府排除在设立主体之外。

(4)法人机关的设置。台湾"财团法人法(草案)"第三章"财团法人之机关"详细规定了民间财团法人和公设财团法人董事及监察人的设置方式、职责等内容。我国基金会的法人机关包括理事会和监事,由《基金会管理条例》第三章"组织机构"详细规定。《民办非企业单位条例》则并未对法定机关作出规定,只是在第12条将民办非企业单位分为"法人型""合伙型"与"个体型"三种,这似乎说明可以按照这三种具体类型来设立法人机关。至于公益信托,除了信托必要的委托人、受托人和受益人之外,《信托法》第64条、第65条还规定了公益信托监察人的设立与职责。

2.台湾地区财团法人在福建自贸区设立分支机构或代表机构

我国台湾地区现有的财团法人大致可以分为三种类型:其一,是根据一般"民法"设置的"财团法人",采取许可形式,一般常见的"财团法人"多属于此种类型,例如占绝大多数的各种基金会。其二,是受"事业目的特别法"规范的"财团法人",虽然也可以采取许可形式,但由于这类"财团法人"所从事的目的事业性质特殊,对于社会公益有相当的影响,因而行政当局往往会特别订立"特别法",予以鼓励、协助并进行监督,这种类型以"宗教法人"为代表。其三,是最为特殊的类型,采取特许形式,依据特别的设置条例而设置成立。所谓"特殊法人",主要是指私立医院、私立学校以及当局因特殊目的而设立的"财团法人",例如"工业技术研究院""外贸协会""资策会"等。[①] 鉴于此,对于台湾财团法人在福建自贸区设立分支机构或代表机构这一模式,按照台湾地区财团法人的此种现实类型来进行剖析并提出解决对策,显然是十分必要的。

首先是占绝大多数的基金会。从前文对我国大陆基金会和大陆法系财团法人的定义、法律特征及其他细节的对比分析来看,可知这两者在实质上是一致的,只不过在大陆是囿于现实条件的限制而转换了一种表述方式。在我国第四次民法典编纂中,王利明教授所提出的《民法典专家建议稿》将基金会法人设为单独的一种法人类型似乎就有这方面的考量。我国《基金会管理条例》对境外基金会到我国大陆设立代表机构的态度十分明确,其有多数条款都规定了境外基金会代表机构(包括外国以及我国香港特别行政区、澳门特别行政区和台湾地区合法成立的基金会)的相关内容,其第 13 条则详细列举了设立程序。虽然我国台湾地区的"基金会"只是一个形式上的称谓,其本质还是财团法人,但这并不足以成为阻断台湾基金会在大陆设立代表机构的理由。台湾基金会在大陆开展符合公益事业性质的公益活动则需要按照《基金会管理条例》的规定在大陆设立代表机构,但其并无法人资格,该代表机构的民事行为,由境外基金会依照大陆法律承担民事责任。简单来说,如果台湾地区以基金会为形式设立的财团法人要在福建自贸区设立代表机构,是于法有据的,按照《基金会管理条例》中的要求设立即可。厦门自贸区已经对此进行了先验性探索,其当前正在审议的《厦门片区建设若干规定(草案)》第 37 条就明确指出要"探索台湾地区经济类基金会进入自贸试验区的衔接机制,并为进入自贸试验区的台湾地区经济类基金会的发展提供宽松政策"。

其次是宗教法人,对于宗教团体的活动我国大陆的态度非常明确,《境内外国人宗教活动管理规定》第 8 条规定:"外国人在中国境内进行宗教活动,应当遵守中国的法律、法规,不得在中国境内成立宗教组织、设立宗教办事机构、设立宗教活动场所或者开办宗教院校,不得在中国公民中发展教徒、委任宗教教职人员和进行其他传教活动。"[1]第 11 条指出"台湾地区居民在大陆、港澳从事宗教活动的参照此规定"。[2] 我国台湾地区的宗教团体实际上可以有多种组织形态,行政主管部门版的"宗教团体法草案"第 4 条规定:"本法所称宗教团体,指从事宗教群体运作与教义传布及活动之组织,分为下列三类:一、寺院、宫庙、教会。二、宗教社会团体。三、宗教基金会。"[3] 由此看来,无论我国台湾地区的宗教团体之组成形态是什么,即无论是以财团法人还是以社团法人形式成立,哪怕其具有形式上的"基金会"之称谓,只要是以推动特定的宗教群体运动和宣教事业为目的而成立的,就严禁其在大陆设立分支机构或者代表机构。

最后是私立学校、私立医院以及因特殊目的而设立的特殊财团法人。我国台湾地区的此类财团法人均是按照政府制定的特别法(如"私立学校法""医疗法"等)设立的,大陆对此类公益事业组织也一般都会有特殊规定(如《中外

---

① 国家宗教事务局:《中华人民共和国境内外国人宗教活动管理规定》第 8 条。

② 国家宗教事务局:《中华人民共和国境内外国人宗教活动管理规定》第 11 条。

③ 陈惠馨:《宗教团体与法律——非营利组织观点》,台湾巨流图书股份有限公司 2013 年版,第 31 页。

合作办学条例》），但均可认为是我国大陆民办非企业单位的具体形式，可以以《民办非企业单位条例》为依归。在此以私立医院和私立学校为例进行说明：其一是私立医院，根据《中外合资、合作医疗机构管理暂行办法》的规定，"香港特别行政区、澳门特别行政区和台湾地区的投资者在大陆投资举办合资、合作医疗机构的，参照该办法执行"，第35条又指出"申请在中国境内设立外商独资医疗机构的，不予以批准"。① 这似乎表明台湾地区的投资人也不得在大陆设立独资医疗机构，但毕竟台湾地区投资人并不必然等于外商，并且如果有其他法律法规直接规定，那么便可不用"参照该办法"了。根据《海峡两岸经济合作框架协议》（ECFA）的规定，"允许台湾服务提供者在大陆设立合资、合作医院；允许台湾服务提供者在上海市、江苏省、福建省、广东省、海南省设立独资医院"②。据此我们可以"举重以明轻"，既然能够设立独资医院，那么台湾私立医院在大陆设立分支机构或代表机构也不应当被禁止。但是《海峡两岸经济合作框架协议》仅仅属于团体规定，并无强制效力，其贯彻实施还需要有法律层面的确认。目前直接涉及台湾地区投资者在大陆设立独资医疗机构的规范性文件有两个：一是国家发展与改革委员会2011年印发的《厦门深化两岸交流合作改革方案》，该方案指出：允许台湾服务提供者在厦门设立独资医院，台湾服务提供者在厦门设立合资、合作医院的，对其投资总额不作要求。③ 二是厦门市2015年发布的《厦门经济特区促进两岸医药合作条例（草案征求意见稿）》，其第7条明确规定："台湾服务提供者可以在本市以合资、合作、独资等形式设立医疗机构。台湾服务提供者在本市设立合资、合作医院的，对其投资总额和投资比例不作限制。鼓励台湾服务提供者在本市申办非营利性医疗机构。"④由此可知，在目前的规范性文件框架下台湾地区的私立医院要在福建自贸区独立设立分支机构或代表机构，似乎仅有厦门片区这一选择，如果其选择合资或者合作的方式，则可在大陆所有区域设立。 显然，随着各项政策的支持、两岸交流的加强以及自贸区的不断发展，台湾地区服务提供者在大陆设

---

① 对外贸易与经济合作部：《中外合资、合作医疗机构管理暂行办法》第34条、第35条。

② 海峡两岸关系协会、台湾海峡交流基金会：《海峡两岸经济合作框架协议》。

③ 厦门市人民政府：《厦门市深化两岸交流合作综合配套改革试验总体方案》。

④ 厦门市人大常委会办公厅：《关于〈厦门经济特区促进两岸医药合作条例（草案）〉公开征求意见的通知》，http://www.ccpitxiamen.org/newsmore.aspx? ClassId＝44&Unid＝13375，下载日期：2016年5月15日。

立医疗机构的口径必定会不断扩大。其二是私立学校,我国台湾地区的教育机构与大陆教育机构的合作办学事宜,参照《中外合作办学条例》的规定执行,该条例第 62 条规定:"外国教育机构、其他组织或者个人不得在中国境内单独设立以中国公民为主要招生对象的学校及其他教育机构"[1],由此看来台湾地区的相关主体不得在大陆单独设立教育机构,而在其他法律法规中也并无准许的规定。这意味着台湾地区的教育机构、其他组织或者个人必须以与大陆相关机构合作的方式在福建自贸区设立学校及其他教育机构,其分支机构亦是如此。

二、福建自贸区引入台湾财团法人的文本架构

虽然在我国第四次《民法典》编纂活动中,绝大多数的专家意见稿都直接或间接地对财团法人这一制度作了规定,而在目前正如火如荼地进行着的第五次《民法典》编纂活动中所提出的《中华人民共和国民法典·民法总则专家建议稿》中更是直接对财团法人作了规定,但"远水解不了近渴",在现行的法律框架下我们只能通过"曲线救国"的变通方式来达成财团法人制度之实质。经过上文的分析可以明确的是在如何实现台湾财团法人制度与我国大陆三种可替代性制度的对接的问题上,福建自贸区要做的是出台一部在宏观上进行路径选择指导,在微观上进行技术性规则衔接的地方性法规。应当如何架构这一地方性法规的具体文本?我们认为,除了总则、罚则与附则外,其至少还应当包括如下几个方面的内容:

一是台湾捐助人如何直接在福建自贸区设立"财团法人"。这一部分除了明确"根据台湾地区捐助人或财团法人的实际需要,对大陆的三种替代性制度(基金会、民办非企业法人和公益信托)进行自由选择"这一原则之外,还应当规定其设立方式统一采用准入前国民待遇加负面清单管理模式,对负面清单以外的项目采取备案制,备案机关可以是设在福建省商务厅的福建自贸区管理机构,也可以根据成立区域不同分别由福建自贸区平潭、厦门、福州片区管委会承担备案职责。同时一体规定"一口受理""一照一号""一章审批"等便利化机制。

二是台湾财团法人如何在福建自贸区设立分支机构或代表机构。笔者认

---

① 《中外合作办学条例》第 62 条。

为,这一部分应当根据上文对台湾财团法人的分类(基金会;宗教法人;私立学校、私立医院等财团法人),采取表格的形式分别规定某类财团法人能否在福建自贸区设立分支机构或代表机构。其设立方式与其他便利化机制则可参照前一部分的规定。

三是解散(终止)事由和剩余财产之处理。财团法人的设计虽然是确保捐助人意思的永续,但是财团的存在经常是有一定期限的。[①] 目前在大陆相关制度的规定(《民办非企业单位条例》《基金会管理条例》《信托法》)中都明确规定了解散(终止)事由,其可被政府机关强制解散,也可因章程或协议自愿解散。在这里需要说明的是解散(终止)后剩余财产的归属,《基金会管理条例》第 33 条、《信托法》第 72 条对剩余财产的处理采取的原则都是"应将剩余财产用于与章程规定或相近似的公益目的,或者将财产转移给目的相近、宗旨一致的组织"。当然这一原则的确立是无可厚非的,但在目前我国慈善捐赠并不发达的情况下,对于剩余财产除了应当规定上述原则之外,还应当设计这样一个机制:规定举办人可以在剩余财产范围内收回其捐助财产本身,但不得附加任何利息或红利,以达到激励私人性公益活动的效果。事实上《信托法》中的规定便明确了这一机制,该法第 54 条指出:"信托终止的,信托财产归属于信托文件规定的人;文件未规定的则按照(1)受益人或者其继承人;(2)委托人或者其继承人的顺序确定归属"[②],第 72 条规定:"公益信托终止,没有信托财产权利归属人或者信托财产权利归属人是不特定的社会公众的,经公益事业管理机构批准,受托人应当将信托财产用于与原公益目的相近似的目的,或者将信托财产转移给具有近似目的的公益组织或者其他公益信托"[③]。

四是监督管理。事前宽松便捷的备案制并不表明管控的放松,而是将监管推到事中、事后。这一部分主要是明确福建自贸区备案机关的监管职责,加强事中、事后监管,通过自贸区监管信息共享机制和平台、年报制度等措施对其运作进行核查。

五是法律责任。对于台湾地区捐助人直接在福建自贸区设立类财团法人制度的模式而言,其法律责任按照具体类财团法人制度所规定的承担即可;对于台湾地区财团法人在福建自贸区设立分支机构或代表机构的模式来说,则

---

① 罗昆:《财团法人制度研究》,武汉大学出版社 2009 年版,第 175 页。

② 《中华人民共和国信托法》第 54 条。

③ 《中华人民共和国信托法》第 72 条。

应当明确：台湾地区财团法人在福建自贸区的分支机构或代表机构不具备法人资格，其民事行为之责任由境外财团法人按照境内法律承担。

结 论

财团法人自身的交易便利性、责任独立性、意志永续性和财产安全性等制度功能，及其满足社会多元化需求，推动社会公益，协调政府与社会关系的社会功能奠定了其在大陆法系传统中的重要地位。沿袭大陆法系传统的我国台湾地区亦规定了这一制度，并在现实诉求的推动下发展得如火如荼，展现出其强大的制度功能与社会功能。政策层面的支持、制度方面的互通、实践领域的推动、区域定位的优势以及自贸区的风口无疑为福建自贸区引入台湾财团法人制度提供了上佳的契机。但当前大陆对财团法人基本规定的缺失以及福建自贸区立法层级的限制又为台湾地区财团法人直接进入福建自贸区设置了重重关卡。此时，在基础法律环境既定的条件下，可行的方法是通过出台在宏观上提供路径选择指导、微观上保证技术性规则衔接的地方性法规，来实现大陆既有的三种可替代性制度（基金会、民办非企业单位、公益信托）与台湾财团法人制度的顺利对接。

第八章

福建自贸区促进互联网金融发展法律问题研究

我国互联网金融在经历了一段时间的"野蛮生长"之后,终于迎来"规范发展时期"。2016 年 3 月 5 日,李克强总理在第十二届全国人民代表大会第四次会议上作的政府工作报告中指出要"规范发展互联网金融";2016 年 4 月 14 日,中国人民银行牵头多个部委出台《互联网金融风险专项整治工作实施方案》(简称《互联网金融风险整治方案》),对互联网金融进行分地区、分领域条块结合的专项整治工作,构建地方政府和相关金融部门与中央监管机构"联动"整治体系。福建省是一个官方金融不甚发达,民间金融相对火爆的地域,各类民营企业的融资难问题非常严重,互联网金融的出现与发展无疑为之提供了一个上佳的解决契机,对于企业不断聚集的福建自贸区而言更是如此。当然,互联网与金融的结合不仅带来了巨大的经济、社会效益,同时也放大了金融风险的隐蔽性、传染性、广泛性和突发性。此时,如何在充分促进互联网金融发展的同时更好地防范其风险,成为一个关键性问题。福建自贸区的有关"改革开放排头兵、创新发展先行者"的战略定位,无疑为促进区内互联网金融健康良性发展的先验性制度探索提供了得天独厚的条件。在面对互联网金融这一"双刃剑"时,福建自贸区应当充分利用自身优势,锐意创新,先行先试。一方面要促进互联网金融的正当发展,另一方面也要加强监督以防范风险。

第一节 福建自贸区促进互联网金融发展的 必要性与可行性分析

一、互联网金融之界定及其历史沿革与发展状况

(一)互联网金融之界定

"互联网金融模式"这一表述最早由谢平教授等人于 2012 年提出,而自其呱呱坠地起,学界对互联网金融概念的探讨便从未停歇。大体说来,可以分为以下四种观点:一是以谢平教授为代表的"去中介论"。谢平教授等人在 2012年提出了互联网金融模式的概念,并对其支付方式、信息处理和资源配置进行了分析,认为互联网金融模式能通过提高资源配置效率、降低交易成本来促进经济增长,将产生巨大的社会效益。[①] 在 2014 年,谢平教授等人又将原有概念深化为:互联网金融是一个谱系概念,涵盖因为互联网技术和互联网精神的影响,从传统银行、证券、保险、交易所等金融中介和市场,到与瓦尔拉斯一般均衡对应的无金融中介或市场情形之间的所有金融交易和组织形式。[②] 二是将互联网金融看作是互联网技术与金融功能相融合的"融合论"。例如,吴晓求教授认为,互联网金融是指以互联网为平台构建的具有金融功能且具有独立生存空间的投融资运行结构,[③]是一种新兴的金融业态。[④] 三是将互联网金融看作是利用互联网技术来提供金融服务的"工具论"。例如,郑联盛副研究员认为,互联网金融是借助于互联网技术、移动通信技术实现资金融通、支付和信息中介等业务的新兴金融模式。[⑤] 四是以陈志武教授为代表的"否定

[①] 参见谢平、邹传伟:《互联网金融模式研究》,载《金融研究》2012 年第 12 期。

[②] 谢平、邹传伟、刘海二:《互联网金融手册》,中国人民大学出版社 2014 年版,第1 页。

[③] 吴晓求:《金融的逻辑》,载《中国金融》2014 年第 3 期。

[④] 吴晓求:《互联网金融:成长的逻辑》,载《财贸经济》2015 年第 2 期。

[⑤] 郑联盛:《中国互联网金融:模式、影响、本质与风险》,载《国际经济评论》2014 年第 5 期。

论"。陈志武教授认为，互联网金融不是新金融，而只是金融销售渠道、金融获取渠道意义上的创新，其交易的还是金融契约。具体地讲，不管其发行、交易和交割是在线上还是线下，互联网金融只是渠道意义上挑战传统的银行和资本市场，但在产品结构和产品设计上跟银行、资本市场等经营的产品没有区别。①

相比之下，实务界对互联网金融的认识较为统一。中国人民银行在《中国金融稳定报告（2014）》中指出，互联网金融是互联网与金融的结合，是借助互联网和移动通信技术实现资金融通、支付和信息中介功能的新兴金融模式。广义的互联网金融既包括作为非金融机构的互联网企业从事的金融业务，也包括金融机构通过互联网开展的业务。狭义的互联网金融仅指互联网企业开展的、基于互联网技术的金融业务。② 中国人民银行、工信部等十部委于 2015年 7 月 14 日联合发布的首份关于互联网金融的规范性文件，即《关于促进互联网金融健康发展的指导意见》（简称《促进互联网金融发展意见》），将互联网金融界定为："互联网金融是传统金融机构与互联网企业利用互联网技术和信息通信技术实现资金融通、支付、投资和信息中介服务的新型金融业务模式。"③在表述上，这两个较为权威的定义显得颇为一致。

另外，值得一提的是互联网金融与金融互联网。马云先生曾经指出："未来的金融有两大机会，一个是金融互联网，金融行业走向互联网；第二个是互联网金融，纯粹的外行领导，其实很多行业的创新都是外行进来才引发的。"④这实际上是基于运作当中主导主体的不同而作的分类，也正是因为主体的不同对其的规范也有可能不同。例如，有学者就认为，"是否具备互联网精神，能否形成以客户需求为导向并注重客户体验等要素，是互联网金融与金融互联网的本质区别"⑤。但就目前的趋势来看，互联网与金融的融合显得势不可挡，而互联网企业介入金融和金融主体做电子商务的趋势也愈演愈烈。互联网平台的金融化和金融部门的互联网化使互联网金融和金融互联网的界限越

---

① 陈志武：《互联网金融到底有多新》，载《新金融》2014 年第 4 期。

② 中国人民银行金融稳定分析小组编：《中国金融稳定报告（2014）》，中国金融出版社 2014 年版，第 145 页。

③ 中国人民银行、工业和信息化部、公安部等十部委：《关于促进互联网金融健康发展的指导意见》第一部分。

④ 马云：《金融行业需要搅局者》，载《人民日报》2013 年 6 月 21 日。

⑤ 郭福春、陶再平主编：《互联网金融概论》，中国金融出版社 2015 年版，第 9 页。

来越模糊,两者趋于一体化,这一点从《促进互联网金融发展意见》这一部门规章中将"传统金融机构与互联网企业"统称为"从业机构"的表述中就能看出。

基于上述分析,互联网金融至少包括如下四点要素:一是互联网金融的主体,包括互联网企业与传统金融机构。二是互联网金融的目的。对于市场主体而言,追求利益最大化永远是其作为"经济人"的最终目的。同样的,互联网金融的普惠性质也并未改变从业机构追求利益最大化的本性。三是互联网金融的本质。总体而言,互联网金融的本质还是金融,只不过互联网在金融业中的应用一方面促成了金融产品的深化和演进,另一方面也变革了金融供给的方式与渠道。四是互联网金融的表现模式。目前,互联网金融的典型业态包括 P2P 网络借贷、股权众筹、互联网支付、互联网保险等。不过,随着时间的推移其表现形式也会不断地变迁。由此,笔者更倾向于赞同《促进互联网金融发展意见》中对互联网金融的界定,认为互联网金融实际上就是互联网与金融的融合,可将之界定为:互联网企业或金融机构出于利益最大化的考量,将互联网技术运用到金融契约、流通渠道、结算方式等内容之中,推动金融各要素的创新性组合并优化金融功能实现方式的一种新型金融业态。

(二)互联网金融的历史沿革与发展现状

一部金融发展史,就是一部金融创新的历史。自从互联网技术成熟并普遍化之后,其在金融创新领域便产生了无可比拟的巨大能量。既有金融工具的创新,如衍生产品的设计、组合套利的实现,需要依托于强大的计算机计算功能和先进的报价系统,也有金融形式的创新,如在线筹融资平台,更离不开个人计算机的普及和互联网的成熟。[①] 无疑,目前在国内备受关注的互联网金融,正是从金融形式的创新这一角度而言的,其已然成为一种催动当代金融业急剧变革的新兴业态。作为互联网技术的发源地,美国的民用互联网自20世纪 90 年代开始迅速地传播和发展起来,金融行业的精英们自然不会放过这个既能节省成本又能实现规模效应的机会。继 1971 年美国纳斯达克系统建立后,互联网技术便开始在美国的金融行业迅速生根发芽并开花结果。1992年,美国第一家互联网证券交易商 E-trade 成立,迅速将整个证券交易行业带入网络化时代;1995 年,全球第一家互联网银行"美国安全第一网络银行"成立,仅通过互联网为客户提供服务,在短短三年内便成为美国第六大银行;

---

① 吴晓求等:《中国资本市场研究报告(2014)》,北京大学出版社 2014 年版,第154 页。

1998 年成立的第三方支付平台 PayPal 则迅速改变了传统的支付和货币流通模式;21 世纪初期以来的 Lending Club、Prosper 等典型互联网金融模式的实践更是表明,互联网金融已经在美国开始遍地开花。但实际上在美国,并无我们所认为的"互联网金融"这一概念的存在(最起码没有我国主流观点所特别界定的独立的"互联网金融"模式的存在),甚至连"互联网金融"这一对应的专门词语都没有。在美国,人们更愿意将"互联网金融"当作是"电子信息和网络技术在金融领域应用的延伸",[①]并将之表述为"电子金融""在线银行"或"电子银行"。从这个意义上来看,美国并不存在我们所界定的"互联网金融"之概念,却有实质意义上的"互联网金融",也即典型的互联网金融运营模式如 P2P、股权众筹、互联网支付等的存在。产生这一现象的原因至少包括如下两点:一是美国对金融行业的监管方式相对开放,其准入门槛相对较低,同时对各主体并无区别对待的现象存在,所谓的互联网金融业只不过是众多金融模式中的一种罢了,无须对其进行特殊监管。二是监管层面的态度延伸到实践层面就促成了美国金融行业的充分竞争,市场空白几乎不可能存在,各类金融机构会充分运用互联网技术来对自己进行优化升级,但互联网公司并不会越俎代庖地涌入该行业,因为准入门槛的相对较低使得金融行业实现了充分的竞争,进入该行业的成本在大多数情况下必然会高于其收益。

从历史上看,虽然我国金融行业早已开始了对互联网技术的应用,如上海、深圳两个证券交易所交易系统于 20 世纪 90 年代初相继建立;中国银行与世纪互联公司于 1998 年 3 月联合推出国内首家网络银行和招商银行,并于同年 4 月推出了"一网通";第三方支付平台支付宝于 2004 年成立等等,但互联网金融作为一种新业态的腾飞则是从 2013 年开始。据统计,2013 年至 2014 年,中国大陆网络替代金融[②]成交量从 55.6 亿美元增长到了 243 亿美元,年增长率为 337%;2014 年至 2015 年,报告成交量继续增长了 319%,达到 1016.9 亿美元。[③] 是故,2013 年被称为是互联网金融发展元年。在 2016 年 3 月 5 日,李克强总理在第十二届全国人民代表大会第四次会议上作的政府工

---

① 王达:《美国互联网金融的发展及中美互联网金融的比较——基于网络经济学视角的研究与思考》,载《国际金融研究》2014 年第 12 期。

② 网络替代金融,主要包括众筹、P2P 个人与企业信贷,要比正常用的"互联网金融"概念更狭义精确,便于进行国际性的学术和政策的比较研究。

③ 佚名:《亚太网络替代金融报告发布 中国市场规模第一》,http://mt.sohu.com/20160316/n440643946.shtml,下载日期:2016 年 4 月 1 日。

作报告第三次提到了互联网金融,指出要"规范发展互联网金融"。由此,业内人士将 2016 年认定为互联网金融规范发展元年。互联网金融以其所具有的便捷、平等、普惠、易获取、去中心化等特点,产生了巨大的经济、社会效益,使得金融法中最基本的三大利益主体(监管者、经营者、消费者)成为其忠实的拥趸者。企业的大量聚集无疑对原本官方金融就不甚发达的福建自贸区提出了新的挑战,而互联网金融腾飞的风口和福建自贸区的战略定位则为之提供了"双倍红利",在区内大力发展互联网金融的同时注重防范其风险,既有现实的必要性也有发展的可行性。

二、福建自贸区发展互联网金融的必要性分析

互联网金融是一柄"双刃剑",推动其良性发展的必要性也可以从正向维度的"促进发展"和反向维度的"防范风险"进行阐释。对福建自贸区而言,为互联网金融提供良好的法律环境不仅可以解决区内企业融资困境、促进区内的经济社会发展,而且能够便利和推动闽台之间金融业的交流,同时也为全国性互联网金融的发展提供良好的"模板"。

(一)福建自贸区发展互联网金融的必要性之正向维度

互联网是否从根本上带来颠覆传统金融的效果尚有争论,但其与传统金融的融合在很大程度上改变了金融业的运作模式,特别是对于金融业准入门槛较高的我国来说更是如此。总体来看,互联网金融至少对传统金融业产生了如下几方面的重大推动力,这些方面的推动对企业大量聚集的福建自贸区而言更具重要意义。

一是促进金融业充分竞争,刺激金融创新。长期以来,我国金融行业可以说是一个较为臃肿而无活力的产业帝国。数据显示,截至 2013 年 12 月 31 日,我国金融业资产总量为 192.89 万亿元人民币,其中银行业金融机构的总资产为 151.35 万亿元,五家大型商业银行的资产占总资产的43.34%。[①]就福建省而言,其银行业金融机构 2014 年的资产总额达到了59748.91亿元,同期的法人证券公司总资产和保险业总资产则分别为 866.33 亿元和 1551 亿

---

① 中国人民银行金融稳定分析小组编:《中国金融稳定报告(2014)》,中国金融出版社 2014 年版,第 33 页。

元。[1] 互联网金融作为传统金融业的"搅局者",其在一定程度上倒逼了金融行业门槛的降低,使更多的主体进入,从而促进了金融行业的充分竞争。主体上的增加必然带来金融行业的各方面创新,无论从何种角度看,互联网金融的涌入给传统金融行业带来了"鲶鱼效应",对于福建自贸区而言尤为如此,除了各项政策法规中对互联网金融的特别规定外,实践中也体现了这一点:如福建自贸区厦门片区首创航运金融互联网服务,实现银行、货代、船代企业信息互联互通;[2]福建自贸区福州片区的金融机构按照国家关于"一带一路"的战略部署,充分发挥各自优势,针对企业需求,推出"对证通""境外簿记""全球授信"等金融产品,满足企业在"走出去"过程中所需要的金融服务,[3]等等。

二是优化资源配置。资源配置是金融最基础的两大功能之一,在金融资源的配置过程中信息无疑是非常重要的,而互联网则在信息的抓取、处理和存储等方面有着得天独厚的条件,迅速发展的移动互联网、云计算、大数据以及搜索引擎更是为其锦上添花。总体来看,互联网金融对金融资源配置的优化升级主要体现在以下两个层面:(1)提供信用信息。金融学意义上的"资源配置",是指资金的供给方通过适当的机制将其使用权让渡给资金需求方的过程。[4] 这种机制可以分为以金融机构(主要是商业银行)为平台的间接融资模式和以资本市场为平台的直接融资模式,而在这个资金使用权的让渡过程中信用信息无疑成为控制风险的基本要素之一。互联网与金融的融合便在很大程度上解决了信用信息的抓取问题,互联网可以通过对某个特定主体所有相关信息的抓取来更好地对其真实的信用信息作出评价,极大地降低了履约风险。(2)提供价格信息保证资金的正常流向和合理运作。互联网平台对数据信息的海量抓取和精准分析对于缓解金融业中存在的严重信息不对称有着重要意义,其不仅提高了使用资金或资本的能力,也加快了资金的流转速度,同时还更加及时精准地反映出资本的供求关系,引导资金的合理流动。2015

---

① 中国人民银行福州中心支行:《2014 年度福建省金融稳定报告》,载《福建金融》2015 年第 4 期。

② 中国(福建)自由贸易试验区厦门片区管理委员会:《厦门自贸区的"加减乘"》,http://www.xmftz.gov.cn/xxgk/xwdt/201603/t20160316_5432.htm,下载日期:2016 年 4 月 1 日。

③ 中国(福建)自由贸易试验区福州片区管理委员会:《福建自贸试验区福州片区推出首批 28 项金融创新案例》,http://ftz.fuzhou.gov.cn/xxgk/xwzx/xwdt/201603/t20160314_1050860.htm,下载日期:2016 年 4 月 1 日。

④ 吴晓求:《互联网金融:成长的逻辑》,载《财贸经济》2015 年第 2 期。

年,福建省金融机构本外币贷款量增加了 3638.2 亿元,比上年少增 148.8 亿元,其中大型企业、中型企业、小微企业贷款增量占全部企业贷款的比重分别为 38.6%、35.6%、25.8%,各规模企业贷款增量与上年相比均出现萎缩。[①]从以上数字我们至少能看出小微企业在金融机构贷款中的相对劣势地位。对福建自贸区而言,互联网金融在优化金融资源配置方面的作用得到了很好的实践,如福建自贸区厦门片区于 2015 年 7 月底启动对台跨境人民币贷款试点业务,截至 2016 年 3 月已累计办理 2.97 亿元的对台跨境人民币贷款,占厦门、昆山、泉州三地试点业务总量的 85%;[②]福建自贸区福州片区内金融机构充分利用跨境双向人民币资金池业务准入门槛大幅降低的契机,积极发展跨境双向人民币资金池业务;[③]等等。

三是升级支付清算。支付清算领域是互联网金融对传统金融业"入侵"首当其冲的业务,原本在社会支付清算体系中占据主导地位的商业银行所建立的支付清算系统和资本市场基于证券交易的支付清算系统均受到不同程度的影响,而其对跨境支付结算的影响更是重大。基于互联网平台的支付清算体系(包括金融机构和非金融机构)缩短了时间、空间的差异,加快了资金的流速,缓解了资金的存量化,为主体间的支付清算业务提供了极大的便利。2015年,福建省的跨境人民币结算业务实现了快速增长,全省银行业机构共办理跨境人民币结算业务 6260.76 亿元,增长 75.5%。其中,经常项下人民币结算业务量增长 34.50%,资本项下人民币结算业务量增长 138.96%。[④] 福建自贸区无疑为之做了不少贡献,如福建自贸区厦门片区率先在全国建立跨海峡人民币代理清算群,推动代理清算群成为两岸金融机构开展结算、清算、融资、

---

① 中国人民银行福州中心支行:《2015 年福建省经济金融运行分析报告》,载《福建金融》2016 年第 2 期。

② 中国(福建)自由贸易试验区厦门片区管理委员会:《厦门自贸片区首批金融创新案例发布》,http://www.xmftz.gov.cn/xxgk/xwdt/201602/t20160226_5275.htm,下载日期:2016 年 4 月 1 日。

③ 中国(福建)自由贸易试验区福州片区管理委员会:《福建自贸试验区福州片区推出首批 28 项金融创新案例》,http://ftz.fuzhou.gov.cn/xxgk/xwzx/xwdt/201603/t20160314_1050860.htm,下载日期:2016 年 4 月 1 日。

④ 中国人民银行福州中心支行:《2015 年福建省经济金融运行分析报告》,载《福建金融》2016 年第 2 期。

担保等综合性、全方位金融合作的通道；①建设银行在福州设立国内首家总行级"海峡两岸跨境金融中心"，中国银行、农业银行为彰化银行福州分行、华南银行福州分行等 5 家在大陆的台资银行开立同业账户 8 个，中国银行与在福建设立分行的部分台资金融机构签订人民币支付清算协议，累计代理支付清算量达 39.76 亿元；②等等。

四是推动金融普惠和加速金融脱媒。"中国的金融业特别是银行业服务了 20％的客户，我看到的是 80％没有被服务的企业。"③马云先生的这句话不仅道出了中国金融业长期以来的现状，也说出了广大中小企业融资困难和普通群众与金融行业的距离感。互联网与金融的结合则不仅拉长了金融服务的客户链条，其所具有的覆盖范围广、成本低廉、方便快捷的营销网络也使得个性化和差异化的金融服务成为可能。此外，类似 P2P、众筹融资等平台更是加速了金融的"脱媒"进程，在一定程度上将间接融资市场催化为直接融资市场，既满足了中小企业融资难的要求，也实现了金融的普惠。数据显示，从 2015 年 4 月 21 日挂牌起至 2016 年 6 月 30 日，福建自贸试验区共新增内、外资企业 39028 户，注册资本 6522.25 亿元人民币，分别同比增长 2.63 倍、2.58 倍（新增内资企业 37105 户，注册资本 5518.51 亿元人民币；新增外资企业 1923 户，注册资本 1003.74 亿元人民币）。④ 此时，自贸区内大量聚集的企业的融资问题成为重中之重，自贸区的政策红利和互联网金融的技术发展极大地缓解了这一问题，福建自贸区的多项金融创新举措均体现了这一点，如厦门片区首创"税银互动"，助力小微企业融资，税务、中国人民银行、发改委联合建立银税信用信息共享机制，对支持纳税诚信中小微企业融资成效显著的商业银行

① 中国（福建）自由贸易试验区厦门片区管理委员会：《厦门自贸片区首批金融创新案例发布》，http://www.xmftz.gov.cn/xxgk/xwdt/201602/t20160226_5275.htm，下载日期：2016 年 4 月 5 日。

② 中国（福建）自由贸易试验区福州片区管理委员会：《福建自贸试验区福州片区推出首批 28 项金融创新案例》，http://ftz.fuzhou.gov.cn/xxgk/xwzx/xwdt/201603/t20160314_1050860.htm，下载日期：2016 年 4 月 5 日。

③ 马云：《金融行业需要搅局者》，载《人民日报》2013 年 6 月 21 日。

④ 福建自贸试验区办公室：《福建自贸试验区 6 月份新增企业 3572 户》，http://china-fjftz.gov.cn/article/index/aid/4109.html，下载日期：2016 年 7 月 25 日。

进行再贴现、再融资等,发挥货币乘数效应;①福州片区的兴业银行针对小微企业"短、频、急"融资需求,创新推出"易速贷"产品,采用"计分卡"形式对企业实际经营情况和风险状况进行评估,通过标准化、流程化的作业模式简化贷款审批手续,将审批时长缩短至 3 天;②等等。

(二)福建自贸区发展互联网金融的必要性之反向维度

金融体系并不具备内生的稳定性,互联网技术的接入也只是将金融的某些基因(注入互联网思维、刺激金融创新、降低交易成本、普惠"长尾客户")重组而并未改变资金融通的本质。相反,互联网在放大金融的经济、社会效益的同时也放大了金融风险,例如,在发展"长尾客户"的同时带来"长尾风险",刺激金融创新的同时规避了监管,在降低交易成本的同时加大了金融风险的传导性并极大地缩短了系统性风险扩散的时空距离。从某种角度来说,每一次金融创新都是对现有金融法制的背离,而实际上也正是这种背离,在推动社会经济的不断进步的同时也促进了金融法制的适应性变革。

自 2013 年互联网金融元年以来,P2P 网络借贷平台、众筹融资平台等各类互联网金融的典型模式便呈野草式疯长,各类资本的无节制涌入带来的便是问题平台的爆炸式增长。以 P2P 网络借贷平台为例,截止到 2016 年 6 月,我国累计有 4127 家 P2P 平台,而问题平台则高达 1778 家。③ 是故,对于互联网金融而言,法律一方面要为其提供激励机制,推动其发展,另一方面也要注意对其的限制,防范风险的发生。以制度创新为核心的福建自贸区则更应当注重对当前如火如荼的互联网金融的风险防范,在立法上,要在不与上位法相抵触的情形下审时度势地及时对互联网金融作出先验性的具体规范;在执法上,要加强对互联网金融各业态的联合监管、信息的相互交流以及对新业态的有效回应;在司法上,要提供多元化的纠纷解决机制,同时加大对利用互联网金融犯罪的打击力度;在守法上,一方面要加大惩罚性措施的强制作用,另一方面也要强化激励性措施的诱导作用,并大力进行守法教育,促进市场主体内

---

① 中国(福建)自由贸易试验区厦门片区管理委员会:《厦门自贸片区首批金融创新案例发布》,http://www.xmftz.gov.cn/xxgk/xwdt/201602/t20160226_5275.htm,下载日期:2016 年 4 月 8 日。

② 中国(福建)自由贸易试验区福州片区管理委员会:《福建自贸试验区福州片区推出首批 28 项金融创新案例》,http://ftz.fuzhou.gov.cn/xxgk/xwzx/xwdt/201603/t20160314_1050860.htm,下载日期:2016 年 4 月 8 日。

③ 网贷之家:《网贷数据》,http://shuju.wdzj.com/industry-list.html,下载日期:2016 年 7 月 25 日。

外部合法合规意识的树立。

三、福建自贸区发展互联网金融的可行性分析

互联网与金融的结合势不可挡，互联网金融所带来的巨大社会、经济效益也使得国家对其越发重视，并逐步开始完善对其的规制。对于福建自贸区而言，无论是在国家还是地方层面，在政策法律的构建还是实践方面，均有实现对互联网金融良善法律规制，促进互联网金融安全稳定高效发展的有利土壤。

首先是国家层面的政策与法律鼓励。总体来看，国家层面的法律、行政法规为福建自贸区互联网金融的发展提供了极大的鼓励。在 2014 年第十二届全国人民代表大会第二次会议上，互联网金融第一次被写入政府工作报告，该报告指出要"促进互联网金融健康发展"。2015 年第十二届全国人民代表大会第三次会议上的政府工作报告再次提到互联网金融，明确要"促进电子商务、工业互联网和互联网金融健康发展，引导互联网企业拓展国际市场"。在 2016 年第十二届全国人民代表大会第四次会议上，互联网金融第三次被写入了政府工作报告，该报告要求"规范发展互联网金融"。以上三次政府工作报告均表现出对互联网金融的极大关注，在经历过两年的"促进健康发展"之后，开始正式对其提出规范要求，故而 2016 年也被称为是互联网金融规范发展元年。2015 年 7 月 1 日，国务院发布了《关于积极推进"互联网＋"行动的指导意见》，将"互联网＋"普惠金融作为具体重点行动领域，指出要"促进互联网金融健康发展，全面提升互联网金融服务能力和普惠水平"，对重点建设内容进行了规划，并明确责任主体。2015 年 7 月 14 日，中国人民银行、工信部、公安部等十部委联合发布了《促进互联网金融发展意见》，成为中央层面第一次正式对互联网金融进行全面规定的规范性文件，该意见不仅对互联网金融下了官方定义，同时还明确了分类监管的原则，将互联网金融的各种具体类型分别划归中国人民银行、证监会、银监会和保监会进行监管。随后，保监会、银监会等分别印发了对其管辖业务的监管办法。此外，2016 年 3 月 17 日新华网播发的《中华人民共和国国民经济和社会发展第十三个五年规划纲要》第三篇第十六章中也直接提到互联网金融，指出要"规范发展互联网金融"。2016 年 4 月 14 日，中国人民银行牵头多个部委出台《互联网金融风险整治方案》，其核心内容包括由各省级政府组织辖内监管机构，对各项互联网金融业务进行分类界定和处置，采取"线上线下一起抓"和"负面清单"模式进行严格监管。

其次是地方层面的政策与法律支持。当前，地方层面实施的地方性法规、

部门规章等规范性文件,均不同程度地为福建自贸区互联网金融的规范发展创造了良好的条件。虽然在《福建自贸区总体方案》《厦门片区实施方案》等福建自贸区建设的相关实施方案中并未直接提到互联网金融,但其还是在不同程度上强调了要大力促进金融创新,例如,建立与自贸试验区相适应的账户管理体系、允许在自贸试验区内设立全国性外资网络保险专业中介机构等等。2016年4月1日,福建省人民代表大会常务委员会颁布《福建自贸区条例》,直接提到互联网金融,其第34条规定:"自贸试验区支持各类金融机构和互联网金融的发展。支持在区内建立金融交易和服务平台,提供登记、托管、交易和清算等服务。"同日通过的《平潭实验区条例》第37条也规定"实验区促进互联网金融发展,建立面向国际的金融交易以及服务平台,提供登记、托管、交易和清算等服务。"此外,尚在审议中的《厦门片区建设若干规定(草案)》第28条也作了相关规定:"自贸试验区内重点引进金融机构资金中心、离岸与跨境业务中心、融资租赁公司、互联网支付机构等金融机构与类金融机构,探索专营业务特色。"

2015年3月13日,福建省人民政府印发了《关于加快互联网经济发展十条措施的通知》,该通知将互联网金融作为突出发展重点,要求"加快申请全国性网络支付牌照,发展在线支付、电子支付、跨境支付和移动支付等,建设互联网金融服务平台,重点发展网络支付、网贷和股权众筹融资,支持发展网络保险、网络基金、网络彩票等,创新'B2B+P2P+征信服务'三位一体金融服务模式。支持省内金融机构开展互联网金融业务"[①]。福建省人民政府于2015年8月16日印发的《中国(福建)自由贸易试验区产业发展规划(2015—2019)》将互联网金融作为产业重点,指出要"重点发展支付结算、融资业务和投资理财及保险业务。培育第三方网络支付平台,力争发展成为类似'支付宝''财付通'等的综合性支付平台;发展P2P网贷、网络小额贷款公司以及众筹网等;发展金融产品与互联网特点相结合形成的投资理财产品及保险产品"[②]。2016年1月15日,福建省第十二届人民代表大会第四次会议批准了《福建省国民经济和社会发展第十三个五年规划纲要》,也明确要"加快发展互联网金融,支持基于互联网的金融产品、服务、技术和平台创新,规范发展P2P网贷

[①] 福建省人民政府:《关于加快互联网经济发展十条措施的通知》第二部分第(五)条。

[②] 福建省人民政府:《福建省人民政府关于印发中国(福建)自由贸易试验区产业发展规划(2015—2019年)的通知》第三章第四节第四条。

和众筹融资"①。2016年2月5日，福建省人民政府在其印发的《积极推进"互联网+"行动实施方案》中将"互联网+"普惠金融列为重点领域"互联网+"行动，并对这一行动的目标、任务和责任单位进行了明晰。除此之外，福建自贸区福州片区、厦门片区和平潭片区也均出台了促进互联网金融健康发展的文件，例如《中国（福建）自由贸易试验区厦门片区产业发展规划》《平潭综合实验区关于促进金融业发展的暂行规定》等。值得一提的是，中国人民银行于2015年12月9日发布的福建自贸区"金改三十条"，虽然并未直接对互联网金融进行表述，却从不同角度提到了与其相关的内容，而更重要的则是其极大地支持了福建自贸区的金融改革实践。

最后是实践领域的推动。历史地看，互联网早已与金融业开始了融合，只不过当时对互联网的运用大多限于对金融产品的开发和金融工具的革新，尚未对其销售渠道和业务模式进行扩充。直到20世纪90年代，现在所说的互联网金融才初现端倪并逐步发展，而我国则是以2004年的支付宝成立为开端迅速发展起来。互联网金融所带来的效益有目共睹，自贸区所承担的制度创新责任也是众所周知，这两者的结合必将对互联网金融的健康发展产生巨大作用，进而推动整个金融行业的前进，为实体经济的腾飞提供助力。总体而言，福建省的互联网金融呈现良好的发展态势，以非金融机构支付市场为例，截至2015年年底，全省已有法人支付机构9家，备案展业的支付机构分公司35家，全年线下支付业务累计清算笔数1.95亿笔、金额7281.26亿元，同比分别增长36.36%、96.07%。② 各类互联网金融论坛的举办也在一定程度上推进了福建互联网金融的发展，如2015年6月7日举办的"2015中国（福建）首届互联网金融大会暨新华网思客会"、2015年12月31日举办的"福建自贸试验区'互联网金融创新'论坛"等等。此外，互联网金融的行业协会也在不断成长之中，如2015年12月23日成立的福建省互联网金融协会、2016年3月3日成立的福建省互联网金融信息服务协会等等。互联网金融的迅速发展不仅促进了经济的迅速发展，也倒逼了法律法规的适应性改革，而反过来，这种变革又更好地保证了互联网金融的健康发展。

---

① 福建省人民政府：《福建省人民政府关于印发福建省国民经济和社会发展第十三个五年规划纲要的通知》第三章第三节第二条。

② 金融稳定分析小组：《2015年度福建省金融稳定报告》，载《福建金融》2016年第4期。

第二节　福建自贸区互联网金融具体业务模式的发展现状及其存在的法律问题

　　信息工具的瞬息万变和金融本身的不断深化等因素促使互联网金融的版图时刻变化,要精确地将互联网金融进行细致统一的划分必将十分困难(最起码在整条时间长河中对之进行划分必定不可行)。谢平教授等人认为互联网金融是一个谱系和前瞻性概念,并将支付、资源配置和信息处理作为互联网金融的三大支柱,指出"目前互联网金融的主要形态,在支付、信息处理、资源配置三大支柱中的至少一个方面具有上述特征(注意:不一定是三大支柱都具有相关特征)"[①],但"类型化分析既是一种精细的具体化过程,深化和演绎概念性的解读,又是一种概括式的抽象化以提炼和归纳生活中的各种要素"[②],在某个特定的时空范围内将固有的现象类型化还是可行的,有很多学者就从不同的角度对其做了多种不同的划分。目前,互联网金融领域最令人瞩目的现实类型不外乎互联网支付、P2P网络借贷、众筹融资以及互联网保险,本节旨在对福建自贸区内的这几类互联网金融模式进行分析,并提出良好法律回应的具体框架,以期有所裨益。

一、福建自贸区第三方支付的发展现状及其存在的法律问题

(一)福建自贸区第三方支付的发展现状

　　支付作为金融的基础设施,其对金融业的活动形态有着重要影响。第三方支付则是在信息技术的推动下产生的一种市场交易形态的变化,其在减少买卖双方信息不平等、提高支付和结算效率、促进电子商务的发展等方面有着重要作用。中国人民银行2010年颁布的《非金融机构支付管理办法》采用"非金融机构支付"的称谓来替代"第三方支付",并将支付业务定义为"非金融机

[①]　谢平、邹传伟、刘海二:《互联网金融手册》,中国人民大学出版社2014年版,第7页。

[②]　王彬:《金融防火墙制度的法学及经济学分析》,法律出版社2014年版,第87页。

构在收付款人之间作为中介机构提供下列部分或全部货币资金转移服务：（一）网络支付；（二）预付卡的发行与受理；（三）银行卡收单；（四）中国人民银行确定的其他支付服务"①。网络支付作为其一个重要表现形态则被表述为"依托公共网络或专用网络在收付款人之间转移货币资金的行为，包括货币汇兑、互联网支付、移动电话支付、固定电话支付、数字电视支付等"②。中国人民银行、工信部等十部委于 2015 年发布的《促进互联网金融发展意见》专门对网络支付下的互联网支付进行了定义，其指出："互联网支付是指通过计算机、手机等设备，依托互联网发起支付指令、转移货币资金的服务。"③依据这一文件的监管分工，互联网支付属于中国人民银行的管辖业务。而在中国人民银行于 2015 年 12 月 28 日颁布的《非银行支付机构网络支付业务管理办法》中，其又采取了"非银行支付机构"和"网络支付"的表述。前者被界定为"依法取得《支付业务许可证》，获准办理互联网支付、移动电话支付、固定电话支付、数字电视支付等网络支付业务的非银行机构"，后者则是指"收款人或付款人通过计算机、移动终端等电子设备，依托公共网络信息系统远程发起支付指令，且付款人电子设备不与收款人特定专属设备交互，由支付机构为收付款人提供货币资金转移服务的活动"④。目前，我国第三方支付⑤市场潜力巨大，根据艾瑞咨询的统计，2015 年中国第三方互联网支付交易规模达到 118674.5 亿元，同比增长 46.9%，预计到 2019 年，交易规模将达到 269410.9 亿元。⑥

自 2015 年 4 月 21 日正式挂牌以来，国家层面和地方层面的相关规范性文件便在不断地强调福建自贸区支付清算体系的优化升级。2015 年 4 月 20 日，国务院发布《福建自贸区总体方案》，该方案第三部分第（五）条第 12 点指出"推动开展跨境人民币业务创新，推进自贸试验区内企业和个人跨境贸易与投资人民币结算业务"。2015 年 12 月 9 日中国人民银行发布的"金改三十条"第四部分第（十九）条专门提到要"支持符合条件的企业依法申请互联网支

---

① 中国人民银行：《非金融机构支付服务管理办法》第 2 条。

② 中国人民银行：《非金融机构支付服务管理办法》第 2 条。

③ 中国人民银行、工业和信息化部、公安部等十部委：《关于促进互联网金融健康发展的指导意见》第二部分第（七）条。

④ 中国人民银行：《非银行支付机构网络支付业务管理办法》第 2 条。

⑤ 为了表述方便，本书将统一采用"第三方支付"的表述。

⑥ 艾瑞咨询：《2015 年第三方互联网支付交易规模达 11.8 万亿》，http://www.199it.com/archives/450925.html，下载日期：2016 年 4 月 19 日。

付业务许可开展业务"。2016年4月1日福建省人民代表大会常务委员会公布的《福建自贸区条例》第30条也明确要"推进区内企业和个人跨境贸易与投资人民币结算业务,发展跨境人民币资金池业务"。截至2016年3月,全国已获得人民银行支付牌照的企业共有270家[①],其中获得互联网支付业务许可的有99家,从事全国性支付业务的机构有113家[②]。在这270家企业中,福建省仅占9家,地处自贸区范围内的仅有4家,并且业务类型大多数只是"预付卡发行与受理",没有一家获得"互联网支付"的资质[③],也即从主体方面看,福建自贸区的第三方支付业务发展得并不是很理想。但从总体来看,福建自贸区对外支付清算体系的发展却如火如荼,例如,厦门片区建立的"跨海峡人民币代理清算群"和"两岸人民币清算中心";福州片区目前已有超过340家金融及类金融企业入驻;等等。

(二)福建自贸区第三方支付存在的法律问题

对福建自贸区来说,区内第三方支付的发展一方面极大地提高了支付结算效率,另一方面也在一定程度上推动了人民币的国际化和跨境贸易的增长,这无疑与福建自贸区的战略定位和发展目标相耦合。自贸区的政策红利和互联网金融的技术红利为福建自贸区第三方支付业务的发展提供了良好的契机,但就目前来看,至少还存在如下问题亟待解决。

1. 福建自贸区尚未搭建促进第三方支付发展的基本框架

如前所述,国家和地方层面的各项规范性文件为福建自贸区第三方支付业务的发展构建了极佳的外部环境,自贸区也在利用自身优势不断推动第三方支付业务的发展。当前,国家层面的第三方支付主管部门中国人民银行已经于2015年12月28日发布了规范网络支付的具体细则——《非银行支付机构网络支付业务管理办法》。相较于2010年的《非金融机构支付服务管理办法》而言,新办法无疑在很多方面都有了很大的进步,但作为一个效力及于全国的宏观监管框架而言,其必然无法细致地考虑各区域的地方性差异,此时在地方层面,各地的金融监管部门就成了辖区内互联网金融业务的日常监管部

---

① 佚名:《最完整270家第三方支付牌照公司名单(包含被注销牌照企业)》,http://www.guopeiwang.com/Article/ArticleDetial/19279,下载日期:2016年4月20日。

② 参见杨涛主编:《中国支付清算发展报告(2015)》,社会科学文献出版社2015年版,第29页。

③ 佚名:《最完整270家第三方支付牌照公司名单(包含被注销牌照企业)》,http://www.guopeiwang.com/Article/ArticleDetial/19279,下载日期:2016年4月20日。

门。另外就该《办法》本身来说,也有一些值得商榷的做法,例如,分类监管的实施有可能促成市场的垄断和权力的寻租。就目前来看,虽然福建自贸区在第三方支付的发展方面有很多的政策倾斜,但在各类规范性文件中出现的大多是原则性或号召性规定,尚无一个具体的规制框架。福建自贸区的特殊性必然会要求与其他地区不一样的监管细节,例如,区内非银行支付机构与区外省内金融机构和非银行业支付机构的对接、对外支付结算业务的办理等等。这无疑需要对中国人民银行的《非银行支付机构网络支付业务管理办法》作一些适应性的变通,故而福建自贸区出台一部有关非银行支付机构网络支付业务管理的实施细则或者促进意见很有必要。

2.福建自贸区第三方支付业务内外资准入机制尚待明确

中国人民银行于 2010 年 6 月 14 日颁布的《非金融机构支付服务管理办法》第二章明确规定了支付业务许可证的申请与许可细节,其后颁发的《非银行支付机构网络支付业务管理办法》则是对网络支付的具体业务和监管细节做出了明确。根据《非金融机构支付服务管理办法》第 7 条的规定,支付业务许可证的申领需要经中国人民银行副省级城市中心支行以上的分支机构审查后报中国人民银行批准。也即,福建自贸区内第三方支付牌照的申领需要经过中国人民银行福州市中心支行或者中国人民银行厦门市中心支行的初步审查后再报中国人民银行批准才可,就目前来看,福建自贸区内尚无一家非银行支付机构获得互联网支付资质。此时,如何利用福建自贸区的特殊性促进区内支付机构申领网络支付资质就成了一个迫在眉睫的问题。

另外,值得一提的是外资非金融机构在福建自贸区开展第三方支付业务的准入。《非金融机构支付服务管理办法》第 9 条指出"外商投资支付机构的业务范围、境外出资人的资格条件和出资比例等,由中国人民银行另行规定,报国务院批准。"就目前的实践来看,在中国人民银行 2013 年 7 月 6 日发放的第三方支付牌照中,有两家获得牌照的企业是外资支付机构[艾登瑞德(中国)有限公司和上海索迪斯万通服务有限公司],虽然仅仅是地域性的"预付卡发行与受理"业务,但此种趋势似乎昭示着网络支付资质牌照对外资开放已成定局。其他自贸区的相关规定也明确了这一趋势。例如,《广东自贸区条例》第52 条规定:"自贸试验区应当推动公共服务领域的支付服务向港澳银行业开放,促进金融集成电路卡和移动金融在自贸试验区和港澳地区互通使用。符合支付服务市场发展导向,具备相应资质条件的自贸试验区内港澳资非金融机构,可以依法从事第三方支付业务。"《金融支持广东自贸区的指导意见》第四部分第(二十一)条指出:"……支持自贸试验区内注册设立的港澳资非金融企业,依法申请支付业务许可。"福建自贸区的区位优势决定了其与台湾地区深化各项合作的战略定位,在金融层面的交流合作尤为如此。中国人民银行2015年12月9日颁布的"金改三十条"第四部分第(十九)条明确指出"允许自贸试验区内注册设立的台资非金融企业,依法申请支付业务许可"。当前正在审议中的《厦门片区建设若干规定(草案)》第32条也表明要"支持自贸试验区内注册设立的台资非金融企业,依法申请支付业务许可证"。

3. 福建自贸区第三方支付备付沉淀资金的利息归属尚未厘清

自2010年以来,有关备付沉淀资金的利息归属问题在国家层面显得越发明晰。中国人民银行于2010年颁布的《非金融机构支付服务管理办法》第24条规定"支付机构接受的客户备付金不属于支付机构的自有财产"。虽然并未实际明确备付金的归属,但也排除了备付金及其利息属于支付机构的说法。2013年6月7日,中国人民银行发布《支付机构客户备付金存管办法》,其第16条指出"支付机构在满足办理日常支付业务需要后,可以以单位定期存款、单位通知存款、协定存款或中国人民银行认可的其他形式存放客户备付金"。此项规定从表述上似乎又模糊了客户备付金及其利息的归属问题。中国人民银行2015年12月28日颁布的《非银行支付机构网络支付业务管理办法》则在其第7条明确备付金"实质为客户委托支付机构保管的、所有权归属于客户的预付价值"。从这点看,官方似乎更倾向于将备付金及其利息归属客户,但并未作出进一步的明确。对此,福建自贸区可以在立法时充分发挥自身的政策优势,对第三方支付机构备付金的利息归属作出先验性探索。

4. 福建自贸区第三方支付监管体系尚未成型

依现有法规来看,中国人民银行是第三方支付业务形态的主管机关,按照《中华人民共和国中国人民银行法》第13条"中国人民银行根据履行职责的需要设立分支机构,作为中国人民银行的派出机构。中国人民银行对分支机构实行统一领导和管理。中国人民银行的分支机构根据中国人民银行的授权,维护本辖区的金融稳定,承办有关业务"的规定,福建自贸区层面的第三方支付业务监管将由中国人民银行地方支行具体承办。而《非银行支付机构网络支付业务管理办法》第五章"监督管理"、第六章"法律责任"中对中国人民银行及其分支机构责任的着重强调和对地方金融监管部门责任的只字未提更是证实了这一点。但显然,实践中的监管主体不止于此,福建省金融工作办公室作为规划地方经济发展的金融大管家对该业务监管的规划与发展有着不可或缺的作用,工商部门是其注册登记机关等等。此外,单一的政府监管只是明确了相关的指令性和禁止性要求,是对具体监管工作的原则性和框架性规定,在具

体的业务操作层面必然无法做到事无巨细的全面监督，同时，仅仅依靠政府强制力监管也会对市场的基础性作用造成一定影响。故而在监管层面，需要明确福建自贸区第三方支付业务的监管主导机构、职责分工，构建良好的监管协调机制。

5. 福建自贸区第三方支付机构开展跨境人民币支付业务尚无规定

福建自贸区对外开放合作新高地的战略定位必然产生大量的跨境交易，其地域优势更是促成了与我国台湾地区经济贸易合作的深化。此时，福建自贸区内跨境支付就成了一个必然要面对的问题。中国人民银行"金改三十条"第四部分第（十九）条指出："福建省内银行业金融机构可与自贸试验区内持有《支付业务许可证》且许可业务范围包括互联网支付的支付机构合作，按照有关管理政策为跨境电子商务（货物贸易或服务贸易）提供跨境本外币支付结算服务。"[①]根据该项规定，中国人民银行厦门市中心支行于 2016 年 4 月 13 日发布了《关于支持中国（福建）自由贸易试验区厦门片区扩大人民币跨境使用的通知》，虽然有五个方面的突破，但并未体现出第三方支付跨境支付业务缺口的打开，也即就目前来看，福建自贸区对第三方支付机构的跨境支付之立法稍显落后，亟待跟进。

二、福建自贸区 P2P 网络借贷的发展现状及其存在的法律问题

（一）福建自贸区 P2P 网络借贷的发展现状

总体来看，官方层面对 P2P 网络借贷的定性一直都是比较统一与清晰的。早在 2014 年 4 月 21 日，中国银行业监督管理委员会（简称银监会）便明确了 P2P 网贷平台的四条红线：一是明确平台的中介性质，二是明确平台不得提供担保，三是不得归集资金搞资金池，四是不得非法吸收公众资金。[②] 在 2014 年 9 月的中国互联网创新与发展论坛会议上，中国银监会创新监管部主

---

① 中国人民银行：《中国人民银行关于金融支持中国（福建）自由贸易试验区建设的指导意见》第四部分第（十九）条。

② 中华人民共和国国务院新闻办公室：《中国银监会举行防范打击非法集资有关工作情况新闻发布》，http://www.scio.gov.cn/xwfbh/gbwxwfbh/fbh/Document/1368639/1368639.htm，下载日期：2016 年 4 月 22 日。

任王岩岫作了主题演讲,提出了对 P2P 网贷平台监管的十大原则[1],再次明确了平台的信息中介性质。2015 年 7 月,中国人民银行等十部委联合发布了对互联网金融监管的顶层设计,该设计将 P2P 网络借贷称为个体网络借贷,明确其监管主体为银监会,指出其是"个体和个体之间通过互联网平台实现的直接借贷",同时表明"个体网络借贷机构要明确信息中介性质,主要为借贷双方的直接借贷提供信息服务"[2]。随后,银监会于 2015 年 12 月公布了《网络借贷信息中介机构业务活动管理暂行办法(征求意见稿)》[简称《网贷中介机构管理办法(征求意见稿)》],由其名称我们就能看出 P2P 网络借贷被作为是"信息中介机构",其第 2 条更是将这类机构明确解释为"依法设立,专门从事网络借贷信息中介业务活动的金融信息中介企业"。2016 年 8 月,银监会、工信部、公安部与国家网信办联合发布了《网络借贷信息中介机构业务活动管理暂行办法》(简称《网贷中介机构业务管理暂行办法》),结束了《网贷中介机构管理办法(征求意见稿)》长达 8 个月的大讨论。以上事实表明,我国官方一直将 P2P 界定为单纯的信息中介机构,即"纯中介经营模式",后来在我国发展起来的"债权转让""担保与风险资金池""O2O"等模式则均非官方严格意义上的 P2P 网络借贷。

自从我国第一家 P2P 网贷平台拍拍贷于 2007 年在上海上线以来,P2P网贷平台便以其几近无门槛的进入、交易的便捷、理财的大众化等优势迅速在我国遍地开花。据网贷之家的统计,截至 2016 年 6 月,全国累计共有 4127 家网贷平台[3],从 2011 年开始,P2P 网贷每年的成交量都保持 150% 以上的增长率,其中 2015 年的成交量为 10021 亿元,预计 2016 年会达到 25000 亿元。[4]

---

① 十大原则包括如下内容:明确了 P2P 网络借贷平台的信息中介性质,指出 P2P 机构不得提供担保,不得为借款本金或者收益作出承诺,只是信息的提供者,对从业门槛和自律监管提出了要求,同时还明确实名制原则、资金第三方托管、小额化道路等具体内容的构建。参见 2014 年中国互联网金融创新与发展论坛:《王岩岫谈 P2P 监管思路:要落实实名制原则》,http://iof. hexun. com/2014-09-27/168910914. html,下载日期:2016 年 4月 22 日。

② 中国人民银行、工业和信息化部、公安部等十部委:《关于促进互联网金融健康发展的指导意见》第二部分第(八)条。

③ 网贷之家:《网贷数据》,http://shuju. wdzj. com/industry-list. html,下载日期:2016 年 7 月 25 日。

④ 网贷之家:《2015 年 P2P 网贷行业报告》,http://www. 199it. com/archives/424323. html,下载日期:2016 年 4 月 22 日。

但显而易见的是，P2P 网络借贷在我国遭遇了现实的水土不服，不仅各种非P2P 网络借贷模式不断被开发，问题平台的停业、跑路现象更是层出不穷。据网贷之家的统计，截至 2016 年 6 月，全国累计问题平台数量高达 1778 家，以停业、跑路、提现困难等形式表现出来。[①] 与山东、广东等 P2P 网络借贷大省相比，福建省 P2P 网贷的表现并不抢眼。据数据统计，至目前，福建省共有108 家 P2P 网贷平台，占全国平台的 2.3％，但正常运行的平台仅有 54 家，问题平台占全省 P2P 网贷平台的一半，也是 54 家。[②] 这表明福建本省的 P2P 网络借贷的发展形势并不乐观，对福建自贸区而言更是如此。

(二)福建自贸区 P2P 网络借贷存在的法律问题

1. 福建自贸区规范 P2P 网络借贷的基本法律文本尚未构建

银监会、工信部、公安部和国家网信办于 2016 年 8 月 17 日联合发布了《网贷中介机构业务管理暂行办法》，这一办法的正式出台无疑为目前杂乱无章的 P2P 网络借贷行业注入了一剂强心剂。总体来看，该暂行办法在注册备案、业务规则与风险管理、交易相对人的保护、信息披露、监管等方面都作了细致的规定，填补了我国 P2P 网络借贷业务监管的空白。但显然还有值得商榷的地方，例如，《网贷中介机构业务管理暂行办法》极大地体现了"放宽准入，注重事中事后监管"的理念，而在当前我国信用体系不甚完善以及机构信息披露不完全的情形下，一旦事中事后监管不力，对行业的健康发展还是会有很大影响。福建自贸区设立后的一大亮点便是大量企业的聚集，从挂牌到 2016 年 6月，福建自贸区内共新增了内外资企业 39028 户。[③] 虽然福建自贸区的官方金融在一系列的政策红利下发展迅速，但其在面对区内企业如此迅捷的增长速度下产生的大量融资需求还是显得力有未逮，此时，P2P 网络借贷等类金融平台便有了用武之地。截至目前，福建自贸区尚未出台专门规制 P2P 网络借贷的地方规范性文件，这对规范发展区内的该项业务无疑是一个缺憾。

2. 福建自贸区 P2P 网络借贷内外资准入条件尚不明确

市场准入条件的设置对于市场秩序的管理和发展至关重要。过高的准入

---

① 网贷之家：《网贷数据》，http://shuju. wdzj. com/industry-list. html，下载日期：2016 年 7 月 25 日。

② 零壹数据：《平台分布》，http://data. 01caijing. com/p2p/website/map. html，下载日期：2016 年 7 月 25 日。

③ 福建自贸试验区办公室：《福建自贸试验区 6 月份新增企业 3572 户》，http://china-fjftz. gov. cn/article/index/aid/4109. html，下载日期：2016 年 7 月 26 日。

门槛一方面会增加企业进入成本,另一方面也极易造成垄断,限制市场效率的提高。典型如美国便要求平台发行收益权凭证需要到美国证监会或者是州监管部门进行登记注册;而过低的准入条件则会给市场带来极大的风险,如国内大量问题平台的存在。长期以来,我国对于P2P网络借贷平台的准入条件一直存在着牌照制和备案制的争论,从《网贷中介机构业务管理暂行办法》来看,监管部门对P2P网络平台的准入采取了非常宽松的方式,不仅没有对注册资本、高管任职资格、基础设施等内容进行限制,更是表明对其实行备案注册制,由地方金融监管部门进行登记管理。P2P网络借贷平台采取备案登记制无疑有助于该项业务的发展,同时也防止了牌照制下的权力寻租和市场垄断的形成,但无其他准入条件的限制就值得商榷。特别是注册资本金的限制,如果没有一定的资金支持,P2P网贷平台自身软件与硬件设施便很难保证,典型如IT设备、对借款人和出借人各项信息的识别制度等均需要资金的维护;高管的任职资格也是如此,如果不具备一定的专业知识,那么平台的流动性、营利、合规等问题很难得到良好的把控。由此看来,福建自贸区在制定监管细则时,还是应当对P2P网络借贷平台的准入作出注册资金、高管任职以及基础设施方面的要求。此外,福建自贸区对外开放新高地的战略定位以及与台湾地区不断深化的经贸交流,决定其必然面临大量外资(特别是台资)在境内设立P2P网络借贷平台的问题,于其准入资格,也是一个需要权衡的问题。

3. 福建自贸区P2P网络借贷信息征信体系尚待完善

长期以来,信息不对称一直存在于市场经济之中,而实务界和理论界都在不断寻找缓解由此所带来的代理人问题、道德风险以及逆向选择问题的良方。在P2P网络借贷行业,平台的中介性质和有限的条件决定了其很难对借款人和贷款人作详尽的调查,信息在借款人、贷款人和平台之间显得极不对称,此时,征信体系就成了一个解决信息不对称和不透明的良方。《网贷中介机构业务管理暂行办法》第21条规定:"网络借贷信息中介机构应当加强与金融信用信息基础数据库运行机构、征信机构等的业务合作,依法提供、查询和使用有关金融信用信息。"而其具体方案却并未规定,由此,福建自贸区可以在参照该规定的基础上,构建完善区内征信体系的具体细节。

4. 福建自贸区P2P网络借贷评级机制尚待搭建

据业内人士估算,目前国内开展P2P评级的机构可能已经超过10家,其中除了中国社会科学院和大公信用两家,基本上都是民间机构,甚至一些个人也参与其中,由于这一领域并未有相关政策及组织加以规范,所以发布报告的

评级机构大多是非持牌机构。① 《网贷中介机构业务管理暂行办法》第 5 条规定："地方金融监管部门有权根据本办法和相关监管规则对备案登记后的网络借贷信息中介机构进行评估分类，并及时将备案登记信息及分类结果在官方网站上公示"，"网络借贷信息中介机构备案登记、评估分类等具体细则另行制定"。这一规定昭示着我国 P2P 网络借贷平台评估分类机制将走向规范化。当前，福建自贸区并未出台 P2P 网络借贷平台的评估机制立法，其实践也尚未起步，但福建省内 50% 的问题平台率迫切需要出台相关立法并进行实践。

5. 福建自贸区 P2P 网络借贷监管网络尚未成型

与《网贷中介机构管理办法（征求意见稿）》一脉相承的是，《网贷中介机构业务管理暂行办法》构建了一个从中央各部委、中央到地方的纵横监管网络。但在具体条文的表述上却有了较大的调整，例如，前者在第 6 章第 33 条、第 34 条详细地罗列了中央金融监管部门和地方金融监管部门的职责，而后者则只是在第 6 章第 33 条中笼统地对国务院银行业监督管理机构及其派出机构和地方金融监管部门的职责作了规定；前者在第 6 章第 35 条列举了省级网络借贷行业自律组织的职责，后者则删除了这一条，在第 6 章第 34 条规定了中国互联网金融协会承担网络借贷行业自律管理的职责。总体来看，《网贷中介机构业务管理暂行办法》详细地对国家层面监管主体（国务院银行业监督管理机构、工业和信息化部、公安部和国家互联网信息管理办公室）的监管职责进行了划分，但对地方层面的横向监管网络着墨不多，只是笼统地表述为"各地方金融监管部门具体负责本辖区网络借贷信息中介机构的机构监管，包括对本辖区网络借贷信息中介机构的规范引导、备案管理和风险防范、处置工作"②，这似乎意味着地方 P2P 网络借贷的监管主体之确定和职责划分由地方金融监管部门来具体明确。此外，该暂行办法还明确了国务院银行业监督管理机构的一个重要职责是建立跨部门跨地区监管协调机制。由此可知，福建自贸区在构建区内横向监管网络和良好的监管协调机制方面将具有较大的自主性。

---

① 宁广靖：《P2P 评级之惑》，载《新金融观察》2015 年 6 月 1 日。
② 银监会、工信部、公安部、国家网信办：《网络借贷信息中介机构业务活动管理暂行办法》第 33 条。

三、福建自贸区股权众筹的发展现状及其存在的法律问题

(一)福建自贸区股权众筹的发展现状

2013 年被视为中国互联网金融元年,但正当此时的第三方支付、P2P 网络借贷等互联网金融模式蓬勃发展之际,作为互联网金融典型模式之一的股权众筹却更像一块未开发的处女地,一直徘徊在合法与非法的边缘。自 2011 年 11 月国内首家股权众筹平台"天使汇"上线以来,股权众筹在人们心中的形象便是"通过网页或其他在线工具向一群人筹集资金作为对某个项目或企业的投资",在业内被默认为"兼具公募私募属性的融资形式"。直到 2014 年,监管部门逐渐明确的态度才使得股权众筹迎来了发展的元年。中国证券业协会于 2014 年 12 月发布的《私募股权众筹融资管理办法(征求意见稿)》中对股权众筹的定义"融资者通过股权众筹融资互联网平台以非公开发行方式进行的股权融资活动"以及较高的投资者门槛引发了业内的一片哗然。随后证监会的新闻发布会则在一定程度上打消了业界的质疑,证监会发言人表示"以是否采取公开发行方式为划分标准,股权众筹分为面向合格投资者的私募(非公开发行方式)股权众筹和面向普通大众投资者的公募(公开发行方式)股权众筹。中国证券业协会近日发布的《私募股权众筹融资管理办法(征求意见稿)》是专门针对私募股权众筹平台的自律管理规则"[①]。由此,官方层面已经将股权众筹区别为"公募"和"私募"两种业态。2015 年的《促进互联网金融发展意见》将股权众筹界定为"指通过互联网形式进行公开小额股权融资的活动"[②]。此处的"公开"之表述意味着原来被认为是"兼具公募私募属性的融资形式"的"股权众筹"被固定为"互联网公开股权融资形式",即"公募股权众筹"。紧接着,中国证券业协会于 2015 年 8 月 10 日发布《关于调整〈场外证券业务备案管理办法〉个别条款的通知》,将第 2 条第(十)项的"私募股权众筹"修改为"互

---

① 中国证监会 2014 年 12 月 26 日新闻发布会,http://www.csrc.gov.cn/pub/newsite/zjhxwfb/xwfbh/201412/t20141226_265703.html,下载日期:2016 年 4 月 25 日。

② 中国人民银行、工业和信息化部、公安部等十部委:《关于促进互联网金融健康发展的指导意见》第二部分第(九)条。

联网非公开股权融资"。① 自此，股权众筹在官方层面被重新定义和分类，"股权众筹"专指"互联网公开股权融资形式"，即"公募股权众筹"；过去实践中"兼具公募私募属性的股权众筹"则被确定为"互联网非公开股权融资"，即"私募股权众筹"。② 截至 2016 年 4 月，已经有京东金融的"东家"、平安集团旗下的深圳前海普惠众筹交易股份有限公司以及蚂蚁金服的"蚂蚁达客"三家平台获得了公募股权众筹试点资质。

世界银行发布的众筹报告称，2013 年全球众筹市场规模为 51 亿美元，2025 年全球市场规模将达到 960 亿美元，中国将成为全球最大的众筹市场，预计规模将达 460 亿至 500 亿美元。③ 这虽然是包括各类众筹业务的泛众筹概念，但我们依然能从中看出众筹行业极大的发展潜力。据统计，截至 2016 年 6 月底，被收录的众筹平台达 395 家，其中，正常运行的众筹平台 320 家，股权式众筹平台 176 家，混合式众筹平台 89 家（涵盖两种或两种以上的经营模式，如股权式＋奖励式等）。④ 当前，大量的政策为福建自贸区股权众筹平台的发展提供了制度红利，如福建省人民政府 2015 年 3 月 13 日印发的《关于加快互联网经济发展十条措施的通知》第二部分第（五）条指出"……重点发展网络支付、网贷和股权众筹融资……"；福建省人民政府在其 2015 年 8 月 16 日印发的《中国（福建）自由贸易试验区产业发展规划（2015—2019）》第三章第四节第四条中直接指出要"发展 P2P 网贷、网络小额贷款公司以及众筹网等"。但就实践来看，福建省众筹平台的发展并不出众，截至 2016 年 6 月，省内登记的众筹平台仅有 10 家，其中奖励式众筹 4 家，混合式众筹 4 家，股权式众筹 2 家。虽然仅有的这两家股权众筹平台均处于福建自贸区范围之内，但显而易见的是其均属"私募股权众筹平台"而非"公募股权众筹平台"。

① 中国证券业协会：《关于调整〈场外证券业务备案管理办法〉个别条款的通知》，http://www.sac.net.cn/tzgg/201508/t20150810_125195.html，下载日期：2016 年 4 月 25 日。

② 为方便区分，本书在阐述具体问题时将采取"私募股权众筹"和"公募股权众筹"的表述。

③ 乐天、段永朝、李犁主编：《互联网金融蓝皮书（2015）》，电子工业出版社 2015 年版，第 61 页。

④ 司马钱互联网金融研究：《2016 年众筹行业分析月报（06 月刊）》，http://www.smartqian.com/simayanjiu/2016/0704/16353.html，下载日期：2016 年 7 月 26 日。

（二）福建自贸区股权众筹存在的法律问题

1. 福建自贸区股权众筹基本推进框架缺失

早在 2014 年,中国证券业协会便公布了《私募股权众筹管理办法(征求意见稿)》,但到目前为止尚无下文。十部委的《促进互联网金融发展意见》中对股权众筹的界定昭示着股权众筹"私募"和"公募"的分类,后续的实践也表明其已开始进行"公募股权众筹"的试点,于其规则,却也迟迟不见下文。总体来看,国家层面已经对股权众筹进行了正式的重新定义与分类,但无论是公募股权众筹还是私募股权众筹,具体的制度架构均未正式搭建。随着股权众筹合法性的确认,各地纷纷开展股权众筹试点的立法和实践,例如,广东省在 2015年 7 月发布了《广东省开展互联网股权众筹试点工作方案》以推动本地股权众筹平台的发展;首家京东股权众筹项目、百度私募股权投融资平台"百度百众"则相继落户于天津自贸区等等。相比之下,福建自贸区内的股权众筹业务发展得相对较慢,这与区内企业大量集聚效应下的强烈融资需求形成了强烈的对比。鉴于此,福建自贸区应当在充分发挥其政策、制度红利的优势下,结合自身的各类特质和具体情况,在遵循大方向的基础上尽早制定自贸区内股权众筹平台发展的相关规范,一方面推动区内股权众筹平台的发展,另一方面也更好地防范可能存在的风险。

2. 福建自贸区股权众筹平台内外资准入标准不明

中国证券业协会的《私募股权众筹管理办法(征求意见稿)》第 7 条详细规定了私募股权众筹平台的准入条件,包括组织形式、注册资金、专业人员、技术设施等,其第 6 条还明确平台应当在证券业协会进行备案登记。虽然作为行业协会的自律性规章,同时也仅仅是征求意见稿,但在一定程度上也表明了私募股权众筹平台准入条件的趋势。当前,福建自贸区并未对区内私募股权众筹平台的准入条件作出明确,而区内大量企业的聚集所带来的融资需求以及自贸区的特殊定位,一方面要求尽快明确私募股权众筹平台的准入条件,另一方面也提出了与全国其他地区标准不一致的诉求。此外,外资在区内设立股权众筹平台的准入也是一个值得探讨的问题。公募股权众筹平台的实践表明其当前的准入将采取牌照制,而其程序性要件却也并未明确,由此,无论是对于内资还是外资而言,福建自贸区均难以对公募股权众筹平台的准入设定强制性标准。

3. 福建自贸区股权众筹发行人信息披露义务不清

秉持着"让投资者不用耗费多余精力即能甄别项目好坏"[①]的理念，股权众筹极大地迎合了投融资双方的需求，提升了融资效率，受到初创企业的极大青睐，但"作为一种创新机制，整个融资过程通过互联网展开，如果不对发行人进行严格控制，对其所披露信息真实性严格监管，初创企业可能为了最大限度获得投资人青睐，提高募资的成功率和公司估值，在项目的描述上倾力包装，尽量回避项目的风险，采用一些极度乐观或是夸大和误导性的宣传以吸引投资者"[②]。同时，融资者的初创性质却又表明其很难有足够的成本去支撑要求过高的信息披露，而众筹项目的新颖性也可能会与过多的细节披露产生冲突。由此，发行人信息披露义务的明确就显得十分必要。对于福建自贸区而言，当前区内企业的集聚发展决定了其旺盛的融资需求，股权众筹平台必然有极大的发展空间。此时，如何在区分发行人具体状况的情况下具体规定披露信息的广度和深度就成了必须面对的问题。毕竟对于小微、初创企业来说，过于严苛的信息披露可能导致发行人项目融资成本提高从而无力承担，而过于宽松的信息披露，又容易导致项目欺诈发生，损害投资者利益。此外，发行人信息披露的方式也是一个值得探讨的问题。

4. 福建自贸区股权众筹投资者适当性未定

投资者适当性是指金融中介机构所提供的金融产品或服务与客户的财务状况、投资目标、风险承受能力、财务需求、知识和经验之间的契合程度。[③] 在股权众筹平台进行众筹的往往都是处于初创期的企业，有的产品甚至仅仅只是一个概念，失败的概率非常大。同时，我国科技创业的环境并不算健康，不仅存在雷同项目，抄袭现象也是时有发生。投资人更是显得鱼龙混杂，没有投资经验、风险承担能力差、专业知识匮乏的投资者大量存在。此类种种均昭示着应当对投资者的进入进行硬性规定。中国证券业协会的《私募股权众筹管理办法（征求意见稿）》规定了较高的"合格投资者"门槛，但在众多质疑之下，其已经对该办法进行了修改，大大降低了合格投资者的门槛。在当前我国股

---

① 杨东、苏伦嘎：《股权众筹的运营模式及其风险防范》，载《国家检察官学院学报》2014 年第 4 期。

② 邱勋、陈月波：《股权众筹：融资模式、价值与风险监管》，载《新金融》2014 年第 9 期。

③ 袁康：《资本形成、投资者保护与股权众筹的制度供给——论我国股权众筹相关制度设计的路径》，载《证券市场导报》2014 年第 12 期。

福建自贸区重大法律问题研究

厦门大学法学院经济法学文库

权众筹合格投资者门槛尚未正式规定的情形下,各股权众筹平台均根据自身的定位设置了内部的投资门槛,但绝大部分都只是设置了资金要求而未考虑知识结构、风险承担能力等因素。对于福建自贸区而言,区内企业的爆炸性增长必然存在良莠不齐的现象,这对投资者而言无疑是一个挑战,而自贸区的相关鼓励政策,例如,福建省《关于进一步做好新形势下就业创业工作十五条措施》、厦门市《关于进一步激励人才创新创业的若干措施》等,更是给投资者增加了辨识的难度。如果不对合格投资者进行限制,很容易使得部分普通人因投资股权众筹风险失控,进而影响其基本生活保障,严重者可能引发群体性事件甚至危及社会稳定。

5. 福建自贸区股权众筹监管网络未建

中国人民银行等十部委于2015年发布的《促进互联网金融发展意见》将中国证监会确定为国家层面的股权众筹融资监管部门,但显然,单纯依靠证监会的宏观监管,难以全面有效地规制福建自贸区股权众筹业务所产生的区域性风险。特别是在各类金融创新政策红利的刺激下,以制度创新为核心的福建自贸区必然会有多种金融新样态的出现,对于尚处规范探索时期的股权众筹而言更是如此,良莠不齐的企业和股权众筹平台的发展必然会带来项目审核的道德风险、资金池风险等风险。此时,在立法中明确股权众筹业务的核心监管部门以及完整的监管框架就成了迫在眉睫的问题。

四、福建自贸区互联网保险的发展现状及其存在的法律问题

(一)福建自贸区互联网保险的发展现状

保险业界一般将互联网保险定义为保险公司或保险中介机构通过互联网为客户提供产品及服务信息,实现网上投保、承保、核保、保全和理赔等保险业务,完成保险产品的在线销售及服务,并通过第三方机构实现保险相关费用的电子支付等经营管理活动。[①] 十部委于2015年发布的《促进互联网金融发展意见》将互联网保险单独作为现阶段互联网金融的六大具体模式之一,虽然并未对其作出具体的界定,但也能体现互联网保险的巨大影响力。中国保监会随后发布的《互联网保险业务监管暂行办法》(简称《互联网保险监管办法》)则

---

① 中国保险行业协会编著:《互联网保险行业发展报告》,中国财政经济出版社2014年版,第3页。

将互联网保险业务明确为"指保险机构依托互联网和移动通信等技术，通过自营网络平台、第三方网络平台等订立保险合同、提供保险服务的业务"。① 实际上早在20世纪90年代，互联网技术的运用便已波及保险行业。作为互联网发源地的美国以其特有的网络优势和市场经济环境当仁不让地成为最早发展互联网保险的国家。我国保险业与互联网的结合也并不算晚，在1997年保险行业便对互联网有了一定的运用。从2008年开始，阿里巴巴、京东商城等电子商务平台的兴起再次为保险业的互联网化添砖加瓦，以保险中介为形式的保险网站大量出现，到2012年，全国互联网保险保费收入已经超过了100亿。2013年，互联网金融风暴毫无意外地刮到了保险行业，不仅销售额暴增，产品、流程和模式也均出现了新的发展，第一家专门的互联网保险公司——众安在线就是于2013年拿到正式的牌照。根据中商产业研究院的数据，2015年，中国互联网保险保费收入为2233.96亿元，同比增长160.1%，预计到2020年，我国互联网保费收入将达5125亿元。②

整体来看，保险行业的互联网化早已从单纯的渠道变革升华到产品创新、流程创新以及模式创新。例如，产品创新上的场景化产物——退货运费险、美团食品安全责任保险等；模式创新上的众安"保骉车险"实现了保险和余额宝的理财收益、豆芽金服的保单贷款与理财乃至消费则对保单的流通性作了大胆的尝试。中国保险行业协会在其报告中将我国互联网保险的主导商业模式分为官方网站模式、第三方电子商务平台模式、网络兼业代理模式、专业中介代理模式和专业互联网保险公司模式五种。③ 在这五种模式中最为新颖的无疑是专业的互联网保险公司模式，截至2016年4月，取得保监会"互联网保险公司"牌照的仅有众安在线、泰康在线、安心保险和易安保险四家保险公司，而福建自贸区乃至福建省内都没有一家专业的互联网保险公司，但福建自贸区发展互联网保险的政策红利是显而易见的，例如，福建省人民政府于2015年3月13日发布的《关于加快互联网经济发展十条措施的通知》第二部分第（五）条规定"支持发展网络保险、网络基金、网络彩票等"；2015年4月19日颁布的《厦门片区实施方案》第三部分第九点指出"允许在自贸试验区内设立

---

① 中国保监会：《互联网保险业务监管暂行办法》第1条。

② 中商情报网：《2016年中国互联网保险行业发展报告》，http://www.askci.com/news/chanye/2016/03/21/161649bfxz.shtml，下载日期：2016年4月26日。

③ 中国保险行业协会编著：《互联网保险行业发展报告》，中国财政经济出版社2014年版，第20页。

全国性外资网络保险专业中介机构"①；福建省人民政府于 2015 年 8 月 16 日印发的《中国（福建）自由贸易试验区产业发展规划（2015—2019）》第三章第四节第四点也指出要"……发展金融产品与互联网特点相结合形成的投资理财产品及保险产品"②。截至 2015 年底，福建省共有保险公司主体 54 家（含君龙人寿、富邦产险 2 家地方保险法人机构），其中，财产险公司 24 家、人身险公司 30 家；外资保险公司主体 13 家，外资保险业代表处 4 家，全国 5 家台资保险公司共有 4 家在福建设立机构；保险专业中介主体 105 家，保险从业人员逾 18 万人，全省保险公司期末总资产达 1776 亿元。③ 在目前互联网保险行业蓬勃发展的现状下，虽然某些险种依然不限地域，但福建自贸区的特殊任务要求其不仅要顺应互联网保险发展的潮流，更要为之创造良好的法律环境，大力推动本省互联网保险行业的发展与创新。

（二）福建自贸区互联网保险存在的法律问题

1. 福建自贸区互联网保险基本法律框架尚待构建

国务院于 2014 年 8 月 10 日发布的《关于加快发展现代保险服务业的若干意见》，指出"支持保险公司积极运用网络、云计算、大数据、移动互联网等新技术促进保险业销售渠道和服务模式创新"④。随后，福建省人民政府于 2014 年 12 月 12 日发布了《关于加快发展现代保险服务业十二条措施的通知》，其中有多个条文提出要发展互联网保险服务，吸引互联网保险机构的入驻。⑤ 厦门市人民政府则于 2014 年 12 月 9 日印发了《厦门市人民政府关于贯彻〈国务院关于加快发展现代保险服务业若干意见〉的实施意见》（简称《厦门关于贯彻〈国务院发展现代保险业的意见〉的实施意见》），提出要"支持网络保险等新业态、新渠道在厦设立总部"⑥。这一系列的地方性措施在推动福建自贸区互联网保险产业的发展上有着重要意义。2015 年，保监会正式颁布了专门监管

---

① 福建省人民政府：《中国（福建）自由贸易试验区厦门片区实施方案》第三部分第9 点。

② 福建省人民政府：《中国（福建）自由贸易试验区产业发展规划（2015—2019 年）》第三章第四节第四点。

③ 葛翎：《引领新常态 迎接新挑战 开启"十三五"福建保险业发展新局面》，载《福建金融》2016 年第 2 期。

④ 国务院：《关于加快发展现代保险服务业的若干意见》第七部分第（十九）条。

⑤ 参见福建省人民政府：《关于加快发展现代保险服务业十二条措施的通知》。

⑥ 厦门市人民政府：《厦门市人民政府关于贯彻〈国务院关于加快发展现代保险服务业若干意见〉的实施意见》第二部分第（三）条。

互联网保险业务的顶层设计,但目前福建自贸区并未出台针对区内互联网保险的监管规则或是专门鼓励互联网保险业发展的指导意见,这无疑不利于制度创新要求下的福建自贸区内互联网保险这一保险新兴业态的迅速发展。

2.福建自贸区互联网保险内外资准入条件尚待明确

保监会的《互联网保险监管办法》第1条将开展互联网保险业务的主体限定为"经保险监督管理机构批准设立,并依法登记注册的保险公司和保险专业中介机构",这似乎意味着互联网保险的一项基本准入条件就是按照《公司法》《保险法》《保险公司管理规定》等法律法规的要求设立的保险公司或保险专业中介机构。其第3条指出"第三方网络平台经营开展上述保险业务的,应取得保险业务经营资格",这意味着第三方网络平台只要取得资格也可以开展限定的保险业务,当前获得牌照的四家互联网保险公司也证实了这一点。对于福建自贸区而言,大量的政策倾斜为其互联网保险公司的设立和业务开展提供了极大的便利。如国家发展改革委员会2011年12月21日发布的《厦门深化两岸交流合作改革方案》第二部分第(三)条指出"支持厦门引进外资网络保险专业中介机构";《福建自贸区总体方案》第三部分第十三点规定"支持符合条件的台资保险公司到自贸试验区设立经营机构";《厦门片区实施方案》第三部分第九点指出"允许在自贸试验区内设立全国性外资网络保险专业中介机构";等等。由此,为了促进区内互联网保险业务的发展,福建自贸区很有必要一方面明确内资互联网保险业务的准入条件,另一方面厘清外资互联网保险业务的进入门槛。

3.福建自贸区互联网保险信息披露机制尚待建立

互联网的运用大大提升了各类保险信息的流通效率和透明度,对于专业性的保险机构而言,保险消费者在互联网保险时代的信息弱势实际上是在形式提升的表象下被成倍地弱化,故而互联网保险时代保险机构的信息披露就显得尤为重要。保监会的《互联网保险监管办法》以专章规定了开展互联网业务的保险机构在相关网络平台、产品销售页面和机构官网上需要披露的详细信息。随后中国保险业协会印发了《中国保险行业协会互联网保险业务信息披露管理细则》,对信息披露主体、内容、工作流程、管理与责任作了细致的规定。在加快发展现代保险服务业的大背景下,福建自贸区也应当在立法中明确区内保险机构开展互联网保险业务时的信息披露机制。

4.福建自贸区互联网保险信用信息体系尚待完善

相较于传统保险销售模式而言,互联网固然提升了保险业的效率,但非面对面的线上模式也增加了道德风险和逆向选择产生的概率。借助互联网的优势,开展互联网保险业务的保险公司无论是在保险合同的设计上还是在对客户信息的把控上均再度加强了自身的信息优势。由此,互联网保险时代信用信息体系的构建就显得尤为必要。福建省人民政府《关于加快发展现代保险服务业十二条措施的通知》第11条明确指出要"加强保险行业信用体系建设,把保险业诚信建设纳入省社会信用体系建设工作,加大保险信用信息基础设施建设,通过对接福建省信用信息平台,逐步扩大保险信用记录覆盖面"。而厦门市政府的《厦门关于贯彻〈国务院发展现代保险业的意见〉的实施意见》第七部分第(十六)条也指出要"加强保险信用信息基础建设,扩大信用记录覆盖面,构建信用信息共享机制"。以上规定无疑为福建自贸区互联网保险信用信息体系的构建提供了良好的政策红利。

5.福建自贸区互联网保险监管框架尚待明晰

十部委发布的《促进互联网金融发展意见》将保监会确定为互联网保险的监管部门。保监会《互联网保险监管办法》第26条"中国保监会统筹负责互联网保险业务的监管,各保监局负责辖区内互联网保险业务的日常监测与监管,并可根据中国保监会授权对有关保险机构开展监督检查"的规定则明确了中央和地方层面对互联网保险业务的监管机构。也即,福建自贸区互联网保险业务的日常监管主体是中国保监会的派出机构,但显然,无论是在国家层面还是地方层面,单一的机构监管必然会遭遇现实的反噬。福建省人民政府《关于加快发展现代保险服务业十二条措施的通知》第11条"建立健全保险市场监管信息交流机制和风险监测预警机制,加强保险监管与地方行政、司法、宣传等部门的合作,增强保险市场监管能力和保险突发事件应急处置能力,严厉打击保险领域违法犯罪活动,维护保险市场秩序,防范金融风险"和厦门市人民政府《厦门关于贯彻〈国务院发展现代保险业的意见〉的实施意见》第七部分第(十六)条"加强保险监管跨部门沟通协调和配合,促进商业保险与社会保障有效衔接、保险服务与社会治理相互融合、商业机制与政府管理密切结合"的规定也表明了地方层面协同监管的态度。上海市的有关规定也体现了同样的思路,《上海市人民政府贯彻〈国务院关于加快发展现代保险服务业的若干意见〉的实施意见》(简称《上海贯彻〈国务院发展现代保险业的意见〉的实施意见》)第23条规定"配合保险监管部门加大保险监管力度,监督保险机构全面履行对保险消费者的各项义务,严肃查处各类损害保险消费者合法权益的行为",其第28条又明确指出"支持配合国家金融管理部门依法履行监管职责,切实承担地方政府监管责任,维护保险业安全运行和社会稳定。健全保险业风险舆情监测网络,构建案件风险防控长效机制和欺诈风险防范联动机制,严厉打

击保险领域的非法集资、洗钱、欺诈等违法犯罪行为，逐步建立公安部门与保险监管部门全方位打击保险领域违法犯罪活动合作机制"。由此，福建自贸区很有必要在立法中一方面明确各机构的监管职责与任务分配，另一方面规定监管协调机制的构建以促进区内互联网保险的健康发展。

第三节　福建自贸区互联网金融具体业务模式相关法律问题的具体对策

一、福建自贸区第三方支付相关法律问题的具体对策

支付结算体系的完善是促进福建自贸区不断发展的基石之一，不仅《福建自贸区总体方案》《福建自贸区条例》、"金改三十条"等规范性文件要求要构建与自贸区相适应的账户管理体系、完善跨境本外币支付结算服务等内容，福建自贸区各片区的实践也均体现了对支付结算的关注。第三方支付业务作为一种金融新兴业态，其对经济的巨大推动力是有目共睹的，特别是对于承担"制度创新"重任的自贸区而言尤为如此。

（一）构建促进福建自贸区第三方支付发展的法律制度

2016 年 4 月 14 日，国务院联合 14 个部委召开电视会议，决定开展互联网金融领域专项整治活动。当天，央行牵头成立了专项整治小组，并出台了《互联网金融风险整治方案》，该方案要求各省级政府组织辖区内监管机构对互联网金融业务活动进行界定排查，以便分类处置。对于福建自贸区而言，此次专项整治活动一方面帮助其深度解剖区内互联网金融企业，另一方面也提供了一个良好的立法契机。中国人民银行已于 2015 年颁布了第三方支付监管的宏观框架，但正如前文所述，对于大量金融和非金融机构聚集的福建自贸区而言，区域性金融风险的存在更是要求紧贴实际的立法与实践，例如，外资（特别是台资）第三方支付业务的准入、区内外支付机构的对接、跨境支付业务的办理等等。鉴于此，福建自贸区出台专门的《福建自贸区非银行支付机构网络支付业务管理办法》显得很有必要，其体例除了按照中国人民银行的《非银行支付机构网络支付业务管理办法》设置为"总则、客户管理、业务管理、风险管理与客户权益保护、监督管理、法律责任、附则"之外，还应当增设"闽台合

作"专章,规定台资设立支付机构的准入条件和台湾地区支付机构进入福建自贸区的门槛及相关监管措施,同时在业务管理中对跨境人民币支付进行规定。

(二)立法明确福建自贸区第三方支付业务内外资准入条件

作为对外开放的新高地,福建自贸区的第三方支付业务必然要面对内外资共同存在的局面,那么在面对内外资进入之时福建自贸区在立法上应当持何种态度?

对于内资来说,目前福建自贸区本身具有支付牌照的非银行支付机构并不多,而具有"互联网支付"资质的则没有,故而福建自贸区应当在立法中体现对区内支付机构申请开展互联网支付业务的支付牌照的鼓励。根据《非金融机构支付服务管理办法》的规定,支付牌照的发放需要经过中国人民银行的批准,由此可知在实体上福建自贸区没有太多变通的空间,充其量可以将准入条件细化和严格化,以促进区内非银行支付机构的达标。在程序上福建自贸区可充分利用其制度创新优势,提供一切便利条件如简化注册手续、完善金融基础设施等等,以促进区内企业申请互联网支付业务许可开展业务。

对于外资而言,中国人民银行"金改三十条"已经为台资非金融企业申请支付牌照打开了一道缺口。福建自贸区实际上也已经开始了实践,2015 年 11月,福建自贸区为台湾地区三大行动支付平台之一的联合国际颁发了营业执照,其将与大陆的通联支付以 6∶4 的比例合资成立"联际行动信息科技公司"。以上政策与实践表明,外资(特别是台资)进入福建自贸区第三方支付市场的条件已经确立。此时,福建自贸区立法以明确外资进入的程序性和实体性要件就显得非常必要。在具体的规制方面,可以参照内资非银行支付机构来对其进行监管和规制,同时福建自贸区应当充分释放政策红利,提供各种便利化措施以吸引外资的非银行支付机构进驻自贸区,例如,分支机构备案流程的简化、"一照一码"商事制度的实施、国际贸易"单一窗口"等方面的改革。

(三)立法厘清福建自贸区第三方支付备付沉淀资金的利息归属

上文的分析表明,目前官方层面已经将备付沉淀资金明确为"属于客户的预付价值",根据我国《物权法》第 116 条的规定,"法定孳息,当事人有约定的,按照约定取得;没有约定或者约定不明确的,按照交易习惯取得"。由此,福建自贸区在有关备付金利息的归属方面可以采取事前约定的方式进行规定,即在服务协议中以显著方式为客户提供备付金利息归属者的选择,客户可以自主选择其利息是归属支付机构还是客户自身。此外还有一种方式值得探讨,即进行分类管理,规定一个额度,小额备付金的利息归属于支付机构,大额备付金的利息则归属于客户。

(四)立法架构福建自贸区第三方支付监管体系

显然,在"财政分权与金融集中"的模式下,中央政府与地方政府在金融领域中的博弈从未停止。虽然中共中央十八届三中全会《全面深化改革若干问题决定》已经为中央与地方双层金融监管体制立下基调,实践中也已经有了小额贷款公司、P2P网络借贷由地方政府金融部门监管的先例,但根据前文所述的《非银行支付机构网络支付业务管理办法》和《中国人民银行法》的规定来看,中国人民银行的态度显然还是倾向于将地方第三方支付业务的监管责任交由人民银行分支机构。也即,中国人民银行福州中心支行将承担对福建省内(包括福建自贸区)第三方支付业务的统一监管,但显然,金融行业混业经营趋势的发展使得单一部门的监管必然遭遇现实的困境进而导致监管不力,产生金融风险。故而福建自贸区在明确中国人民银行分支机构对区内第三方支付业务监管核心地位的同时,也应当注重各部门在监管中的配合协调,例如,企业设立登记时需要工商部门的配合、证监会和保监会在第三方支付代销基金、办理保险业务时对其相关职权范围内的活动进行监控等等。《上海自贸区条例》便强调了协调机制,该条例第 25 条规定:"……本市建立国家金融管理部门驻沪机构、市金融服务部门和管委会参加的自贸试验区金融工作协调机制。"由此看来,福建自贸区对第三方支付业务的政府监管应当走一条"一个中心,多个部门协调配合"的网状治理路径,其具体表现形式可以是定期的监管联席会议。

行业内部自律监管组织作为政府规范监管的补充,不仅能更加紧贴业务实际,掌握最新动向,更起到沟通政府与企业的纽带作用,例如,中国支付清算协会网络支付应用工作委员会于 2013 年印发的《支付机构互联网支付业务风险防范指引》就紧贴实际地为第三方支付企业的风险防范提供了很好的导向作用。鉴于此,福建自贸区在立法中还应当明确行业组织的监管作用,例如,成立地方性的行业组织,加强对区内第三方支付机构的日常监管、制定自律公约、定期开展新兴业务研讨会、构建业内风险及时预警制度等。

此外,第三方支付机构的内部合规监管也是不可忽视的一环,对于福建自贸区而言,其跨境支付结算业务的不断增多更是要求区内支付机构遵守法律法规和加强自身的合规控制。鉴于此,福建自贸区相关部门在严格执法的基础上,可以联合行业组织大力推动支付机构在遵守法律法规的前提下为其自身量身打造内部合规方案,这一方面促进了支付机构本身的健康发展,另一方面也保证了第三方支付监管措施的有效落实。

(五)规范福建自贸区第三方支付机构开展跨境人民币支付业务

目前来看,银行业金融机构早已在福建省开展了两岸支付结算业务,例如,2013 年相继成立的中国农业银行两岸人民币清算中心、中国建设银行两岸人民币清算中心和平安银行"跨海峡人民币清算中心"。而中国人民银行"金改三十条"第四部分第(十九)条的规定为福建自贸区内的第三方支付机构从事跨境人民币结算业务提供了政策红利。现实中其他自贸区(或设立自贸区的省市政府相关部门)已经开始了第三方支付机构跨境人民币支付结算业务的立法鼓励与实践,例如,2016 年 5 月 30 日公布的《广东自贸区条例》第 51 条规定:"……自贸试验区内证券公司、基金管理公司、期货公司、保险公司等非银行金融机构可以开展与港澳地区跨境人民币业务";中国人民银行上海总部于 2014 年印发了《关于上海市支付机构开展跨境人民币支付业务的实施意见》,将上海市经营人民币结算业务的外资银行、在沪法人支付机构和异地支付机构上海分公司等均纳入业务范围主体,同时也对准入条件、业务内容、风险控制等进行了详细规定。鉴于上文的分析,福建自贸区完全借鉴上海市的文件,构建自身的《福建自贸区支付机构开展跨境人民币支付业务实施办法》。其具体内容包括但不限于如下内容:一是业务主体,可以包括各商业银行、厦门银行、福建自贸区内经营人民币业务的外资银行、福建自贸区内注册具有互联网支付资质的支付机构和异地具有互联网支付资质支付机构在福建自贸区的分支机构等等;二是开办业务的条件和材料,例如,具有互联网支付资质、具备应对风险的内控和风险管理措施、拥有开展跨境人民币支付业务的相关硬件设施等等;三是开办业务的内容,主要为区内企业和个人提供基于真实交易而产生的跨境人民币支付结算服务,例如,区内机构和个人经常项下和直接投资项下的人民币跨境结算业务等。

二、福建自贸区 P2P 网络借贷相关法律问题的具体对策

P2P 网络借贷业务很好地满足了资本的逐利本性,迎合了个体理财的需求,同时也实现了"普惠金融"的功能,助力中小企业的发展,催动利率市场化的前行。福建自贸区的区域定位要求其走在制度创新的最前列,特别是在与台湾地区的交流方面更是如此。相较而言,目前福建自贸区 P2P 网络借贷业务发展并不抢眼,如何解决当前存在的问题,以促进其健康成长从而助推经济的发展成为一个必须面对的问题。

(一)构建福建自贸区规范 P2P 网络借贷的基本法律制度

继 2016 年 4 月 14 日央行牵头成立互联网金融专项整治小组并出台《互联网金融风险整治方案》之后,《P2P 网络借贷风险专项整治工作实施方案》也在经国务院同意之后正式下发。根据该方案,对 P2P 的专项整治工作首先将对监管对象进行"一户一档"的信息搜集,而后依据其是否满足"信息中介"的定性以及在业务过程中是否踩"红线"、是否有非法集资等违法情节等,将之分为三个档次:合规类、整改类、取缔类。同时,政府将不承担兜底责任。这一工作无疑为福建自贸区深入排查区内 P2P 网络借贷平台,紧贴实际地构建区内监管细则提供了很好的契机。《网贷中介机构业务管理暂行办法》将地方层面网络借贷信息中介机构的规范引导、备案管理和风险防范、处置工作交给了各省(区、市)人民政府承担地方金融监管职责的地方金融监管部门。福建自贸区内企业的集聚发展决定了融资需求的旺盛,P2P 网贷平台无疑在一定程度上缓解了这一问题,但其存在的风险不容忽视。故而,福建自贸区在构建区内 P2P 网络借贷监管规范时一方面要注重防范风险,另一方面也应当保证良性发展。除了参照《网贷中介机构业务管理暂行办法》的体例之外,《福建自贸区 P2P 网络借贷业务活动管理办法》还应当设置一定的准入条件,并体现此次专项整治方案中的"一户一档""分类监管""红线监管"等措施,同时还应当对外资的准入作出明确规定。

(二)明确福建自贸区 P2P 网络借贷内外资准入条件

整体来看,福建自贸区作为制度创新的高地,《网贷中介机构业务管理暂行办法》对 P2P 网络借贷平台所采取的宽松备案注册制无疑为区内 P2P 网络借贷平台的发展提供了极佳的发展条件。但显然,宽松的准入条件必然会造成良莠不齐主体的进入而带来一系列诸如信用、流动性、操作等风险,福建省近一半的平台属于问题平台便是最好的例证。这必然会对福建自贸区经济有序发展产生负面影响,故而除了加强 P2P 网络借贷的事中事后监管之外,还应当规定一些准入的基本要件。

对于内资来说,福建自贸区至少应当明确如下条件:一是注册资本金的限制。根据网贷之家联合盈灿咨询发布的《2015 年中国网络借贷行业年报》,2015 年新上线的网贷平台超过 1500 家(含问题平台),这些平台平均注册资金约为 3885 万元,其中注册资金介于 1000 万和 5000 万元的平台占 50%,

500 万～1000 万的占 27％，5000 万～1 亿的占 15％。[①] 由此，福建自贸区将区内 P2P 网络借贷平台准入资本金设置为 1000 万元以上是比较合适的数额。二是高管的任职资格。福建自贸区一方面可以明确两年以上从业经验，具备金融、法律、风险控制等方面的知识结构等任职条件，另一方面也可以反向规定未受过刑事处罚或因借贷行为受过民事、行政处罚等条件。三是基础设施的构成，包括硬件的完善与维护和软件方面对黑客攻击的防护、操作风险的避免以及应急事项的处理机制等。

对于外资而言，《网贷中介机构业务管理暂行办法》并未对其进行专门的规定，只是在第 2 条指出其适用范围是"在中国境内从事网络借贷信息中介业务活动，适用本办法，法律法规另有规定的除外"。这似乎并未对外资在大陆从事 P2P 网络借贷作出其他限制，国务院于 2015 年 4 月 8 日颁布的《自贸区负面清单》也并未对 P2P 网络借贷的准入作出限制。故而，对外资在区内设立 P2P 网络借贷平台不应作特别的限制，参照大陆的规定即可。

(三) 完善福建自贸区 P2P 网络借贷征信体系

征信体系的完善可以分为外部征信系统的接入和本行业征信系统的构建。在外部征信体系的接入方面，根据《个人信用信息基础数据库暂行管理办法》的规定，人民银行的征信体系主要是为"在中华人民共和国境内设立的商业银行、城市信用合作社、农村信用合作社以及经国务院银行业监督管理机构批准的专门从事信贷业务的其他金融机构"提供查询服务。其 2013 年发布的《中国人民银行办公厅关于小额贷款公司和融资性担保公司接入金融信用信息基础数据库有关事宜的通知》又将小额贷款公司、融资性担保公司、村镇银行等小微金融机构纳入可接入征信系统的机构范围。但显然，P2P 网络借贷平台并不属于上述类别，那么福建自贸区在外部征信系统的接入上可以采取何种方式？对此，其他自贸区的相关规定无疑是值得借鉴的，例如，《上海自贸区条例》第 39 条规定"管委会、驻区机构和有关部门应当记录企业及其有关责任人员的信用相关信息，并按照公共信用信息目录向市公共信用信息服务平台自贸试验区子平台归集。管委会、驻区机构和有关部门可以在市场准入、货物通关、政府采购以及招投标等工作中，查询相对人的信用记录，使用信用产品，并对信用良好的企业和个人实施便利措施，对失信企业和个人实施约束和

---

① 盈灿咨询：《2015 年中国网络借贷行业年报》（完整版），http://www.wdzj.com/news/baogao/25661.html，下载日期：2016 年 4 月 28 日。

惩戒。自贸试验区鼓励信用服务机构利用各方面信用信息开发信用产品,为行政监管、市场交易等提供信用服务;鼓励企业和个人使用信用产品和服务";《天津自贸区条例》第51条明确"自贸试验区采用全市市场主体信用信息公示系统,实行诚信激励和失信惩戒联动机制,实施市场主体信用风险分类监管制度,建立随机抽查联合检查机制,对信用等级低的市场主体实施重点监管";《金融支持广东自贸区的指导意见》第四部分第(二十一)条指出"……支持港澳地区服务提供者按规定在自贸试验区内设立征信机构和分支机构。探索建立自贸试验区与港澳地区征信产品互认机制。改进征信机构业务管理方式,便利港澳地区服务提供者在自贸试验区经营征信业务";《广东自贸区条例》第65条规定:"自贸试验区应当建立与省、市的企业信用信息平台相对接的自贸试验区企业信用信息数据库及信用公示平台,建立守信激励和失信惩戒联动机制,完善企业信用激励、警示、惩戒制度。鼓励企业、社会组织、社会公众参与公共征信体系建设,发展市场化大数据征信产业。自贸试验区鼓励信用服务机构利用各方面信用信息开发信用产品,开展信用论证和等级评价,为行政监管、市场交易等提供信用服务;鼓励企业和个人使用信用产品和服务。"故而福建自贸区P2P网络借贷征信体系可以采取如下四种方式来构建:一是根据《个人信用信息基础数据库管理暂行办法》第13条"除本办法第十二条第(四)项规定之外,商业银行查询个人信用报告时应当取得被查询人的书面授权。书面授权可以通过在贷款、贷记卡、准贷记卡以及担保申请书中增加相应条款取得"的规定,福建自贸区可以规定"在获得借贷人书面许可的情况下,P2P网络借贷平台可以查询借贷人的信用报告"。二是让P2P网络借贷平台加强与其他征信机构的业务合作,以实现对信用信息的查询和监控。三是建构与台湾地区征信机构与征信产品的对接机制,鼓励台湾地区征信机构与自贸区P2P网络借贷平台的业务合作。四是福建自贸区规定以地方金融监管部门为依托,先行构建本地区的P2P网络借贷行业数据库,既为本地区的P2P网贷行业提供征信支持,也为以后中央数据库的构建打下基础。

(四)搭建福建自贸区P2P网络借贷评级机制

福建自贸区P2P网络借贷平台的评级机制可以分为官方和民间两个层面。在官方层面,近期《P2P网络借贷风险专项整治工作实施方案》中采取的,在对其进行定性和业务过程解析后所作的分类无疑为福建自贸区P2P网络借贷评级进行了良好的铺垫。福建省发展改革委员会于2015年9月11日颁布的《福建自贸试验区信息化平台建设总体方案》更是为这一机制提供了良好的外部技术环境。由此,福建自贸区官方P2P网络借贷平台的建构路径可以是：由金融监管部门在对 P2P 网贷平台进行登记备案之后，依据其后期报送的各类相关信息，对其进行评估分类，并定期将备案信息和评估分类结果在官网上公布，同时在数据收集、分析、整理以及公布的整个流程中，都与福建自贸试验区信息化平台相连接。诚然，单一的官方评级极易造成政府的"权力寻租"从而引起腐败和评级机制的形式化，故而发展区内民间 P2P 网络借贷评级机制作为补充就显得尤为必要。福建自贸区在立法中可以明确"允许在区内设立 P2P 网络借贷评级机构"，但应当对其准入、运作、退出、责任等内容作出细节性规定。

(五)架构福建自贸区 P2P 网络借贷监管网络

《网贷中介机构业务管理暂行办法》对地方金融监管部门各类监管职责的表述无疑将地方金融监管部门定位为 P2P 网络借贷业务具体事项的监管核心，而当前的实际也表明 P2P 网络借贷已被纳入地方政府的监管范围。福建自贸区应当构建一个"以地方金融监管部门为核心，地方银监局(分局)、公安局、经济和信息化委员会等相关部门共同参与，行业协会、公民个人、媒体中介充分发挥社会监督功能，P2P 网络借贷平台严格守法"的网状监督结构。于其立法，至少应当明确如下几个内容：

首先是政府监管的架构。包括但不限于以下两个方面：一是厘定各部门的具体责任边界，如地方金融监管部门专门负责对 P2P 网络借贷平台的整体部署、公安局负责对涉及的金融犯罪进行打击等等。二是构建监管信息共享与协调机制，主要是在实际监管过程中实现信息的共享，一方面达到监管的协调，另一方面也更好地促进 P2P 网络借贷业务的健康发展。在监管信息的共享方面，上海自贸区无疑走在了其他自贸区的前面。早在 2014 年 9 月 17 日，上海市政府便印发了《中国(上海)自由贸易试验区监管信息共享管理试行办法》，该办法不仅明确了责任单位，将监管信息进行分类，更是构建了一个从提供到归类整理再到协议共享的监管信息共享体系。广东自贸区于 2016 年 5 月 30 日公布的《广东自贸区条例》第 66 条也明确规定"自贸试验区应当建设统一的监管信息共享平台，促进监管信息的归集、交换和共享。片区管理机构、驻片区机构和有关部门应当及时主动提供信息，参与信息交换和共享。"当前，福建自贸区已经在构建"福建自贸试验区信息化平台"，在其设计之初便已将监管信息的共享平台纳入其中，这无疑为福建自贸区 P2P 网络借贷业务的监管提供了极大助力。

其次是行业组织的建设。《网贷中介机构业务管理暂行办法》第 34 条①明确规定了中国互联网金融协会的职责，由此可见行业自律组织的作用已然受到重视，在实践中也发挥了重要的作用，例如，中国小额信贷联盟制定的《小额信贷信息中介机构(P2P)行业自律公约(修订版)》、上海市网络借贷服务业企业联盟制定的《网络借贷行业准入标准》等。福建自贸区也应当重视行业自律组织的建设，不仅要在立法中明确构建细则，在实践中也应当给予支持。

最后是平台自身的守法。守法可以指与 P2P 网络借贷业务相关的各个主体的守法行为，包括监管部门、自律组织、出借人与借款人等等。在这里主要指 P2P 网络借贷平台的守法，既包括监管部门、自律组织等外部机构对其守法的监督和督促，也包括平台自身的守法行为。福建自贸区在具体的规制构建中也应当明确这两方面的内容，外部组织要进行监管督促，P2P 网络借贷平台自身也应当注重信息披露、网络安全、风险控制、流动性控制等各项内容的合乎规范，并在此基础上根据自身特征制定符合其发展的组织架构、业务模式等等。

三、福建自贸区股权众筹相关法律问题的具体对策

股权众筹平台的存在很好地为社会闲散资金和初创企业(甚至是一个创新想法)提供了对接，使得各种类型的具体创新有了成长的空间，这与福建自贸区所秉持的使命不谋而合。但就目前来看，福建省内的众筹平台发展得并不理想，专门的股权众筹平台则仅有两家，这就要求福建省特别是福建自贸区在充分分析自身特质的基础上和遵循上位法的前提下，为促进其健康发展提供一个良好的法律环境。

(一)福建自贸区股权众筹基本法律框架的构建

2016 年 4 月 14 日国务院牵头 14 个部委召开电视会议，在全国范围内启动互联网金融的专项整治工作，股权众筹被纳入重点整治领域。随后，由证监会牵头，协同地方政府及相关金融监管部门，联合制定了《股权众筹风险专项

---

① 该条规定："中国互联网金融协会从事网络借贷行业自律管理，并履行下列职责：(一)制定自律规则、经营细则和行业标准并组织实施，教育会员遵守法律法规和网络借贷有关监管规定；(二)依法维护会员的合法权益，协调会员关系，组织相关培训，向会员提供行业信息、法律咨询等服务，调解纠纷；(三)受理有关投诉和举报，开展自律检查；(四)成立网络借贷专业委员会；(五)法律法规和网络借贷有关监管规定赋予的其他职责。"

整治工作实施方案》。该方案显示,将大力整顿包括"虚假宣传""欺诈发行股票等金融产品""持牌金融机构与互联网企业违法违规开展业务"在内的八项重点问题。虽然目前福建自贸区本身的股权众筹平台仅有"萌达众筹"和"众投客"两家,且均为私募股权众筹平台,但此次专项整治活动还是为福建自贸区更好地了解区内股权众筹行业的发展状况和排查可能风险提供了良好的契机。证监会曾于 2015 年 8 月指出,目前一些地方正在制定或已经发布开展互联网股权众筹试点的相关政策性文件,其对"股权众筹"的界定与《促进互联网金融发展意见》中的定义不一致,易引起市场和社会公众对股权众筹概念的混淆。[①] 即便目前在国家层面并无正式监管细则予以参照,但在当前股权众筹的态度和定义明确的情况下,还是能够大致判断福建自贸区监管股权众筹平台细则的建构方向。对于私募股权众筹而言,福建自贸区监管细则除了明确"总则、私募股权众筹平台、融资者与投资者、备案登记、监督管理、信息披露、法律责任"等内容之外,还应当对外资的准入与管理进行创新性探索。对于公募股权众筹来说,当前公募股权众筹平台尚处于试点阶段,不仅没有具体的监管细则,其牌照的获得程序和实体要件也均未明确。故而福建自贸区可采取的方式是制定一个指导性意见,在对已获得牌照的三家平台进行调研的情况下,归纳其共性,推动区内股权众筹平台申请公募股权众筹牌照。

(二)福建自贸区股权众筹平台内外资准入标准的明确

中国证券业协会起草的《私募股权众筹管理办法(征求意见稿)》第 7 条规定了私募股权众筹平台"净资产不低于 500 万元人民币;有与开展私募股权众筹融资相适应的专业人员,具有 3 年以上金融或者信息技术行业从业经历的高级管理人员不少于 2 人;有合法的互联网平台及其他技术设施"等准入条件,[②]其最近的修改稿也并未对此设置降低标准。[③]虽然仅仅是自律规范,但也不排除会被证监会随后发布的正式监管细则吸收。故而对于私募股权众筹平

---

① 中国证券监督管理委员会:《中国证监会致函各地方政府 规范通过互联网开展股权融资活动》,http://www.csrc.gov.cn/pub/newsite/zjhxwfb/xwdd/201508/t20150807_282509.html,下载日期:2016 年 4 月 28 日。

② 中国证券业协会:《关于就〈私募股权众筹融资管理办法(试行)(征求意见稿)〉公开征求意见的通知》,http://www.sac.net.cn/tzgg/201412/t20141218_113326.html,下载日期:2016 年 4 月 28 日。

③ 佚名:《私募股权众筹准入条件放宽》,http://news.xinhuanet.com/local/2015-02/04/c_127456034.htm,下载日期:2016 年 4 月 28 日。

台准入的实体要件而言，在当前的条件下，福建自贸区应当根据资本和高级管理人员等的任职资格等条件，参照该意见稿来修订，最好进行细化和严格化，推动本地区私募股权众筹平台的发展。在程序要件上，福建自贸区应当充分发挥自贸区的制度创新优势，引导平台在自贸区的集聚发展，并在注册程序、金融基础设施等方面为其提供便利，例如，提供一次性落户奖励、财政经费与专业性股权众筹平台协同支持产业发展的联助机制等。另外，值得一提的是外资在区内设立私募股权众筹平台的准入要件，证券业协会的《私募股权众筹管理办法（征求意见稿）》并未对外资设立私募股权众筹平台进行限制，国务院于 2015 年 4 月 8 日颁布的《自贸区负面清单》也并未将私募股权众筹列入其中。故而，对外资在福建自贸区设立私募股权众筹而言，参照内资的各项要件即可。

目前，公募股权众筹平台尚处于试点时期，近期的"互联网金融专项整治工作"表明在其结束之前必定不会再发放公募股权众筹牌照。故而对于福建自贸区而言，当前很难对公募股权众筹的准入作出细节性和强制性的规定，其可行的路径是按照上文所表述的，在归纳已获得公募股权众筹牌照的三家平台的共性（如高管任职资格、平台规模等）的基础上，制定一个准入的指导性意见。

（三）福建自贸区股权众筹发行人信息披露义务的明晰

中国证券业协会的《私募股权众筹管理办法（征求意见稿）》第 11 条规定了融资者的范围与职责，指出要"发布真实、准确的融资信息"[1]，但却并未对具体需要披露的信息和方式进行规定。福建自贸区可以在发行人信息披露的内容上作出如下制度创新：一方面，发行人必须披露公司和筹资项目的基本情况，如注册备案信息、资本结构、筹资用途和资金使用计划等等；另一方面，在更进一步的信息披露上（如财务信息），可以仿照美国采用分级披露制度，即根据融资规模的不同设置类别、数量和内容上不同等级的信息披露标准。在信息披露的方式上，福建自贸区可以规定两项内容：一是发行人应当在其官网显著位置进行披露；二是构建福建自贸区自身的股权众筹平台信息数据库，并与福建自贸区正在构建的信息化平台相连接。

---

[1] 中国证券业协会，《关于就〈私募股权众筹融资管理办法（试行）（征求意见稿）〉公开征求意见的通知》，http://www.sac.net.cn/tzgg/201412/t20141218_113326.html，下载日期：2016 年 4 月 29 日。

（四）福建自贸区股权众筹投资者适当性的厘定

《私募股权众筹管理办法（征求意见稿）》无论是对机构还是对个人投资者，其要求均相对较高[1]，而后有报道指出其修改后的规定大大降低了相关标准，如"单个融资项目资金从不低于 100 万元降至不低于 10 万元；金融资产方面，从不低于 300 万元降至不低于 100 万元，或最近 3 年个人年均收入不低于 30 万元（个人），此前发布的征求意见稿规定为 50 万元；取消了净资产不低于 1000 万元的要求（单位）"。[2] 标准的降低无疑更加体现了股权众筹的普惠金融性质，特别此项标准还是针对私募股权众筹平台，证监会正在制定中的公募股权众筹平台的合格投资者标准必然会更低于此。福建自贸区对股权众筹的合格投资者门槛至少可以作出如下考量：一是在具体数额上对机构投资者和个人投资者分别对待。机构投资者鉴于其专业性，门槛可以适度放宽；对于个人投资者而言，由于信息弱势的存在，应当对其设定较为严格的门槛，例如，对年收入小于 10 万元者限额为该数额的 5％或者 2000 元（取较大者），大于或等于 10 万美元者限额为该数额的 10％，但上限为 10 万元（具体数额由福建自贸区对本地平均工资进行调查后设定）。二是在风险识别能力与承受能力的控制上，一方面可以明确规定投资人的知识架构，如在一定的时期内经过培训，具备相关的资格证书或者学历等；另一方面也可以在显著位置进行明显的风险提示，并表明风险自担。

（五）福建自贸区股权众筹监管网络的搭建

中共中央十八届三中全会《全面深化改革若干问题决定》指出，要落实金融监管改革措施，界定中央和地方的金融监管职责和风险处置责任。这一方面表明现有垂直型金融监管机制的不足，另一方面也明晰其改革方向是构建中央与地方相结合的双层金融监管体制。对股权众筹而言，虽然中央层面的核心监管主体是中国证监会，但在地方层面其又将被归类为类金融机构性质，很多具体事宜需要地方金融监管部门处理。也即，福建自贸区股权众筹的日常监管将主要由地方金融监管部门承担，但显然，股权众筹业务涉及的内容方方面面，需要在明确监管核心的基础之上构建多主体共同参与的监管网络。

---

[1] 该意见稿规定合格投资者的条件为：投资单个融资项目的最低金额不低于 100 万元的单位或个人，净资产不低于 1000 万元的单位，金融资产不低于 300 万元或最近 3 年个人年均收入不低于 50 万元的个人。

[2] 佚名：《私募股权众筹准入条件放宽》，http://news. xinhuanet. com/local/2015-02/04/c_127456034. htm，下载日期：2016 年 4 月 29 日。

《中国证监会派出机构监管职责规定》第 7 条指出,派出机构应当与辖区地方人民政府相关部门、其他金融监管机构的派出机构建立健全监管协作机制,构建综合监管体系,优化监管执法环境,促进辖区资本市场规范运行和健康发展,协同做好区域内金融风险防范和处置工作。对福建自贸区而言,制度上的创新必然带来更新的风险,在股权众筹这一新兴业态的政府监管上应当明确地方金融监管部门的核心监管地位,构建多部门全方位的监管网络,大力加强监管合作,例如,可以设置股权众筹业务专业受理大厅办理业务、定期的监管联席会议、证监会中央监管信息平台的接入等。

行业协会的自律作用也不容忽视。《私募股权众筹管理办法(征求意见稿)》第六章以专章规定了行业组织的"自律管理"。福建自贸区也应当充分发挥行业组织的自律管理和纽带作用,可以在立法中明确成立自贸区专门的行业组织,并对其监管责任如信息的搜集、自律公约的制定、区内行业发展动态的通报、风险提示等内容进行明确。同时规定其谈话提醒、警示、责令所在机构给予处理、责令整改等自律管理措施,以及行业内通报批评、公开谴责、暂停执业、取消会员资格等纪律处分权限。

股权众筹平台的自我监管也显得尤为重要。福建自贸区可以在立法中明确股权众筹平台自身的监管责任,包括自身各方面的合规,严格把控融资者和投资者的信息审查,重点对融资者的各项信息进行深度挖掘考察,对投资者进行风险提示,同时注重信息披露的完整和各类信息系统的对接和运用等。

四、福建自贸区互联网保险相关法律问题的具体对策

(一)构建福建自贸区互联网保险基本法律框架

保险是经营风险的行业,互联网一方面为之插上效益的翅膀,促成其内容、渠道与模式的升级,另一方面也扩展了其风险的溢出效应。福建省人民政府《关于加快发展现代保险服务业十二条措施的通知》第 1 条指出:力争到2020 年,全省保费收入年均增速略高于全国平均增速,比全省 GDP 增速高 8 个百分点以上,保险密度、保险深度有较大提升,保险业发展质量和效益好于全国平均水平,保险对经济社会发展重点领域的覆盖面和渗透率进一步提高。可以预见,福建自贸区的互联网保险必然会在各项政策利好的推动下迅速发展,而在当前的背景下,在参照保监会的《互联网保险监管办法》的基础上,紧贴福建自贸区实际,出台《福建自贸区互联网保险业务监管办法》显得尤为必要。在具体的体例构建上除了规定"总则、经营条件、信息披露、经营规则、监

督管理"等内容之外,还应当体现地区特色,例如,对外资(特别是台资)在区内经营互联网保险业务的条件、范围和监管等内容。

(二)明确福建自贸区互联网保险内外资准入条件

当前,福建自贸区乃至福建省获得牌照的专业互联网保险公司没有一家,均是通过保险机构自身官网、第三方网络平台等渠道开展互联网保险业务。故而,福建自贸区互联网保险在准入条件上的大致方向应当是通过各种制度创新来推动区内互联网保险的发展。诚然,准入标准不宜设置得过宽,否则极易造成机构的良莠不齐而损害消费者的利益,另外,还应当明确区分内外资的准入要件。

在内资的设立方面,福建自贸区可以从实体和程序的角度进行明确。在实体要件上,保监会的《互联网保险监管办法》第1条明确开展互联网保险业务的主体,第5条、第6条则分别细化了保险机构自营网络平台和第三方网络平台开展互联网保险业务的条件,根据实践,专业的互联网保险公司将采取牌照制。由此,在实体规定上福建自贸区并无太多的变通空间,参照保监会的条件制定即可。福建自贸区可以通过各类财政、用地等支持手段鼓励区内的互联网保险行业发展,推动区内企业申领互联网保险牌照,吸引各类保险公司和保险中介机构入驻。在程序方面,福建自贸区便可以作出较多的变通,例如,福建保监局和厦门保监局已获得对福建自贸区内的保险公司支公司高级管理人员备案工作的授权,那么福建自贸区便可对其备案采用多项便捷化措施。

在外资方面,保监会的《互联网保险监管办法》并未对外资保险机构经营互联网保险业务进行明确,但根据该办法第1条"本办法所称保险机构,是指经保险监督管理机构批准设立,并依法登记注册的保险公司和保险专业中介机构"的规定,似乎并未将外资保险机构排除在外,而《自贸区负面清单》也并没有对"互联网保险业务"作出限定。此外,厦门市政府发布的《厦门关于贯彻〈国务院发展现代保险业的意见〉的实施意见》第二部分第(三)条规定的"支持网络保险等新业态、新渠道在厦设立总部,推动'美国在线全国性外资网络保险代理机构'项目在厦尽快落地。支持台湾保险行业组织和保险机构在厦门设立代表处及经营机构、研发中心、事业总部"这一利好在一定程度上鼓励了外资发展互联网保险业务。同样的,其他自贸区也有类似的规定,例如,《广东自贸区总体方案》第三部分第(四)条第九点指出要"降低港澳资保险公司进入自贸试验区的门槛,支持符合条件的港澳保险公司在自贸试验区设立分支机构,对进入自贸试验区的港澳保险公司分支机构视同内地保险机构,适用相同或相近的监管法规。支持符合条件的港澳保险中介机构进入自贸试验区,适

用与内地保险中介机构相同或相近的准入标准和监管法规"。由此,根据《中华人民共和国外资保险公司管理条例》设立的外资保险公司,在福建自贸区内开展互联网保险业务的条件不应当受到特别的规制,参照内资的规定即可。

(三)建立福建自贸区互联网保险信息披露机制

总体来看,保监会的监管办法在国家层面构建了一个包括保险机构开展互联网业务的网络平台、中国保监会官方网站、中国保险行业协会官方网站在内的多主体信息披露网络,同时也对具体的披露信息作了规定。福建自贸区也可以参照此种做法,在立法中明确建构一个多主体的信息披露框架,并详细规定具体的信息披露内容,保证信息获取的便捷性、权威性和真实性。此外,福建自贸区还可以在信息的渠道上进行制度创新,变"被动"的信息查询为"主动"的信息告知,例如,规定各主体在涉及具体业务的时候进行详尽的信息告知,在日常由监管部门、行业协会和保险机构联合定期组织互联网保险业务的各项宣传教育,注重风险的提示等。

(四)完善福建自贸区互联网保险信用信息体系

互联网与保险的结合一方面带来了销售渠道上的创新,另一方面也提供了更加便捷的信用信息搜集渠道。在完善互联网保险信用信息体系方面,其他地区也有相关的规定,例如,《上海贯彻〈国务院发展现代保险业的意见〉的实施意见》第四部分第 22 条规定:"建立健全本市信用信息体系,加强本市公共信用信息与保险信用信息的共享互通与联动合作,强化保险业守信激励和失信惩戒机制。优化使用环境,便利市场参与者依法依规查询相关信用信息。支持中国保险信息技术管理有限责任公司等保险数据管理机构在沪发展";《珠海市人民政府关于加快发展现代保险服务业的实施意见》第七部分第 20 条指出要"加强保险业信用体系建设,完善保险从业人员信用档案、保险机构信用评价体系和失信惩戒机制。深化保险文化建设和从业人员诚信教育,提升行业公信力";等等。福建自贸区在有关区内互联网保险信用信息体系的构建方面至少应当明确如下内容:一是构建地方性互联网保险信用信息数据库,该数据库应当与福建自贸区信息化平台相连接,以实现信用信息的共享;二是在信息的搜集渠道方面,可以包括保险机构报送的相关信息、监管部门通过大数据渠道搜集的信息以及消费者主动向监管部门反馈的信息等;三是还应当对保险从业人员信用档案制度、保险机构信用评价体系和失信惩戒机制等制度进行完善,例如,引导保险机构采取差别化保险费率等手段,对守信者予以激励,对失信者进行惩罚。

(五)明晰福建自贸区互联网保险监管框架

保监会的《互联网保险监管办法》明确了地方层面的互联网保险业务日常监测与监管职责将由地方保监局承担,意味着福建自贸区互联网保险业务处于福建保监局和厦门保监局的管辖范围之内。但显然,混业经营的趋势必然使得单一的机构监管达不到应有的效果,互联网的运用更是对技术安全层面作了要求。故而在互联网保险的官方监管框架的构建层面,福建自贸区在厘清各方权责的基础上,构建一个以保监局为核心,其他部门共同参与的网状监管体系是非常必要的。具体而言,福建自贸区可以在其官方监管框架的立法中明确如下两个内容:一是明确各部门的不同职责,例如,地方保监局进行日常的监测与监管、公安部门负责对互联网保险领域的违法犯罪活动的查处等;二是部门间信息和执法的协调,可以采取构建一个多行业的信息共享机制、定期召开监管联席会议进行监管协调、架构日常风险预警联动机制等方式进行协作监管和风险把控。珠海市政府已经对保险监管联席会议进行了规定,《珠海市人民政府关于加快发展现代保险服务业的实施意见》第八部分第22条指出要"建立保险工作联席会议制度。联席会议由市政府分管金融工作的副市长召集,每年至少召开一次会议,相关职能部门负责人参加,研究解决保险业发展过程中遇到的问题,积极推进保险领域的创新合作。联席会议日常工作由市金融工作局负责"。

保监会的《互联网保险监管办法》第23条明确规定"中国保险行业协会依据法律法规及中国保监会的有关规定,对互联网保险业务进行自律管理。"这无疑是对行业协会在互联网保险业务的监管方面发挥的重要作用的极大肯定。对于福建自贸区而言,在其互联网保险业务的监管立法中也应当明确行业协会在区内自律规范的制定、信息披露、信用信息搜集、消费者权益保护、区内互联网保险最新动态的分享与问题的交流等方面的重要作用。

作为社会的"稳定器"和经济的"助推器",保险业的健康发展无疑极具意义,互联网则催化了保险业的这一角色作用,但资本的逐利本质决定了其极易因利益而规避外部规制,此时内部的自我管控就显得同样重要。故而对于福建自贸区而言,相关部门在严格执法的基础上还应当加大对市场主体守法意识的宣传教育,或者是建立互联网保险产品的评级机制等制度来帮助企业建构自身风控系统。区内开展互联网业务的保险机构本身则更是应当注重对法律的遵守,构建内部的鼓励性与惩罚性机制来敦促自身的合规和风险防控,例如,对信息披露的准确性、客户信息的保密、互联网保险产品的风险控制等。

结　论

　　当前，我国金融市场正处于"金融市场化""金融混业化""经济金融化"和"金融信息化"四重叠加进程之中，现有的分业监管体系和监管制度显得相对滞后，以致很难准确而自如地在全国范围内把握"促进发展"和"防范风险"的力度。福建自贸区的政策利好和区域定位无疑契合了互联网金融良性发展的风口，此时，为其构建良好的法律温床便成了重中之重。法律文本的架构是必然的，但"徒法不足以自行"，良法实效的产生需要依靠执法、司法与守法的支撑。在执法方面，福建自贸区应当针对当前的互联网金融模式以及混业经营之趋势组织一张核心明确的协同监管网络；在司法方面，依据主体不同建构多元化的纠纷解决机制并完善各机制间的协调与衔接路径就成了必然；而在守法层面，从内外部加强对守法意识的教育与培养则显得非常必要。唯有如此"四位一体"地推进法律环境的优化，才能更好地促进福建自贸区互联网金融的健康发展，刺激金融对实体经济的反哺，从而实现经济的腾飞。

参考文献

一、中文著作

1.陈惠馨:《宗教团体与法律——非营利组织观点》,台湾巨流图书股份有限公司 2013 年版。

2.陈文成:《自由贸易账户论——中国(上海)自由贸易试验区金融改革的理论与实践》,格致出版社、上海人民出版社 2015 年版。

3.陈向聪:《信托法律制度研究》,中国检察出版社 2007 年版。

4.陈雨露、王昌云:《金融学文献通论(宏观金融卷)》,中国人民大学出版社 2006 年版。

5.冯德显等:《河南省投资环境研究》,地震出版社 1993 年版。

6.高兆明:《黑格尔〈法哲学原理〉导读》,商务印书馆 2010 年版。

7.郭道晖:《法理学精义》,湖南人民出版社 2005 年版。

8.郭福春、陶再平主编:《互联网金融概论》,中国金融出版社 2015 年版。

9.郭薇:《政府监管与行业自律》,中国社会科学出版社 2011 年版。

10.黄达等:《中国金融百科全书》,经济管理出版社 1990 年版。

11.黄茂荣:《法学方法与现代民法》,法律出版社 2007 年版。

12.蒋学跃:《法人制度法理研究》,法律出版社 2007 年版。

13.金锦萍、葛云松:《外国非营利组织法译汇》,北京大学出版社 2006 年版。

14.景朝阳:《民办非企业单位导论》,中国社会出版社 2011 年版。

15.赖英照:《股市游戏规则——新证券交易法解析》,中国政法大学出版社 2006 年版。

16.赖源河、王志诚:《现代信托法论》,中国政法大学出版社 2002 年版。

17.乐天、段永朝、李犁主编:《互联网金融蓝皮书(2015)》,电子工业出版社 2015 年版。

18.李昌麒主编:《经济法学》,中国政法大学出版社 2011 年版。

19.李亚平、于海编选:《第三域的兴起——西方志愿工作及志愿组织理论文选》,复旦大学出版社 1998 年版。

20.李永军:《民法总论》,法律出版社 2006 年版。

21.梁慧星等:《中国民法典草案建议稿附理由》,法律出版社 2004 年版。

22.刘剑文、熊伟 :《税法基础理论》,北京大学出版社 2004 年版。

23. 刘剑文主编：《中国税收立法基本问题》，中国税务出版社 2006 年版。

24. 刘志云：《国际经济法律自由化原理研究》，法律出版社 2015 年增订版。

25. 陆泽峰：《金融创新与法律变革》，法律出版社 2000 年版。

26. 罗国强：《离岸金融法研究》，法律出版社 2008 年版。

27. 罗昆：《财团法人制度研究》，武汉大学出版社 2009 年版。

28. 马俊驹、余延满：《民法原论》，法律出版社 2010 年版。

29. 上海财经大学自由贸易区研究院、上海发展研究院：《全球自贸区发展研究及借鉴》，格致出版社、上海人民出版社 2015 年版。

30. 沈四宝、王军、焦津洪主编：《国际商法》，对外经贸大学出版社 2002 年版。

31. 史尚宽：《民法总论》，中国政法大学出版社 2000 年版。

32. 世界银行集团：《2008 中国营商环境报告》，社会科学文献出版社 2008 年版。

33. 税兵：《非营利法人解释——民事主体理论的视角》，法律出版社 2010 年版。

34. 宋方青主编：《法理学》，厦门大学出版社 2007 年版。

35. 苏国强、汤庆发主编：《"大家"之言——厦门市鹭江公证处成立十五周年名人传经讲座实录》，厦门大学出版社 2016 年版。

36. 苏力、葛云松、张守文等：《规制与发展：第三部门的法律环境》，浙江人民出版社 1999 年版。

37. 王爱声：《立法过程：制度选择的进路》，中国人民大学出版社 2009 年版。

38. 王彬：《金融防火墙制度的法学及经济学分析》，法律出版社 2014 年版。

39. 王方玉：《法理学导论》，知识产权出版社 2013 年版。

40. 王利明：《人民的福祉是最高的法律》，北京大学出版社 2013 年版。

41. 王利明主编：《中国民法典草案建议稿及说明》，中国法制出版社 2004 年版。

42. 王名、李勇、黄浩明：《美国非营利组织》，社会科学文献出版社 2012 年版。

43. 王名、刘培峰等：《民间组织通论》，时事出版社 2004 年版。

44. 王卫国主编：《银行法学》，法律出版社 2011 年版。

45. 王泽鉴：《民法总则》，中国政法大学出版社 2001 年版。

46. 吴晓求等：《中国资本市场研究报告(2014)》，北京大学出版社 2014 年版。

47. 肖扬、严安林：《台湾的基金会》，九州出版社 2009 年版。

48. 谢平、邹传伟、刘海二：《互联网金融手册》，中国人民大学出版社 2014 年版。

49. 徐国栋主编：《绿色民法典草案》，社会科学文献出版社 2004 年版。

50. 阳建勋：《风险社会中的法律责任制度改变：以经济法为中心》，厦门大学出版社 2014 年版。

51. 杨士富主编：《国际商法理论与实务》，北京大学出版社 2009 年版。

52. 杨涛主编：《中国支付清算发展报告(2015)》，社会科学文献出版社 2015 年版。

53. 叶文庆：《金融业宏观审慎监管法律问题研究》，法律出版社 2015 年版。

54. 尹田：《民法典总则之理论与立法研究》，法律出版社 2010 年版。

福建自贸区重大法律问题研究

厦门大学法学院经济法学文库

55.余晖:《英国信托法:起源、发展及其影响》,清华大学出版社 2007 年版。

56.张文显主编:《法理学》,高等教育出版社、北京大学出版社 2011 年版。

57.赵磊:《公益信托法律制度研究》,法律出版社 2008 年版。

58.赵中孚主编:《商法总论》,中国人民大学出版社 2007 年版。

59.中国保险行业协会编:《互联网保险行业发展报告》,中国财政经济出版社 2014 年版。

60.中国人民银行金融稳定分析小组编:《中国金融稳定报告(2014)》,中国金融出版社 2014 年版。

61.周旺生:《法理探索》,人民出版社 2005 年版。

62.朱崇实、卢炯星主编:《经济法》,厦门大学出版社 2007 年版。

63.[奥]凯尔森:《法与国家的一般理论》,沈宗灵译,中国大百科全书出版社 1996 年版。

64.[德]迪特尔·梅迪库斯:《德国民法总论》,邵建东译,法律出版社 2000 年版。

65.[德]加达默尔:《真理与方法——哲学诠释学的基本特征》,洪汉鼎译,上海译文出版社 1999 年版。

66.[德]卡尔·拉伦茨:《德国民法通论》(上册),王晓晔、邵建东、程建英、徐国建、谢怀栻译,法律出版社 2013 年版。

67.[美]本杰明·卡多佐:《司法过程的性质》,苏力译,商务印书馆 1998 年版。

68.[美]道格拉斯·C.诺斯:《制度、制度变迁与经济绩效》,杭行译,格致出版社 2014 年版。

69.[美]罗伯特·席勒:《金融与好的社会》,束宇译,中信出版社 2012 年版。

70.[美]罗斯科·庞德:《通过法律的社会控制》,沈宗灵译,商务印书馆 1984 年版。

71.[美]约翰·奇普曼·格雷:《法律的性质与渊源》,马驰译,中国政法大学出版社 2011 年版。

72.[日]我妻荣:《我妻荣民法讲义Ⅰ:新订民法总则》,于敏译,中国法制出版社 2008 年版。

73.[英]菲利普·莫利纽克斯、尼达尔·沙姆洛克:《金融创新》,冯健、杨娟、张玉仁等译,中国人民大学出版社 2003 年版。

二、中文论文

1.蔡成浩:《泰州推进并联审批与服务型政府建设的实践与思考》,载《法制博览旬刊》2012 年第 10 期。

2.陈德富、刘伟平:《加快推动我国区域性股权交易市场建设研究——从海峡股权交易中心的实践来看》,载《福建论坛(人文社会科学版)》2015 年第 12 期。

3.陈力:《上海自贸区投资争端解决机制的构建与创新》,载《东方法学》2014 年第

3 期。

4.陈少英、吕铖钢:《中国(上海)自由贸易试验区税收法律制度的建设与创新》,载《上海商学院学报》2013 年第 6 期。

5.陈伟仕、王晓云:《完善前海深港自贸区税收政策体系的探索》,载《税务研究》2014 年第 9 期。

6.陈勇征:《台湾场外交易市场制度演进及风险管理》,南开大学 2014 年硕士学位论文。

7.陈志武:《互联网金融到底有多新》,载《新金融》2014 年第 4 期。

8.程福财:《论制度的功能演变与制度变迁》,载《上海大学学报》2001 年第 1 期。

9.单玉丽:《福建自贸区:两岸特色经济合作新模式》,载《两岸关系》2015 年第 3 期。

10.丁伟:《中国(上海)自由贸易试验区法制保障的探索与实践》,载《法学》2013 年第 11 期。

11.董微微:《上海自贸区的经验及对天津的启示》,载《城市》2015 年第 4 期。

12.方莉萍:《福建省金融业发展现状与对策研究》,载《江苏商论》2015 年第 29 期。

13.傅蔚冈、蒋红珍:《上海自贸区设立与变法模式思考——以"暂停法律实施"的授权合法性为焦点》,载《东方法学》2014 年第 1 期。

14.傅亚民:《邓小平"科学技术是第一生产力"思想的探讨》,载《中国科技信息》2005 年第 12 期。

15.葛翎:《引领新常态 迎接新挑战 开启"十三五"福建保险业发展新局面》,载《福建金融》2016 年第 2 期。

16.国务院发展研究中心:《规范和发展我国场外股权交易市场》,载《发展研究》2012 年第 7 期。

17.胡家祥:《国际投资准入前国民待遇法律问题探析》,载《上海交通大学学报(哲学社会科学版)》2014 年第 1 期。

18.胡隆俊:《做市商制度的优缺点分析》,载《福建行政学院福建经济管理干部学院学报》2005 年第 B11 期。

19.金锦萍:《论公益信托制度与两大法系》,载《中外法学》2008 年第 6 期。

20.李光春:《中国自贸区启运港退税制度的思考》,载《中国海商法研究》2015 年第 1 期。

21.李晶:《中国(上海)自由贸易区负面清单的法律性质及其制度完善》,载《江西社会科学》2015 年第 1 期。

22.李克强:《关于深化经济体制改革的若干问题》,载《求是》2014 年第 9 期。

23.李娴、张磊、龙磊:《关于推进东疆保税港区启运港退税政策实施的思考》,载《港口经济》2011 年第 11 期。

24.李晓玉:《"竞争中立"规则的新发展及对中国的影响》,载《国际问题研究》2014 年第 2 期。

25.李学峰、秦庆刚、解学成：《场外交易市场运行模式的国际比较及其对我国的启示》，载《学习与实践》2009 年第 6 期。

26.李亚菲：《证券公开发行法律制度研究》，黑龙江大学 2009 年硕士学位论文。

27.李艳萍、陈朝晖：《促进闽台金融合作化解中小台资企业融资困境》，载《中小企业管理与科技》2011 年第 12 期。

28.李扬、张晓晶：《"新常态"：经济发展的逻辑与前景》，载《经济研究》2015 年第 5 期。

29.刘畅：《试论中国（上海）自贸区对我国政府管理体制的影响》，载《行政科学论坛》2014 年第 6 期。

30.刘剑文、魏建国、翟继光：《中国自由贸易区建设的法律保障制度》，载《财税法论丛》2008 年第 3 卷。

31.刘剑文：《法治财税视野下的上海自贸区改革之展开》，载《法学论坛》2014 年第 3 期。

32.刘松山：《论自贸区不具有独立的法治意义及几个相关法律问题》，载《政治与法律》2014 年第 2 期。

33.刘岩、丁宁：《美日多层次资本市场的发展、现状及启示》，载《财贸经济》2007 年第 10 期。

34.刘义圣、林菁菁：《海峡股权交易中心的现实作用与发展策论》，载《福建论坛》2015 年第 11 期。

35.刘忠和：《第三方监管理论：金融监管主体角色定位的理论分析》，吉林大学 2005 年博士学位论文。

36.卢紫珺：《优化我国场外交易市场监管的探讨》，载《特区经济》2010 年第 8 期。

37.马夫：《先照后证：改革后加强事中事后监管的制度建设》，载《中国工商管理》2015 年第 11 期。

38.欧阳天健：《融资租赁税收法律问题研究——以上海自由贸易区建设为背景》，载《金融法苑》2014 年第 1 期。

39.彭海阳、詹圣泽、郭英远：《基于厦门前沿的福建自贸区对台合作新探索》，载《中国软科学》2015 年第 8 期。

40.钱宪文：《"先证后照"将改为"先照后证"》，载《前线》2015 年第 6 期。

41.邱鸣、华樊星：《借鉴国际经验，优化上海自贸试验区的税收政策》，载《科学发展》2014 年第 6 期。

42.邱勋、陈月波：《股权众筹：融资模式、价值与风险监管》，载《新金融》2014 年第 9 期。

43.任冰：《中国（上海）自由贸易试验区的投资管理制度分析》，苏州大学 2015 年硕士学位论文。

44.厦门市地税局课题组：《我国自贸区发展策略选择与税收政策构想——兼论福建自贸区发展策略》，载《福建论坛》2015 年第 1 期。

45.上海金融学院课题组:《中国(上海)自由贸易试验区金融税制创新探讨》,载《科学与发展》2014 年第 9 期。

46.沈国明:《法治创新:建设上海自贸区的基础要求》,载《东方法学》2013 年第 6 期。

47.苏涵、陈皓:《"多规合一"的本质及其编制要点探析》,载《规划师》2015 年第 2 期。

48.孙晓洁:《论企业审查登记制度及我国企业登记审查方式的策略选择》,载《中国电力教育》2009 年第 2 期。

49.孙元欣、吉莉、周任远:《上海自由贸易试验区负面清单(2013 版)及其改进》,载《外国经济管理》2014 年第 3 期。

50.唐磊磊:《大连市中小企业营商环境分析》,东北财经大学 2012 年硕士学位论文。

51.王达:《美国互联网金融的发展及中美互联网金融的比较——基于网络经济学视角的研究与思考》,载《国际金融研究》2014 年第 12 期。

52.王丽:《论"先照后证"商事登记模式下核准登记与营业执照各自功能的回归》,载《中国工商管理研究》2013 年第 9 期。

53.王名、徐宇珊:《基金会论纲》,载清华大学公共管理学院 NGO 研究所主办:《中国非营利评论》(第 2 卷),社会科学文献出版社 2008 年版。

54.王瑞雪:《对我国行政复议委员会试点的省思》,载《天津行政学院学报》2014 年第 4 期。

55.王思健:《行政复议体制改革的海门实践》,载《群众》2015 年第 3 期。

56.王唯山、魏立军:《厦门市"多规合一"实践的探索与思考》,载《规划师》2015 年第 2 期。

57.王鑫:《台湾场外交易市场的做市商制度设计及其对大陆的启示》,载 2013 年《"创·四方"两岸四地青年论坛论文集》。

58.吴昊:《我国网上并联审批存在的问题及对策探析》,载《企业导报》2012 年第 21 期。

59.吴水平:《如何正确理解"展业三原则"——改革以来外汇管理的一些概念阐述》,载《中国外汇》2015 年第 3 期。

60.吴晓求:《互联网金融:成长的逻辑》,载《财贸经济》2015 年第 2 期。

61.吴晓求:《金融的逻辑》,载《中国金融》2014 年第 3 期。

62.伍俊斌:《市场经济视野下公民社会的发展》,载《重庆社会科学》2010 年第 3 期。

63.谢怀栻:《大陆法国家民法典研究(续)》,载《外国法译评》1994 年第 4 期。

64.谢平、邹传伟:《互联网金融模式研究》,载《金融研究》2012 年第 12 期。

65.熊伟:《法治视野下清理规范税收优惠政策研究》,载《中国法学》2014 年第 6 期。

66.熊谞龙:《权利,抑或法益——一般人格权本质的再讨论》,载《比较法研究》2005 年第 2 期。

67.徐崇利:《晚近国际投资争端解决实践之评判》,载《法学家》2010 年第 3 期。

68.徐慧:《新常态下自贸区行政管理体制研究——基于上海自贸区的体制创新》,载

《经营管理者》2015 年第 7 期。

69. 许莉、关琰珠:《设立两岸柜台交易市场服务福建跨越发展》,载《中国发展》2011 年第 4 期。

70. 薛红兵:《中小型台资企业融资困境化解渠道——基于两岸股权柜台交易中心建立》,载《福建商业高等专科学校学报》2010 年第 5 期。

71. 薛菁、郭晓红:《我国自贸区发展中税收政策的影响评析与理性应对》,载《亚太经济》2015 年第 5 期。

72. 杨东、苏伦嘎:《股权众筹的运营模式及其风险防范》,载《国家检察官学院学报》2014 年第 4 期。

73. 杨圣明:《负面清单:对外开放的全新管理模式——上海自贸区调研有感》,载《全球化》2014 年第 4 期。

74. 杨艳:《建设项目并联审批机制的研究与思考》,载《商》2014 年第 16 期。

75. 杨真:《中国自由贸易试验区负面清单的法律制度研究》,云南大学 2015 年硕士学位论文。

76. 叶姗:《税收优惠政策制定权的法律保留》,载《税务研究》2014 年第 3 期。

77. 余岌:《对工商登记制度中先照后证改革的研究》,载《科技经济市场》2014 年第 1 期。

78. 袁康:《资本形成、投资者保护与股权众筹的制度供给——论我国股权众筹相关制度设计的路径》,载《证券市场导报》2014 年第 12 期。

79. 袁曙宏、杨伟东:《论建立市场取向的行政许可制度》,载《中国法学》2002 年第 5 期。

80. 湛中乐:《论我国〈行政复议法〉修改的若干问题》,载《行政法学研究》2013 年第 1 期。

81. 张付琪:《区域性股权交易市场的法律监管问题研究》,四川省社会科学院 2014 年硕士学位论文。

82. 张富强:《关于中国自贸区税制设计可复制性的法律思考》,载《法学》2015 年第 2 期。

83. 张力:《私法中的"人"——法人体系的序列化思考》,载《法律科学(西北政法大学学报)》2008 年第 3 期。

84. 张令杰:《程序法的几个基本问题》,载《法学研究》1994 年第 5 期。

85. 张旭:《美国外贸区税制经验与结构解析》,载《会计与经济研究》2015 年第 5 期。

86. 张艳:《美国场外证券交易市场的发展经验与借鉴》,载《特区经济》2009 年第 12 期。

87. 郑联盛:《中国互联网金融:模式、影响、本质与风险》,载《国际经济评论》2014 年第 5 期。

88. 郑晓东:《台商大陆投资现状与趋势》,载《发展研究》2009 年第 8 期。

89.中国人民银行福州中心支行:《2014 年度福建省金融稳定报告》,载《福建金融》2015 年第 4 期。

90.中国人民银行福州中心支行:《2015 年福建省经济金融运行分析报告》,载《福建金融》2016 年第 2 期。

91.周小龙:《公司登记制度中证照关系透析——以"先证后照"至"先照后证"为中心》,载《北京政法职业学院学报》2014 年第 1 期。

92.周阳:《论美国对外贸易区的立法及其对我国的启示》,载《社会科学》2014 年第 10 期。

93.周宇星:《新时期的行政复议改革实践——石景山区行政复议改革试点研究》,载《科技视界》2014 年第 1 期。

94.祝珂昕:《中国(上海)自由贸易试验区投资便利化法律问题研究》,北京交通大学 2015 年硕士学位论文。

95.[日]中野正俊:《财团与信托》,张军建译,载《河南省政法管理干部学院学报》2007 年第 1 期。

三、英文著作

Douglas W. Arner, Financial Stability, *Economic Growth and the Role of Law*, Cambridge: Cambridge University Press, 2007.

四、英文论文

1. Åsa Hansson & Cécile Brokelind, Tax Incentives, Tax Expenditures Theories in R&D: The Case o-f Sweden, *World Tax*, Vol. 6, No. 2, 2014.

2. Ramazan Biçer, An Assessment of Free Trade Zones from a Transfer Pricing Perspective, *International Transfer Pricing Journal*, Vol. 15, No. 5, 2008.

3. Root Mintz, Thomas Tsiopoulous, Corporate Income Taxation and Foreign Direct Investment in Central and Eastern Europe, *Investment Advisory Service Occasional Paper*, 1992.

4. Susan Tiefenbrun, U. S. Foreign Trade Zones, Tax-free Trade Zones of the World, and Their Impact on the U. S. Economy, *Journal of International Business and Law*, Vol. 12, No. 2, 2013.

五、其他

1. 2014 中国互联网金融创新与发展论坛:《王岩岫谈 P2P 监管思路:要落实实名制原

则》，http://iof. hexun. com/2014-09-27/168910914. html，下载日期：2016 年 4 月 22 日。

2. 艾瑞咨询：《2015 年第三方互联网支付交易规模达 11.8 万亿》，http://www. 199it. com/archives/450925. html，下载日期：2016 年 4 月 19 日。

3. 白若雪、崔昊、朱文尧：《飞机融资租赁成厦门自贸片区的一张"名片" 16 日引进深航租赁飞机》，载《海西晨报》2016 年 4 月 17 日。

4.《财政部、国家税务总局关于广东横琴新区福建平潭综合实验区深圳前海深港现代服务业合作区企业所得税优惠政策及优惠目录的通知》。

5. 财政部：《自贸区按 15% 征税不成熟》，http://www. chinanews. com/gn/2013/09-30/5338227. shtml，下载日期：2016 年 2 月 24 日。

6. 陈泥、张艳华、张奇辉：《"一照一号"改革 厦门走在全国前列》，http://www. xmftz. gov. cn/xxgk/xwdt/201504/t20150427_4113. htm，下载日期：2016 年 4 月 10 日。

7. 陈泥：《多措并举提高事中事后监管能力》，http://fujian. hexun. com/2015-04-27/175327818. html，下载日期：2016 年 4 月 4 日。

8. 丁伟：《以法治方式推动先行先试》，载《解放日报》2013 年 9 月 2 日。

9. 董雪：《台湾离岸人民币市场备受关注》，载《中华工商时报》2015 年 1 月 14 日。

10. 杜静：《2015 年：福建外贸何去何从？》，http://www. hxcjdb. com/portal. php? mod=view&aid=34459，下载日期：2016 年 5 月 3 日。

11.《非金融机构支付服务管理办法》。

12.《非银行支付机构网络支付业务管理办法》。

13. 福建海峡股权交易中心：《本地政策法规》，http://www. hxee. com. cn/About/news_view. aspx? Id=10572，下载日期：2016 年 3 月 5 日。

14.《福建省人民政府关于加快发展现代保险服务业十二条措施的通知》。

15.《福建省人民政府关于加快互联网经济发展十条措施的通知》。

16.《福建省人民政府关于印发福建省国民经济和社会发展第十三个五年规划纲要的通知》。

17.《福建省自贸试验区信息化平台建设总体方案》。

18. 福建自贸试验区办公室：《福建自贸试验区 3 月份新增企业 7365 户》，http://china-fjftz. gov. cn/article/index/aid/3419. html，下载日期：2016 年 4 月 6 日。

19. 福建自贸试验区办公室：《中国（福建）自由贸易试验区总体方案政策措施解读（一）》，http://www. china-fjftz. gov. cn/article/index/aid/721. html，下载日期：2016 年 2 月 26 日。

20. 福州片区管委会：《福建自由贸易试验区福州片区发布 28 项金融创新案例》，http://www. fjftz. gov. cn/article/index/aid/3120. html，下载日期：2016 年 3 月 27 日。

21.《个人信用信息基础数据库暂行管理办法》。

22.《关于促进互联网金融健康发展的指导意见》。

23.《关于非货币性资产投资所得税政策问题的通知》。

24.《关于高新技术企业职工教育经费税前扣除政策的通知》。

25.《关于个人非货币性资产投资有关个人所得税政策的通知》。

26.《关于规范证券公司参与区域性股权交易市场的指导意见(试行)》。

27.《关于企业取得财产转让等所得企业所得税处理问题的公告》。

28.《关于清理整顿各类交易场所的实施意见》。

29.《关于中关村、东湖、张江国家自主创新示范区和合芜蚌自主创新综合试验区有关股权奖励个人所得税试点政策的通知》。

30.《关于中国(上海)自由贸易试验区内企业以非货币性资产对外投资等资产重组行为有关企业所得税政策问题的通知》。

31.《广东南沙、横琴新区跨境人民币贷款业务试点管理暂行办法》。

32.《广东省公证服务收费管理规定》。

33. 广东自贸区广州南沙新区片区管委会:《金融创新》,http://ftz.gzns.gov.cn/ztzl/201502/t20150223_154416.html,下载日期:2016 年 5 月 25 日。

34. 郭晓萍:《自贸区"负面清单"运行 1 周年取得 3 大成效》,http://news.cnstock.com/news/sns_bwkx/201409/3193552.htm,下载日期:2016 年 3 月 25 日。

35.《国家税务总局关于创新自由贸易试验区税收服务措施的通知》。

36.《国家税务总局关于印发〈中国(上海)自由贸易试验区创新税收服务措施逐步复制推广方案〉的通知》。

37.《国家税务总局关于支持中国(上海)自由贸易试验区创新税收服务的通知》。

38.《国务院关于加快发展现代保险服务业的若干意见》。

39.《国务院关于清理整顿各类交易场所切实防范金融风险的决定》。

40.《海关总署关于修改〈中华人民共和国海关对保税物流园区的管理办法〉的决定(2010)》。

41. 海峡股权交易中心:《2015 年海峡股权交易中心挂牌企业市场层次方案》,http://www.hxee.com.cn/About/news_view.aspx? Id=12084,下载日期:2016 年 3 月 15 日。

42. 海峡股权交易中心:《挂牌企业交易行情》,http://www.hxee.com.cn/Company/Market.aspx,下载日期:2016 年 3 月 15 日。

43.《海峡两岸经济合作框架协议》。

44. 胡善安:《福建六大国家级台商投资区共有企业 1.98 万户》,http://www.fj.xinhuanet.com/xhs/2015-02/12/c_1114347997.htm,下载日期:2016 年 3 月 15 日。

45.《互联网保险业务监管暂行办法》。

46. 基金会中心网:《基金会数据总览》,http://data.foundationcenter.org.cn/data/sjzl.shtml,下载日期:2016 年 5 月 8 日。

47.《进一步深化中国(上海)自由贸易试验区改革开放方案》。

48. 李予阳:《2014 年我国实际对外投资已超过利用外资规模》,http://www.ce.cn/xwzx/gnsz/gdxw/201501/26/t20150126_4426936.shtml,下载日期:2016 年 4 月 28 日。

49. 零点研究咨询集团：《深圳市营商环境评估报告》（2014 年 12 月编制），http://wenku. baidu. com/link? url＝hev6xv4ykwajptf86cgukoarjcehjttlovr5_q79qbwv2bodjtmzjyj1ijmocsy8zryylll42wr-icf_jrydpxf3n_eltjz-qpqmckt_iwq，下载日期：2016 年 4 月 6 日。

50. 零壹数据：《平台分布》，http://data. 01caijing. com/p2p/website/map. html，下载日期：2016 年 4 月 22 日。

51. 刘天永：《对〈海峡两岸避免双重课税及加强税务合作协议〉的解读与评析》，http://www. acla. org. cn/html/liutianyongzl/20150924/22911. html，下载日期：2016 年 4 月 15 日。

52. 罗浩：《上海自贸区第五批金融创新案例暨首批科技金融创新案例发布》，载《上海金融报》2015 年 12 月 8 日。

53. 马云：《金融行业需要搅局者》，载《人民日报》2013 年 6 月 21 日。

54. 宁广靖：《P2P 评级之惑》，载《新金融观察》2015 年 6 月 1 日。

55.《平潭综合实验区条例》。

56.《前海跨境人民币贷款管理暂行办法》。

57.《前海跨境人民币贷款管理暂行办法实施细则》。

58.《区域性股权市场监督管理试行办法（征求意见稿）》。

59.《全国人民代表大会常务委员会关于授权国务院在中国（广东）自由贸易试验区、中国（天津）自由贸易试验区、中国（福建）自由贸易试验区以及中国（上海）自由贸易试验区扩展区域暂时调整有关法律规定的行政审批的决定》。

60. 厦门两岸股权交易中心：《常见问题》，https://www. xmee. com/qhee-webapp/help/index. jsp，下载日期：2016 年 3 月 16 日。

61. 厦门两岸股权交易中心：《挂牌企业》，https://www. xmee. com/node/company/standard，下载日期：2016 年 3 月 15 日。

62. 厦门两岸股权交易中心：《厦门市加快科技创新具体行动计划（2015—2016）》，https://www. xmee. com/node/rule/index，下载日期：2016 年 3 月 16 日。

63. 厦门两岸股权交易中心：《厦门市人民政府关于推进企业上市的意见》，https://www. xmee. com/node/rule/index 下载日期：2016 年 3 月 16 日。

64. 厦门片区管委会：《厦门片区发布首批 27 个金融创新案例》，http://www. chinafjftz. gov. cn/article/index/aid/2993. html，下载日期：2016 年 3 月 29 日。

65. 厦门市人大常委会办公厅：《关于〈厦门经济特区促进两岸医药合作条例（草案）〉公开征求意见的通知》，http://www. ccpitxiamen. org/newsmore. aspx? ClassId ＝44＆Unid＝13375，下载日期：2016 年 5 月 15 日。

66.《厦门市人民政府关于贯彻〈国务院关于加快发展现代保险服务业若干意见〉的实施意见》。

67.《厦门市深化两岸交流合作综合配套改革试验总体方案》。

68. 厦门中小在线信息服务公司：《关于开展厦门市打造国际一流营商环境意见征集

的通知》，http://news. xmsme. gov. cn/2015/12/2/403_34205. shtml，下载日期：2016 年 4 月 6 日。

69. 商务部商务数据中心网站：《2016 年 1—2 月对华直接投资前十位国家/地区》，http://data. mofcom. gov. cn/channel/includes/list. shtml? channel＝wzsj&visit＝E，下载日期：2016 年 3 月 8 日。

70.《上海市人民政府贯彻〈国务院关于加快发展现代保险服务业的若干意见〉的实施意见》。

71. 上海自贸区管委会：《上海自贸试验区第六批金融创新案例基本情况》，http://www. chinashftz. gov. cn/PublicInformation. aspx? GID＝f24c9cf7d747-482a-a90e-023f4bc4e4ba&CID＝953a259a-1544-4d72-be6a-264677089690&Type＝99&navType＝0，下载日期：2016 年 5 月 25 日。

72.《深圳市地方税务局深圳市国家税务局关于发布深圳前海深港现代服务业合作区企业所得税优惠政策操作指引的通告》。

73. 孙永祥：《将区域性股权交易市场纳入证券法调整范围》，载《上海证券报》2014 年 12 月 30 日。

74.《台湾证券交易法》，http://www. njliaohua. com/lhd_56jsq1s4bt57eja0ptdl_2. html，下载日期：2016 年 2 月 21 日。

75. 天津股权交易所：《挂牌企业省份分布》，http://www. tjsoc. com/web/data1. aspx ♯dyfb，下载日期：2016 年 3 月 16 日。

76. 天津股权交易所：《投资人注册条件》，http://www. tjsoc. com/web/about05. aspx? name＝1，下载日期：2016 年 2 月 21 日。

77.《天津市促进现代服务业发展财税优惠政策》。

78. 王以森：《切实引入环保第三方监督》，http://www. cenews. com. cn/gd/jczs/201502/t20150210_787779. html，下载日期：2016 年 5 月 20 日。

79. 网贷之家：《2015 年 P2P 网贷行业报告》，http://www. 199it. com/archives/424323. html，下载日期：2016 年 4 月 22 日。

80. 网贷之家：《网贷数据》，http://shuju. wdzj. com/industry-list. html，下载日期：2016 年 4 月 22 日。

81. 吴斌：《中央通过贯彻落实税收法定原则实施意见，全国人大常委会法工委负责人透露 2020 年前"税收法定"路线图 2020 年前国务院仍可依据授权调税收政策》，http://news. 163. com/15/0326/05/alk16f2l00014aed. html，下载日期：2016 年 3 月 15 日。

82. 吴亚明：《"两岸服务贸易协议"不过台湾难过》，载《人民日报》2014 年 2 月 17 日。

83. 佚名：《李克强：烦苛管制必然导致停滞与贫困，简约治理则带来繁荣与富裕》，http://news. xinhuanet. com/politics/2016-05/09/c_128971877. htm，下载日期：2016 年 5 月 17 日。

84. 佚名：《浦东信用监管再出实招——联手第三方征信机构，打通企业与个人信用信息共享通道》，http：//www. pudong. gov. cn/website/html/fwwb/hydt/2016-05-25/Detail_ 728620. htm，下载日期：2016 年 5 月 20 日。

85. 佚名：《厦门"多规合一"深化行政审批制度改革》，http：//www. fdi. gov. cn/ 1800000121_21_73091_0_7. html，下载日期：2016 年 4 月 1 日。

86. 佚名：《上海、广州、重庆、厦门"多规合一"的差异化实践》，http：//www. sydczx. com/newsview. asp？id＝236，下载日期：2016 年 5 月 17 日。

87. 佚名：《市场准入负面清单和外商投资负面清单既有联系又有区别》，http：// www. scio. gov. cn/32344/32345/32347/20151030/zy33677/Document/1453335/1453335. htm，下载日期：2016 年 4 月 28 日。

88. 佚名：《私募股权众筹准入条件放宽》，http：//news. xinhuanet. com/local/2015-02/ 04/c_127456034. htm，下载日期：2016 年 4 月 29 日。

89. 佚名：《亚太网络替代金融报告发布 中国市场规模第一》，http：//mt. sohu. com/ 20160316/n440643946. shtml，下载日期：2016 年 4 月 1 日。

90. 佚名：《张维迎：中国经济发展靠柳传志 而不是周小川》，http：//money. 163. com/ 12/0828/05/89VKKKIL00252G50. html，下载日期：2016 年 3 月 21 日。

91. 佚名：《最完整 270 家第三方支付牌照公司名单（包含被注销牌照企业）》，http：// www. guopeiwang. com/Article/ArticleDetial/19279，下载日期：2016 年 4 月 20 日。

92. 盈灿咨询：《2015 年中国网络借贷行业年报》（完整版），http：//www. wdzj. com/ news/baogao/25661. html，下载日期：2016 年 4 月 28 日。

93. 《营业税改征增值税试点过渡政策的规定》。

94. 《营业税改征增值税试点实施办法》。

95. 《营业税改征增值税试点有关事项的规定》。

96. 游笑春：《福建自贸区福州片区发布 28 项金融创新案例》，载《福建日报》2016 年 3 月 15 日。

97. 袁雪：《国务院参事谈十三五规划思路：转型升级提质增效》，http：//business. sohu. com/20150722/ n417259926. shtml，下载日期：2016 年 3 月 11 日。

98. 张旭：《对冲基金基地将亮相南台岛拟引进 50 家金融机构》，载《福州晚报》2015 年 7 月 6 日。

99. 《支付机构客户备付金存管办法》。

100. 《中共中央关于全面深化改革若干重大问题的决定》。

101. 《中国（福建）自由贸易试验区产业发展规划（2015—2019）》。

102. 中国（福建）自由贸易试验区福州片区管理委员会：《福建自贸试验区福州片区推出首批 28 项金融创新案例》，http：//ftz. fuzhou. gov. cn/xxgk/xwzx/xwdt/201603/ t20160314_1050860. htm，下载日期：2016 年 4 月 1 日。

103. 《中国（福建）自由贸易试验区福州片区建设工作实施方案》。

104. 《中国（福建）自由贸易试验区管理办法》。

105.《中国(福建)自由贸易试验区平潭片区实施方案》。

106.《中国(福建)自由贸易试验区厦门片区工作情况的汇报》。

107. 中国(福建)自由贸易试验区厦门片区管理委员会:《厦门自贸片区首批金融创新案例发布》,http://www. xmftz. gov. cn/xxgk/xwdt/201602/t20160226_5275. htm,下载日期:2016 年 4 月 5 日。

108. 中国(福建)自由贸易试验区厦门片区管理委员会:《厦门自贸区的"加减乘"》,http://www. xmftz. gov. cn/xxgk/xwdt/201603/t20160316_5432. htm,下载日期:2016 年 4 月 1 日。

109.《中国(福建)自由贸易试验区厦门片区实施方案》。

110.《中国(福建)自由贸易试验区条例》。

111.《中国(福建)自由贸易试验区总体方案》。

112.《中国(广东)自由贸易试验区管理试行办法》。

113.《中国(广东)自由贸易试验区条例》。

114.《中国(广东)自由贸易试验区总体方案》。

115.《中国(上海)自由贸易试验区管理办法》。

116.《中国(上海)自由贸易试验区条例》。

117.《中国(上海)自由贸易试验区外商独资医疗机构管理暂行办法》。

118.《中国(上海)自由贸易试验区外商投资项目备案管理办法》。

119.《中国(上海)自由贸易试验区外商投资准入特别管理措施(负面清单)(2014 年修订)》。

120.《中国(上海)自由贸易试验区总体方案》。

121.《中国(天津)自由贸易试验区管理办法》。

122.《中国(天津)自由贸易试验区条例》。

123.《中国(天津)自由贸易试验区总体方案》。

124. 中国人民银行:《关于金融支持中国(福建)自由贸易试验区建设的指导意见》。

125. 中国人民银行:《关于金融支持中国(广东)自由贸易试验区建设的指导意见》。

126. 中国新闻网:《澳新银行:台湾已成为全球第二大人民币离岸市场》,http://www. chinanews. com/tw/2014/11-14/6774780. shtml,下载日期:2016 年 3 月 15 日。

127. 中国银监会:《银监会关于〈网络借贷信息中介机构业务活动管理暂行办法(征求意见稿)〉公开征求意见的通知》,http://www. gov. cn/xinwen/2015-12/28/content_5028564. htm,下载日期:2016 年 4 月 23 日。

128. 中国证监会:《2014 年 12 月 26 日新闻发布会》,http://www. csrc. gov. cn/pub/newsite/zjhxwfb/xwfbh/201412/t20141226_265703. html,下载日期:2016 年 4 月 25 日。

129.《中国证监会派出机构监管职责规定》。

130. 中国证券监督管理委员会:《中国证监会致函各地方政府 规范通过互联网开展股权融资活动》,http://www. csrc. gov. cn/pub/newsite/zjhxwfb/xwdd/201508/t20150807_

282509. html,下载日期：2016 年 4 月 28 日。

131. 中国证券业协会：《关于就〈私募股权众筹融资管理办法（试行）（征求意见稿）〉公开征求意见的通知》，http://www. sac. net. cn/tzgg/201412/t20141218_113326. html,下载日期：2016 年 4 月 29 日。

132. 中国证券业协会：《关于调整〈场外证券业务备案管理办法〉个别条款的通知》，http://www. sac. net. cn/tzgg/201508/t20150810_125195. html,下载日期：2016 年 4 月 25 日。

133.《中华人民共和国慈善法》。

134. 中华人民共和国国务院新闻办公室：《中国银监会举行防范打击非法集资有关工作情况新闻发布》，http://www. scio. gov. cn/xwfbh/gbwxwfbh/fbh/Document/1368639/1368639. htm,下载日期：2016 年 4 月 22 日。

135.《中华人民共和国境内外国人宗教活动管理规定》。

136.《中华人民共和国立法法》。

137. 中华人民共和国民政部：《2014 年社会服务发展统计公报》，http://www. mca. gov. cn/article/sj/tjgb/201506/201506008324399. shtml,下载日期：2016 年 5 月 10 日。

138. 中华人民共和国民政部：《社会服务统计季报（2015 年 4 季度）》，http://www. mca. gov. cn/article/sj/tjjb/qgsj/201602/20160200880171. htm,下载日期：2016 年 5 月 10 日。

139. 中华人民共和国商务部：《商务数据中心》，http://data. mofcom. gov. cn/index. html,下载日期：2016 年 3 月 8 日。

140.《中华人民共和国物权法》。

141.《中华人民共和国信托法》。

142.《中华人民共和国中国人民银行法》。

143.《中华人民共和国中外合作办学条例》。

144. 中商情报网：《2016 年中国互联网保险行业发展报告》，http://www. askci. com/news/chanye/2016/03/21/161649bfxz. shtml,下载日期：2016 年 4 月 26 日。

145.《中外合资、合作医疗机构管理暂行办法》。

146. 众筹之家：《2016 年 2 月份众筹行业分析报告》，http://img1. zczj. com/images/20160303/20160303090921. pdf,下载日期：2016 年 4 月 25 日。

147. 重庆股份转让中心：《重庆股份转让中心有限责任公司投资人服务协议》，http://uc. chncstc. com/custm/user/user_reg_add. htm? formCode＝REG_FORM&coopKey＝，下载日期：2016 年 2 月 25 日。

148. 朱咏：《社会力量与自贸区综合监管》，http://money. 163. com/14/0812/09/A3EGLTNR00253B0H. html,下载日期：2016 年 5 月 19 日。

149.《珠海市人民政府关于加快发展现代保险服务业的实施意见》。

150.《资本市场支持促进中国（上海）自由贸易试验区若干政策措施》。

参考文献

151. Generally Treasury Department，New Foreign Trade Zone Rule on Appraisement，45 Fed. Reg. 17976 (March 20,1980).

152. U. S. Foreign-Trade Zones Board Order No. 2,January 30,1936.

153. United States Free Trade Zones Act，19 U. S. C. §§ 81a-81u (1934).

154. United States Model Income Tax Convention of 1996.

作者简介与分工

刘志云，男，法学博士，现为厦门大学法学院教授、博士生导师。负责本书的策划、大纲拟定、分工协调、统稿校对等工作。撰写绪论，与刘辉合作撰写第三章，与胡宽合作撰写第四章，与刘盛合作撰写第七章。

阳建勋，男，法学博士，现为厦门大学法学院副教授，硕士生导师。独立撰写第一章。

杨春娇，女，法学博士，现为集美大学工商管理学院讲师。独立撰写第五章。

刘辉，男，现为厦门大学法学院经济法专业博士生。独立撰写第二章，与刘志云合作撰写第三章。

胡宽，男，现为厦门大学法学院经济法专业博士生。与刘志云合作撰写第四章。

刘盛，男，现为厦门大学法学院经济法专业博士生。独立撰写第八章，与刘志云合作撰写第七章。

黄婧，女，法学硕士，现为深圳景顺长城基金管理有限公司职员。独立撰写第六章。

图书在版编目(CIP)数据

福建自贸区重大法律问题研究/刘志云等著. —厦门:厦门大学出版社,2016.12
(厦门大学法学院经济法学文库)
ISBN 978-7-5615-6318-2

Ⅰ.①福…　Ⅱ.①刘…　Ⅲ.①自由贸易区-贸易法-研究-福建
Ⅳ.①D927.570.229.54

中国版本图书馆 CIP 数据核字(2016)第 307898 号

出 版 人	蒋东明
责任编辑	李　宁
封面设计	李　钢
美术编辑	蒋卓群
责任印制	许克华

出版发行　厦门大学出版社

社　　址	厦门市软件园二期望海路 39 号
邮政编码	361008
总 编 办	0592-2182177　0592-2181406(传真)
营销中心	0592-2184458　0592-2181365
网　　址	http://www.xmupress.com
邮　　箱	xmupress@126.com
印　　刷	厦门市万美兴印刷设计有限公司

开本	720mm×970mm　1/16
印张	23.5
插页	2
字数	410 千字
版次	2016 年 12 月第 1 版
印次	2016 年 12 月第 1 次印刷
定价	68.00 元

本书如有印装质量问题请直接寄承印厂调换

厦门大学出版社
微信二维码

厦门大学出版社
微博二维码